中国历史地理
名家丛书

辛德勇
主 编

史地覃思

陈桥驿
著

范今朝 周复来 编

九州出版社
JIUZHOUPRESS

图书在版编目（CIP）数据

史地覃思 / 陈桥驿著 ; 范今朝，周复来编. -- 北京 : 九州出版社，2024.2
（中国历史地理名家丛书）
ISBN 978-7-5225-2604-1

Ⅰ. ①史… Ⅱ. ①陈… ②范… ③周… Ⅲ. ①《水经注》－研究 Ⅳ. ①K928.4

中国国家版本馆CIP数据核字(2024)第038099号

史地覃思

著　　者	陈桥驿	
编　　者	范今朝　　周复来	
责任编辑	张艳玲　　李黎明	
出版发行	九州出版社	
地　　址	北京市西城区阜外大街甲 35 号（100037）	
发行电话	(010)68992190/3/5/6	
网　　址	www.jiuzhoupress.com	
印　　刷	鑫艺佳利（天津）印刷有限公司	
开　　本	710 毫米 ×1000 毫米　16 开	
印　　张	29	
字　　数	510 千字	
版　　次	2025 年 2 月第 1 版	
印　　次	2025 年 2 月第 1 次印刷	
书　　号	ISBN 978-7-5225-2604-1	
定　　价	168.00 元	

陈桥驿先生在书房（2011年10月，范今朝摄）

《中国历史地理名家丛书》总序

辛德勇

　　历史地理学在中国是一门既有悠久历史而又相对比较年轻的现代学科。说它传统，是说这一学科的历史至迟可以追溯到东汉前期成书的《汉书·地理志》，这就是传统的沿革地理学；说它年轻，是在二十世纪五十年代初西方历史地理学的理论和方法被系统、准确地引入中国之前，现代学科意义上的历史地理学科，在中国还无从谈起。

　　这样说，并不是说在此之前相关的研究就同现代学科意义上的历史地理学毫无关系，而是有一批学者，在新文化运动后中国学术风尚大变迁的背景下，从不同的角度和领域，摸索着尝试突破传统沿革地理的桎梏，取得若干重要成果，同时也出现一批有志于历史时期舆地问题研究的学人。另一方面，现代学科意义上的历史地理学，是在传统的沿革地理基础上才得以建立和发展的，而传统沿革地理的很多内容，今天仍居于历史地理学的基础地位。

　　正是这批学人，成为二十世纪五十年代以来在中国逐渐形成的历史地理学科的核心成员，其中居于学科创建者地位的学者，有侯仁之、史念海和谭其骧等诸位先生。在他们之先，还有顾颉刚先生和饶宗颐先生等更老一辈的学者，也以自己的方式，在传统沿革地理的框架范围之内，做出了具有时代特点的古史舆地研究，并影响许多青年关注这一领域，倾心致力于这一领域，为历史地理学科的建立和发展创造了良好的学术氛围。

在侯仁之、史念海和谭其骧等诸位先生引领下，先后有陈桥驿、黄盛璋、石泉、文焕然、徐俊鸣、钮仲勋、邹逸麟、张修桂等一大批学者，纷纷在历史地理学各主要分支领域做出了重要努力，使得这一新兴学科在二十世纪八十年代蓬勃兴盛起来。

时至今日，中国的历史地理学者对中国及其邻接区域的研究，已经硕果累累，蔚为大观；专业的研究人员也数量庞大，一派兴旺景象。

如常语所云，"继往"方能"开来"。在这样一派繁盛的学科发展状况下，回顾中国历史地理学走过的历程，特别是认真领会历史地理学科早期建设过程中前辈学者的主要创见，对我们今天的一代更好地认识既有知识的获取过程，深入了解这些先行研究的贡献与局限，合理把握这个学科领域内那些比较重大的问题，以及更好地审度我们应当采用的研究方法，都会有很大的积极作用。

幸运的是，九州出版社愿意帮助出版一批老一辈历史地理学名家的论文集，这样我们就能比较集中而又便捷地实现上述想法。于是，就有了摆在大家面前的这套《中国历史地理名家丛书》。衷心感谢诸多朋友花费很大精力，克服重重困难，帮助编选了这批前辈学者的文集。我也想通过编选这套丛书，向这些为中国历史地理学的建设和发展做出重要贡献的前辈学者致以深深的敬意。

2024 年 7 月 2 日

目　录

稽山鉴水，史地覃思

——陈桥驿先生的治学历程与学术成就

范今朝　周复来

一、陈桥驿先生生平

陈桥驿先生（1923—2015）是中国现当代杰出的历史地理学家、郦学家，1923 年 12 月 10 日（农历癸亥年十一月初三）出生于浙江绍兴（今浙江省绍兴市越城区），原名"庆鋆"，后改"庆均"，"陈桥驿"是笔名，1950 年后以此名行世（下文为行文简省，多数情况下不再加"先生"等敬语，个别视前后文义，容有例外）。

陈桥驿幼承家学，后断续入小学、中学读书。1942 年 5 月曾短期至绍兴柯桥阮社小学任校长。1943 年下半年在江西上饶就读高中三年级。1944 年 9 月入读国立中正大学社会教育学系；三个月后参加"青年远征军"，任所在部队英语教官。1946 年受聘于嘉兴青年职业学校，1948 年春应聘至新昌县立中学任教，并担任教务主任。1954 年初受聘于浙江师范学院（1958 年后为杭州大学）地理系，任讲师，后兼经济地理教研室主任。1978 年，任杭州大学副教授，1983 年晋升教授；其间，曾任地理系区域地理教研室主任。1984 年组建杭州大学历史地理研究室（后改为历史地理研究中心），任主任。1994 年，由当时的人事部批准定为终身教授。1998 年 8 月，原浙江大学、杭州大学、浙江农业大学、浙江医科大学四校合并设立新的浙江大学，遂为浙江大学地球科学系（2015 年后为浙江大学地球科学学院）教授。

陈桥驿继谭其骧、侯仁之、史念海三位先生之后，对中国现代、当代历史地理学的建立和发展，做出了卓越贡献。学术上，他在郦学研究领域与以绍兴为中心的吴越史地研究方面，有精深的造诣；在历史地理学理论、城市研究与古都学、方志学和地名学等方面，亦取得卓著成就。他积极参与了现代阶段历史地理学的学术研究实践和学科理论建构的过程，并在新时期与有关学者一起，组织、领导了历史地理学的学术团体、研究机构的恢复和建立，参与了主要学术期刊的创编和若干重大项目的进行；他长期担任中国地理学会历史地理专业委员会的主任委员（1985—1996），大力推动学术活动的正常开展。陈桥驿也是改革开放后较早进行国际学术交流的地理学者，1982 年作为中国地理学会代表团成员之一参加了在巴西里约热内卢召开的国际地理联合会拉丁美洲区域学术讨论会，1983 年、1985 年和 1989 年曾分别受聘为日本的关西大学、国立大阪大学和国立广岛大学等校的客座教授，为中国的地理学和历史地理学走向世界做出了重要贡献。

陈桥驿勤于著述，一生笔耕不辍，正式出版各类著述 70 余部，公开发表论文和各类文字数百篇。2018 年，《陈桥驿全集》作为“中国国家历史地理”丛书之一种（2013 年获得“国家出版基金”资助），由人民出版社出版，收录了当时能够收集到的公开出版或见于各种出版物的学术著作和各类文字，以及生前经其整理、已经基本定稿的若干未刊稿，计 14 卷，共 2000 多万字。

陈桥驿的历史地理学研究是从对宁绍地区的研究起家的。他从小区域入手，进行区域历史自然地理和人文地理的综合研究，揭示了宁绍地区的水系演变、植被更替、土地利用、聚落分布、城市兴衰等的规律，有关研究堪称典范。他还进一步对江南和长江下游地区环境演变进行研究，阐发了三次“海进”“海退”说，并深入分析了本区域远古文明兴衰的地理原因，论述了古越族群的人口、语言、聚落、经济等方面的特征以及流布状态。同时，他秉持“经世致用”的理念，对家乡绍兴以及诸多地方的经济社会发展、文化建设、生态保护等方面，也多有建言，倾注了大量的热情和心力。相关研究成果集中体现在其论文集《吴越文化论丛》（中华书局，1999 年版）之中。

在对宁绍地区历史地理进行深入研究的基础上，陈桥驿进一步扩展研究领域，对浙江省不同地区乃至国内其他地区，也进行过若干宏观性研究，并形成了其对历史地理学诸如学科属性、研究方法等若干理论问题的观点。其中最为重要者，是其在 1970 年代末期，协助谭其骧、史念海等先生主持编撰的《中国自然地理·历史自然地理》（科学出版社，1982 年版），并执笔撰写了总论部分和植被、水系的部分章节。该书标志着历史自然地理学作为历史地理学分支学科的确立，也是中国历史地理学在现代阶段所取得的代表性成果之一。

在历史人文地理学诸多分支学科中，陈桥驿尤其对历史城市地理学（包括"古都学"）用力最多。他较早对宁绍地区乃至浙江省的聚落、城市等的发展、演变，进行了系统的研究，对中国的城市、古都等也进行了宏观的论述，主持编写、翻译了一批有影响的著作，如先后主编《中国六大古都》（中国青年出版社，1983 年版）、《中国历史名城》（中国青年出版社，1986 年版）、《中国七大古都》（中国青年出版社，1991 年版）、《中国都城辞典》（江西教育出版社，1999 年版）等，主持翻译了《中华帝国晚期的城市》（中华书局，2000 年版）等。尤其他对"古都""大古都"的标准所进行的论述以及对中国"大古都"的认定，得到学术界和社会各界的接受和认可。

陈桥驿还较早系统地展开对方志学、地名学的研究。他在 1950 年代末期就曾经在杭州大学地理系开设方志学方面的课程；1980 年代以来，他长期参与指导地方志、地名志的编纂工作，引进了多部流失海外的地方志。他发表了大量关于方志学、地名学研究的论述，并且提出了很多具有建设性的意见；如方志编纂中卷目设置上的"自然地理卷"应为"自然环境卷"的观点，动植物名称应统一用"二名法"和志书应编制"索引"等主张，以后都为地方志修撰实践所接受；在关于《水经注》的地名学成就、越语方言地名、中国地名学史等方面也有深入的论述。他还直接参与修撰实践，主编了多部地名志书与地名词典等。相关研究成果集中体现在其论文集《陈桥驿方志论集》（杭州大学出版社，1997年版）、《陈桥驿方志论文续集》（中华书局，2011年版）以及独立编纂的《〈水经注〉地名汇编》（中华书局，2012年版）之中。

在陈桥驿诸多研究领域之中，最受世人瞩目的是他的"郦学"研究成果。陈桥驿早年即对《水经注》产生了浓厚的兴趣；从事学术活动之后，最初从地理学的角度加以深研，系统整理了《水经注》中的各类地理学资料；进而对文献流传的过程进行探究，厘清诸多郦学史上的疑案；再进一步从思想、文化角度，对郦道元其人、其书以及在文化史、地理学史上的重大意义等做了精辟的阐释，并提出了南北朝时期中国历史上存在一个"地理大交流"时代的观点。在此过程中，还整理、出版了多种《水经注》的点校、注释的新版本。这些学术成就，集中体现在他的《水经注研究》等4部论文集（《水经注研究》，天津古籍出版社，1985年版；《水经注研究二集》，山西人民出版社，1987年版；《郦学新论——水经注研究之三》，山西人民出版社，1992年版；《水经注研究四集》，杭州出版社，2003年版）以及如《水经注校证》（中华书局，2007年版）等新版本中。正是这数十年持之以恒、终身以之的深钻精研，陈桥驿成为中国当代最具代表性的《水经注》研究学者，并将郦学研究推向一个新的高峰。

除了学术研究和学术性著述外，陈桥驿在其学术生涯的早期（1950年代），结合当时承担的教学工作，还编写了诸多科普性、教辅类书籍；1980年代及其后，随着讲学、开会等社会事务的增多和随之各地游历的增加，因应各种场合之需，以及各类约稿之请，又撰写有为数不少的散文随笔和诗词文赋等文学性较强的文字，以及大量序跋性、纪念性、回忆性文章和自传性的回忆录等著述。2011年，主要记述其早年经历的自传性著作《八十逆旅》由中华书局出版。

陈桥驿自1954年起即在大学执教。1980年起，开始培养历史地理专业的硕士研究生。1980 年后至 2000 年，还曾多次受聘参与全国各地历史地理专业的博士、硕士研究生的论文评阅及答辩工作。教书育人，奖掖后学，不遗余力。

陈桥驿关心学术共同体建设，积极推动学科发展，特别是对历史地理学 1980 年以来在中国的发展起到了非常突出的作用。他于 1985 年至 1996 年连续两届出任中国地理学会历史地理专业委员会主任，1984 年至 2000 年连续四届出任浙江省地理学会理事长；亦曾任国际地理联合会（IGU）历史地理专业委员会咨询委员，英国剑桥国际传记中心荣誉委员，中国古都学会副会长，中国地名研究会学术顾问，浙江省中国文化研究会会长，浙江省乡土教育研究会会长等；还曾担任过《历史地理》《中国历史地理论丛》等学术刊物的副主编、主编、顾问等。

陈桥驿先生天资卓异，心性纯良，虽未完整接受正规大学教育，中年之前又多遭流离之苦及动荡之害，但仍矢志不渝，致力问学，终成一代大家。即使耄耋之年，仍坚持每日伏案，辛勤笔耕，直至生命的终点。

二、陈桥驿先生的治学历程

陈桥驿先生一生勤奋刻苦，致力问学；既有终身以之的郦学和绍兴史地研究，也在不同阶段按照工作安排或结合社会所需，不断开辟新的研究领域；他一直保持思想活力和"学术活性"，在学术生命里的每个时段、每个研究领域，都有独到之见，撰写了许多具有重要影响的论著。1948 年在新昌县立中学任教后，陈桥驿即开始撰写地理类文章向报刊投稿，1954 年在大学任教后，结合教学工作和学科建设需要，编写了多种地理科普类书籍。1958 年后，结合当时杭州大学综合性大学的办学导向和对科研工作的重视，明确选择宁绍地区作为自己的研究基地，开始聚焦学术研究，在广泛收集和阅读绍兴地方文献、分门别类整理《水经注》地理资料的基础上，结合扎实的实地考察和各处访求，在吴越史地研究与郦学研究这两大领域均取得重要成果。"文革"十年间，他在牛棚里仍冒险阅读《水经注》，辗转国内各地图书馆查阅《水经注》版本和校勘情况。1977—1990 年，经之前十数年沉潜、厚积而一朝勃发，他在进一步深化对宁绍地区的植被演替、河湖变迁及土地利用方式转变等涉及历史自然地理研究和历史经济地理研究的基础上，又开始了历史聚落和城市地理、历史民族地理等涉及历史人文地理领域的研究；同时，在系统整理《水经注》的地理学内容的基础上，也在《水经注》的版本、校勘及郦学史等领域又有极大拓展；并在地名学、方志学、古都学等领域，也有新的创获。1990 年后，他的研究在前述各方面仍有深化，著述更勤，写作更为多样化，其宏观性、指导性、针对性也更强。

兹按照时间顺序，将其治学历程和主要成果分述如下。

（一）科普地理、地理教育与区域地理（中国地理、世界地理）研究

陈桥驿是著名的历史地理学家，他自己也一直认可自己的地理学者身份，其学术生涯也是从地理学的研究开始的。从 1950 年代初开始，首先是一般性的地理学资料整理、汇编和通俗性解说，以科普性、教辅类著述为主，基本可归入"区域地理学"范畴。1960 年代后，虽然其逐渐选定历史地理和宁绍地区为自己的主攻方向，以及聚焦"郦学"研究，但在"文革"后期初步恢复学术活动之时，仍然主持了涉及南亚区域的地理书籍的翻译和编写工作。

陈桥驿的此类著述大体上可分为早期和近今两个时段。早期（1952—1960）多为编译、编写的通俗性、科普性著作。得益于对《水经注》的研究，陈桥驿首先编著了《淮河流域》（春明出版社，1952年版）、《黄河》（益智书店，1953 年版）、《祖国的河流》（新知识出版社，1954 年版）等介绍水系的著作。《祖国的河流》一书 4 年内竟9 次再版，成为解放后最畅销的地理书，陈桥驿因此出名。"（叶辉：

《陈桥驿：寻山问津治郦学》，《光明日报》2006 年 10 月 29 日）后陆
续编写了有关全国和各省概况的科普读物，如《江淮流贯的安徽省》
（地图出版社，1954 年版）、《民族融洽的贵州省》（地图出版社，1954
年版）等；以及简介外国地理常识的《欧洲资本主义国家地理》（地
图出版社，1953 年版）、《英国》（新知识出版社，1955 年版）、《日
本》（新知识出版社，1956 年版）、《高中外国经济地理》（浙江人民出
版社，1957 年版）、《世界煤炭地理》（商务印书馆，1960 年版）等；
1958 年又出版了对地理教育的论述《小学地理教学法讲话》（浙江人
民出版社，1958 年版）。这些虽为教辅类、通俗性的作品，但已经以
其流畅的文笔、新颖的资料而引起学术界的注意。

　　1966 年后，由于众所周知的原因，陈桥驿受到了不公正的对待。
直到 1973 年后，因国务院组织翻译一批外国地理著作，才任命他为
浙江省外语翻译组组长，主持翻译工作，先后翻译、出版了《尼泊尔
地理（自然、经济、文化与区域）》（浙江人民出版社，1978 年版）、
《马尔代夫共和国》（浙江人民出版社，1979 年版）、《不丹——自然与
文化地理》（浙江人民出版社，1980 年版）等。其后，又在 1980 年
代主持了"世界农业地理丛书"之《印度农业地理》（商务印书馆，
1996 年版）的编写。

　　（二）宁绍史地和吴越文化研究

　　陈桥驿以"历史地理学家"名世，他真正从事严格意义上的学术
研究，并在学术界确定其地位且获得广泛赞誉，也是从历史地理学的
研究开始的。至此，历史地理学成为陈桥驿一生为之奋斗的领域，可
谓是终身以之也为之终身付出的学科。而他的历史地理学研究，是从
对家乡绍兴所在地的宁绍地区开始的。正如杨向奎先生所论："陈桥驿
先生是从研究宁绍平原起家的，他 1960 年代在《地理学报》上发表
的两篇关于宁绍平原鉴湖、森林变迁的论文，立即引起注意。以后对
宁绍平原的城市、聚落、水系变迁的研究都被认为是宁绍平原研究的

权威。"(《杨向奎教授序》，史念海著:《河山集三集》，人民出版社，1988 年版)

　　"早在 60 年代，他就发表了《古代鉴湖兴废与山会平原农田水利》《古代绍兴地区天然森林的破坏及其对农业的影响》等文章，立刻受到历史地理学界的瞩目。"[吕以春:《剑锋磨砺出，梅香苦寒来——记陈桥驿教授的学术业绩》，《科技通报》第 5 卷（1989 年）第 2 期] 其中，《古代绍兴地区天然森林的破坏及其对农业的影响》一文，是提交 1963 年 11 月在杭州召开的中国地理学会第三次代表大会的会议论文，当时在"历史地理组"就引起了热烈的讨论 [《中国地理学会召开第三届代表大会暨 1963 年支援农业综合性学术年会》，《地理学报》第 30 卷（1964 年）第 1 期]。"鉴湖"一文由《地理学报》编辑部委托谭其骧先生审阅，"森林"一文则由侯仁之和谭其骧两位先生共同推荐，分别于 1962 年和 1965 年，均在《地理学报》发表。

　　对于陈桥驿 1960 年代在宁绍地区所展开的研究之于初创时期中国历史地理学研究的示范性意义，辛德勇先生在陈桥驿先生逝世后，曾有这样的评价:"中国的历史地理学科，是在承受传统沿革地理学余绪的基础上，于上个世纪五六十年代创建发展起来的一门学科。在创立这一学科的过程中，侯仁之、史念海、谭其骧三位先生堪称开山祖师，陈桥驿先生则是紧随其后、贡献最为卓著的学者。历史地理学与传统沿革地理学的区别，关键在于引入地理学的观念和方法。60 年代前期，陈桥驿先生在《地理学报》上相继发表的《古代鉴湖兴废与山会平原农田水利》（1962 年）和《古代绍兴地区天然森林的破坏及其对农业的影响》（1965 年）这两篇文章，在总体上，把历史学的根底和地理学的手段，紧密融为一体;在具体研究过程中，还把历史自然地理的要素和历史经济地理的内容，联结成为有机的统一体。文章眼光独到，论证精湛，至今仍有典范意义;特别是对于在历史地理学研究中占有很大比重的地方性区域研究来说，更是无与伦比。先生这些研究，对创立和推动这一学科发展的贡献，与三位祖师差可比肩，而

且随着学术的进一步发展，历久而弥光。"（辛德勇：《悼念陈桥驿先生》，《中国历史地理论丛》2015 年第 2 辑）

此后，陈桥驿主要围绕宁绍地区，展开了涉及历史自然地理、历史人文地理等多方面的研究。这些成就，除了散见于大量的学术论文和若干专著之外（如《绍兴史话》，上海人民出版社，1982 年版；《绍兴历史地理》，上海书店出版社，2001 年版；《绍兴简史》，中华书局，2004 年版等），还集中体现在 1999 年中华书局出版的论文集《吴越文化论丛》一书之中。同时，他还进行了宁绍地区地方文献的搜集、整理和研究，如整理出版《绍兴地方文献考录》（浙江人民出版社，1983 年版），共有"书篇目录 1200 余种，分作 18 类"，"这本书成为绍兴地区方志编纂和历史地理研究的必备参考书"（颜越虎：《陈桥驿方志学说与修志实践研究》，《广西地方志》2004 年第 4 期）；引回并点校乾隆抄本《越中杂识》，该书"在国内排印出版时，我国负责古籍整理领导工作的李一氓先生，曾以十分喜悦的心情说，这'对古籍整理是很大的贡献'"（诸葛计：《稀见著录地方志书概说——关于合力编纂〈中国稀见著录方志提要〉的建议》，《中国地方志》1999 年第 3 期）。

（三）其他历史地理专题和历史地理学理论研究

在对宁绍地区历史地理进行深入研究的基础上，陈桥驿还扩展自己的研究领域，对浙江省不同地区乃至国内其他地区，进行过若干专题性的研究，如对浙江省的自然灾害（《浙江省历史时期的自然灾害》，《中国历史地理论丛》1987 年第 1 辑；《浙江灾异简志》，浙江人民出版社，1991 年版）、山地垦殖与森林变迁（《历史上浙江省的山地垦殖与山林破坏》，《中国社会科学》1983 年第 4 期）、粮食种植业发展（《浙江古代粮食种植业的发展》，《中国农史》1981 年第 1 期）等的研究，对中国大运河的研究［《南北大运河——兼论运河文化的研究和保护》，《杭州师范学院学报（社会科学版）》2005 年第 3 期；主编《中国运河开发史》，中华书局，2008 年版〕等，均有许多独到的见解。尤其重要的是，在 1970 年代后期，他协助谭其骧、史念海等先生主编《中国自然地理·历史自然地理》（科学出版社，1982 年版），执笔撰写了"总论"部分，对历史自然地理学的研究对象、研究方法等做了精辟的论述。

陈桥驿长期担任中国地理学会历史地理专业委员会主任，承担了大量组织、领导本学科发展的任务。在此过程中，他有大量文章、讲话、序言、书评等，涉及对历史地理学发展的论述；综述中，如《近十年来历史地理研究的新进展》〔《地理学报》第 49 卷（1994 年）增刊〕、《历史地理学的回顾与展望》〔《杭州师范学院学报（人文社会科学版）》2001 年第 4 期〕；序言中，如《〈中国历史地理〉序》（张步天著，湖南大学出版社，1987 年版）、《〈西域历史地理〉序》（苏北海著，新疆大学出版社，1988 年版）、《〈中国历史地理简论〉序》（马正林著，陕西人民出版社，1987 年版）等；书评中，如《评〈西汉人口地理〉》（《历史地理》第 7 辑，上海人民出版社，1990 年版）、《评〈黄淮海平原历史地理〉》〔《地理学报》第 49 卷（1991 年）第 4 期〕、《读〈河山七集〉》〔《陕西师范大学学报（哲学社会科学版）》1999 年第 4 期〕等。

（四）历史城市地理与古都学

在历史人文地理学诸多分支学科中，陈桥驿尤其对历史城市地理学（包括"古都学"）用力最多。1985 年，陈桥驿出任中国地理学会历史地理委员会主任，他意识到，"除了在全国范围领导这门学科以外，我必须建立我自己在这门学科中的特色。于是，我就把我涉猎较多的历史城市研究纳入其中"，"当时正值中国古都学会建立，史念海先生任会长，我任副会长。从此我就在这个领域中投入了较多的力量。"（陈桥驿：《我的为学经历》，《浙江学刊》2000 年第 1 期）

可以说，陈桥驿是国内改革开放后较早对历史城市地理领域进行编《中国运河开发史》，中华书局，2008 年版〕等，均有许多独到的见解。尤其重要的是，在 1970 年代后期，他协助谭其骧、史念海等先生主编《中国自然地理·历史自然地理》（科学出版社，1982 年版），执笔撰写了"总论"部分，对历史自然地理学的研究对象、研究方法等做了精辟的论述。

陈桥驿长期担任中国地理学会历史地理专业委员会主任，承担了大量组织、领导本学科发展的任务。在此过程中，他有大量文章、讲话、序言、书评等，涉及对历史地理学发展的论述；综述中，如《近十年来历史地理研究的新进展》〔《地理学报》第 49 卷（1994 年）增刊〕、《历史地理学的回顾与展望》〔《杭州师范学院学报（人文社会科学版）》2001 年第 4 期〕；序言中，如《〈中国历史地理〉序》（张步天著，湖南大学出版社，1987 年版）、《〈西域历史地理〉序》（苏北海著，新疆大学出版社，1988 年版）、《〈中国历史地理简论〉序》（马正林著，陕西人民出版社，1987 年版）等；书评中，如《评〈西汉人口地理〉》（《历史地理》第 7 辑，上海人民出版社，1990 年版）、《评〈黄淮海平原历史地理〉》〔《地理学报》第 49 卷（1991 年）第 4 期〕、《读〈河山七集〉》〔《陕西师范大学学报（哲学社会科学版）》1999 年第 4 期〕等。

（四）历史城市地理与古都学

在历史人文地理学诸多分支学科中，陈桥驿尤其对历史城市地理学（包括"古都学"）用力最多。1985 年，陈桥驿出任中国地理学会历史地理委员会主任，他意识到，"除了在全国范围领导这门学科以外，我必须建立我自己在这门学科中的特色。于是，我就把我涉猎较多的历史城市研究纳入其中"，"当时正值中国古都学会建立，史念海先生任会长，我任副会长。从此我就在这个领域中投入了较多的力量。"（陈桥驿：《我的为学经历》，《浙江学刊》2000 年第 1 期）

可以说，陈桥驿是国内改革开放后较早对历史城市地理领域进行

且随着学术的进一步发展，历久而弥光。"（辛德勇：《悼念陈桥驿先生》，《中国历史地理论丛》2015 年第 2 辑）

此后，陈桥驿主要围绕宁绍地区，展开了涉及历史自然地理、历史人文地理等多方面的研究。这些成就，除了散见于大量的学术论文和若干专著之外（如《绍兴史话》，上海人民出版社，1982 年版；《绍兴历史地理》，上海书店出版社，2001 年版；《绍兴简史》，中华书局，2004 年版等），还集中体现在 1999 年中华书局出版的论文集《吴越文化论丛》一书之中。同时，他还进行了宁绍地区地方文献的搜集、整理和研究，如整理出版《绍兴地方文献考录》（浙江人民出版社，1983 年版），共有"书篇目录 1200 余种，分作 18 类"，"这本书成为绍兴地区方志编纂和历史地理研究的必备参考书"（颜越虎：《陈桥驿方志学说与修志实践研究》，《广西地方志》2004 年第 4 期）；引回并点校乾隆抄本《越中杂识》，该书"在国内排印出版时，我国负责古籍整理领导工作的李一氓先生，曾以十分喜悦的心情说，这'对古籍整理是很大的贡献'"（诸葛计：《稀见著录地方志书概说——关于合力编纂〈中国稀见著录方志提要〉的建议》，《中国地方志》1999 年第 3 期）。

（三）其他历史地理专题和历史地理学理论研究

在对宁绍地区历史地理进行深入研究的基础上，陈桥驿还扩展自己的研究领域，对浙江省不同地区乃至国内其他地区，进行过若干专题性的研究，如对浙江省的自然灾害（《浙江省历史时期的自然灾害》，《中国历史地理论丛》1987 年第 1 辑；《浙江灾异简志》，浙江人民出版社，1991 年版）、山地垦殖与森林变迁（《历史上浙江省的山地垦殖与山林破坏》，《中国社会科学》1983 年第 4 期）、粮食种植业发展（《浙江古代粮食种植业的发展》，《中国农史》1981 年第 1 期）等的研究，对中国大运河的研究［《南北大运河——兼论运河文化的研究和保护》，《杭州师范学院学报（社会科学版）》2005 年第 3 期；主并且提出了很多具有建设性的意见，例如地方志记载的植物、动物名称宜用"二名法"、地方志要编"索引"等，以后都成为地方志修撰的标准。正因为其在方志学领域的成就，全国各地的地方志修撰工作者只要有机会，都会请他指导、为志书写序等，浙江省很大一部分地方志都请他撰写过序言。

"陈先生的方志学说涉及面较广，内容也很丰富，既有属于理论层面的，其分析鞭辟入里，其观点发人深省；也有属于技术层面的，针对性、指导性和可操作性很强"。其"方志学说主要体现在以下几个方面"：（1）关于方志的资料性，一再强调"地方志是一种资料书"，故篇幅不嫌其长，注释则更应不厌其繁、细；（2）关于方志的学术性，如原志书中有"自然地理篇（卷）"的设置，而其内容包括地质，这当然是不妥当的，所以提出把《自然地理》这个卷目改为《自然环境》的建议，以及植物、动物名称宜用"二名法"等主张；（3）关于方志的实用性，认为"地方志的实用性，除了资料的丰富适当外，还有至关重要的方面，即让读者使用便利"，而让读者使用便利，莫过于编制索引，故一再强调地方志编制索引的重要性（颜越虎：《陈桥驿方志学说与修志实践研究》，《广西地方志》2004 年第 4 期）。

（七）地名学

陈桥驿是我国现当代地名学研究的开拓者之一。1979 年，当时的杭州大学为庆祝建国 30 周年召开科学报告会，他即撰写了《论地名学及其发展》的论文，该文后正式发表于《中国历史地理论丛》第 1 辑（陕西人民出版社，1981 年版）；此文明确了地名学的研究对象和范围，华林甫先生称该文"为中国的地名学史研究奠定了基础"（华林甫：《中国地名学源流》，湖南人民出版社，1999 年版）。而后，更是在关于《水经注》的地名学成就、越语方言地名等方面，有诸多重要论述，如《地名学与地理教学》（《中学地理教学参考》1980 年第 5 期）、《论浙江省的方言地名》（《浙江学刊》1983 年 2 期）、《浙江省都是中国史学研究上的罕见奇观"，并将其对郦学研究的贡献，归纳为 8 个方面：（1）对《水经注》版本学研究的贡献；（2）对郦学史研究的贡献；（3）《水经注疏》版本及校勘研究；（4）对赵（一清）、戴（震）《水经注》案给予客观评价；（5）对历代郦学家治郦贡献的评价；（6）校勘、考据与辑佚研究；（7）对《水经注》中的内容进行分类整理，如地理内容、地名、建筑、文献、金石、军事年表、歌谣方言等，予以系统梳理和考证注释；（8）对地理学研究的重大贡献，包括从现代地理学角度出发所进行的各类资料的分析和归纳，以及提出南北朝时期中国存在一场规模庞大的"地理大交流"的观点；并指出，这些成就，都进一步发展了对该书研究的地理学方向（王守春：《陈桥驿与郦学研究》，《史学月刊》1993 年第 5 期）。

与此项研究紧密相关的是，也可以算是郦学研究的一项副产品，陈桥驿在 1980 年代初期，针对徐霞客研究在国内的兴起，最早在学术界提出"徐学"的概念，并进一步论述了徐霞客研究中的若干方向性的问题，如《论徐学研究及其发展》（《浙江学刊》1988 年第 2 期）、《扩大徐霞客研究》（《浙江学刊》1992 年第 4 期）、《关于"徐学"的兴起与当前研究》（载《徐霞客在浙江》，浙江教育出版社，1998 年版）等。

（六）方志学

陈桥驿在《陈桥驿方志论集》序言中言及："我不是方志学家，生平并未系统地研究过方志学这门学问……"他还多次说到自己仅是方志的"大用户"。虽然他并没有"系统地研究过方志学这门学问"，但是这并不影响他对方志学的贡献和所取得的成就。因为从事历史地理学研究之需，陈桥驿在其研究过程中经常用到大量的地方志资料，并且在 20 世纪 50 年代，曾经在大学地理系开设过方志学的课程；因此，他对方志学有自己独到的看法。他多次参加指导地方志的编纂工作，发表了大量关于地方志研究的论文，还引进了多部流失海外的地方志，系统研究的学者，其贡献主要表现在三个方面：第一，对宁绍地区乃至浙江省其他地区的聚落、城市等的发展、演变，如绍兴、杭州等，进行了深入的个案研究，具有示范性意义；第二，对中国的城市、古都等发展进行了宏观的论述，主持编纂了一批有影响的著作，对中国当代的相关领域研究有很大的推动作用，如先后主编《中国六大古都》（中国青年出版社，1983 年版）、《中国历史名城》（中国青年出版社，1986 年版）、《中国七大古都》（中国青年出版社，1991 年版）、《中国都城辞典》（江西教育出版社，1999 年版）等；第三，引入国际上对中国城市发展的若干最新研究成果和论述，倡导进行中外城市的比较研究等，主持翻译了国际上关于中国历史城市地理研究的名著《中华帝国晚期的城市》（中华书局，2000 年版）等。在此过程中，他提出了若干有较大创新性的学术观点，如对六大古都、七大古都的认定，以及对聚落、城市演变规律的论述和对古都、大古都的界定等（如《论绍兴古都》，《历史地理》第 9 辑，上海人民出版社，1990 年版；《中国古都研究》，《杭州师范学院学报》1994 年第 1 期；《聚落·集镇·城市·古都》，《河洛史志》1994 年第 3 期）。

（五）郦学

郦学研究（即"水经注研究"）是陈桥驿一生为之钟情的领域，始则出于兴趣，长则围绕所投身的地理学专业而以地理学者的眼光、角度来研判，终则扩而广之，成为汪洋恣肆、无所不包的庞大体系，涵盖了诸多学术领域，陈桥驿也成为当代海内外郦学研究的代表性人物。

1950 年代中期之后，在从事了地理学专业的教学、科研工作以来，陈桥驿发现了传统郦学研究中的不足和薄弱环节，因此，他最初对《水经注》的研究，是从地理学角度展开的，比较注重用现代地理学的观点与方法研究《水经注》。邹逸麟先生曾经评价："从现代地理学角度研究《水经注》，实由先生始。"1985 年《水经注研究》论文集出版后，侯仁之先生说此"为《水经注》研究开拓了一个新途径"，史念海先生称这是"用新法研治郦注，别开生面，为郦学一大转折点"（转引自《水经注研究二集·序》），均对其地理学角度的研究赞誉有加。在此基础上，围绕研究中新发现的一系列问题，也随着研究环境的宽松和学术视野的扩大，他对《水经注》的研究也向宽、深的领域扩展，涉及到版本、校勘和郦学史等诸多方面。这样的学术路径和学术成就，集中体现在其点校的各种《水经注》版本中，以及 4 部《水经注研究》论文集中。

　　陈桥驿的 70 多部著作中，仅郦学著作就有将近 30 部，还有大量的论文，这些成果奠定了其在郦学史上的地位。他曾表示："胡适在生命最后 20 年研究《水经注》，而我研究它已经有 25 个年头了。可以说《水经注》就是我的生命。"（周能兵、钱玲：《陈桥驿：自学而成的国学泰斗》，《绍兴晚报》2008 年 4 月 18 日）阚维民先生在其文章中也称："陈先生视《水经注》如玉石，对其研治可谓精雕细凿，从细微分析《水经注》记载的各种自然地理和人文地理现象入手，然后扩展到搜寻《水经注》的版本和佚文、探索郦学家和郦学研究学派、分门别类辑录汇编《水经注》所涉资料，最后逐条逐句校释和译注《水经注》。正是凭着这种细致钻研的精神，陈先生的郦学研究获得了丰硕的成果。"（阚维民：《精雕细凿，孜孜不倦——拜读陈桥驿先生郦学研究新著有感》，《中国历史地理论丛》2003 年第 1 辑）

　　陈桥驿可以说是从小就与《水经注》结缘，高中时已经开始对它自学研究，甚至在"文革"时期依然坚持不懈。他的郦学研究包括传统的对《水经注》版本、目录、校勘、辑佚、翻译、郦学家、郦学史等的研究，还从地理学、历史学、地名学、评介等方面对《水经注》做了更加广博精深的研究。这些研究成果可以与全祖望、赵一清、戴震、杨守敬、熊会贞、胡适等前辈大师成就比肩，某些方面更有新的推进和开拓。因此，王守春先生赞誉："在众多的研究《水经注》的学者之中，没有谁像杭州大学陈桥驿教授那样取得成果之丰。这些县（市）名简考》[《中国历史地理论丛（第 2 辑）》，陕西人民出版社，1985 年版]、《论地名重合》（《中国地名》1991 年第 1 期、第 3 期）、《中国的非汉语地名——以〈水经注〉记载为例》（《中国方域》1993 年第 3 期）、《论中国的非汉语地名》（《中国地名》1998 年第 3 期、第 4 期）、《中国古代的地名研究》（《中国地名》2000 年第 5 期、第 6 期）等。陈桥驿还主编有多部地名词典与地名志等[侯慧粦：《陈桥驿与地名学》，《绍兴文理学院学报（哲学社会科学）》2013 年第 3 期]。

（八）历史地图学

陈桥驿对各类地图，包括古地图和历史地图，都进行过较为深入的研究。早在 1950 年代，他就为有关出版社审定过地图，1960 年代曾用英文撰写了《中国古代的地图绘制》（*Map-Making in Ancient China*），发表在当时国内出版的英文杂志《中国建设》（*China Reconstructs*）1966 年第 4 期上。1980 年代中期，当谭其骧先生主编的八卷本《中国历史地图集》正式出版后，他即撰文给予评论（《评〈中国历史地图集〉》，《中国社会科学》1985 年第 4 期）。此后，又先后对侯仁之先生主编的《北京历史地图集》、史念海先生主编的《西安历史地图集》等予以评论（《评〈北京历史地图集〉》，《中国社会科学》1989 年第 4 期；《评〈西安历史地图集〉》，《历史研究》1997 年第 3 期），指出历史地图绘制中的一些经验、问题和规律。在晚年，针对浙江省历史地图集的编绘工作，还撰文提出诸多设想和建设性意见[《关于〈浙江省历史地图集〉的编绘》，《杭州师范学院学报（社会科学版）》2007 年第 2 期]。

（九）治学经验总结与学术规范倡导

进入 1990 年代后，学术界出现了许多所谓"学术不端"或"学术腐败"现象，陈桥驿对这些学术丑恶现象深恶痛绝。因此，他在后期的学术生涯里，一方面大力提携后学，在文章、序跋中介绍自己

的治学经历，如《为学的教训》（《高教学刊》总第 10 期，1990 年）、
《我的为学经历》（《浙江学刊》2000 年第 1 期）等；另一方面，针对
社会上的丑恶现象和学术界的不端行为，口诛笔伐，直言批判，如在
《论学术腐败》（《学术界》2004 年第 3 期）一文中，指出学风不良、
学术腐败远比刑事犯罪和伪劣商品更为严重，它可以从根本上斫伤我
们民族的元气。另外如《学问与学风》[《杭州师范大学学报（社会科
学版）》2008 年第 6 期]、《"恐诺症"——兼论科研机构及高校的体制
问题》（《学术界》2008 年第 5 期）等，也是这一方面的代表作。

（十）非学术性的著述

陈桥驿天资聪颖，有家学渊源，兼以个人勤勉为学，打下了坚实
的传统文化根基。在几十年的求学、游历、教学和科研过程中，往往
有感而发，写下了许多抒情性、描述性的文字；1980 年代及其后，更
随着各类约稿的增多，在继续撰写有为数不少的散文随笔和诗词文赋
等文学性较强的文字外，还有大量序跋性、纪念性、回忆性文章和自
传性的回忆录等著述。游记类的，如《东瀛散记》系列（《联谊报》
1994 年 2—5 月刊载）、《北美散记》系列（《野草》1996 年第 3、4、5
期刊载）等；回忆性的，如《我与图书馆》（《浙江九三》2004 年第 6
期）、《回忆在承天中学的一年多岁月——〈百年华诞〉序〉》（载《绍
兴文史资料》第 22 辑，2008 年）等；2011 年，主要记述其早年经历
的自传性著作《八十逆旅》由中华书局出版。同时，他还写有大量古
体诗词；晚年，更应家乡水利、城建等部门约请，撰写了《鹿湖园记》
《运河园记》《柯水园记》《围海纪念碑记》等文赋。这些文字均文辞
雅驯，条理畅达，堪为大家之作。此外，他与学术界和社会各界长期
保持密切交往，书信往还不断，故还有大量的书信存世。该类文稿因
数量多，散见各处，还有待于进一步收集、整理。

三、本次学术论文编选和整理情况

如前所述，陈桥驿先生留下了大量著述，学术性论文也几乎篇篇都有独到见解，因本书篇幅所限，只能选取"精粹"之作。为此，本次编选以学术为标准，选取以学术问题的讨论和具有原创性观点的论文为主，形式上则多数为严谨的学术论文，兼及少数以思想、观点阐述为主的书评及综述性文字。编排中，先以先生主要学术领域为纲，各文分类相从；各类中，再以写作或发表时间为序，以体现其学术历程。同时，选入的论文在满足学术性的前提下，亦适当兼顾早期与晚期的写作，以窥其时代印迹和学术思想的演进过程与发展脉络。

陈桥驿先生以宁绍地区历史地理研究起家，为中国现代历史地理学创建阶段的重要参与者和杰出实践者；先生亦以郦学研究名世，是大陆地区新时期郦学研究的集大成者和诸多新研究方向的开拓者。其在以宁绍地区为核心、主要涉及浙江省域的历史地理研究及相关文史研究（即"吴越史地"领域）和郦学研究（即"水经注研究"领域）这两大领域的学术研究开始时间既早，延续时间又长，所取得的成就亦为学术界所公认。相关论文中所体现的研究理路、研究方法和思考深度，以及表达上的收放自如、浑然天成，均足为后世法，堪为相关领域的经典之作。因此，这里选录"吴越史地"研究领域的8篇论文和"郦学"研究领域的8篇论文，作为第一部分和第二部分。

第一部分"吴越史地"研究的8篇论文，前面4篇即关于绍兴地区历史地理的研究，涉及自然环境变迁、经济开发过程与聚落演进模式，堪称小区域历史地理研究的典范。《古代鉴湖兴废与山会平原农田水利》和《古代绍兴地区天然森林的破坏及其对农业的影响》两文，其论题缘起和论述的落脚点，在于回应1960年代地理学为农业服务的需求，但其坚实的文献基础和细致的实地考察，成为当时初创阶段科学的历史地理学研究的杰出范例，得到侯仁之先生和谭其骧先生的赞誉，对后学者具有很强的示范意义。《历史时期绍兴地区聚落的形成与发展》和《历史时期绍兴城市的形成与发展》两文，构成了一个完整的历史聚落地理研究序列，对中国东南地区的聚落选址、城市布局等方面的特点，以及对村落、集镇、城市、都城的演替序列及其背后原因的揭示，都深具启发意义。陈桥驿后来关于历史自然地理研究、古都学研究等方面的理论概括，正是奠基于这些坚实的实证研究的基础之上。《古代于越研究》一文则是地方史、民族史领域的研究内容，也是在其收集、整理和研读了大量地方文献的基础上，对宁绍地区早期历史研究的重要贡献。《浙江古代粮食种植业的发展》和《历史上浙江省的山地垦殖与山林破坏》，是对浙江省域范围环境变迁和经济开发过程的概括和总结；《吴越文化和中日两国的史前交流》则具有跨国区域比较研究的意味；这些研究亦多以宁绍地区为研究起点或比较对象，也是以对宁绍地区的深入研究为基础而拓展、铺陈开来的。

第二部分"郦学研究"的 8 篇论文，则各有侧重，以期全面反映陈先生郦学研究各方面的成就。《〈水经注〉的地理学资料与地理学方法》一文，发表于 1964 年，可以认为是陈桥驿用现代地理学的观点和方法研究《水经注》的初步总结；其前期的《水经注》研究，正是集中在对其地理学内容的整理与分析，后来结集出版的《水经注研究（一集）》，其中绝大部分成果，都是这一时期用现代地理学的观点和方法研究《水经注》的积累所得。在从事相关研究的过程中，又对《水经注》的版本问题、校勘问题等，逐渐予以关注，并展开深入讨论；《论〈水经注〉的版本》《关于〈水经注疏〉不同版本和来历的探讨》等文，就是这方面研究的代表。其后，陈桥驿又展开学术史的梳理，并对郦学史上的若干疑案等展开研究。《论郦学研究及其学派的形成与发展》《郦学概论》等文，即介绍了郦学研究中所存在的考据、词章、地理等三大学派发展状况、赵戴相袭案始末等。再由其书而至其人、其时代，对《水经注》其书在地理学史上的地位、对郦道元生平以及其所处时代等进行研究，并提出"地理大交流"的观点。《郦道元生平考》《郦道元和〈水经注〉以及在地学史上的地位》等文，在这方面有细致的论述和系统的总结。最后一篇《民国以来研究〈水经注〉之总成绩》一文为综述性文字，对民国以来郦学各方面研究状况，作了精当的概括；该文后被陈先生选作《水经注校释》（杭州大学出版社，1999 年版）的代序。

20 世纪 80 年代之后，陈桥驿除在前两个领域继续深耕之外，又结合学术发展趋势和社会迫切需要，拓展自己的研究领域，在方志学、地名学、古都学和历史地图编绘、徐学研究、运河研究等领域，做了深入的思索与探究，提出诸多精辟论述，或高屋建瓴，评点得失，指引方向；或触类旁通，见微知著，指点迷津，对聚落演变、古都界定、地名发展、历史地图编绘和地方志编纂中的篇章确定、索引编制等，每多真知灼见，既令人信服，又启人思考。在这些限于时间、精力而无暇多做具体研究的领域，其著述亦非应景之作，而是独出机杼，自成格局，显示出学养的深厚和思维的敏锐。前述相关内容，本书依次编为第三部分（方志学、地名学、古都学）和第四部分（其他），共计 15 篇文章。

第三部分编入方志学、地名学、古都学方面的文章 9 篇，主要选录陈先生在这三个领域具有一定的理论性、或提出独到见解的文章，虽然各文篇幅不长，但或具有很强的指导意义，或进行了一定深度的理论概括。包括涉及方志学的 4 篇文章，分别为 1987 年的《绍兴修志刍议》、1989 年的《地理学与地方志》、1992 年的《地方志与索引》和 1996 年的《北美汉学家论中国方志》；涉及地名学的 3 篇文章，分别为 1981 年的《论地名学及其发展》、1983 年的《论浙江省的方言地名》和 2000 年的《中国古代的地名研究》；涉及古都学的 2 篇文章，分别为写于 1989 年、在日本做过讲演的《中国的古都研究》（后发表于 1994 年）和写于 1994 年的《聚落·集镇·城市·古都》。

第四部分选编了一些总论性、评述性的文章，因涉及面较广，定题为"其他"，计有 6 篇文章，可分为 4 个方面，涉及历史地理学理论阐述、徐学研究、运河研究和历史地图编绘等问题。

《历史自然地理学的研究对象与研究方法》一文是《中国自然地理·历史自然地理》一书的"总论"部分，写于1979年前后，实际上是一篇历史自然地理学的总论性的论文，论述了历史自然地理学的研究对象、研究方法、研究意义等。虽然该文有时代烙印，但反映了该时期中国历史自然地理的研究状况和认识深度，今天读来仍不失其启发意义。原书中该部分撰写者署名为陈桥驿、王守春；王守春先生曾经撰文，说明该文主要由陈先生执笔完成，故这里全文选录。王守春先生对此文的意义也有精当概括："在该'总论'中，陈先生提出历史自然地理的性质、研究内容和研究方法，为历史自然地理的学科建设奠定理论基础，这是对我国历史自然地理学发展的重要贡献。"（王守春：《关于陈桥驿先生与〈中国自然地理·历史自然地理〉一书编写的若干回忆》，罗卫东、范今朝主编：《庆贺陈桥驿先生九十华诞论文集》，浙江大学出版社，2012年版）。

《学论与官论——关于历史地理学的学科属性》一文写于2000年前后，诚如该文副标题所指出的，是关于历史地理学学科性质的讨论；虽然学术界对此尚有不同看法，但陈先生在该文中说明了历史地理学界对该问题讨论的过程，并坚持自己一以贯之的看法；全文所论对学界加深及全面认识这一问题，仍有重要意义。

对徐霞客及《徐霞客游记》的研究，陈先生约于1980年代初期参与其中，主要是借鉴郦学研究的体会，对相关研究给予指导。他首提"徐学"概念，对于《徐霞客游记》的地理学意义充分肯定，对相关研究很早就给予厚望，希望提升其学术内涵。这些论述，对于"徐学"研究中确立学术导向、拓展研究思路等，都具有很强的指导性意义。这里选录一篇，一窥其貌。

对于中国大运河的研究，陈先生也很早就在对绍兴史地研究中有所涉及，曾经有专文对"浙东运河"展开论说（《浙东运河的变迁》，唐宋运河考察队编：《运河访古》，上海人民出版社，1986年版），虽然仅是介绍性文字，但在当时也具有先导意义。进入21世纪，随着国家对大运河研究的重视，他于 2005 年撰文（即这里选录的《南北大运河——兼论运河文化的研究和保护》），明确提出中国大运河不仅是现京杭运河段落，还应包括浙东运河等历史上不同时期的承担运河功能的各个段落，并使用"南北大运河"这一术语。这些论述，对于全面认识中国大运河的内涵和构成，对于后来将不同时期运道整合以"中国大运河"之名申遗等，都提供了重要的学理支撑。

陈桥驿先生对古地图研究和历史地图编绘，一直非常重视，撰有多篇论文、书评等，既有论述传统地图绘制、整理情况以及讨论历史地图编绘的，也对出版的诸多历史地图集等予以评论。这里选录两篇，一篇为 1985 年为《中国历史地图集》正式出版所写的书评（《评〈中国历史地图集〉》），该文内容全面、深入，对该图集的价值和示范意义做了深刻阐发，对于推动中国现当代历史地图集的编绘和出版，发挥了重要作用。另一篇则是 2007 年就《浙江省历史地图集》编绘工作所作的一些初步设计和构想（《关于〈浙江省历史地图集〉的编绘》）；编绘《浙江省历史地图集》，是陈先生长期的心愿，并为此做出很多准备和努力，本文即是他对编绘《浙江省历史地图集》的若干想法和意见；这里选录此篇，既为存史，亦为鞭策，希望浙江省有关方面及各界人士能够群策群力，把这一重要的地方文化工程向前推进，完成陈先生未竟的心愿。

四、整理体例

·如前所述，陈桥驿先生著述宏富；生前不同阶段，他本人曾经就《水经注》研究、吴越史地研究和方志学研究等方面，编选过论文集；2018 年由人民出版社主持的《陈桥驿全集》，则将当时能够收集到的公开出版或见于各种出版物的学术著作和各类文字，以及生前经其整理、已经基本定稿的若干未刊稿编入，计 14 卷，共 2000 多万字。2020 年，为纪念陈桥驿先生逝世 5 周年，颜越虎、范今朝曾经编辑了《陈桥驿学术论文选编》一书。这些整理工作，特别是 2018 年《全集》

的整理和编定，对于我们全面认识陈先生的治学经历、学术成就乃至心路历程，具有重要的基础性意义，也是本次论文编选的重要基础。

具体选文的整理，原文内容均仍其旧，未做删减。因各文写作时代不同，表述方式和注释详略也有较大差别，所以主要在如下几个方面做了适当调整和统一：（1）文中个别表述与后来的情况有所不同的，或作者在后来编选论文集时有所更改的，酌予括注"编者注"（正文）和"编者说明"（脚注）予以说明；（2）若干古代典籍的引文，酌按通行版本或较新版本调整用字和标点，不另说明；（3）若干明显的笔误、排印错误或不合今天规范的用字等，则径改，不另说明；（4）个别文中有段落较长的情况，为阅读便利，酌予细分段落；（5）早期论文中数字多使用汉字数字，本次整理中，明显为表达数量概念的，均改为阿拉伯数字；若干按照规定应当使用汉字数字、或直接引用古文表述等情况，则仍使用汉字数字；（6）标点符号按今天使用习惯和规范酌予调整；（7）文中关于年代，多直接使用如"80年代"等（本书所选各文多指20世纪），按上下文意，一般不会有歧义，故未予更动；（8）为便利查检和阅读，各篇论文均采用页下脚注形式；具体注释内容，因不同时期规范不同，早期所注内容较为简略，整理中，除了期刊期号、出版年份等数字改为阿拉伯数字外，内容不再增补；极个别出处、刊名、期号、出版年等明显有误的，则径改，亦不再单独说明。

需要特别说明的是，论文中所附地图，均采用经《陈桥驿全集》编辑时人民出版社编辑部重新清绘的图件，这里谨致谢意。承蒙陈桥驿先生家属惠允编选本书，这里亦深致谢忱。

最后，关于本篇引言的标题和本书的书名，这里略作说明。按照本丛书编辑部的设想，希望选取能够反映先生人生经历、学术贡献且体现先生特点的文字来概括。我们首先想到的是"稽山鉴水"这四个字，这是先生的故乡绍兴最具代表性的景观，既是先生学术起步、重点研究的区域，也是先生一生萦怀挂牵、心心念念的家园；同时，"稽山鉴水"既可为名词，指代故乡绍兴，又可以别解，即"稽""鉴"

作为动词，"稽山鉴水"就有稽核、考鉴山川之意，正与先生从事的历史地理学研究相符。从学术成就而言，先生又是历史地理学大家，一生倾力于推进本门学科发展，《尚书序》有云："……于是遂研精覃思，博考经籍，采摭群言，以立训传"，所以，庶几可用"史地覃思"来描述先生的学术领域、治学历程和深刻思考。因此，本篇引言的标题，我们选用了"稽山鉴水，史地覃思"这八个字；至于书名，因需要简省，就以《史地覃思》定名。

第一篇

_____

吴越史地研究

古代鉴湖兴废与山会平原农田水利

鉴湖又称镜湖，还有南湖、长湖、大湖、贺监湖等许多别名，是长江以南最古老的大型农田水利工程之一。由于其对古代山会平原农田水利上的重要作用，因而成为我国东南地区历史上的著名湖泊。解放以来，地理学界对于古代鉴湖地区（即目前的萧绍平原）现代河湖网的研究，已经做了若干工作。古代鉴湖的湮废，为时已近 900 年，但目前萧绍平原的河湖网，和古代鉴湖仍然不无关系。为此，对鉴湖历史地理的探讨，与今日萧绍平原的农田水利也仍然不无意义。本文旨在阐明这一古代湖泊的兴废历程及其原因，并希望能为目前萧绍平原以至江浙其他平原地区的河湖水利研究方面，提供和累积一些历史地理资料。

一、鉴湖的地理基础

要了解古代鉴湖，首先须探讨其存在的地理基础。古代鉴湖分布在山阴和会稽两县境内，古代的山、会两县，幅员略大于今日的绍兴县境。境内从东南到西北，为会稽山脉所盘踞。北部是广阔的冲积平原，即山会平原。东小江（曹娥江）掠过会稽东境，西小江（浦阳江）流贯山阴西境和北境，二江均在北部的三江口附近注入后海（杭州湾）。

古代鉴湖形成和存在的自然地理条件，有三方面必须密切注意：第一是会稽山脉的复杂形势和鉴湖源流的关系；第二是浦阳、曹娥两江和鉴湖的关系；第三则是钱塘江下流江道和鉴湖的关系。

通常认为会稽山脉是曹娥、浦阳二江的分水岭，只是大体言之而已。实际上，会稽山脉是一片较广的丘陵地，东西最宽约 50 公里，东南至西北最长约 100 公里，其间丘陵的分布和走向都较复杂。会稽山脉的主干，绵亘于山会和诸（暨）嵊边界，海拔 700 米左右。从主干按西南东北走向，分出一系列海拔约 500 米左右的丘陵。这些丘陵的分布，形成了曹娥、浦阳二江和鉴湖之间的复杂水源关系。以绍兴西南境的尖子冈为起点，东北经龙池山、陶晏岭、五峰岭、甘平冈、台五冈等，直至曹娥镇以南的凤凰山止，称为化山山脉，是会稽山脉诸丘陵中的重要一支，成为古代鉴湖水系和曹娥江的分水岭。此外，从尖子冈迤北稍偏西，经龙潭冈、作丹冈、古博岭、辣岭、关口山、大武尖等，直至钱清镇西北的牛头山止，称为西干山脉，是会稽山脉诸丘陵中的另一重要分支，成为古代鉴湖水系与浦阳江的分水岭。由此，古代鉴湖的水源范围，包括化山山脉西北与西干山脉以东的较大流域，面积约为 1200 平方公里，其中丘陵地面积约 460 平方公里，这片丘陵，我们姑称之为稽北丘陵。稽北丘陵以化山、西干二山脉为主干，向北伸展出一系列几乎彼此平行的丘陵分支，这些丘陵分支之间，排列着许多南北流向的河流。各有其大小不等的集水范围，北流在山势开朗处形成一系列的冲积扇，冲积扇以下，则有宽狭不等的河漫滩，最后注入古代鉴湖。

如图 1 所列，独流入湖的主要河流为数已近二十。古人称鉴湖三十六源[1]，当然包括若干支流在内，它们为鉴湖形成提供了丰富的水源。

其次需要阐明的是曹娥、浦阳两江和古代鉴湖的关系。目前，稽北丘陵诸水均北流径出杭州湾，构成独立的所谓三江水系。但三江水系乃是晚近 400 年中一系列水利工程的产物。在古代鉴湖形成以前，稽北丘陵诸水，都由曹娥、浦阳两江下流承受，然后注入杭州湾。曹

---

[1] （宋）王十朋：《鉴湖说》上篇（《宋王忠文公文集》第七卷）。

会稽山脉

化山山脉

台五冈　凤凰山　伧塘溪
阁老山　岩里山　青塘诸溪
甘平冈　银山　富盛溪
下湾冈　万户山　御河
日铸岭　绕门山

上灶溪　若耶溪
大禹溪
湖野溪
南池溪

西干山脉

作丹冈　香炉峰
法华岭　姣娥山　栖凫溪
朱华山　殷家潭山　破潭溪
朱华山　姚山　木栅溪
捣米岭　尖头山　兰亭溪
辣岭　石壁山　苦竹溪
关口山　峡山　漓渚溪
老鹰尖　福全山　容山溪
毛山　铜山　项里溪　干溪
羊毛尖　长青冈　型塘溪
占家坞　姚家山　古城溪
西园山　铁锚山　枢里溪
古城岭　外枢山　白石溪
大石板山　牛头山

鉴湖

鉴湖诸斗门闸堰

山会平原

玉山斗门

后海

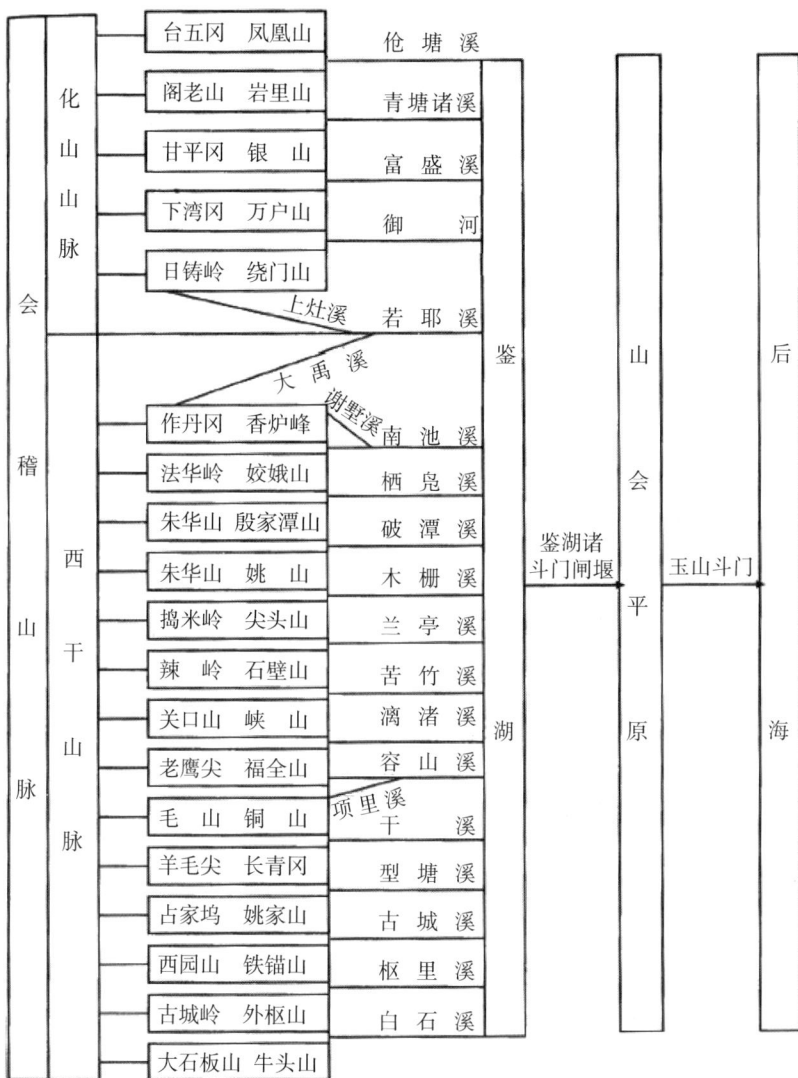

图 1　鉴湖源流图[①]

---

　　① 根据（明）徐渭:《水利考》（万历《绍兴府志》）;（清）宗源瀚:《浙江省全省舆图并水陆道里记》等。

娥江除河口部分外①，江道本身在历史上没有较大变化，它承受源自化山山脉诸水。浦阳江目前自临浦镇北流注入富春江，这是明天顺年间②（1457—1464）凿通七贤山（碛堰山）所造成的人工改道。在天顺以前，江道原由临浦镇东北沿山、萧两县县界南折至钱清镇，然后东流由三江口入海。当时，它承受源自西干山脉的全部河流。曹娥、浦阳两江都是潮汐河流，在历史时期，由于海塘和江塘均未修筑，钱江大潮由两江倒灌而入于鉴湖水系诸河，加上两江（特别是浦阳江）在历史上的频繁洪水，造成了山会平原的严重内涝。不仅平原北部长期以来曾经是一片沼泽地，即地势较高的平原南部，也因潮水倒灌，山水排泄不畅，而使河流泛滥漫溢，潴成无数湖泊。这些湖泊一方面是山水的积蓄之所，另一方面又和后海相通。③在枯水季节各湖彼此隔离，仅以河流港汊相联系，一旦山水盛发或高潮时期，则泛滥漫溢，成为一片泽国（早在鉴湖形成以前，这片泽国地区就被称为庆湖④，以后又改称镜湖⑤），是鉴湖形成的另一个重要条件。

最后还必须把钱塘江下流江道的变迁略加讨论。钱塘江和古代鉴湖虽无直接联系，但它通过曹娥、浦阳两江，仍和鉴湖发生密切关系，对古代鉴湖的形成也不无影响。钱塘江从杭州到尖山一段，历史上一再改道，江道移动于南大亹、中小亹和北大亹之间。春秋以前的江道

---

① 曹娥江下流在清顺治七年（1650）以前，向在三江口附近入海，以后曾随钱塘江下流江道的北移而偏向西北。清同治五年（1866），由于萧绍地区内涝，人工凿通西汇嘴，才形成今日江道。

② 浦阳江人工改道的时间，历史上主要有三种说法，一说在宣德年间（见明刘宗周《天乐水利图议》），一说在弘治年间（见明任三宅《麻溪坝议》），但此外多数著述均作天顺年间，清初史学家全祖望亦主是说（见全氏《鲒埼亭集》卷三四《答山阴令舒树田水道札》），故本文从天顺说。

③《水经注》卷四〇《浙江水》："北临大湖，水深不测，传与海通，何次道作郡，常于此水中得乌贼鱼。"案《晋书》列传第四十七《何充传》的记载，何充（字次道）于成帝时为会稽内史，说明直到晋代中叶，鉴湖地区仍和后海相通。至今鄮石湖和容山湖一带也还流传着"容湖观潮"的说法。

④（三国·吴）谢承：《会稽先贤传》贺氏条（《会稽郡故书杂集》）。

⑤（明）陈继儒：《太平清话》卷二："镜湖本庆湖也，避汉安帝父清河王讳，改为镜湖。"故镜湖之名先永而有。

史籍无载。春秋吴越交战时期（公元前 500 年前后），江出南大亹。^①此后直至南宋前期，未见江道变化记载，当以南大亹为主要通道。当时南沙尚未存在，江道紧逼山会平原北缘掠三江口而过。这样，钱塘江的潮汐和山洪，对曹娥、浦阳两江的影响，较之目前江道走北大亹的情况当然大不相同。由于钱塘江对曹娥、浦阳两江的强烈影响，而两江又将这种影响转嫁于它们的支流即鉴湖水系诸河，这样就大大增加了古代鉴湖地区内涝积水的程度，有助于鉴湖的形成和存在。

如上所述，稽北丘陵的广大集水面积和众多源流；曹娥、浦阳两江的山洪和潮汐的影响；而钱塘江江道的通过南大亹，又大大加强了这种影响。这是古代鉴湖形成和存在的主要地理基础，是研究鉴湖历史地理所首先必须注意的（图 2）。

二、鉴湖的形成和山会平原的农田水利

上文已经述及古代鉴湖形成以前山会平原成为一片泽国的情况，越王句践所说的"水行山处，以船为车，以楫为马"^② 即是这种情况的生动写照。在这样的情况下，山会平原的农业生产就必须围堤筑塘，用以抗拒河湖泛滥，排斥内涝；也用以御咸蓄淡，进行灌溉。根据不完整的史籍记载，在越王句践时代建成的堤塘就有富中大塘、炼塘等，在越国灭吴以后，还利用吴国战俘，修建了吴塘。^③ 当时，筑堤围塘，已经成为越国发展生产的中心课题之一。^④ 这样，从春秋以至汉代，山会平原特别是它的南部，陆续围成的堤塘，为数必属不少。当然，这些堤塘是零星分散的，工程规格也不统一，山会平原南部的大部分

---

①《越绝书》卷八："杭坞者，句践杭也。"说明当时江道在今航坞山下，则江出南大亹可以无疑。

②《吴越春秋·句践伐吴外传》第十。

③《越绝书》卷八："句践已灭吴，使吴人筑吴塘。"案嘉庆《山阴县志》："吴塘在城西三十五里。"

④《越绝书》卷四："必先省赋敛，劝农桑，饥馑在问，或水或塘，因熟积以备四方。"

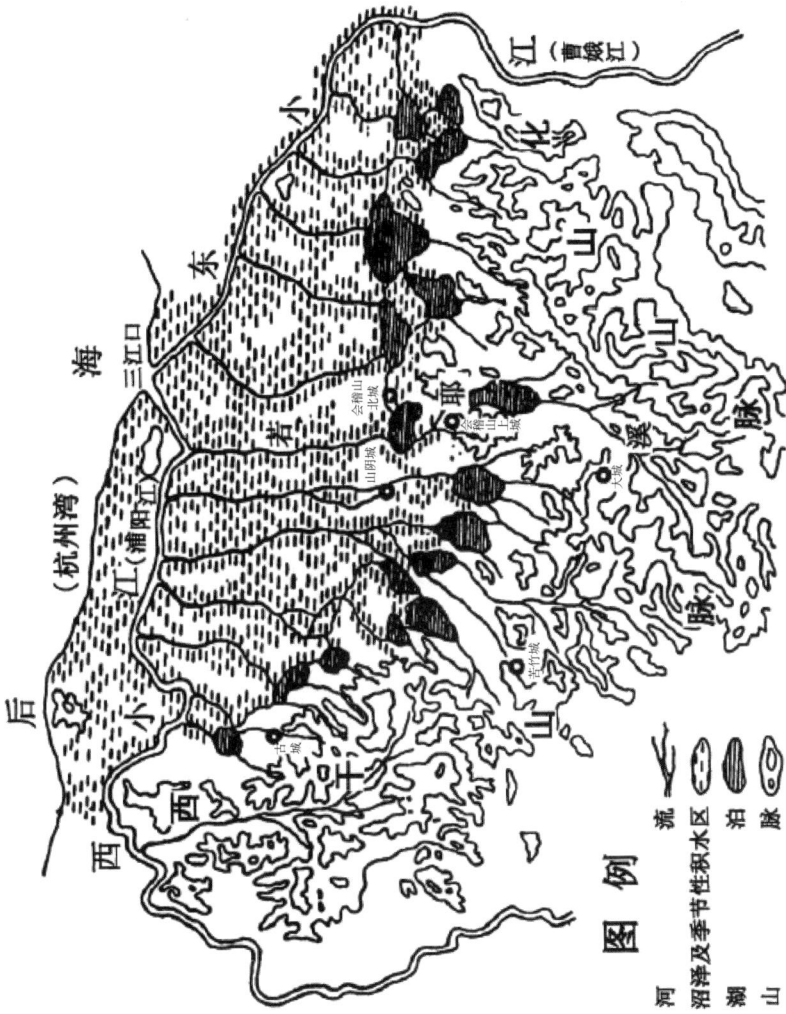

图 2 永和以前山会水系示意图（前 500—139）

图 例

河   流
沼泽及季节性积水区
湖   泊
山   脉

地区，仍然还处于潮汐和山洪的威胁之下。但在另一方面，在这段五六百年时间中不断进行的堤塘工作，却为日后鉴湖的修筑累积了经验；而且这些零星分散的堤塘的一部分，以后就被改造利用，成为鉴湖湖堤的组成部分。

鉴湖湖堤的修筑系后汉顺帝永和五年（140）会稽郡太守马臻所主持。关于这一点，根据各种历史典籍，可以肯定其记载确凿，毋庸置疑。浙江省出版的《求是》月刊1961年第4期《钱镠和浙江的水利》一文中的说法[1]是值得商榷的。鉴湖是属于湖泊蓄洪和洼地蓄洪一类的水利工程，并非开凿而成，工程的主要部分是围堤。根据记载[2]，鉴湖湖堤以会稽郡城为中心，分为东西两段：东段自五云门至曹娥江，长72里；西段自常禧门至浦阳江[3]，长55里。全长达127里。当然，湖堤未必都在永和年代修筑，永和以前零星修筑的堤塘，到这时加以培修利用，也是很可能的。

湖堤围成以后，堤内河湖因遭到拦截而泛滥漫溢。于是，湖堤与稽北丘陵之间，从山麓冲积扇以下，包括所有平原、洼地、河漫滩等，都积水而成为一片泽国，这样就形成了永和年代的鉴湖。当时鉴湖东起曹娥镇附近，向西经过今绍兴城南，然后折向西北而止于钱清镇附近；湖的南界是稽北丘陵的山麓线，北界是湖堤。全湖呈狭长形，周围长度根据记载为358里[4]，其面积包括湖中洲岛在内约为206平方公里[5]。由于东部地形略高于西部，全湖实际上又分成两部分，以郡城东南从稽山门到禹陵全长6里的驿路作为分湖堤：东部称为东湖，面积约107平方公里；西部称为西湖，面积约99平方公里。东湖水位一般较西湖高0.5—1米。以上是古代鉴湖的大致轮廓（图3）。

---

① 该文说钱镠于"公元915年，在绍兴开鉴湖，使湖高于田丈余，田高于海丈余。"这种说法，不仅是时间和人物上的错误，对鉴湖工程的理解也有出入。

② （宋）徐次铎：《复鉴湖议》（万历《绍兴府志·水利志》）。

③ 实际上仅至浦阳江的支流，即西墅斗门故址，此处据徐文，当系约略言之。

④ 鉴湖周围长度，唐以前均引孔灵符《会稽记》作310里，宋代以后的各家著述中，始作358里。宋人著述中首见于曾巩《越州鉴湖图序》（《元丰类稿》卷一三）。

⑤ 按照鉴湖范围，从1/50000地形图求积所得。

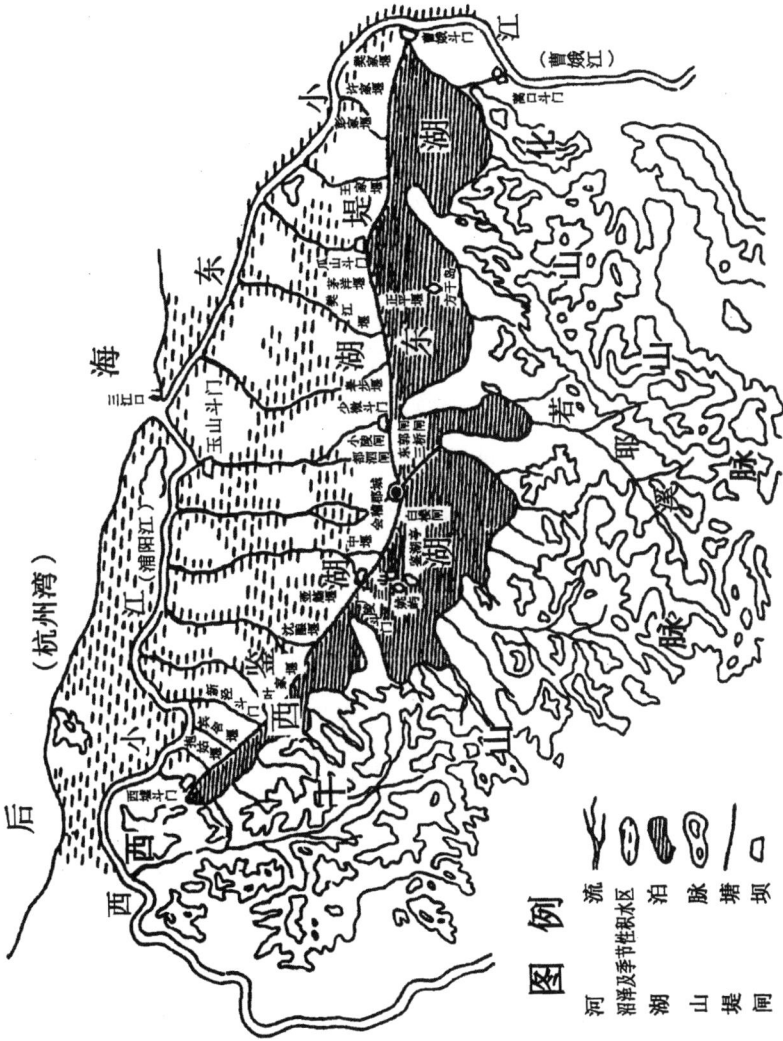

图 3　永和至北宋山会水系示意图（140—1010）

图例

河　　流

湖泊及季节性积水区

湖　　泊

山　　脉

堤　　塘

闸　　坝

还必须指出，湖堤围成以后，也不能认为堤内就是浩渺一片。当然，原来的湖泊和港汊地区，湖底是较深的。但这个地区三五相连的低矮冈阜和零星孤丘为数不少，而微地形原也较北部复杂，因此即使在湖泊整个形成以后，湖内仍有许多浅滩，在枯水季节可以局部涸出。此外湖内还分布着许多洲岛，较著名的如三山、姚屿、道士庄、干山[①]等。这些洲岛周围和其他湖底浅处，仍可常时或间时进行耕种。

鉴湖工程的另一重要组成部分是涵闸排灌设备。涵闸系统主要包括斗门、闸、堰、阴沟等四种。斗门属于水闸一类，主要设置于鉴湖和潮汐河流直接沟通之处，既用于排洪，也用于拒咸，关系最为重要。闸和堰设置于鉴湖和主要内河沟通之处，规模不及斗门，而堰比闸更为简单。闸和堰的作用一方面是排洪，一方面是供给内河以灌溉用水，并保证内河以通行舟楫的必要水位。此外就是阴沟，系沟通湖内和湖外内河的小型输水隧道，其作用和闸堰相当。斗门、闸、堰等设置，永和以后，历代有所增减，究竟哪些在鉴湖初创时已经建立，查考比较困难。[②]目前尚可查考的涵闸设置，其中很多是后代添设的，主要有斗门8处、闸7处、堰28处、阴沟33处。这些设置虽然湮废已久，但今天在当地仍有不少地名，以过去的闸堰为名；若干斗门、闸、堰，今日进行现场观察，犹可从依稀残迹和水道形势，追溯当年建置的规模（图4）。

此外，为了调节水位以保证湖堤安全和计量灌溉用水，在会稽五云门外小陵桥以东及山阴常禧门外跨湖桥以南，各设则水牌（水位尺）一处。但是由于鉴湖和其他内河水道的变迁，则水牌位置代有更易。上述则水牌是否初创设置，也已不得而知。

上述即古代鉴湖的大致轮廓。在围堤蓄水的过程中，除了一定数

---

①　各洲岛均系唐以后名称。

②　宋嘉祐八年《越山阴县新建广陵斗门记》（《绍兴县志资料》第一辑）云："马侯作三大斗门，自广陵外，不著其名。"至于初创时的闸、堰、阴沟等，则全无记载可考。

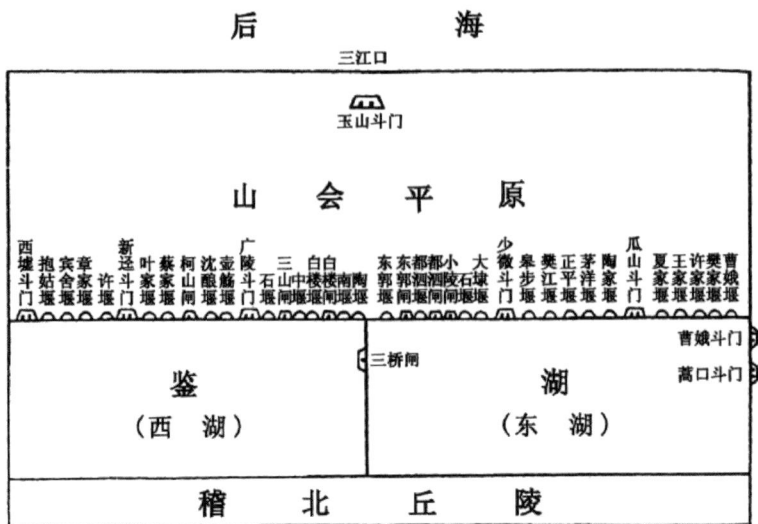

后　　　海

三江口

玉山斗门

山　会　平　原

西塘斗门　抱姑堰　宾家堰　章家堰　新迁斗门　许家堰　叶家堰　蔡家堰　柯家堰　沈酿堰　壶觞堰　广陵斗门　三石堰　白楼堰　白闸　中闸　陶堰　南闸　东郭闸　都泗堰　都泗闸　小石堰　大步堰　微江　少江斗门　皋埠堰　步江堰　正洋堰　茅洋堰　陶家堰　瓜山斗门　夏家堰　王家堰　许家堰　樊家堰　曹娥堰

鉴　湖　　　　　三桥闸　　　　　湖
（西　湖）　　　　　　　　　（东　湖）

曹娥斗门
蒿口斗门

稽　北　丘　陵

图例：▱斗门　▱闸　▱堰

图 4　鉴湖斗门、闸、堰示意图

量的耕地被淹没外，还淹毁了不少房屋和坟墓。马臻本人就因此遭到一伙人的匿名控告而被颟顸的朝廷处以极刑[1]。但是这个水利工程的效益确是十分巨大的。由于它的庞大拦蓄能力和丰富蓄水，使山会平原解除了来自稽北平原的洪水威胁，得到了比较充分的灌溉。而且由于鉴湖地形较北部高出 2—3 米，使湖面在一般水位时期较北部高出 4—5 米，因此，灌溉的方法就很简易。这就是《会稽记》所描述的："筑塘蓄水高丈余，田又高海丈余。若水少，则泄湖灌田；如水多，则开湖泄田中水入海。"[2] 这样，鉴湖以北、曹娥江以西、浦阳江以南的九千余顷土地，在以后大约 800 年中，减少了自然灾害，扩大了土地垦殖，增加了农业收成；相对地改善了人民生活。因此，鉴湖的确不愧为历史上长江以南的伟大水利工程，而它的创始人马臻的功绩，也是

---

① 孔灵符：《会稽记》（宛委山堂本《说郛》六一）："创湖之始，多淹冢宅，有千余人怨诉于台，臻遂被刑于市。及台中遣使按鞫，总不见人，验籍，皆是先死亡人之名。"足见这是一种冒死人之名的匿名控告。万历《绍兴府志》认为马臻的被害，是由于"宦竖专政，豪右恶臻"的缘故，遂以淹没冢宅为罪名，置其死地。

② 杜佑：《通典》卷一八二引《会稽记》作："如水多，则闭湖泄田中水入海。"似较合理。《会稽记》辑本作"开湖"，恐系传抄之误。

永垂不朽的。①

如上所述，鉴湖作为一个农田水利工程，基本上解决了稽北丘陵诸河对山会平原的洪水威胁，也替山会平原储备了大量灌溉用水。但是如何使鉴湖的丰富蓄水合理而及时地供给北部需要，特别是那些远离湖边的耕地，却是当时没有完全解决的问题。尽管湖高于田丈余，泄湖灌田看来是很便当的，但由于作为灌溉渠道的山会平原的内河系统，当时还没有较好的布置整理，既影响灌溉效率，洪水时期又易造成内涝。其次是后海的咸潮问题，咸潮溯曹娥、浦阳二江而上，侵袭山会平原的内河系统，引起土壤的盐渍化，造成农业的困难。第三是曹娥、浦阳两江的问题，由于两江洪水不在鉴湖拦蓄范围以内，特别是浦阳江，上游洪水既多，下游流程又横贯整个山会平原北部，以致洪灾连年，经常扰乱这一带的内河系统，成为无穷后患。上述问题，都是永和以后山会平原农田水利的中心课题。鉴湖虽然没有解决这些问题，但却为日后解决这些问题创造了有利条件。而这些问题在后来的逐步解决过程中，又反过来影响鉴湖，促使鉴湖本身的不断发展和变迁。

永和以后，山会劳动人民在布置和整理内河网方面，曾经投下了巨量劳动，其中最重要的建树之一即是漕渠的开凿。这条河道北起西陵（今萧山西兴镇），西南经绍兴城东折而抵曹娥江边的曹娥和蒿坝，全长逾 200 里。主持开凿的是晋会稽内史贺循，为时当在公元 300 年前后。当然，这一带原是水乡泽国，河道纵横，贺循主持开凿，只是将原有的若干河道连接和疏浚而已。这条河道以后虽然名为运河（一般称西兴运河），而且事实上在内河运输中起了重要作用，但在晋代开凿之初，倒确是为了灌溉的需要。② 由于运河的开凿，加上北部其他河湖的挖掘整治，使鉴湖对山会平原的关系，无论是排水和灌溉，都有了显著的改进。山会平原的河流，原来都是南北流向的，鉴湖湖

---

① 根据嘉泰《会稽志》和万历《绍兴府志》的记载，山会人民为了纪念马臻，于唐开元中在鉴湖旁为他立祠。今绍兴市常禧门外跨湖桥南，尚有马太守庙。

② 嘉泰《会稽志》卷一〇："晋司徒贺循临郡，凿此以溉田。"

堤上的一系列涵闸，就必须设置在湖堤和这些河道的交错处，才能利用这些河道排水。这样，涵闸的数量就受到河道数量的限制，因而影响了鉴湖的排水能力和速度。运河开凿以后，河道与鉴湖湖堤平行。东段（会稽境内）河道即在湖堤之下，西段（山阴境内）河道距湖堤也不过三四里。这样就把湖堤与河道在一定距离内间隔直交的局面，改变为湖堤与河道始终平行的局面，大大增加了敷设涵闸的可能性，便利了鉴湖的排水。而且由于运河的开凿，沟通了原来许多南北向河流之间的关系，在彼此调节水量方面，也有很大的好处。运河以后一直是山会平原内河网中最大的东西干道。鉴湖湮废以后，它就直接承担接纳稽北丘陵诸水的任务，在排灌和调节诸河水量方面起了更大的作用。虽然在鉴湖湮废后的初期，也曾经发生过灌溉和航运间的矛盾[1]，但这是由于原鉴湖地区水量锐减和管理不善所致，是水道形势改变过程中难免的现象。在进行了若干措施后[2]，矛盾基本上获得了解决。

除了整理内河网以外，沿海海塘的修筑，也是永和以后与鉴湖直接有关的水利工程。海塘的修筑也正和湖堤的修筑一样，在永和以前早已零星开始。[3] 当然，进行是分散的，目的只是为了小规模的制

---

① 《宋会要辑稿》第一百二十五册《食货八》："会稽山阴县鉴湖，全借斗门、堰、闸蓄水，都泗堰闸尤为要害，凡遇纲运及监司使命舟船经过，堰兵避免车拽，必欲开闸门通放，以致启闭无时，失泄蓄水。"

② 主要的措施是加强管理，关于这方面，山会人民有丰富的经验，这种经验，后来总结在明戴琥所定的水则中。戴琥《水则》（见尹幼莲《绍兴地志述略》）云："种高田，水宜至中则；种中高田，水宜至中则下五寸；种低田，水宜至下则，稍上五寸亦无伤，低田秧已旺。及常时，及菜麦未收时，宜在中则下五寸，决不可令过中则也。收稻时，宜在下则上五寸，再下恐伤舟楫矣。"

③ 山会海塘的正式历史记载，会稽始于唐开元的修筑，山阴始于宋嘉定的溃决，则前代记载必有缺失。故自来各家对筑塘时间多不作论定。如宋李益谦作"莫原所始"（《万历府志》），而清韩振作"汉唐以来"（《三江闸考》，见《皇朝经世文编》）。案《越绝书》卷八："石塘者，越所害军船也，……去县四十里；防坞者，越所以遏吴军也，去县四十里；杭坞者，句践杭也，……去县四十里。"三处今惟杭坞在后海边可考。但视其里程，三处当在毗邻，观其文义，均为与吴交战时的海防要地。故石塘防坞当亦在后海边，则石塘可视为山会最早的海塘记录。

盐①和围垦等。所谓"若水少，则泄湖灌田；如水多，则闭湖泄田中水入海"。也正是说明了当时山会北部后海沿岸，已经有了片段的海塘和若干涵闸设置。在马臻主持鉴湖围堤时，沿海的堤塘涵闸，想必也做过一番整修工作，其中比较可靠的是玉山斗门。②玉山斗门在今绍兴城正北 30 里的陡亹镇，由此入海的主要河流直落江，即是稽北丘陵诸河干流若耶溪的下流。而且在地形上东西有金鸡山和玉山两个孤山残丘，这种两山夹峙一水奔流的形势，确是建立枢纽工程的理想地址。所谓"水多则闭湖泄田中水入海"，主要就是利用这个工程。③不过在永和年代，作为鉴湖枢纽工程的玉山斗门，作用还不十分显著，因为当时海塘和江塘尚未修筑完整，从鉴湖流出的各河，大部分注入曹娥、浦阳两江下流，而并不汇入直落江。因此，玉山斗门所能控制的范围不大，其调节作用自然也就不能和后来相比。所以从永和以至唐贞元的六百多年中，玉山斗门还没有受到很大的重视。唐玄宗开元十年（722）④，会稽县令李俊之主持修筑会稽县境内的海塘，这是山会海塘有历史记载的首次修筑。此次修筑以后，山阴诸水虽仍和浦阳江密切相关，但会稽诸水，由于曹娥江下流江塘的连接完成，从此不再注入曹娥江而汇入直落江。于是，山会平原上的内河水系范围扩

---

①《越绝书》卷八："朱余者，越盐官也，越人谓盐曰余，去县三十五里。"夏侯曾先《会稽地志》（《会稽郡故事杂集》）则云："吴王伐越，次查浦。越立城以守查，吴作城于浦东以守越。以越在山绝水，乃赠之以盐。"说明后海沿岸的盐业生产，在春秋时代已经开始。

②宋嘉祐三年（1058）沈绅：《山阴县朱储斗门记》（宋孔延之辑《会稽掇英总集》卷一九）："乃知汉太守马臻初筑塘而大兴民利也，自尔沿湖水门众矣。今广陵、曹娥皆是故道，而朱储特为宏大。"则初创三大斗门为广陵、曹娥、朱储（即玉山）。但前注嘉祐八年（1063）《越山阴县新建广陵斗门记》却作"马侯作三大斗门，自广陵外，不著其名"。案现存记载鉴湖涵闸的最早著述当推曾巩《鉴湖图序》，文内列名的斗门计有朱储、新径、柯山、广陵、曹娥、蒿口六处。其中新径建于唐大和、曹娥建于宋天圣均有史可考；而柯山在徐次铎《复鉴湖议》中作闸而不作斗门，且其位近广陵，势非要害。则不可考者惟朱储、蒿口二处。比较上述数种资料，则永和初创斗门中，曹娥、蒿口，尚存疑窦；而广陵、朱储（玉山），则大致无疑。

③（宋）曾巩：《鉴湖图序》："因三江之上，两山之间，疏为二门，而以时视田中之水，小溢则纵其一，大溢则尽纵之，使入于三江之口。"案玉山斗门于唐代改建以后成为八孔水闸，曾文所言二门当系唐以前情况，说明利用玉山斗门排水，为时甚早。

④《新唐书·地理志》。

大，玉山斗门对鉴湖的调节作用也就提高。因此，在李俊之主持修塘
50 年以后，浙东观察使皇甫政接着于贞元初（788 年前后）将玉山斗
门进行改建，把原来的简陋斗门改成八孔闸门 [①]，以适应流域范围扩大
而增加的排水负荷。山会海塘以后在唐大和、宋嘉定等年代都有较大
规模的修缮，使鉴湖从潮汐直薄湖堤的局面，改变到和后海断绝直接
联系的局面。特别是从宋宁宗嘉定十二年（1219）起钱塘江下流江道
有了北移的趋势以后 [②]，江流对山会平原北部的威胁减轻，有利于海塘
的更趋巩固，对鉴湖的发展变化，发生了深刻的影响。

　　曹娥、浦阳二江在永和以后的较长时期中，一直成为山会平原的
较大灾难。其中曹娥江因江道仅仅掠过会稽县平原地区的东北边境，
在唐代堤塘工程巩固以后，加上宋仁宗天圣（1028 年起）以后修建了
一系列闸坝，为患已经大为减轻。但浦阳江流经山阴县的整个北部平
原地区，河道曲折，地势平衍，山洪频繁，动辄泛滥，成为山会平原
的心腹之患。而且永和以后，特别是从唐代起，由于海塘的修筑，洪
水宣泄限于若干涵闸，反而更增加了洪水水势和内涝程度。鉴湖湮废
以后，山会北部的河湖网虽然有所扩大，但仍然不足以有效地缓和浦
阳江的洪水。一直要到明天顺年间，绍兴府太守彭谊主持凿通临浦镇
西北的七贤山，引浦阳江下流改道北出富春江，并筑麻溪坝阻断其与
故道的关系以后，山、会二县内河遂和萧山内河联通一气，形成独立
的三江水系，浦阳江的不利影响，才完全消弭。

---

　　① 玉山闸，《新唐书·地理志》云："贞元二年观察使皇甫政凿山以蓄泄水利，又东
北二十里作朱储斗门。"《一统志》则云："玉山在山阴县北三十里，……唐观察使皇甫政
凿此山置闸八以泄府境及萧山县之水出三江口入海。"据今日里程，当以《一统志》所载
为确。上述二志均不言改建，案吴庆荄《陡亹闸考证》（《绍兴县志资料》第一辑）："陡
亹自唐以前有斗门而无闸，……玉山斗门者，陡亹闸故址也。陡亹之有闸，始自唐德宗
贞元初，浙东观察使皇甫政就玉山斗门而改建也。"据前注曾巩所云"疏为二门"，与《一
统志》"置闸八"相较，足证吴氏考证之非谬。
　　②《宋史·五行志》："十二年盐官县海失故道，潮汐冲平野三十余里，至是侵县治"，
说明江道北移。今人朱庭祐、盛莘夫、何立贤合著《钱塘江地质之研究·后编（钱塘江之
发育及其变迁）》（1947 年油印本）及陈吉余《杭州湾地形述要》（《浙江学报》1948 年一
卷二期）述此甚详。

三、鉴湖的围垦和历史上对鉴湖存废的争论

鉴湖从永和围堤起直到宋朝初年的 800 余年中，一直在山会平原的农业生产中起着重大作用。在这段时期中，山会劳动人民继鉴湖围堤之后，继续改造自然，进行各项农田水利建设，其中特别是内河网的整理和海塘的修筑等，已如上文所述。这些工程，一方面解决了鉴湖的许多遗留问题，弥补了鉴湖的不足，使鉴湖对山会平原发生了更大的作用；另一方面，也逐渐改变了山会平原的水利形势，使山会平原的农田水利事业，在鉴湖的基础上得到新的发展，而鉴湖本身则在这个新的发展过程中逐渐进入它的晚期，初则不断淤浅，终至大部围垦，成为农田（图 5）。

根据记载[①]，鉴湖的围垦起于宋真宗大中祥符时代（1010 年前后），实际上围垦的开始远比正式记载要早，下文当再论及。大中祥符时代的围垦规模还很小，只是滨湖农民的零星垦殖，直到宋仁宗庆历（1041）以后，垦出的湖田还不过四顷[②]。从庆历到宋英宗治平年代（1064）的 20 多年中，围垦规模就渐次扩大，垦出的湖田已达 700 多顷。到宋高宗南渡前后，围垦入于全盛，最后垦出了湖田 2000 多顷。至此，古代鉴湖除特别低洼处潴成新的湖泊和其他许多积水的港汊河道外，大部分成为耕地。[③] 当时，在古代东湖地区潴成的新湖有浮湖、白塔洋、谢憩湖、康家湖、泉湖、西葑湖，等等；在古代西湖地区潴成的新湖有周湖、孔湖、铸浦、鬲石湖、容山湖、秋湖、阳湖，等等。这些湖泊在南宋以后，仍然继续湮废。今天，古代鉴湖地区除了稠密

---

① 围垦年代及亩数，均据曾巩《鉴湖图序》。

② 实际亩数当比记载要多，因官家所知仅系起科湖田，而围垦期中，已经垦出而隐瞒不报的必然不在少数。

③《宋会要辑稿》一二五册《食货八》："乾道元年，……诏绍兴府开浚鉴湖。除唐贺知章放生池旧界十八余顷为放生池水面外，其余听从民便，逐时放水，以旧耕种。"说明鉴湖最后围垦殆尽，当在乾道初（1165）。

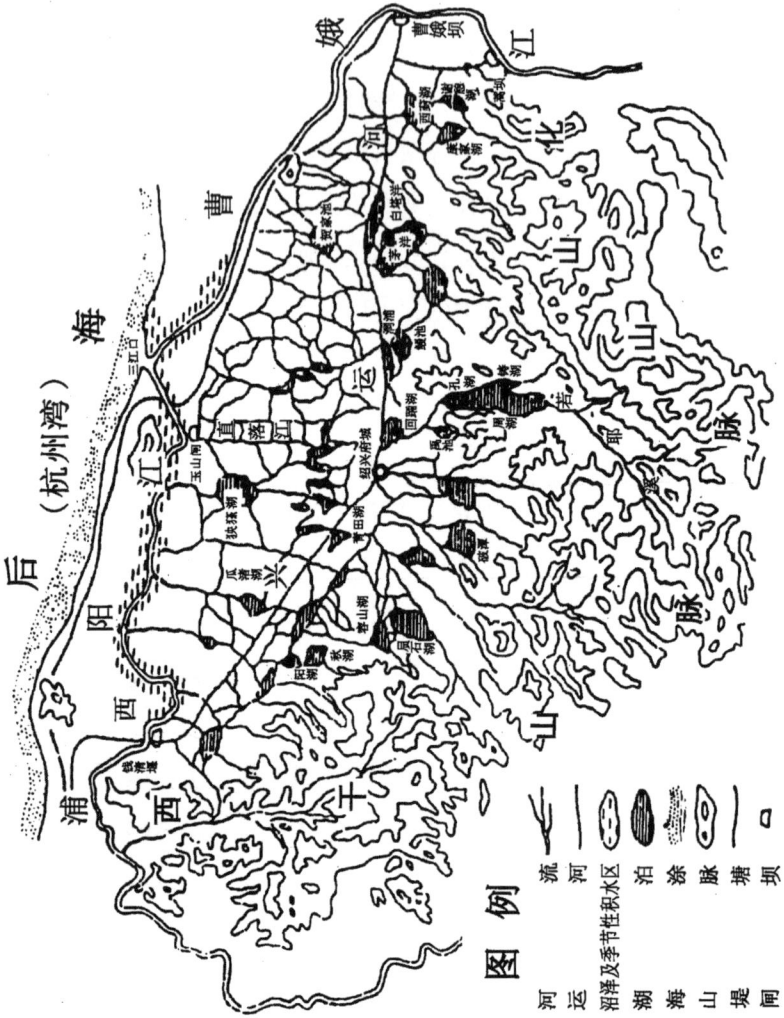

图 5　南宋以后山会水系示意图（1127）

的河流外，湖泊已经不多。在东湖范围内较大的只有白塔洋和洋湖牌等；西湖范围内则更少，除了从湖塘到壶觞之间有些较宽的河道被称为鉴湖[①]外，其他如鼠石湖和秋湖等，无非只是密集交织的港汊罢了。鉴湖湮废以后，原来注入鉴湖的所谓三十六源，从此就直接注入运河，然后转辗经过北部水网地区从三江口出海。由于鉴湖的大量积水随着湖底逐渐淤浅而移到山会平原北部，因而引起了北部河湖形势的改变，除了原有的河湖扩大了面积外，还增加了许多新的河湖。自此以后，除了浦阳江改道已如上述外，山会平原河湖网已逐渐形成今日的形势。

鉴湖的围垦是在许多原因综合影响下造成的，其中特别重要的有下列几个方面：

第一，在鉴湖围堤时期，山会北部的海塘尚未修筑完整，整个山会平原是潮汐出没之区，需要鉴湖蓄淡，才能保证灌溉。但从唐代起，规模较大的筑塘工程开始进行，当时，修筑海塘的主要目的即是为了蓄淡灌溉。[②]所以海塘的渐次修筑完整，使鉴湖以北的广大平原地区，也有了蓄淡灌溉的可能。而且由于从晋代以来对于河湖网的加强疏浚整理，山会平原的河湖网密度和深度都有很大增加，大型湖泊如狭猱湖、瓜渚湖、贺家池等均已次第形成。因此，山会平原在蓄淡灌溉方面不仅是有了可能，而且蓄淡灌溉的实际能力也开始显著提高，部分地取代了鉴湖在这方面的作用。

第二，随着海塘的修筑，山会平原北部的开垦范围也日益扩大。和过去耕地大多分布在湖堤附近的情况不同，唐代以后，按照居民点

---

① 这是今天人们所称的鉴湖，实际上只是一条较宽的河道，虽然也是古代鉴湖的残余部分，但不能和古代鉴湖混为一谈。

②《新唐书·地理志》："东北四十里有防海塘，自上虞江抵山阴百余里，以蓄水溉田。"说明当时海塘的主要作用是蓄淡灌溉。

的分布来看 [1]，山会平原北部的耕地，最远已经远离湖堤达 30 里。依靠鉴湖为数不多的涵闸排水灌溉，已有鞭长莫及之势。因此，山会平原北部，不仅可能蓄淡灌溉，而且在当时的实际情况下，蓄淡灌溉已有迫切需要。这样，山会平原北部的河湖网，在蓄淡灌溉方面，初则分担了鉴湖的负荷，继则逐步取代鉴湖在这方面的作用，因此就不断地削弱了鉴湖继续存在的必要。

第三，鉴湖本身是一个人工水库，永和以后的八百多年中，它承受着三十六源的输沙量，淤浅的程度是日益加重的。在春秋时代，目前的绍兴城附近，还分布着成片森林 [2]，稽北丘陵更是森林茂密。直到晋代中叶，稽北丘陵也还保留着成片的"茂林修竹" [3]。因此，永和围堤以后的初期，鉴湖流域的水土保持是较好的。不过自从晋室南迁以后，山会地区森林的破坏开始增剧，唐代以后尤甚。五代前后，稽北丘陵地区开始大面积植茶 [4]，以至于出现"有山无木" [5] 的情况，说明水土流失到那时已经非常剧烈。因此，古代鉴湖在其后期，湖底淤浅的程度是日趋严重的。虽然有史记载的围垦始于宋代，但事实上在唐代中叶前后，湖底浅处已经出现不少葑田 [6]。这样，在古代鉴湖的后期，一方面是湖底不断淤浅，蓄水能力不断降低；而另一方面，地形比鉴

---

① 唐代以后，山会北部的居民点见之于地方志及其他史籍的为数不少，其中较大的已经以城为名，如《吴越备史》卷一所述唐乾宁三年"自西陵趋石城，……去越城仅三十里。"案万历《绍兴府志》"石城在府城北三十里"，顾祖禹《读史方舆纪要》则作"府东北三十里"，计程总在山会北部近海地带。这个地带居民点特别是大型居民点的出现，可以说明当地的农业发展情况。

② 今绍兴南门外约 4 里的外山，据《万历府志》在越王句践时代曾赖以采樵，说明当时在城郭附近，即有森林分布。

③（晋）王羲之：《兰亭集序》："此地有崇山峻岭，茂林修竹。"

④（宋）欧阳修：《归田录》卷一："草茶盛于两浙，两浙之品，日注为第一。"案日注即日铸，位于稽北丘陵北部。日铸茶在宋代已经名闻全国，说明稽北丘陵的植茶业在宋代以前当已开始。

⑤（宋）庄季裕：《鸡肋编》卷上："越州在鉴湖之中，绕以秦望等山，……故谚云：有山无木。"

⑥（唐）元稹：《和乐天十八韵》（《全唐诗》六函九册）有"柳条黄大带，菱葑绿文茵"句；又唐秦系《题镜湖野老所居》（《全唐诗》四函八册）有"树喧巢鸟出，路细葑田移"句。两诗均系咏鉴湖之作，说明唐代已见葑田。

湖低 2—3 米的山会平原北部，却相反地大大增加了蓄水能力，而且实际上分出了鉴湖的大量蓄水。这就加速了鉴湖的干涸过程，替围垦创造了有利条件。

第四是人民对于土地的需要，这和本地区人口增加有着密切的联系。春秋战国时期，山会地区的人口非常稀少，越王句践曾经因此而采取了好些增加人口的措施①。自前汉以至后汉，这一带依然地广人稀②，所以在永和年代仍可选取以大片土地围堤蓄水的办法。此后，人口代有繁衍，对土地和粮食的需要也随着增加。晋室南迁以后，移民较多，以致山阴县在南北朝时代就出现了"土境褊狭，民多田少"③的现象。北方移民到宋朝南渡前后而尤甚。当时，浙江成为四方移民聚集的中心④，而山会作为临时首都近两年，因而平添了许多来自"赵、魏、秦、晋、齐、鲁"的"士大夫渡江者"⑤，平民移入的，为数当必更多。因此，在北宋大中祥符四年（1011），山、会两县的人口总数还不过 5 万人之谱⑥，但到南宋嘉泰元年（1201），两县人口就增加到大约 12 万人。在不到 200 年时间中而人口增加了一倍多，这 200 年中，恰恰也正是鉴湖被围垦殆尽的时期。

---

① 《国语·越语上》："令壮者无取老妇，令老者无取壮妻。女子十七不嫁，其父母有罪；丈夫二十不娶，其父母有罪。将免者以告，公令医守之。生丈夫，二壶酒，一犬；生女子，二壶酒，一豚。生三人，公与之母；生二人，公与之饩。"

② 根据《汉书·地理志》及《后汉书·郡国志》的记载：汉代会稽郡有户二十三万三千三十八，口百三万二千六百四；后汉会稽郡有户十二万三千九十，口四十八万一千一百九十六。但汉代会稽郡的范围极大，它包括今日江苏省长江以南和几乎整个浙江省。后汉的会稽郡范围虽略小，但也包括几乎整个浙东。

③ 《宋书》卷五四《孔季恭传》。

④ （宋）李心传：《建炎以来系年要录》卷一五八："大理评事莫濛面对，论四方之民，云集二浙，百倍常时。"

⑤ （宋）陆游：《老学庵笔记》卷八。

⑥ 根据嘉泰《会稽志》的记载：大中祥符四年，会稽县有户三万四千七十六，丁三万五千五百八十五；山阴县有户二千一百七十一，丁三千八百。两县成丁人口约三万八千人，加上不成丁人口（按成丁人口的四分之一估计），两县约有人口五万人。嘉泰元年，会稽县有户三万五千四百六，丁四万一千七百八十一，不成丁一万四千三百四十八；山阴县有户三万六千七百六十二，丁四万六千二百二十七，不成丁一万五千七百六十七。两县约有人口十二万人。不过当时人口调查的精确性不大，因种种原因，漏报的户口甚多。本文所举两县人口，在绝对数字上意义不大，但在比较其增殖趋势上仍有意义。

　　关于鉴湖围垦的问题，历史上曾有较长时期的争论。随着围垦的加速，从宋仁宗景祐年代（1034）起，开始有人创议要恢复古代鉴湖，其中不乏知名人物如曾巩、王十朋等，先后相继，事实上形成了一个"复湖派"。先是知越州军蒋堂于景祐三年（1036）上奏朝廷请求恢复鉴湖，以后则有曾巩、王十朋、徐次铎等[1]，他们提出许多理由和方法，鼓吹恢复永和时代的鉴湖。复湖派的种种议论，对后世发生了深刻的影响，这种影响，甚至一直遗留到今天。复湖派的愿望无疑是好的。在他们的创议中，揭露了朝廷的若干弊政和腐败现象，也具有进步意义。但是他们对于鉴湖和山会地区水利问题的见解，却是停滞而不是发展的，他们的论点存在很大的片面性和许多错误。

　　为了强调复湖的必要，复湖派首先是过分夸大鉴湖的作用。[2] 在鉴湖湮废的原因方面，简单地归之于奸民豪族的盗湖为田。[3] 至于复湖的方法，他们本身有两种不同意见：一种是挖掘疏浚，另一种是增高湖堤。

　　如前所述，鉴湖在山会平原的农田水利上有过重大贡献，但不应过分夸大这种作用。复湖派认为自从永和围堤以后，直到湮废以前，山会平原在数百年中无水旱之灾。而事实上仅仅从晋咸和到唐开成的大约 500 年之中，山会地区见之于史籍记载[4] 的重大水旱灾（台风和海水内侵等灾害不计）就有 10 次之多。其中唐贞元二十一年（805）夏季[5]，鉴湖甚至全部干涸，旱情可见一斑。足见诸如"岁无水旱"之类的说法，并不符合实际情况。而且在鉴湖的后期，一方面由于湖底淤浅而降低了拦蓄能力，另一方面也因为山会平原北部耕地的扩展而显得鞭长莫及。在这种不断发展的水利形势下，若把山会水利停留在

---

　　① 曾巩，元丰中越州通判；王十朋，绍兴中绍兴府签判；徐次铎，庆元中会稽县尉。

　　② （宋）曾巩：《鉴湖图序》："无荒废之田，水旱之岁者，此也。"（宋）王十朋《鉴湖说》上篇："自越之有鉴湖也，岁无水旱，而民足于衣食。"

　　③ 曾巩文："奸民浸起，……盗湖为田。"王十朋文："奸民豪族，公侵强据。"

　　④ 根据《晋书》、两《唐书》、《通志》等。

　　⑤《新唐书·五行志》（据同治十二年浙局刻本，百衲本无此）："贞元二十一年夏，越州镜湖竭。"万历《绍兴府志》作贞元二十二年，查贞元无二十二年，且连续两年大旱的可能性不大，故万历志所载不予计算在内。

鉴湖一点上，水旱灾害必然是愈来愈多的。

对于鉴湖从围垦到全部湮废的原因，复湖派把它简单地归之于奸民豪族的盗湖为田，不消说是非常片面的。在鉴湖围垦的全盛时期，地主豪强直接插手进行湖田的争夺，这是可以想象的。但在初期零星围垦阶段，却是沿湖农民基于土地要求而自发进行的，不能笼统地认为是地主豪强的盗湖为田。这一点在复湖派的某些著述中也是不得不承认的①。当然，是谁围垦的问题，并不涉及问题的实质。事实上，在那个时代，不管是农民围垦也罢，地主围垦也罢；不管是湖田也好，山田也好，土地的绝大部分总是地主所占有的。这里之所以提出这个问题，只是为了说明，当时由于人口增加和粮食需要，整个社会对于土地的要求较前大为迫切，再加上其他种种已如上述的原因，才导致鉴湖的围垦和湮废。把鉴湖湮废简单地归于地主豪强的盗湖为田，显然不能自圆其说。

至于复湖派所提出的复湖方法，不论是疏浚或是增堤，也都并非善策。增堤使高的复湖办法，由嘉祐知越州军刁约创导于前，复经徐次铎鼓吹于后。这种办法的显而易见的危险性，即复湖派的另一部分人也认为是"壅水使高，必败城郭"②，不可轻易造次。挖掘疏浚的复湖办法，在复湖派中曾有较多人支持，但这种办法的巨大工程量却是完全脱离当时社会实际的。嘉祐另一知州张伯玉曾为这项工程算过一笔账："日役五千人浚湖，使至五尺，当十五岁毕；至三尺，当九岁毕。"③这是当时的社会制度和社会经济能力所根本无法承担的。当然，复湖的方法问题也仍然不是问题的实质。问题的实质是，根据当时的水利形势，复湖是不是必要和有没有可能？事实是，鉴湖湖底已经全面淤高，鉴湖蓄水已经大量转移到平原北部，水道形势已经整个改变，

---

① (宋) 徐次铎：《复鉴湖议》："祥符以来，并湖之民，始或侵耕以为田，……自是环湖之民，不复顾忌。"这里所谓"并湖之民""环湖之民"，并不一定全是地主豪强。

② (宋) 曾巩：《鉴湖图序》。

③ (宋) 曾巩：《鉴湖图序》。

水利要求也已经迥非昔比。复湖的不必要与不可能，后世有识之士已稍有所论①。当时情况，围垦已是必然趋势。空谈复湖，固然于事无补；即不顾客观条件而轻率从事，也必然徒劳无功，以失败告终。关于这方面，宋孝宗隆兴元年（1163）知府吴芾的故事②可以为证。

鉴湖湮废的过程同时也是山会水道形势改变的过程。在这个过程中，由于水利措施没有跟得上形势发展的需要，因而产生了农田水利上的不良后果。曾巩所说的"每岁少雨，田未病而湖盖已先涸"③和徐次铎所说的"春时重被水潦之害，至夏秋之间雨或愆期又无潴蓄之水为灌溉之利"④，情况都是实在的。王十朋提出的"废湖为田有三大害"⑤，虽语嫌夸张，但也有部分事实根据。这些事实，正是说明了水利措施必须符合农业发展和水道形势变化的要求。水道既已变化，积水既已北迁，则山会水利必须进行平原南北两部的统盘考虑，不能再停留在鉴湖一点之上。但复湖派一成不变地以数百年前的古人古事为准绳，夸大鉴湖的作用，奢谈复湖的功利。虽然群众实际并不支持他们⑥，但在当时的上层社会中，确实制造了一股复湖的空气，

---

① 万历《会稽县志·水利》张元忭案："前乎汉而无海塘，则镜湖不可不筑；后乎宋而有海塘，则镜湖可以不复。"此说明复湖没有必要。顾炎武《天下郡国利病书》卷八五："故事只欲废田为湖，而不知泥沙壅遏，不能积水，虽废其田无益也。"此说明复湖没有可能。

② 根据徐次铎《复鉴湖议》，当时吴芾计划以疏浚的方法恢复鉴湖，先从禹庙后唐贺知章放生池动工，农闲动工，农忙而罢，结果以失败告终。

③（宋）曾巩：《鉴湖图序》。

④（宋）徐次铎：《复鉴湖议》。

⑤（宋）王十朋《鉴湖说》上篇中提出的"废湖为田有三大害"为："每岁雨稍多则田已淹没，晴未久而湖已枯竭矣，……况他日无鉴湖，则九千顷之膏腴与六万石所入之湖田皆化为黄茅白苇之场矣，越人何以为生耶"；"三十六源之水无吞纳之地，……水无所归，则必有漂庐舍、败城郭、渔人民之患"；"狱讼繁兴，人民流亡，盗贼多有。"

⑥ 当时群众不支持复湖派的情况，在复湖派的著述中可窥见一二，例如曾文所云："此将来之害，而众人之所未睹也。"王文所云："自祥符、庆历至今，建复湖之议者多矣，而湖卒不能复。非湖之不可复也，盖异议者有以摇之也。"徐文更道出了当时农民的态度是"相与十百为群，决堤纵水"。此外，复湖派虽然有古人古事为凭借，在上层社会舆论中处于优势，但即使如此，当时被复湖派所一致攻讦的支持垦湖的人物，社会舆论也未必和复湖派一致。例如曾为王、徐所目为"小人为州""专务应奉"的政和末知越州军王仲嶷，王明清在《挥麈录余话》卷二中就说他"守会稽，颇著绩效，如干湖为田，导水入海是也"。

把人们的注意力局限在是否复湖与如何复湖等问题上面，因而忽视了山会水利在不断发展中所产生的新的重大问题。景祐以来，越州和绍兴府属的许多地方官，本身都纠缠在复湖问题的圈子里，自然也影响了对于山会水利问题全局的研究。而在那些复湖派的反对者中间对山会水利具有发展眼光的真知灼见①，也就遭到等闲视之。至于像吴芾之类的轻率举动，自然更是劳民伤财，得到相反的结果。因此，有宋一代，特别是在南宋，除了对复湖问题喷喷不休的争论外，山会农田水利的实际建树却是不多的。虽然是国势凌夷、政局动荡有以致之，但复湖派在社会上的影响，也是不无原因的。一直要到明代，由于山会水利形势的继续发展，更为清楚地说明了这个地区农田水利的关键问题，早就不是纠缠在复湖问题上所能解决的。因此，虽然复湖派的影响仍然存在，而当时上层社会对于复湖派的那些议论也仍然采取尊重的态度②，但是毕竟也有不少对山会水利具有发展眼光和实际研究的人物如彭谊、戴琥、汤绍恩③等辈，他们敢于用实际行动撇开复湖派的陈腐议论，领导山会劳动人民脚踏实地地解决了这个地区农田水利中的许多实际问题，出现了浦阳江的人工改道，麻溪坝的修建，三江闸的兴筑等许多重要的水利工程，大大改善了山会平原自从古代鉴湖湮废以来的水利形势（图6）。

---

① 根据曾巩《鉴湖图序》，当时有张次山提出："湖废，仅有存者，难卒复。宜益广漕路及他便宜处，使可漕及注民田。里置石柱以识之，柱之内禁敢田者。"这个意见的正确性，为后来山会水利形势的发展所证实。案张系一地方小吏，事迹无考。仅见《宋会要辑稿》第一百四十三册言及"神宗熙宁三年四月十七日，命金书镇东军节度判官厅公事张次山权发遣广济河都大辇运司公事"事，则张提出此意见当在熙宁三年（1070）前后。

② 宋代以后，绍兴府和山、会二县陆续撰修的府县志中，复湖派的议论往往仍然奉为正宗。例如万历《绍兴府志》的撰修人之一状元张元忭，虽然他本人已经洞悉了复湖派的脱离实际（见前注），但在《府志》选载《鉴湖图序》《鉴湖说》《复湖议》三文以后的案语中，他仍谨慎地说："曾、王、徐三公之议，非不凿凿可听"云云。

③ 彭谊，明天顺绍兴府太守，曾主持浦阳江改道工程，并建麻溪坝、白马山闸等涵闸；戴琥，明成化绍兴府太守，曾主持整治山会平原北部河湖网，并建柘林、新河等一系列涵闸；汤绍恩，明嘉靖绍兴府太守，曾主持兴建三江闸，凡28孔，全长106米，于嘉靖十六年（1537）建成。

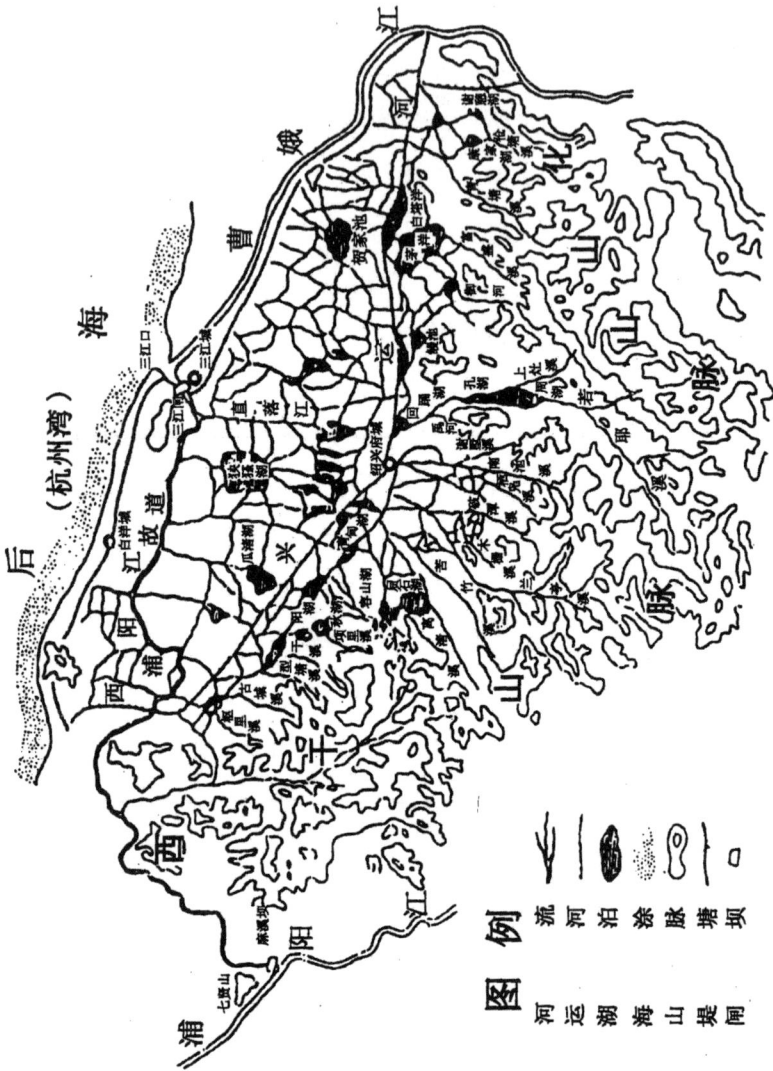

图例

流　河　泊　渌　脉　塘　坝
河　运　湖　海　山　堤　闸

图 6　嘉靖（1357）以后山会水系示意图

四、结语

古代鉴湖兴废与山会平原农田水利发展的过程，已如上述。一方面说明了平原地区河湖网存在与分布的辩证关系。山会平原在各个时代的各种农田水利设施和河湖网分布，并非固定不变和彼此孤立，而是相互制约和不断发展的。今日萧绍平原的整个河湖网系统，正是这种发展的结果。另一方面也说明了人类社会与地理环境的关系。虽然自然地理条件对于鉴湖兴废具有重要作用，但后汉以前，鉴湖形成的自然地理条件早已存在，而围堤却始于永和；永和以后，鉴湖淤浅的自然地理条件也不断增长，而湮废要至于南宋。这就说明了人类社会因素在这方面的决定作用。当然，人类要有效地利用和改造自然，推动农田水利事业，就必须是在充分了解当地的自然地理条件和掌握自然发展规律的情况下才有可能，正如马臻、彭谊、汤绍恩等辈所做的一样，而复湖派则是这方面的反面例子。如上所述，虽然只是些寻常浅显的道理，但对我们今天继承祖先的水利遗产、发展农田水利事业方面，却具有一定的意义。

原载《地理学报》第 28 卷第 3 期（1962 年），第 187—202 页

收入《吴越文化论丛》第 230—257 页

古代绍兴地区天然森林的破坏及其对农业的影响

原始天然森林概况

绍兴地区具有一个山水参半的自然环境。南部是一片不高的会稽山地，包括属于曹娥江水系的稽南丘陵和属于三江水系的稽北丘陵，面积约占全县的 53%；北部则是一片广阔的冲积平原——山会平原，面积约占全县的 47%[①]。这个地区具有一种温暖湿润的亚热带气候，在古代人类活动没有加以大量破坏前，不论是会稽山地或山会平原，天然森林都是发育良好的。《禹贡》扬州所谓"厥草惟夭，厥木惟乔"，虽然泛指整个扬州，但也可作为绍兴地区自然植被的写照。在越王句践时代（前 496—前 465），虽然山会平原已经渐次开发，但即使在离今绍兴城不远之处，仍有较大的森林存在。例如《越绝书》所载越国的弋猎处乐野，距城就只有 7 里[②]。最大的原始森林分布在稽南丘陵和稽北丘陵。当时，绍兴以南的丘陵地常被称为南山[③]，而这片森林则相应被称为南林[④]。南林的范围很大，其南部由于山地绵亘，很可能和当时浙江中南部及闽、赣等地的原始森林连成一片。它的北缘，约和稽

---

① 陈桥驿：《绍兴县乡土地理》，《地理知识》1960 年 1 月。

② 《越绝书》卷八（涵芬楼影印嘉业堂藏明刊本）。

③ 《吴越春秋》卷六（涵芬楼影印嘉业堂藏明刊本）："祭禹于越，立宗庙于南山之上。"此外称会稽山为南山的尚可参见《越绝书》卷八第 8 页，《水经注》卷四〇《浙江水注》（科学出版社影印杨守敬、熊会贞《水经注疏》稿本）第 36 页等。

④ 《吴越春秋》卷九："越有处女，出于南林。"徐天祜注："越旧经，南林在山阴县南。"按南林即指南山，可参见《吴越春秋》卷七第 9 页及同书卷八第 6 页。

北丘陵北坡的山麓线一致。目前有名可稽的尚有木客山一处①，位于绍兴西南的稽北丘陵北部，与《越绝书》所载去县 15 里大体相当，句践曾数度在此进行大规模采伐②。此外，铜牛山也有越国采伐的记载③。案铜牛山去县 14 里④，则距城里程与木客山相似，但目前此地名已不存在。可以设想，当时由于运输等条件的限制，采伐不可能进入森林深处。因此，木客山和铜牛山都是南林偏北的边缘部分。是则南林北缘和稽北丘陵北坡山麓线一致的估计大体可以无误。

　　南林是一片亚热带的混交林和阔叶林，具有暖热地带原始森林的一般特色。森林中树种复杂，除了大量松柏科类型树种如松、柏、栝、桧等外⑤，尚有檀、橛、柘、縠、楝、楸、柽、柞、樗、枫、桐、檫、榧、梓、梗、楠、栎、楮、榆、豫章⑥、棕榈⑦、檾⑧，等等。古木参天，树冠茂密，拥有许多树身高大的树类。《吴越春秋》所载"大二十围，长五十寻"的巨木⑨，虽然语涉夸大，但南宋初期疏浚鉴湖时，曾在湖底挖出许多成湖前的汉代古棺，吕祖谦特别指出"皆刳木为之"⑩。刳木为棺必须干径粗大的木材，说明汉代这一带尚不乏高大的古木。甚至直到森林开始破坏的南北朝初期，在稽南丘陵仍然"茂松林密"⑪，拥有许多"干合抱，杪千仞"⑫的高大树木。据当时山阴人孔灵符所记，在稽南丘陵的古越旧都一带，越国时代的高大豫章树尚有存留，"行

---

①《越绝书》卷八（涵芬楼影印嘉业堂藏明刊本）。
②《吴越春秋》卷九，《越绝书》卷八。
③（南朝·宋）孔灵符：《会稽记》（《会稽郡故书杂集》，会稽周氏刊本）。
④《舆地纪胜》卷一〇《绍兴府》（清文选楼影宋刊本）。
⑤《越绝书》卷八；《会稽记》；（唐）李德裕：《平泉山居草木记》（《说郛》第七十册）。
⑥（南朝·宋）谢灵运：《山居赋》（《全宋文》卷三〇，光绪广雅书局刊本）；《平泉山居草木记》；（宋）王十朋：《会稽三赋》（清尺木堂刊本）。
⑦宝庆《会稽续志》卷四（周肇祥影印嘉庆重刊本）引《十道志》。
⑧宝庆《会稽续志》卷四引《舆地志》。
⑨《吴越春秋》卷九。
⑩（宋）吕祖谦：《入越录》（《东莱文集》，《金华丛书》本）。
⑪（南朝·宋）谢灵运：《于南山往北山径湖中瞻眺》（《全宋诗》卷三，医学书局铅印本）。
⑫《山居赋》。

伍相当,森耸可爱"①。这些记载,都可以窥及古代南林林高木茂的情况。此外,森林中还有不少攀悬植物如葛②、鸳鸯藤、凌霄藤③等。林下植物据后世记载所及的也有不少,例如葴④、地黄、卷柏⑤、紫菀、杜鹃⑥、马兜铃、蕨、玉芝⑦,等等。

除了高大的乔木以外,这个地区还到处分布着竹林,生长着各种不同的竹类,像汉代以前记载中的筿、荡、竹、箭、箖篠竹⑧和汉代以后记载中的笙竹、慈竹、苦竹、紫竹、公孙竹、水竹、石竹、斑竹,等等⑨。绍兴地区在后汉时代已经出现以竹类为材料的房屋建筑⑩。到晋代,以竹类为原料的造纸工业有很大发展⑪,都说明了当时竹类资源的丰富。

由于地形和土壤分布的不同,南林中的树类分布也具有垂直差异,这就是谢灵运所指出的:"卑高沃瘠,各随所如。"⑫此外,这个地区由于水面广阔,距海又近,风势非常强劲,因此,在会稽山地海拔 500米以上的地带,一般也不长林木,形成一种灌木丛和草地的景色⑬。

在南林以北,除了比较高燥的地方也为森林所被覆如前述乐野等

---

①《会稽记》。

②《吴越春秋》卷八:"乃使国中男女入山采葛。"

③嘉泰《会稽志》卷一七(采鞠轩重刊本):"鸳鸯藤出秦望山";又"天下凌霄藤必依大树……山阴最多"。

④《吴越春秋》卷七。

⑤《山居赋》。

⑥《平泉山居草木记》。

⑦嘉泰《会稽志》卷一七。

⑧《禹贡》扬州(吴汝纶写定本);《尔雅》注疏卷七(四部备要本);《吴越春秋》卷九。

⑨《山居赋》;《平泉山居草木记》;嘉泰《会稽志》卷一七。

⑩《后汉书》卷五〇下《蔡邕传注》(百衲本):"吾昔尝经会稽高迁亭,见屋椽竹东间第十六可以为笛,取用果有异声。"

⑪《太平御览》卷六〇五《文部二一·纸》(中华书局复制涵芬楼影印本):"王右军为会稽,谢公乞笺纸,库中唯有九万枚,悉与之。"说明晋代这个地区的造纸工业规模不小。

⑫《山居赋》。

⑬《水经注》卷四〇《渐江水注》:"又有秦望山,……扳萝扪葛,然后能升。山上无甚高木,当由地迥多风所致。"按秦望山高海拔 585 米。

处外，其余山会平原南部的部分地区和北部的大部地区，是一片潮汐出没的沼泽①，地下水位很高，生长着茂密的草类，成为大片丰美的水草地。所以《史记·越王句践世家》描述越国的开发是"披草莱而邑焉"，也就是《吴越春秋》所说的"就蒲赢于东海之滨"。② 当时垦殖已较发达的吴国，甚至称越国国境为"荒外之草"③。情况可见一斑。据后世记载所及，山会平原的草类有茭草、莎、马蓼、虞蓼、苦虆、三白草、荇菜、雕胡、菖蒲④、仙茅⑤，等等。由于草类再生很快，不像森林的一经破坏就难以复原，因此，直到唐代，在河滩湖滨等未经垦殖处，草类仍然丰美。⑥ 甚至到了南宋，在鉴湖和山会平原北部的一些新淤地上，水草丰美的地方也还不罕见。⑦ 事实上，汉代以来山会平原上的许多地名如蒿口、茅洋、茭塘、芦社、菖蒲溇，等等，不胜枚举，也就反映了这一带水草丰美的情况。

　　上述绍兴地区古代天然森林发达的情况，除了历史文献中的记载以外，在现代野外考察中也可以取得若干佐证。目前绍兴地区的泥炭分布极广，稽北丘陵以北地区，到处都有存在，储量之巨还未确实估计。仅漓渚一区，储量即达14000万担以上。⑧ 这些泥炭，有的埋藏较深，多是地质年代的产物；但有的埋藏甚浅，埋藏最浅的泥炭，上部的淤泥层还不到0.5米，当也有历史时期的产物在内。此外，山会平原古代水草繁茂的情况，还可从今日绍兴北部的新涨海涂进行观察。

---

　　① 当山会海塘未全部完成前，有关这方面的记载很多。例如《水经注》卷四〇《浙江水注》："北临大湖，水深不测，传与海通。"又《吴越钱氏志》下函卷五（嘉庆钱氏家刊本）："吴越钱王于会稽县五云门外凿井数十，盖为江水斥卤，居民苦之故也。"

　　②《吴越春秋》卷一〇。徐天祜注："蒲，水草；赢，蛤蚌之属。"

　　③《吴越春秋》卷八。

　　④ 嘉泰《会稽志》卷一七。

　　⑤ 宝庆《会稽续志》卷四。

　　⑥（唐）邱为：《泛若耶溪》（《全唐诗》二函九册，光绪双峰书屋刊本）："一川草长绿。"

　　⑦ 据《嘉泰志》卷一七所载，如三白草"出镜湖泽畔"；莎草"此草易茂，岁岁繁滋"；马蓼"山阴池泽，所在有之"。

　　⑧ 陈桥驿等：《浙江省绍兴县漓渚人民公社的多种经营》（《人民公社经济规划与经济地理文集》，科学出版社）。

目前绍兴北部三江口一带的新涨海涂，出水二三年后即盛长各种禾本科、莎草科、马齿苋科、菊科、藜科等草类，如芦苇、白茅、莎草、艾蒿、鹤顶草、盐蒿、盐蓬，等等。山会平原特别是其北部，长期以来也是一片潮汐直薄的低地，在未垦殖前，水草繁茂的情况比现代海涂自然有过之而无不及。

天然森林的破坏过程

如上所述，古代绍兴地区的天然森林是发育良好的，但是由于人类活动的影响，这个地区古代天然森林的破坏也很迅速。兹略述其破坏过程如下。

越国在其初期，生产活动主要在稽南丘陵一带，当时人们过的是"随陵陆而耕种"和"逐禽鹿而给食"[1]的迁徙农业与狩猎业生活，由于刀耕火种和围猎野兽的需要，对原始森林必然有过许多破坏。但由于当时人类生产活动的规模不大，加上森林的自然更新能力，因此，越国初期，绍兴地区天然森林的破坏，其范围只限于一隅，破坏程度当不致很大。

越王句践之初，越国国都从会稽山南部迁到北部[2]，据清毛奇龄考证即今会稽山北麓的平阳[3]。这意味着，古代绍兴地区天然森林的破坏，已经从崎岖狭隘的稽南丘陵，逐渐转入了低平宽广的稽北丘陵及其相邻的冲积扇和平原地区。上述句践大事采伐的木客山即位于平阳西北，距平阳不远。而且由于社会生产力比以前有了提高，所以对天然森林的破坏规模，也较前有了扩大。当时，越国农业已经从过去的迁徙农业转入到定居农业，开垦土地，成为重要的生产活动[4]。因此，某一地

---

① 《吴越春秋》卷六。

② 《越绝书》卷八："无余初封大越，都秦余望南，千有余岁而至句践，句践徙治山北。"

③ （清）毛奇龄：《重修平阳寺大殿募疏序》（萧山陆氏补刊本《西河合集》，序十六）。

④ （唐）韩鄂：《四时纂要序》（东京山本堂书店据万历十八年朝鲜刻本影印本）："范蠡开土田，卒报越王之耻。"

区的森林和草地一旦被破坏以后，就不可能再有自然更新的机会。同时，由于用材的需要而进行的森林砍伐，至此也到达了很大的规模。其中木客山一带有记载可查的砍伐就有两次：一次是句践十年（前487），句践命"木工三千余人入山伐木一年"①；另一次约在句践二十五年（前472）迁都琅玡之时，曾"使楼船卒二千八百人，伐松柏以为桴"②。像这样数千人出动的大规模砍伐，对森林的破坏程度就不能算小了。此外，生产部门到此时也已渐趋复杂，某些部门如金属冶炼和陶器等，经常需要大量薪炭燃料。例如当时为了冶炼金属的需要，曾经"采锡山为炭，称炭聚载，从炭渎到炼塘"③。而目前在会稽山北麓发现的不少古代窑址④，也说明了陶器砖瓦等的烧制对薪炭的大量需要。由此可见，在越国后期，人类活动对这个地区的天然森林已经有了愈来愈多的影响，逐渐破坏了这个地区自然界原来所保持的平衡。

自战国而历秦汉，绍兴地区的生产力水平愈益提高，人类对天然森林的破坏有了更大的速度。在任何地区历史上森林毁灭的过程中，一旦破坏的速度超过了自然更新的速度以后，整个森林的毁灭就会加速度地进行。古代绍兴地区森林破坏的过程中，这个关键性的时期大概在于晋代。由于东晋政治中心南迁，使会稽成为东南巨镇⑤，户口增加，经济发展，耕地、用材和燃料的需要都与日俱增。因此，根据东晋永和九年（353）许多诗人的目击记载⑥，在稽北丘陵兰亭附近的兰渚山一带，虽然还是"茂林修竹"⑦，自然植被发育较好，而向山区内部登高远望，也仍然高林秀竹⑧，自然植被相当繁茂。但是北望山会平

①《吴越春秋》卷九。
②《越绝书》卷八。
③《越绝书》卷八。
④ 张拯亢：《续绍兴出土古物调查记》（手稿本，绍兴鲁迅图书馆藏）。
⑤《晋书》卷四七《诸葛恢传》（百衲本）："今之会稽，昔之关中。"
⑥ 指永和九年（353）暮春之初的兰亭之会，当时参加的诗人达数十人，事见《晋书》卷五〇《王羲之传》。
⑦（晋）王羲之：《兰亭诗序》（《全晋文》卷五，光绪广雅书局刊本）。
⑧（晋）谢万：《兰亭诗》（《全晋诗》卷五，医学书局铅印本）："肆眺崇阿，寓目高林，青萝翳岫，修竹冠岑。"

原，则已经是"茫茫原畴"①，看不到森林了。说明在会稽山地，由于砍伐不易和运输不便，森林还有较大量的保留，但在山会平原，不仅森林已经砍伐殆尽，草地也已大量地被耕地所代替了。

东晋以后，在整个南北朝时代中，东南地区一直是全国政治经济的中心，户口增加益见迅速。到南北朝宋代，山阴县已经出现了"土境褊狭，民多田少"②的现象，而使地价高达"亩直一金"③的程度。至此，平原地区必然已无残留的森林和未垦的草地。平原地区的森林既已荡然无存，不仅是用材的需要，即以燃料而言，汉代的薪炭采伐尚盛于稽北丘陵北麓的樵风泾④一带，而至此也已深入会稽山地⑤。当然，用材和薪炭的生产数量，都必须考虑到市场的实际需要量和运输条件等。因此，砍伐进入山区的初期，对森林的破坏还不至于漫无限制。但是到了唐初以后，利用山坡的茶树种植业在稽北丘陵开始发展⑥。为了获得植茶所需要的坡地，山区的森林破坏，从此就发展到很大的规模。从五代以至宋代，茶园遍布会稽山地，诸如日铸岭⑦、茶山、天衣山、陶宴岭、秦望山、兰渚山⑧等地，都成为重要的产茶地。这样，会稽山地在宋代就出现了"有山无木"⑨的童秃情况。

应该指出，茶树的栽培必须具备一定的地形和小气候条件。具体地说，即坡度不宜太陡，并且还需要选择向阳避风的地形。为此，尽管由于茶树栽培而发生了对山区天然森林的大量破坏，但是无论如何，

---

① （晋）谢安：《兰亭诗》（《全晋诗》卷五）。

② 《宋书》卷五四《孔季恭传》（百衲本）。

③ 《宋书》卷五四《孔季恭传》，"史臣曰"。

④ 嘉泰《会稽志》卷一〇引《旧经》，按《旧经》系北宋大中祥符年代所纂。

⑤ 《南史》卷七五《朱百年传》（百衲本）："入会稽南山，伐樵采箬为业。"

⑥ （唐）陆羽：《茶经》下（《学津讨原》本）："越州上，明州、婺州次，台州下。"按陆羽天宝、贞元间人，说明会稽山地的植茶业在唐初即已发展。

⑦ （宋）欧阳修：《归田录》卷一（涵芬楼影印元刊本）："草茶盛于两浙，两浙之品，日注为第一。"按日注即日铸。

⑧ 嘉泰《会稽志》卷一七。

⑨ （宋）庄季裕：《鸡肋编》卷上（《丛书集成》本）："越州在鉴湖之中，绕以秦望等山，……故谚云：有山无木。"

明代以前，绍兴山区天然森林破坏程度，和平原地区还不可同日而语。那时，会稽山地特别是西部一带，零星的小片森林尚不罕见，还能提供少量用材。[①] 会稽山地天然森林的彻底破坏，和粮食作物的引入山区有最密切的关系。在封建的土地制度下，绍兴地区也和其他地区一样，地主豪强霸占水利、强占良田的事实史不绝书。宋代以后，由于户口激增，平原土地垦殖殆尽，这种情况显得更为突出。即在统治阶级之中，比较开明的人物如北宋曾巩，南宋王十朋、徐次铎等人，也都目击而有所记载。[②] 这就成为一个迫使农民开垦山地的重要原因。此外，特别需要指出的，绍兴是一个历史上的酿造业中心。在宋一代，两浙税收的十分之八来自盐、茶、酒三税。[③] 酿造业受到朝廷统治者的鼓励而空前发达，酿酒原料糯米的价格倍于粳米。[④] 绍兴地区的地主阶级就努力扩大糯稻的播种面积以获取暴利。南宋一代，绍兴地区的糯稻播种面积要占水稻播种面积的十分之六[⑤]，到了明代，也仍占十分之四。[⑥] 这就是明徐渭所指出的："酿日行而炊日阻，农者且病农而莫之制也。"[⑦] 这样就造成了境内粮食的缺乏腾贵。农民迫于饥饿，自然只好加速向山区垦殖。根据南宋的记载[⑧]，当时杂粮已经普遍引入山区，如"会稽山乡种稼，其苗类黍，其穗如稻"。此外还有粟、荞麦、豆类等。最后，到了明代，另一种适于在山区种植而且在地形和小气

---

① （明）祁彪佳：《自鉴录》，戊寅五月初八日（《祁忠敏公日记》，1937 年绍兴县修志委员会铅印本第三册）："郑九华出柯桥买木。"又同书戊寅六月初六日："郑九华以采木至刑塘。"按刑塘在稽北丘陵西部。

② 曾巩：《鉴湖图序》（《元丰类稿》卷一三，《四部备要》本）；王十朋：《鉴湖说》（《王忠文公文集》卷七，光绪梅溪书院重刊本）；徐次铎：《复鉴湖议》（万历《绍兴府志》卷一六）。

③ （宋）李心传：《建炎以来朝野杂记》甲集卷一四（函海本）。

④ 《宋会要辑稿》第一百二十六册（中华书局复制北平图书馆影印本）："建炎四年十月七日，臣僚言：……越州今秋上户率折糯米多至数万石。糯米一斗为钱八百，粳米为钱四百。"

⑤ （宋）孙因：《越问》（宝庆《会稽续志》卷八）。

⑥ （明）徐渭：《物产论》（《青藤书屋文集》卷一八，《海山仙馆丛书》本）。

⑦ 《物产论》。

⑧ 嘉泰《会稽志》卷一七。

候等条件的要求上都大大低于茶树及上述其他杂粮的作物番薯引入了绍兴[①]，并且立刻在山区大量播种，这就使山区天然森林遭到更为严重的破坏。至此，除了人工栽培的竹林和少数山地灌木丛和草地外，绍兴地区的天然森林基本上遭到全部的破坏。所以清代的官方调查报告中指出，这个地区已经"无森林之可言"[②]了。

天然森林破坏对农业部门结构的影响

必须承认，古代绍兴地区天然森林破坏的过程，也就是农业发展的过程。因为除了会稽山地中的少数地区外，天然森林破坏以后，土地都不是荒芜的，而是代之以人工栽培的作物。用另外一句话说，也就是人们通过对森林和草地的破坏，取得了耕地，发展了种植业，这是人类改造自然、利用自然的一个方面。

但是也应该看到，由于社会制度、生产力水平和科学知识的限制，古代人们在其改造和利用自然的同时，往往也有意无意地破坏了自然界的合理平衡，招致了不良的后果。这种不良的后果，有的在当时就会蒙受影响，有的却要经过很久才会出现。正如恩格斯在《自然辩证法》一书中所说的："美索不达米亚、希腊、小亚细亚以及其他各地的居民，为了想得到耕地把森林都砍完了，但是他们却梦想不到这些地方今天竟因此成为荒芜不毛之地，因为他们把森林砍完之后，水分积聚和贮存的中心也不存在了。阿尔卑斯山的意大利人，因为要十分细心地培养该山北坡上的松林，而把南坡上的森林都砍光了，他们预料不到因此却把他们区域里的高山畜牧业的基础给摧毁了；他们更预料不到这样就使山泉在一年中大部分时间都枯竭了。"[③]为此，古代绍

---

① 祁彪佳：《寓山注》卷下（山阴安越堂平步青重刊本）："从海外得红薯异种，每一本可植二三亩，每亩可收得薯一二车，以代粒，足果百人腹。"此为绍兴地区引种番薯的最早记载。

②《会稽县劝业所报告册》，宣统三年上期（钞本，绍兴鲁迅图书馆藏）。

③ 恩格斯：《自然辩证法》，人民出版社，1955年版，第146页。

兴地区天然森林的破坏，有其积极的一面，但同时也带来了许多消极因素。

　　在天然森林破坏的过程中，绍兴地区发展了种植业部门，使这片"厥草惟夭，厥木惟乔"的原始森林和沼泽草地，成为一个土地平整、利用精密的鱼米之乡，促进了社会生产力的发展，这是首先必须加以肯定的。但另一方面，古代绍兴地区种植业的发展，是在彻底破坏了农业中的其他几个部门即林业、牧场畜牧业和狩猎业的过程中得到的。这一事实，就必须引起我们的密切注意。

　　林业是古代绍兴地区的重要农业部门。春秋战国时代，这里曾经向外输出木材和竹类等林产品。越国提供了吴国的建筑用材[①]；越致吴的贡品中还有"晋竹十庾"[②] 的记载。这些都是林业的直接产品。顺便还可以提及，古代绍兴地区的不少著名手工业部门，也都和林业有密切关系。在林业提供燃料的基础上发展起来的手工业部门有冶铜和陶瓷等。绍兴地区在汉代是全国主要的铜镜冶铸中心之一[③]，在唐代则是全国最著名的陶瓷工业中心[④]。在林业提供原料的基础上发展起来的手工业部门则以造纸为最重要。这个在东晋已有很大发展的手工业部门，到唐代而名闻国内，到宋代更居于全国无所匹敌的地位。[⑤] 但是随着林业的破坏，这些名闻海内的手工业部门都先后式微。到了清代中叶，甚至连提供沿海制盐业所需的燃料已经不堪支持，以至于在咸丰年代，这个地区的制盐业，不得不从传统的刮泥淋卤煎熬的方法改变为刮泥淋卤板晒的方法。[⑥]

　　利用丰美的沼泽草地而进行的牧场畜牧业，在越国后期即已有了颇大的发展。《越绝书》记载句践时代畜牧业的分布都有固定的地

　　①《吴越春秋》卷九。

　　②《吴越春秋》卷八。

　　③ 王士伦：《浙江出土铜镜选集》，中国古典艺术出版社，1958 年。

　　④ 上田恭辅：《支那陶磁の时代の研究》，东京大阪屋号书店，昭和十一年。

　　⑤ 参见（唐）韩愈：《毛颖传》（《全唐文》卷五六七，第 13 页，广雅书局刊本）；
（宋）米芾：《垂越竹学书》（《书史》，《百川学海》本，第 29 页）。

　　⑥（清）范寅：《论涨沙》（《越谚卷》下，光绪谷应山房刊本）。

区①，就是牧场畜牧业发展的佐证，像养犬的犬亭山、养猪的豕山和养鸡的鸡山等均是其例。而且这种牧场畜牧业在当时已经发展到颇大的规模，能够提供相当数量的产品，所以句践才有可能普遍地用狗和猪等畜产品对国内的所有产妇进行慰问。② 但是以后随着这些沼泽草地的开垦，专业化的牧场畜牧业就逐渐失去了基地，于是这个地区的畜牧业才成为一种农村副业，牧场畜牧业随着自然植被的破坏而完全衰落。

在绍兴地区天然森林发育良好的时代，这个地区富于野生动物资源，特别是在南林地区，当时是一片"虎豹之野"③。不仅在句践以前，越国曾长期依靠"逐禽鹿而给食"，即句践时代，也常有狩猎活动的记载。④ 所以狩猎业曾是这个地区早期的重要农业部门。而越国后期，狩猎业产品在越国经济中也仍然具有一定的地位。⑤ 直到晋代前后，由于会稽山地的森林尚未大量破坏，所以三国和晋代的记载都还指出会稽山地富于"鸟兽之殷"⑥，说明野生动物资源依然受到人们的重视。南北朝初期，按谢灵运的记载，当时会稽山地的兽类尚有猿、狸、獾、犴、猨、猤、熊、罴、豺、虎、貚、鹿、麋、麇等⑦，仍然还较丰富。但是此后，随着森林的破坏，文献上就不再见这方面的记载，狩猎业在绍兴地区从此不再存在意义。

如上所述，从越国后期以来，绍兴地区的农业生产有了很大的发展，但是这种发展不是建立在全面地和综合地利用自然资源的基础上的。它尽量地利用了自然资源的一部分，即水土资源；却又不遗余力

---

① 《越绝书》卷八。

② 《国语·越语上》（《四部备要》本）："生丈夫，二壶酒，一犬；生女子，二壶酒，一豚。"

③ 《吴越春秋》卷八。

④ 参见《越绝书》卷八第 4、8 等页。

⑤ 参见《国语·越语上》第 20 页，《吴越春秋》卷八第 6 页等。

⑥ （三国·吴）朱育：《问土对》[（宋）孔延之：《会稽掇英总集》卷二〇，山阴杜氏浣花宗塾刊本]；（晋）虞预：《会稽典录》（《会稽郡故书杂集》本）。

⑦ 《山居赋》。

地破坏了自然资源的另一部分，即自然植物资源。这就注定了这种发展具有颇大的片面性，它必然会包含许多消极因素。显而易见，天然森林破坏的后果，首先就反映在农业的部门结构上面，它一方面破坏了这个地区的许多传统农业部门如林业、牧场畜牧业和狩猎业等，同时也间接地破坏了依靠这些农业部门提供燃料和原料的传统手工业。另一方面，对于种植业本身来说，却也因为其他农业部门的破坏而显得孤立无靠，失去了许多发展多种经营的有利条件。不但局限了农产品的品种，对于农时的调剂，劳动力的安排，用地和养地的关系以及肥料的取得等许多方面都带来不利。只是由于在生产力水平低的古代，种植业在解决人们的衣食需要上比其他农业部门显然有效，而且处在当时的社会制度之下，根本就不可能从整个地区来考虑各农业部门之间应该保持什么比例，自然也不可能考虑到耕地、森林和草地之间应该保持什么比例，对于这个地区天然森林的破坏才在一个不很长的时间中达到了很大的程度。

天然森林破坏对种植业的影响

排斥了其他农业部门而发展起来的种植业，由于天然森林的不断破坏而取得了日益增加的土地，从而扩大了它的经营规模。但是随着时间的推移，由于天然森林破坏而产生的消极因素，终于直接影响到种植业的本身。这种影响的深刻和广泛，最后甚至成为绍兴地区种植业部门所面临的严重危机，这就是由于天然森林破坏而加剧的水土流失问题。这个问题曾一度使绍兴地区的种植业陷于重大的困境。

从历史上绍兴地区种植业发展的过程来看，一方面通过天然森林的破坏解决了耕地问题，另一方面则通过鉴湖的围堤解决了水利问题。鉴湖是后汉时代完成的一个面积达 206 平方公里的大型人工湖泊[①]，由于鉴湖的作用，鉴湖以北山会平原的九千顷沼泽水草地才得以顺利地

---

① 陈桥驿：《古代鉴湖兴废与山会平原农田水利》，《地理学报》1962 年第 3 期。

开垦成为耕地①。鉴湖围堤以后的前期,由于稽北丘陵的天然森林尚能比较完整的保持,水土流失现象并不严重,使其对山会平原的种植业发挥了良好的作用。但是如前所述,东晋以后,稽北丘陵的森林砍伐开始扩大,水土流失就随着增加。因此,到了唐代,湖中就已经出现了不少葑田。②所以疏浚工程历代有所进行,而以五代吴越疏浚最为经常,立法也很完备③,说明了湖底淤浅加剧的事实。宋代以后,杂粮种植遍及山区,会稽山地出现了如前所述"有山无木"的童秃景象,冲刷之剧,可以想见。北宋越州知州王仲甍曾说鉴湖是"自然淤淀"④的,自然淤淀不消说就是水土流失的结果。所以到了北宋年代,由于湖底迅速淤高,甚至像五代一类的疏浚工程也已经无法进行。⑤于是,整个鉴湖从此就出现了大规模的围垦,到了南宋初期,终至全部湮废。⑥尽管鉴湖的湮废除了水土流失外,还有其他一些原因⑦,但是湖底的淤浅总是湮废过程中的主要前提。

从鉴湖的淤浅到湮废是一个信号,这个信号指出了,通过破坏天然森林获得耕地而建立起来的种植业部门,由于在破坏天然森林过程中的漫无节制,至此开始要直接蒙受森林破坏的恶劣后果了。北宋与南宋之间,是鉴湖从淤浅到湮废的一个重要转折阶段。而绍兴地区有历史记载的水旱灾害次数,北宋和南宋也恰恰构成一个显著的对比。兹将北宋与南宋的水旱灾害表列如下。

---

① (宋) 曾巩:《鉴湖图序》。
② (唐) 元稹:《和乐天十八韵》(《全唐诗》六函九册):"柳条黄大带,菱葑绿文茵。"(唐) 秦系:《题镜湖野老所居》(《全唐诗》四函八册):"树喧巢鸟出,路细葑田移。"
③ (清) 钱文瀚:《吴越钱氏志》下函五:"梁贞明元年,武肃王开东府南湖,立法甚备。"又《鉴湖图序》:"钱镠之法最详,至今尚多传于人者。"
④ (宋) 陈橐:《上傅崧卿太守书》(《嘉泰志》卷一〇)。
⑤ (宋) 曾巩:《鉴湖图序》:"日役五千人浚湖,使至五尺,当十五岁毕。"说明淤积甚高,工程实际上已不可进行。
⑥《宋会要辑稿》第一五二册:"乾道元年,……诏绍兴府开浚鉴湖,除唐贺知章放生池旧界十八余顷为放生池水面外,其余听从民便,逐时放水,以旧耕种。"说明鉴湖的最后湮废,当在乾道元年(1165)。
⑦ 陈桥驿:《古代鉴湖兴废与山会平原农田水利》。

宋代绍兴地区的水灾 *

公元	年号	资料来源
1034	北宋景祐元年	万历绍兴府志 13
1037	四年	宋史·仁宗本纪
1061	嘉祐六年	万历绍兴府志 13
1093	元祐八年	万历绍兴府志 13
1104	崇宁三年	宋会要辑稿 159
1119	宣和元年	万历绍兴府志 13
1124	六年	道光会稽县志稿 9
1133	南宋绍兴三年	嘉庆山阴县志 25
1135	五年	万历绍兴府志 13
1139	九年	乾隆绍兴府志 80
1148	十八年	宋史·五行志 61 水上
1150	二十年	嘉庆山阴县志 25
1158	二十八年	宋会要辑稿 159
1159	二十九年	文献通考·物异 3
1163	隆兴元年	宋史·五行志 61 水上
1165	乾道元年	宋会要辑稿 127
1166	二年	康熙会稽县志 8
1167	三年	通志灾祥略
1168	四年	嘉庆山阴县志 25
1171	七年	宋会要辑稿 125
1174	淳熙元年	康熙会稽县志 8
1176	三年	宋史·孝宗本纪
1181	八年	宋史·五行志 61 水上
1183	十年	万历会稽县志（钞本）8
1189	十六年	宋会要辑稿 52
1192	绍熙三年	宋陆游，剑南诗稿卷 25（四部备要本陆放翁全集）
1193	四年	宋史·五行志 65 木
1194	五年	宋史·五行志 61 水上

1196	庆元二年	万历绍兴府志 13
1197	三年	万历绍兴府志 13
1199	五年	万历绍兴府志 13
1207	开禧三年	宋会要辑稿 52
1209	嘉定二年	万历绍兴府志 13
1210	三年	宋史·宁宗本纪
1212	五年	宋史·五行志 61 水上
1213	六年	宋史·五行志 65 木
1216	九年	宋史·五行志 61 水上
1222	十五年	宋会要辑稿 149
1227	宝庆三年	宋史·汪纲传
1242	淳祐二年	宋史·五行志 61 水上
1254	宝祐二年	续文献通考·物异 1
1264	景定五年	万历绍兴府志 13
1266	咸淳二年	万历会稽县志（钞本）8
1272	八年	宋史·度宗本纪
1274	十年	续文献通考·物异 1

　　*说明：凡受灾地区记明为绍兴、越州、山阴、会稽者列入本表，受灾地区泛指两浙、浙、浙东者概不列入。虽然后者也可能包括绍兴地区在内，但因大范围内发生的灾害，与鉴湖的淤浅关系不大，故不予列入。以下旱灾表亦同。

宋代绍兴地区的旱灾

公元	年号	资料来源
1075	北宋熙宁八年	越州赵公救灾记（元丰类稿 19）
1128	南宋建炎二年	上傅崧卿太守书
1135	绍兴五年	万历绍兴府志 13
1140	十年	乾隆绍兴府志 80
1141	十一年	宋会要辑稿 159

1148	十八年	宋史·五行志 66 金
1163	隆兴元年	道光会稽县志稿 9
1173	乾道九年	万历绍兴府志 13
1175	淳熙二年	宋史·五行志 66 金
1180	七年	宋史·五行志 66 金
1181	八年	宋史·五行志 66 金
1187	十四年	宋会要辑稿 160
1194	绍熙五年	万历绍兴府志 13
1205	开禧元年	宋史·五行志 66 金
1215	嘉定八年	宋会要辑稿 149
1217	十年	万历绍兴府志 13
1240	嘉熙四年	万历绍兴府志 13

两宋绍兴地区水旱灾次数比较

灾别 ＼ 朝代	北宋	南宋
水灾	7	38
旱灾	1	16

　　从上表可见，在北宋 166 年里，绍兴地区有历史记载的水灾 7 次，旱灾 1 次；而南宋 152 年中，水灾多至 38 次，旱灾也达 16 次。当然，这里应该承认，南宋绍兴地区毗邻国都，灾情记载必然详于北宋，这是南宋灾情次数多于北宋的一个原因。但是也必须看到，由于北宋时期鉴湖尚有蓄洪和灌溉作用，因而相对地减少了水旱灾害。尽管像曾巩所说的"无荒废之田，水旱之岁"[①]和王十朋所说的"岁无水旱"[②]之类有些夸大，但和南宋鉴湖湮废后的情况比较，这类话还是相对地可靠的。到了南宋，绍兴地区水旱灾害的显著增加，确实已经成为当

---

　　①《鉴湖图序》。
　　②《鉴湖说》上篇。

时人所共见的严重社会问题。这就是王十朋所指出的[1]:"每岁雨稍多则田已淹没,晴未久而湖已枯竭矣。"因而造成:"狱讼繁兴,人民流亡,盗贼多有。"事实上,在这一时期中,绍兴地区不仅是乞丐充斥城内[2],饥民甚至不得已涌向杭州求乞[3]。当然,这些现象的出现,除了水旱频仍以外,更重要的是还必须联系其他的社会原因,才能得到更全面的解释。但是由此也足以证明,由于东晋以来对天然森林滥施破坏所引起的对于农田水利的恶劣后果,终至空前加剧了南宋时期水旱连年的这种悲惨局面。只是由于元、明以来在山会平原北部进行了一系列水利工程,使洪水有所蓄积而灌溉不虞匮乏,绍兴地区的水旱灾情才有所缓和。[4]

明清以来森林破坏的趋势及其后果

尽管明代在山会地区的农田水利事业上有所建树,其内容包括会稽山地的水库、山会平原河湖网的整治和沿海的涵闸堤塘设置等,可是从这个地区农业发展的长远利益来看,这些工程在不同程度上仍然只有治标的价值。由于社会制度的限制,人们不可能从前代鉴湖的湮废中吸取经验教训,他们对导致鉴湖湮废的重要原因即会稽山地天然森林的破坏这一事实仍然予以漠视。而且随着前已述及的番薯引入的过程,山地森林破坏的程度日益加剧,水土流失实际上较前更为严重。这种情况,仍然可以从河湖的继续淤浅中得到证明。以三江水系的重要干流若耶溪而言,唐代舟舫可直达秦望山下的云门诸寺(即今西路

---

[1]《鉴湖说》上篇。

[2]《宋会要辑稿》第一六〇册:"通判绍兴府朱璞言:绍兴府街市乞丐稍多。"

[3] (宋)李心传:《建炎以来系年要录》卷一五八(中华书局重印《国学基本丛书》本):"上谓大臣曰:闻绍兴饥民有渡江者,可令临安给优路费遣还。"

[4] 据《明史》《明实录》《明书》《二申野录》《续文献通考》《祁忠敏公日记》以及明清二代绍属各方志统计,明代 276 年中,除泛指全省或浙东等不计外,绍兴地区有水灾 21 次,旱灾 17 次。

口以南）^①。宋时虽渐淤浅，但尚可溯其支流，到达天柱峰下^②。到了明代，舟楫只能到平水为止^③。从清代以至目前，则更向北退缩到距平水八里的平水埠头。从稽北丘陵北流的其他河流亦莫不如此。例如西南部的较大干流娄宫江，在南宋淳熙元年（1174），舟楫约可通至目前的新桥头附近^④，但清代以至目前，舟楫只能通至娄宫埠，比南宋退缩了 10 余里。此外，湖泊的湮废情况也继续有所发展。明代后期确实存在的不少湖泊如康家湖（周围 20 余里）、谢憩湖（周围 30 余里）等^⑤，到清代已经逐渐消失，至今则早已不知去向。至于明代在会稽山区建筑的一系列山谷水库，如小舜江水系的舒屈湖、沥上湖、沥下湖、洗马湖^⑥等，若耶溪上游的桥亭湖、贾家湖^⑦等，也都早已影迹全无。和南宋的情况如出一辙，因为许多湖泊不断淤浅，直到清末以后，垦湖为田的事实在绍兴地区一直存在^⑧。为此，明、清两代，尽管农田水利建设有了发展，但是由于会稽山地的森林面貌依然每况愈下，农业生产仍然面临着水旱灾害的严重威胁，这是一个值得重视的问题。

当然，明代以来绍兴地区的河湖网和古代鉴湖相比，在减少淤浅方面，确实具有一些优点。这个约拥有 2000 公里河流长度和十几个较大湖泊的河湖网^⑨，是散布在约 700 平方公里面积的平原上的。它不像古代鉴湖那样地集中承受着源自稽北丘陵的全部河流的输沙量。而且由于河道深入田间，便于农民挖掘淤泥作为肥料，估计每年从河底

① （宋）熊克：《镜湖》（嘉泰《会稽志》卷一三）。
② （宋）邓牧：《陶山游记》（《伯牙琴续补》，《知不足斋丛书》本）。
③ （明）刘基：《出越城至平水记》（《诚意伯文集》卷六，《四部丛刊》本）。
④ 《入越录》："辨色发枫桥，……十里干溪，……十里古博岭，……十里含晖桥亭，天章寺路口也，遂穿松径至寺。……复出官道数里，买舟泛鉴湖。"则吕祖谦路程历历可计，其买舟当在今新桥头附近。
⑤ 万历《会稽县志》卷二（钞本，浙江省图书馆藏）。
⑥ （清）倪一桂：《会稽志略》（乾隆手稿本，绍兴市政协藏）。
⑦ 万历《会稽县志》卷二（钞本）。
⑧ 尹幼莲：《绍兴地志述略》。
⑨ 《绍兴县乡土地理》。

挖出的淤泥约有 3 亿担[①]，具有疏浚河道的作用。为此，是不是能够作出比较乐观的估计：即古代鉴湖既然维持了 1000 余年之久，则明代以来的这个河湖网，必然比古代鉴湖更经得起上游的冲刷，可以维持得更为长久。

这种估计虽然并非完全没有根据，但是也应该看到，在古代鉴湖存在的一千多年历史中，水土流失特别严重的时间大概只有 500 年。而且尽管鉴湖集中地承受了大量河流的输沙量，但它无论在面积和深度等方面，都比明代以来的河湖网大得多[②]。何况从会稽山地森林的破坏来看，明代以来较之以前有增无减。如上所述，明代以来河湖仍然不断湮废的事实，更说明对这个问题，并无理由过于乐观。特别值得注意的是，尽管明、清两代的水旱灾害不如南宋频繁，但由于森林破坏招致的水土流失，在许多水旱灾中，仍然起着显著作用。例如明崇祯十四年至十六年（1641—1643）的连续三年旱灾中[③]，江河的淤浅就促成了旱情的加重。清同治四年（1865）闰五月的大水，会稽山地有 7 处山洪暴发[④]。而这次洪水以后，由于河湖淤浅，内涝经过一年仍然无法排泄，于是被迫一面疏浚若干河道，一面凿开会稽海塘进行排涝[⑤]。根据清代末叶的调查资料，河湖的继续淤浅，不仅对种植业造成严重恶果，甚至绍兴地区农业生产中的另一重要部门即淡水渔业，也因为"内河浅隘，生产无多，渔人殚日夕之劳，或不足供一日之养"[⑥]。情况可见一斑。

---

① 陈初裁等：《浙江省绍兴平原地区河湖的综合利用》（《1960 年全国地理学术会议论文选集·经济地理》）。

② 按《古代鉴湖兴废与山会平原农田水利》，古代鉴湖面积为 206 平方公里；又按《浙江省绍兴平原地区河湖的综合利用》，目前绍兴地区的水体总面积为 86.7 平方公里。明代的水体总面积估计虽比目前要大，但与古代鉴湖相比，当然远远不及。

③ 据康熙《绍兴府志》（俞志）及《祁忠敏公日记》。

④ （清）李慈铭：《孟学斋日记》乙集中，同治四年闰五月十二日、二十日及六月十四日（《越缦堂日记》，1 函 6 册，北京浙江公会影印本）。

⑤ （清）阮廷渠：《浚沥江始末记》（《越州阮氏宗谱》卷二一，光绪会稽阮氏家刊本）。

⑥ 《会稽县劝业所报告册》，宣统三年上期（钞本）。

结　语

综上所述，古代绍兴地区天然森林滥施破坏的结果，一方面影响了农业的部门结构，使许多传统的农业部门以及依靠这些农业部门提供燃料和原料的手工业部门归于消灭，另一方面由于天然森林破坏而造成严重的水土流失，加速了古代鉴湖的湮废，造成了南宋一代的频繁水旱灾害，给种植业带来了巨大的损害。尽管明代以来在农田水利事业上有所建树，但由于森林破坏有增无减，对于农业生产的恶劣后果也仍然有所发展。

上文已经述及，过去的人们由于社会制度的限制，根本不可能考虑保护天然森林和合理安排各农业部门之间的关系问题。时至今日，优越的社会主义制度为我们在这方面提供了充分的保证。我们一方面钦敬古人胼手胝足的劳动，承受他们在这个地区农业上遗留下来的许多积极的东西；但另一方面也必须看到古人的局限性，研究和处理他们在这个地区农业上遗留下来的许多消极的东西。事实上，在绍兴平原地区，由于农业部门结构单纯而出现的有关多种经营方面的问题，以及由于上游冲刷剧烈而引起的许多农田水利问题，至今在不同程度上仍然存在。因此，如何弥补由于古代天然森林破坏而造成对农业的不利影响，仍是当务之急，有待于地理学界及其他科学界的研究。

古代绍兴地区天然森林的破坏过程，在浙江及东南其他地区都是比较典型的。而山会平原农业生产蒙受古代天然森林破坏的影响，无论在积极和消极方面，也和浙江及东南其他地区大体相似。为此，笔者选择这个地区，从历史地理学的角度，作如上的阐述，提供现代地理学特别是农业地理学在这些地区进行研究的参考。

原载《地理学报》第 31 卷第 2 期（1965 年），第 129—141 页

收入《吴越文化论丛》第 258—281 页

历史时期绍兴地区聚落的形成与发展

聚落的形成与地域类型

本文论述的范围，指南起会稽山地，北抵杭州湾，东西各以曹娥江和浦阳江为界的地区，即历史时期的山阴、会稽两县和萧山县的一部分。本区南部是一片高度不超过 1000 米的会稽山地，山地北缘分布着一系列山麓冲积扇，冲积扇以北是开阔的山会平原。在古代，平原上除了崛起于冲积层的若干孤丘外，是一片河湖交错的沼泽地，北濒杭州湾，古代称为后海。这个地区的气候是一种温暖湿润的亚热带气候。会稽山地在人为活动没有大量破坏以前是茂密的原始森林。本区自然条件优越，人类活动发轫甚早，聚落出现有悠久历史，本文叙述从有历史记载的越部族开始。①

在公元前 6 世纪以前，越部族的生产活动主要是迁徙农业和狩猎业，这就是《吴越春秋》卷四所说的"随陵陆而耕种，或逐禽鹿而给食"。部落居民的活动范围还局限于会稽山地，聚落的形成当然也在山地之中。当时，越部族的中心，也常常迁徙于会稽山地之中，仅《水经注》记载的就有两处，②一处称为"埤中"，据记载在"诸暨北界"；另一处在秦望山南，《水经注》说："山南有嶕岘，岘里有大城，

---

① 会稽山北的若干冲积扇和孤丘，曾经发现过一些新石器时代的遗址，说明远古居民在这个地区建立的零星聚落为时甚早。本文论述的则是有历史记载以后的成批聚落的形成发展过程。

②《水经·浙江水注》。

越王无余之旧都也。"像这一类部族中心的大型聚落，直到刘宋时代，尚有遗迹可寻。① 其他著述中记及会稽山地在越部族时代的大型聚落的还有：《越绝书》卷八记载的会稽山上城、木客、苦竹城；《越州旧经》记载的侯城② 等等，这些称城的聚落，有一些至今仍有线索可稽。以《越绝书》记载的苦竹城为例，今漓渚镇以南 4 公里绍（兴）诸（暨）界上有苦竹村，坐落在娄宫江上游的一处山间盆地中。《越州旧经》说："苦竹城……在山阴县西南二十九里。"③ 按方位里程今苦竹村与《旧经》所记符合。其实，在自然条件较好的山间盆地或河谷地之中，当时都可能建立聚落，只是不见于记载罢了。由于人们从事迁徙农业和狩猎业活动，所以这些原始的聚落可能从不固定，这就是《吴越春秋》所说的："无余质朴，不设宫室之饰，从民所居。"④ 但是无论如何，会稽山地中这一时期形成的聚落，是绍兴地区历史时期见于记载的最早聚落。

　　古代绍兴地区的聚落首先在会稽山地形成，这是和当时的生产性质及自然条件有密切关系的。因为山地中拥有丰富的森林和动物资源，山间盆地和河谷地有平坦的土地可以进行刀耕火种，因此，越部族原始聚落就在这里形成，并且持续了一段相当长的时间。但是，随着生产力的提高和部族人口的增加，聚落分布局限在会稽山地的这种情况就开始有所改变，《越绝书》记载关于越王句践迁都的事，⑤ 就是这种变化的标志。句践在公元前 6 世纪后期移治会稽山北。据清毛奇龄的考证，其地在今平水镇附近的平阳⑥，这说明越部族的生产活动范围，已从崎岖的会稽山地，进入了山北的一系列山麓冲积扇地段。除了平

---

① （南朝·宋）孔令符：《会稽记》（宛委山堂《说郛》号六十一）："越之中叶，在此为都，离宫别馆，遗基尚在。"
② 嘉泰《会稽志》卷一所引。
③ 嘉泰《会稽志》卷一所引。
④《吴越春秋》卷六。
⑤《越绝书》卷八。
⑥《重修平阳寺大殿募疏序》（《西河合集》卷一六）。

阳以外，《越州旧经》记载的越王城，即今古城村①，也正在这一地段。从自然条件来说，这一带土地广阔而平坦，灌溉便利，水土资源的丰富较之会稽山地不可同日而语；而和北部的沼泽平原相比，它们却又位处山麓，地势高燥，不受咸潮的威胁，有利于定居农业的发展。而且每一冲积扇都有流入平原的河流，交通便利。越王句践所说的："水行山处，以船为车，以楫为马。"②恰恰就是这个地带。这样，山麓冲积扇就成为越部族从会稽山地进入北部平原的跳板，形成了越部族在会稽山北的第一批聚落。从这一带近代发现的许多战国和汉代古窑址中也可以得到证明③。

定居农业在山麓冲积扇地带的发展，对于农业生产力的提高具有重大意义，部族居民进一步向水土资源更为丰富的北部冲积平原推进成为势所必然。这就是《吴越春秋》卷五越大夫范蠡所说的："不处平易之都，据四达之地，将焉立霸主之业。"不过，要开发江湖密布、咸潮出没的沼泽地，并不是一件轻而易举的事。于是，崛起于冲积平原上的许多孤丘，就成为人们开发沼泽平原的立足点。山会平原上的这类孤丘多至数百，它们从二三十米以至百余米，不受咸潮的冲刷。孤丘上的森林和泉水，提供了燃料和饮水的方便。孤丘南麓的向阳地带，又为人们的居住提供了有利的小气候条件。于是人们就以此为基地，在此地围堤筑塘，发展农业生产。这样，在公元前6世纪之末，山会平原上的孤丘聚落就陆续形成了。其中可以作为代表的是种山以南的小城。种山即今卧龙山，是一座东北—西南向伸展的孤丘，长约2公里，最高点75米，北坡颇陡，南坡缓倾，全山至今尚有泉水5处，其中在南坡者4处。种山南麓是建立聚落的理想地点，越王句践七至八年（前490—前489），开始在此山南麓建立聚落，称为小城④。

---

① 嘉泰《会稽志》卷一所引。
②《吴越春秋》卷六。
③ 张拯亢：《续绍兴出土古物调查记》（手稿本，绍兴鲁迅图书馆藏）。
④《越绝书》卷八。

它接着和附近其他 7 处孤丘聚落连成一片[①]，成为今绍兴城。在越部族进入山会平原的初期，孤丘聚落一时纷纷形成，仅《越绝书》卷八所记载的，就有种植衣料作物的麻林山和葛山，驯养牲畜的犬山、白鹿山、鸡山、豕山，此外还有稷山、独山、巫山、独妇山、龟山、土城山，等等。

孤丘聚落的形成对于开发广大的平原沼泽地是一个有利条件，从春秋至秦汉，山会平原特别是它的南部，由于地形较高，排水容易，必然已经有了较多垦殖并出现了许多聚落，只是由于缺乏记载，以致这一时期聚落形成的具体过程不很清楚。后汉初期鉴湖工程完成，这里出现了鉴湖这样一个面积达二百余平方公里的巨型水库，山会平原南部从会稽山山麓线以下直到湖堤的地区，聚落均遭淹没。但鉴湖筑有长达 127 里的湖堤，堤上设置了 76 处闸堰等水工建筑[②]。沿湖堤一带，当然是一片高燥地带，这个地带于是立刻形成了许多聚落，举凡从事闸堰管理、农业、水产业、运输业等居民，都聚集在这带状分布的沿湖聚落之中。这类聚落，常常以闸堰为名，至今尚存的陶家堰可以为例[③]。甚至在鉴湖湮废，闸堰消失以后，这种以闸堰为名的聚落依然存在。清平步青所说的："越中常禧门外，自跨湖桥迤西而北，有中堰、湖桑、清水闸、沈酿堰、湖塘诸村，绵亘四十里。"[④] 就是沿湖聚落中的一段。

在沿湖聚落形成以后，北部杭州湾（后海）沿岸的沿海聚落也接着逐渐形成。早在春秋越部族时代，由于海运和制盐业的需要，少量沿海聚落已经出现，《越绝书》卷八记载的固陵、杭坞、防坞、石塘

---

① （宋）孙因：《越问》（宋宝庆《会稽续志》卷八）："八山蜿其中蟠兮。"（原书注："府城内有八山。"案：八山为种山、戒珠山、龟山、白马山、彭山、鲍郎山、峨眉山、黄琢山。）

② 陈桥驿：《古代鉴湖兴废与山会平原农田水利》，《地理学报》第 28 卷第 3 期（1962 年）。

③ 光绪《会稽陶氏族谱》卷一："陶氏所居，鉴湖洲潭地，曰东陶家堰，曰西陶家堰。"

④《霞外捃屑》卷四。

等，都是为了军事需要而建立的沿海聚落，其中固陵和杭坞等的地理位置，目前都仍比较清楚[①]。由于制盐业而形成的沿海聚落称为朱余，可能即是今日三江口附近的朱储村。当然，当时因为海塘并不完整，沿海聚落只是零星地出现。等到鉴湖工程完成以后，由于山会平原北部迅速开垦，海塘建筑成为当务之急，而随着海塘的建筑，沿海聚落就开始大量地形成。古代绍兴北部海塘修筑的正式记载见于《新唐书·地理志》，为时在公元 8 世纪（722 年、开元十年），说明了唐初海塘已经完整，则沿海聚落必然有了很大发展。

鉴湖成堤以后，山会平原北部广大地区的垦殖具备了良好条件。特别是公元 4 至 5 世纪晋代的北人大规模南迁，山会平原的土地到达"亩直一金"[②]的程度，垦殖加速进行，平原聚落大量形成，迅速发展。当时，在聚落形成的初期，大量聚落必然首先在接近湖堤便于垦殖的地带建立，但是随着沿海堤塘的修建，远离湖堤的土地也有了垦殖的条件，于是湖堤与海塘之间的广大地区，都有了聚落的形成与发展。海塘全部完成以后，整个山会平原摆脱了咸潮的影响，河湖网迅速得到整理，鉴湖积蓄的淡水开始向北部转移，鉴湖的功能逐渐为分散于北部平原的广大河湖网所代替，湖底淤浅，围垦加速，最后终于在 12 世纪初叶，即宋代的北人大规模南迁中全部湮废[③]。于是，原来是湖面的山会平原南部随即迅速垦殖，大量聚落在这里出现。这样，从南宋以后，整个山会平原的农业生产有了很大的提高，平原聚落空前发展，人口稠密，聚落栉比。明人在这一带的旅行记载是："十树一村，五树一坞。"[④] 清人的记载更为生动明白："湖田日辟，屋庐坟墓日稠，千村万聚，一望如屯云。"[⑤] 平原聚落在古代绍兴地区的各类聚落中形成最

---

① 固陵即今西兴镇，见张宗祥校本《越绝书》卷八"注"；杭坞即今航坞山，见《古代鉴湖兴废与山会平原农田水利》。

②《宋书》卷五四《孔季恭传》"史臣曰"。

③ 陈桥驿：《绍兴县乡土地理》，《地理知识》1961 年第 1 期。

④（明）王穉登：《客越志》（《古今游名山记》卷一〇下）。

⑤（清）陈绂：《俞公塘记事》（乾隆《绍兴府志》卷一六）。

晚，但却得到其他各类聚落所完全不可比拟的发展，它在清代官方登记的山、会二县的 1353 个聚落中约占 73.5% 的绝对多数①。

平原聚落的分布与河湖有密切关系，大量的这类聚落分布在河流沿岸，这就是明王阳明所说的："越人以舟楫为舆马，滨河而廛者，皆巨室也。"②此外，有的分布在渡口桥边、河港尽头，有的分布在大小河流的汇口，有的分布在葑泥填淤的洲岛，这些聚落，常常以河、湖、港、渎、泾、桥、渡、汇、溇、荡、葑、埠等为名。在清代官方登记的山阴县的 668 处聚落中，以上述河、湖、港、渎等为名的达 230 处，在会稽县的 685 处聚落中，更达 263 处③，在山、会二县清代官方登记的聚落中占三分之一以上，情况可见一斑。

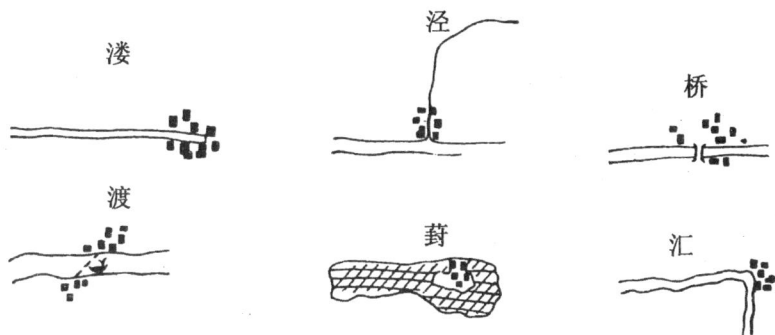

图 1　平原聚落的几种图式

如上所述，绍兴地区历史时期形成的聚落，按其地域类型有山地聚落、山麓冲积扇聚落、孤丘聚落、沿湖聚落、沿海聚落、平原聚落等。每一种地域类型的聚落，不仅有其特殊的自然环境，而且也有其特殊的聚落职能，即聚落居民所从事的主要生产活动。聚落的地域类

---

①据《山阴都图地名细号亩分额南米科则》及《会稽都图地名细号亩分额南米科则》（均系清钞本，绍兴吴宅梵藏书）。
②（明）王守仁：《浚河记》（《王文成公全书》卷二三）。
③《山阴都图地名细号亩分额南米科则》，《会稽都图地名细号亩分额序米科则》。

型的形成，实际上就是历史时期劳动人民对各种不同的自然环境利用和改造的反映，而聚落的命名则往往和自然环境及聚落职能有关。以《越绝书》卷八所载的若干地名为例：富中大塘以建筑堤塘发展农业得名，朱余以制盐业得名[①]，独山、龟山以自然环境得名，豕山、鸡山则是以畜牧业的聚落职能和孤丘的自然环境两者结合而得名。绍兴地区历史时期形成的各聚落类型，其自然环境、职能和常见地名等大体如下表所列。

聚落类型	自然环境	聚落职能	常见地名	占聚落总数*的百分比 %
山地聚落	一千米以下的丘陵，山间盆地，河谷地。	开始是迁徙农业和狩猎业，以后转入定居农业。	山、嶴、岭、城、溪等。	13.5
山麓冲积扇聚落	向北缓倾而平坦的冲积扇北缘，是河流的通航起点。	农业、内河运输业，是山地和平原的交通纽带。	塘、埠、埠头等。	4.5
孤丘聚落	二三十米到百余米的孤丘，周围是沼泽平原。	农业、畜牧业。	山。	3
沿湖聚落	人为的湖堤，堤南是鉴湖，堤北是沼泽平原。	闸堰管理和内河运输业、农业、水产业。	闸、堰、塘、坝等。	2
沿海聚落	人为的海塘，塘南是山会平原，塘北是杭州湾。	塘闸管理和航海业、水产业、农业。	塘、闸、山、溇**等。	3.5
平原聚落	沼泽平原河流交错，湖泊密布。	农业、水产业、内河运输业。	河、湖、港、渎、泾、桥、渡、汇、溇、荡、墅、埠等。	73.5

*据《山阴都图地名》及《会稽都图地名》所载的聚落总数。

**绍兴方言，河港尽头的聚落称"溇"，沿海聚落往往位于南北向河港的尽头，故名"溇"者甚多。

———
[①]《越绝书》卷八："朱余者，越盐官也，越人谓盐曰余，去县三十五里。"

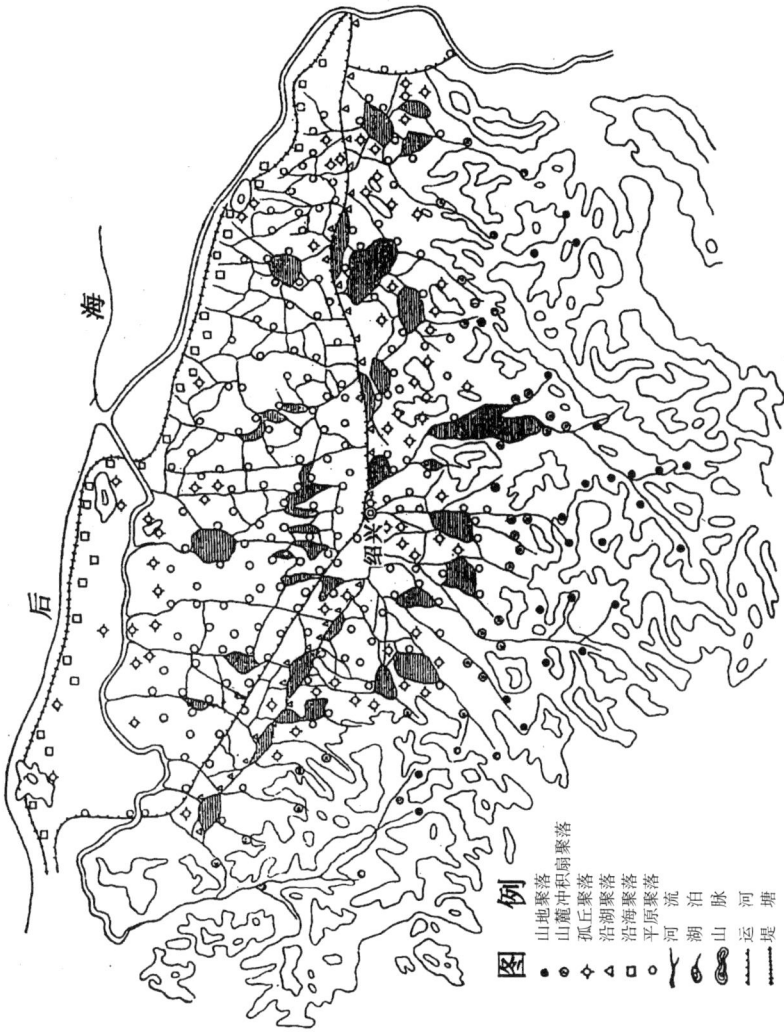

图 2　南宋绍兴地区聚落分布图

图 例

● 山地聚落
◎ 山麓冲积扇聚落
◇ 孤丘聚落
△ 沿湖聚落
□ 沿海聚落
○ 平原聚落
〜 河流
⊙ 湖泊
〜 山脉
⊙ 运河
〜 堤塘

聚落的发展与变迁

　　聚落的地域类型及其分布都不是固定不变的。随着生产力的提高，人口的增加以及自然环境在人类利用和改造下所发生的改变，聚落类型及其分布也不断地发展变迁。

　　在历史时期聚落发展的过程中，首先当然是聚落数量的增加，这是生产发展和人口增加的必然结果。山、会二县有人口统计数字始于北宋大中祥符年代（1008—1016），两县人口约为五万人[①]。到了南宋嘉泰元年（1201），两县人口就增加到约十二万人[②]。到了明洪武年代（1368—1398），人口增加到约三十三万人[③]，而万历年代（1573—1620），增加到约六十四万人[④]，到了清嘉庆七年（1802），仅山阴一县，人口就达一百万零八千余人[⑤]。清代末叶，山会平原地区已经到达"水岸田畔，凡可资耕种者，几无一隙之存"[⑥]的情况。人口成倍地增长，土地利用又这样地高度集约，聚落增加自可想见。当然，聚落的增加在时间上和空间上都不是平均发生的。以会稽山地为例，虽然这个地区的面积要占山、会二县总面积的47%[⑦]，但自从平原逐渐开发，越部族北移以后，人口和聚落的增长都是十分缓慢的。主要的原因是丘陵崎岖，缺乏平坦的可耕地，农业发展困难。尽管唐代以来因植茶业的兴起而利用了若干山坡地[⑧]，但是直到南宋，会稽山地虽然人口不多，但农民仍然不得不在收获季节到耕地众多农事繁忙的山会平原去出卖

---

　　① 嘉泰《会稽志》卷五记载的两县成丁人口，再外加占成丁人口 1/4 的不成丁人口。不成丁人口对成丁人口的比例数，仍系参照《嘉泰志》的人口统计拟定，该《志》统计中，山、会二县不成丁人口占总人口的 25.5%，绍兴府的不成丁人口则为全府总人口的 24.2%，故比例数定为 1/4。

　　② 嘉泰《会稽志》卷五。

　　③ 万历《绍兴府志》卷一五。

　　④ 万历《绍兴府志》卷一五。

　　⑤ 嘉庆《山阴县志》卷一一。

　　⑥《会稽县劝业所报告册》（宣统三年上期，稿本，绍兴鲁迅图书馆藏）。

　　⑦ 陈桥驿：《绍兴县乡土地理》，《地理知识》1961 年第 1 期。

　　⑧ 陈桥驿：《古代绍兴地区天然森林的破坏及其对农业的影响》，《地理学报》第 31 卷第 2 期（1965 年）。

劳动力^①。像平水镇这样的山区大集镇，却还是"山鸟啼孤戍，……草市少行旅"^②。而陆游诗"山重水复疑无路，柳暗花明又一村"^③，就是写的这一带聚落稀疏的情况。这和山会平原"十树一村，五树一坞"，成为明显的对照。明代后期，玉米和番薯这两种适宜于在山地种植的粮食作物先后传入这个地区^④，山地才开始大量垦殖，清代记载这个地区已"无森林之可言"^⑤，说明垦殖扩大，人口和聚落当然大有增加。但和山会平原相比，百分比还是很低的。

　　各聚落类型之间的差异，历史时期也不断发生变化。上文已经论及，聚落分布之所以具有不同的地域类型，是由于不同地区在自然环境上的特殊性以及这种特殊性所引起的聚落在职能上的差异。一旦这种自然环境的特殊性在人类利用和改造的过程中发生变化，聚落的职能也会相应改变，于是，不同类型的聚落之间的差异也就随之消失。例如山会平原上早期形成的孤丘聚落，是作为人们在咸潮出没的沼泽平原上的立脚点而出现的。在孤丘周围的沼泽平原得到改造以后，这类聚落和一般平原聚落之间的差异也就消失。同样，沿湖聚落的形成是鉴湖水利工程修建的结果，鉴湖湮废以后，这类聚落也就成为平原聚落的一部分。北部濒临杭州湾的沿海聚落也随着海岸的移动而发生变化。自从有历史记载以来，钱塘江河口是稳定在南大门的。但从明代开始，逐渐有了北移现象。山阴海塘以北的涨沙也随着逐渐扩大。到了清代初期，江道转移到北大门，南大门全部淤涨，沿海聚落从此不再滨海，就变为一般的平原聚落。

　　历史时期的聚落变迁除了上述数量的增加和类型的转变外，其地

---

① （宋）陆游：《秋日郊居》（《剑南诗稿》卷二五）："上客已随新雁到，晚禾犹待薄霜收。"陆游自注："剡及诸暨人以八月来水乡助获，谓之上客，以其来自山中也。"
② （宋）陆游：《山行》（《剑南诗稿》卷七六）。
③ （宋）陆游：《游山西村》（《剑南诗稿》卷一）。
④ 玉米在绍兴地区引种记载始见于万历《山阴县志》，但此《志》已佚，今仅见雍正《浙江通志》卷一〇四及乾隆《绍兴府志》卷一七引及。番薯的引种记载，始见于明祁彪佳《寓山注》卷下。
⑤ 《会稽县劝业所报告册》（宣统三年上期）。

理位置，有时也可能发生变迁。当然，这种变迁也是和生产密切相关的。早在越部族时代，会稽山地的聚落就迁徙无常，这种迁徙是为了适应当时"随陵陆而耕种，或逐禽鹿而给食"的迁徙农业和狩猎业生产的需要。此后，在其他聚落类型中，也有相似的情况，山麓冲积扇聚落可以为例。前面已经提及，聚落从会稽山地向北部冲积扇发展，这是生产力发展的一种标志。人们在冲积扇北缘围堤筑塘，发展定居农业，因此，这类聚落地名常常称塘，如破塘、伧塘、型塘，等等；人们又利用这一带的河流发展北部平原的内河运输业，因此，这类聚落又常常称埠或埠头，如旧埠、西埠、迪埠、平水埠头、娄宫埠头，等等。定居农业发展以后，整个冲积扇遭到开垦，土壤流失空前加速，于是，河流开始淤浅，通航起点就逐渐下移。以山会平原最大的河流若耶溪为例，唐代舟舫可直达秦望山下的云门诸寺①。宋时虽已淤浅，但载重五十石的舟楫循干流尚可以从平水上溯二十五里②，溯其支流则犹可到达天柱峰下③。到了明代，舟楫只能到达平水为止④。从清代以至目前，则又向北退缩到距平水八里的平水埠头。从其他冲积扇流出的河流也莫不如此。例如西南部的娄宫江，在南宋淳熙元年（1174）舟楫约可通至今新桥头附近⑤，明代末年后，只能通至娄宫埠头⑥，已比南宋退缩了十里。笔者曾从西埠溯西埠江上行十里，在施家桥观察早已淤浅的清代石桥，石桥边孔内置有可供拉纤者行走的石路，纤绳擦痕，深深地楔入石块之中，说明载重船舶曩昔曾可过桥上溯。询问当地父老，知民国初年，重载石料船尚可抵桥下，桥边设有凿石场。但此河

---

① （宋）熊克：《镜湖》（嘉泰《会稽志》卷一三）。

② 嘉泰《会稽志》卷一二："若耶溪路南来自县五云乡界，经县界二十五里，北入镜湖，胜五十石舟。"

③ （宋）邓牧：《陶山游记》（《伯牙琴续补》）。

④ （明）刘基：《出越城至平水记》（《诚意伯文集》卷六）。

⑤ （宋）吕祖谦：《入越录》（《东莱吕太师文集》）："辨色发枫桥，……十里干溪，……十里古博岭，……十里含晖博亭，天章寺路口也，遂穿松径至寺。……复出官道数里，买舟泛鉴湖。"按上述里程计算，吕登舟在今新桥头附近。

⑥ （明）祁彪佳：《小球录》（《祁忠敏公日记》）辛巳十月二十三日："吊何大鲁至娄宫登岸，觅肩舆不得。"

久已淤浅，目前通航起点在西埠以下。其他如破塘江、上灶江和所有从各冲积扇北流的河道都是如此。通航起点一旦北移，原来的聚落在经营运输业方面就失去意义，于是聚落随着北移，在新的通航起点形成第二个甚至第三个这样的聚落。这样的聚落往往在地名上有所反映，例如新的平水称为平水埠头，新的破塘称为破塘下埠，新的谢墅称为下谢墅，新的上灶依次称为中灶和下灶[①]，等等。聚落一旦迁徙，原来的聚落并不废弃，但其职能随即变化，成为一般的农业聚落，而新建的聚落则在运输业上取代了旧聚落的地位，并且得到了较大的发展。

　　濒临杭州湾的沿海聚落，在历史时期也有类似冲积扇聚落的迁徙情况。这类聚落，在职能上除了一般地经营农业外，主要是从事海上运输业、捕鱼、制盐和其他海涂生产，因此，聚落位置必须紧靠海岸。绍兴北部的海岸，即是钱塘江河口的南大门，从春秋越部族起一直稳定少变。南宋嘉定十二年（1219），盐官县虽有"海失故道"[②] 的记载，但嘉定末年，山阴县仍有修护河塘的记载[③]，而元至正四年（1344），山阴沿海仍有大型船舶靠岸[④]。说明海道虽有变化现象，但南大门基本

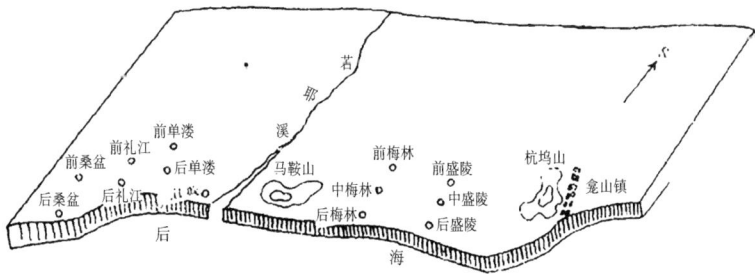

图3　沿海聚落迁移示意图

---

　　① 上灶溪今又可通航至上灶，这是因为明嘉靖间曾对此河进行了一次工程甚大的疏浚的缘故，事见明沈宏道《浚上灶溪记》（雍正《浙江通志》卷五七）。

　　②《宋史·五行志》。

　　③ 宝庆《会稽续志》卷四。

　　④（明）王祎：《绍兴谳狱记》（《王忠文公集》卷八）："至正五年，……山阴白洋港，有大船飘近岸。"

畅通。从明代初期起，变化开始频繁出现，从永乐到万历，海宁县出现了五修堤塘的记载[①]，说明钱塘江入海道正在逐渐从南大门移向北大门。于是山、会两县海涂外涨，使原来许多紧靠海岸的聚落逐渐远离海岸，这样，沿海聚落就一时出现了纷纷北移的现象。和冲积扇聚落一样，沿海聚落的北移，往往也在地名中留下迹象。例如桑盆村因北移而出现前、后两桑盆村，此外，如前、后礼江村，前、后单溇村等都是如此，前村在南，后村在北，其间相距 5 至 10 里不等。有的聚落是一迁再迁，如梅林村和盛陵村等，都有前、中、后三村。以盛陵村为例[②]，此村在明成化以前，原是徐氏聚族而居的一个沿海渔村，成化间（1465—1487）北迁 4 里另立一村（即中盛陵），天启间（1621—1627）又北迁 3 里再立一村（即后盛陵）。盛陵村以西今属萧山县的龛山镇，历史时期的这种聚落迁徙又具有另一特色。龛山镇在航坞山下，《越绝书》记载的杭坞也就在这一带。这个聚落在宋代已见记载[③]，是一个以海运业为主的沿海港埠，其聚落建筑是略呈南北向的两行房屋所构成的一条狭街。随着海岸的北移，这条狭街就不断向北延伸，整个聚落最后成为东西宽不过十余米而南北长达 3 公里的一条狭窄的长带。所有这些聚落最后由于钱塘江江道的整个北移而完全与海洋隔绝了联系，除了上述龛山成为一个商业集镇外，其余大部分都转变为一般的平原农业聚落。

小　结

绍兴地区历史时期聚落的形成与发展过程，实际上也就是生产发展的过程，而聚落的地域类型，也就反映了生产的地域差异。此外，聚落形成以后并非固定不变，而是随着生产发展而不断发展变迁的。

---

①（明）陈善：《海塘议》（《两浙海塘通志》卷二〇）。案海塘五修为永乐九年（1411）、成化七年（1471）、弘治五年（1492）、嘉靖七年（1528）、万历三年（1575）。

②《盛陵文和堂徐氏宗谱》卷一《世系》。

③（宋）陆游：《舟中》（《剑南诗稿》卷三八）："龛山古戍更漏声。"

聚落的发展变迁，主要是由于人们为了组织生产的方便，是生产不断发展的反映。既然历史时期的聚落是随着生产发展而不断变迁的，这种趋向，今后仍将继续。因此，研究历史时期聚落的形成、发展和变迁的过程，对今后聚落的发展和变迁具有指导意义。

如上文所述，古代绍兴地区的聚落形成，始于会稽山地聚落，这类聚落是适应当时的迁徙农业和狩猎业生产的。但是迁徙农业和狩猎业只是人类的低级生产活动，随着人口的增加和生产力的不断提高，定居农业必然逐渐地取代迁徙农业和狩猎业，于是，人们就不断要求耕地的扩大和水利条件的改善，而山会平原的垦殖乃是势所必然。所以在广大的山会平原上建立的平原聚落，最后必然成为这个地区各类聚落中数量最大、对生产具有最重要意义的聚落类型。这类聚落的特点，第一是密集，即清人所说的"千村万聚一望如屯云"，这至今仍是山会平原上十分显著的特色。第二是聚落规模不大，除了少数商业集镇外，聚落多是小型的。聚落密集当然是由于垦殖长久、人口增加的缘故。一个聚落派生另一聚落的事，在目前尚能见到的家族谱牒中充篇累牍，在地名上也有明显的反映。因为派生的新聚落，其地名往往也是派生的。例如由皋埠派生的小皋埠，由谷社派生的外谷社，由豆疆派生的东豆疆，由温渎派生的下温渎，等等，不胜枚举。这样自从东晋（平原北部）和南宋（平原南部）以来，聚落一再派生的结果，就形成今日平原上千村万聚，聚落十分密集的现象。平原聚落在历史时期一再派生的情况，实际上反映了这个地区垦殖的不断扩大。在农业生产技术比较落后的情况下，为了肥料运送、作物收获等田间劳动的方便，都要求聚落接近耕地，这就是三家五宅的小聚落到处出现的主要原因。在历史时期，这样的聚落确实为山会平原农业生产的发展起了很大作用。

但是必须认识，这种聚落对山会平原的农业生产，只有在一家一户的个体劳动制度和农业技术相对落后的条件下才能发挥它的促进作用。随着集体劳动制度的建立和农业技术的提高，这样的聚落，就愈来愈成为农业进一步发展的障碍。由于运输工具的改进，使聚落深入田间已无必要；随着土地私有制的消灭和机耕的发展，土地的平整成为当务之急。而这种集密而狭小的聚落，既浪费土地，又是平整土地的障碍。特别是在可以预见的农业现代化的到来，这样的聚落必然不能适应农业发展的需要。

应该看到，一个地区在一个时期的聚落，反映了当时当地人们利用和改造自然的程度，也反映了当时当地的生产水平。绍兴地区历史时期聚落形成和发展变迁的过程，已充分说明了这个问题。只是在过去，人们自发地、无计划地逐渐使聚落的发展适应生产力发展的需要。今天，在优越的社会主义制度下，我们应该通过区域规划和农业区划等工作，有计划地改造我们的聚落，从而促进这个地区农业生产的更快发展。

原载《地理学报》第 35 卷第 1 期（1980 年），第 14—23 页

收入《吴越文化论丛》第 282—296 页

历史时期绍兴城市的形成与发展

引　言

　　一个城市的形成，不外乎全部新建或是从原有聚落的基础上逐渐扩大而形成，绍兴城市的形成属于后者。为此，讨论这个课题，首先必须从绍兴地区聚落形成的过程说起。我在拙作《历史时期绍兴地区聚落的形成与发展》[①] 一文中，曾经把这个地区的聚落按形成的时期和地带，分成山地聚落、山麓冲积扇聚落、孤丘聚落、沿湖聚落、沿海聚落和平原聚落六种类型。绍兴城市即是从孤丘聚落这种聚落类型的基础上形成和发展起来的。

　　公元前 6 世纪前后，越部族居民随着农业生产力的提高，开始从以狩猎业和迁移农业为主，过渡到以定居农业为主，而聚落分布也逐渐从山深林密的会稽山地向水土资源丰富的山麓冲积扇移动。部落居民在冲积扇定居以后，眼界顿时开阔，为了进一步发展农业生产，广大的山会平原，对他们无疑具有更大的吸引力。不过当时的自然环境，山会平原还处于潮汐直薄、土地泥泞、燃料不足、饮水缺乏的情况之下，建立聚落、发展生产，都面临着极大的困难。但是大自然的结构，常常保留着为人们利用的机会。山会平原的冲积层虽然深厚，却仍然崛起着数百座多半由中生代凝灰岩构成的孤丘。这些孤丘，高度从二三十米至百余米，林木森茂，泉水丰富，燃料与饮水都不虞匮乏，而

① 《地理学报》第 35 卷第 1 期（1980 年）。

南坡向阳，小气候条件亦佳，于是，这些孤丘就充当了山区居民进入平原的跳板。公元前 6 世纪前后，山会平原上的孤丘聚落已经纷纷出现，仅《越绝书》卷八所记载的，就有种植衣料作物的麻林山和葛山，驯养牲畜的犬山、白鹿山、鸡山、豕山，此外还有稷山、独山、巫山、独妇山、龟山、土城山，等等。而其中形成于今绍兴卧龙山一带的孤丘聚落，终于发展而成为日后的绍兴城市。

绍兴城的形成

今绍兴城始建于越王句践七年，即公元前 490 年。《越绝书》卷八称之为句践小城。越王句践为什么选择这个地区建城？这当然不是偶然的，必须从越部族发展的历史条件和这个地区的自然环境特点加以探索。

越王句践是越部族历代酋长中具有雄才大略的人物，他的长远目标是击败世代为仇的强邻句吴，然后角逐中原称霸全国。所以在他即位的第一年（公元前 496 年），就在一次边界战争中击败句吴，使吴王阖闾负伤而死。[1] 同时，他又把于越的酋长驻地即所谓国都，从历来播迁的会稽山地中的埤中和大城一带，北迁到山麓冲积扇的顶部，即今平水镇附近的平阳[2]，这就完成了他开拓山会平原，把部族聚居中心北移的第一步。可惜于越的国力在当时根本无法和句吴相比，在他还来不及开拓平原发展生产的时候，吴王夫差已经率领了数倍强大的复仇大军长驱直入。在他即位的第三年到第四年（前 494—前 493），于越的残兵败将被句吴大军围困在会稽山地之中，落得个国破家亡的境地，而句践本人竟不得不于他在位的第五年（前 492）作为人质，到句吴去过了两年俘虏生活，一直到他在位的第七年（前 490）才被

---

① 《左传》定公十四年。
② （清）毛奇龄：《重修平阳寺大殿募疏序》，《西河合集》卷一六。

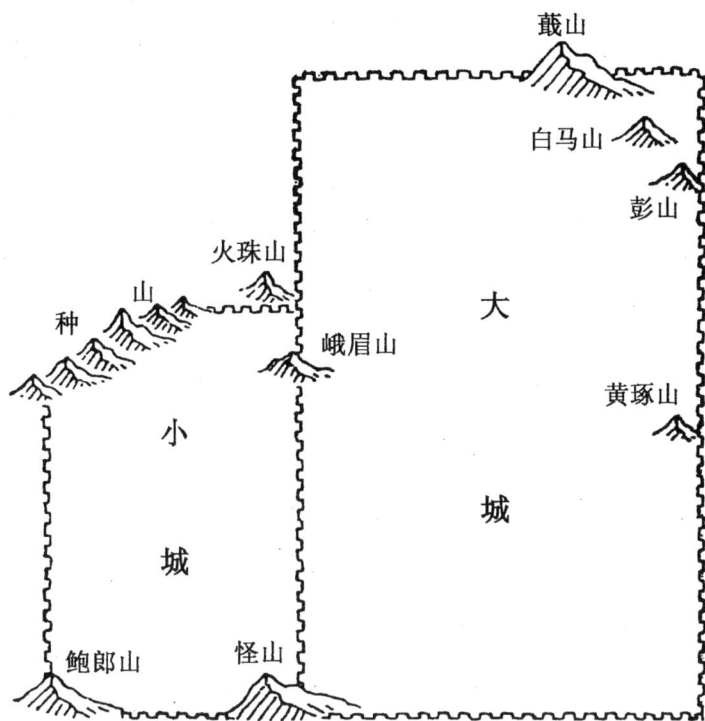

图1　小城和大城示意图

释放回国。①

　　越王句践回国的当年，就选择今卧龙山东南麓建筑句践小城，于次年（前489）筑成。据《越绝书》卷八记载，城周二里二百二十三步，设陆门四处，水门一处。随即又在小城以东建筑山阴大城，据记载，城周达二十里七十二步，设有陆门三处，水门三处。这样就奠定了于越发展的基础，同时又是后世绍兴城市的创始（图1）。

　　早在句践迁都山麓冲积扇顶部的平阳时，他已决心要建都山会平原。他的这种择地建都的战略思想，可由他的谋士大夫范蠡的一段话加以表达，即所谓："今大王欲国树都，并敌国之境，不处平易之都，

———————

　　①《吴越春秋》卷五。

据四达之地,将焉立霸王之业。"① 闭塞的会稽山地当然不是平易之都,四达之地。山麓冲积扇虽然比较开阔,但仍远非平易四达。要达到范蠡的要求,立城建都,自非山会平原不可。但广大的山会平原上究竟何处宜于建都,那就必须在地理位置和自然条件上进行周密的考虑。

山会平原在地形上是一个南北向的缓斜面。从会稽山山麓线到当时的杭州湾南岸,即于越的海防要地固陵、石塘、防坞、杭坞一线之间,今绍兴城恰恰处于中间偏南的地理位置。山会平原的东西两翼,各以东小江(曹娥江)和西小江(浦阳江)为屏障,对此两江,今绍兴城正处于居中的地理位置。在吴、越两国的多次交战中,于越曾经兵败于浦阳②,也曾经被围困于会稽山地,因此,立城建都在地理位置上的选择,像句践这样饱经征战的人物,当然是十分重视的。而句践小城和山阴大城在地理位置上确实具有攻守两便、进退咸宜的形势。当然地理位置是个大前提,建立都城的条件还必须具体考虑当地的自然环境。因为如前所述,山会平原是一片潮汐直薄的沼泽平原,在这里建立一般的聚落,也必须利用孤丘的地形条件;要建立一个都城,考虑自然更须全面。今绍兴城一带,在东西约 5 里、南北约 7 里的范围内,冲积层上崛起的大小孤丘达 9 处之多③,其中最高的种山(76米)、蕺山(52 米)和怪山(32 米),构成三足鼎峙的形势。当公元前 5 世纪初句践在此建都之前,于越居民必然已在这些孤丘上建立了许多聚落,并在孤丘附近围堤筑塘,垦殖了若干土地。人口有了相当的增加,农业生产也有了一定的基础,而且还有很大的开拓潜力。在这样一片平易之都、四达之地的地理位置上,凑上这样优越的孤丘众多的地形条件,对于立城建都,应该算是十分理想的了(图 2)。

---

① 《吴越春秋》卷五。
② 《越绝书》卷八。
③ (宋)孙因《越问》(宝庆《会稽续志》卷八):"八山蜿其中蟠兮。"原注:"府城内有八山。"按:八山为种山(卧龙山)、蕺山(戒珠山)、龟山(怪山)、白马山、彭山、鲍郎山、峨眉山、火珠山。又(明)张岱:《越山五佚记》(《琅嬛文集》卷二)中有黄琢山一处。

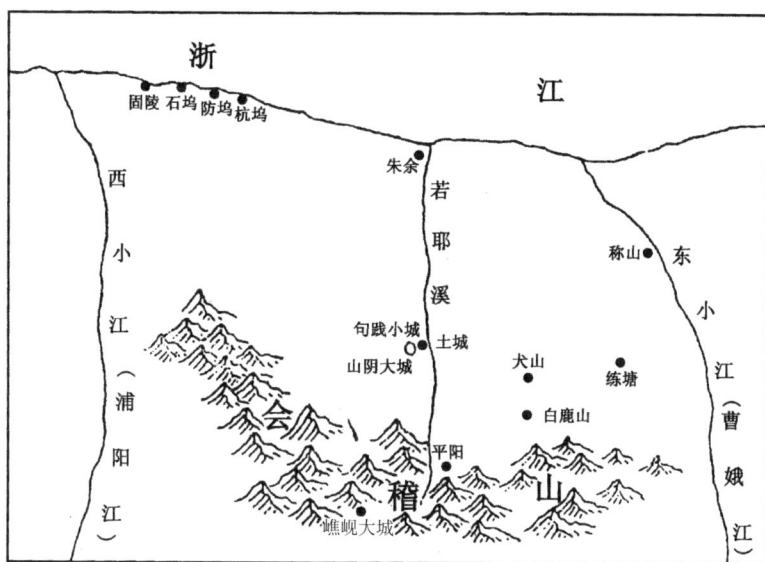

图 2 小城和大城的地理位置

　　根据《吴越春秋》卷五的记载，句践被释放回国，时当其在位第七年的十二月，他是怀着满腔的复仇烈火返国的。事实上，在句吴内部，明显地存在着以太宰嚭为首的主和派和以伍子胥为首的主战派，只要后者得势，于越可以随时覆亡于句吴的大军之下。对于这一点，句践和他的谋士大夫范蠡、文种等，都是十分清楚的。他们务必建立一个足以抵抗句吴入侵的城堡，而必须抓紧时机，迅速建成，因此不可能有较大的规模。这可能就是句践在返国的当年就着手兴建小城的原因。

　　正是因为时间紧迫，小城的建筑不可能把这一带 9 处孤丘的所有孤丘聚落都包罗在内，而是选择了在 9 处孤丘中最高的种山东南麓兴建。小城既是国都，在于越战败、国王被俘两年多以后，迅速地建城定都，具有号召整个部族，重整旗鼓，团结抗敌的意义。但小城同时又是一个军事堡垒，它必须坚固周密，能够顶得住敌人的进攻。按照这样的要求，种山东南麓确是一个十分理想的建城地址（图 3）。因为种山在地形上，北麓陡峭，南麓缓倾。全山从西南到东北有 6 条高阜，其中第 4 高阜最高，而第 5 高阜南麓坡地最为宽广，有足够的土地可以建立宫室，并从事垦殖。这一带又富于泉水，后代历史上记载的有清白泉、三汲泉、方井、乌龙井等①，在今日踏勘中，这些井泉大体仍然存在。在潮汐直薄、土地斥卤的自然环境中，这些泉水使这个都城的饮水无虞匮乏。小城西北有种山为屏障，不仅有效地改善了这个都城的小气候条件，而满山林木，更为宫室提供了燃料的需要。种山在军事上还有更为重要的价值。因为于越是战败国，在战胜国句吴的监视下，明目张胆地筑城自固是不允许的。这就是《吴越春秋》卷五所记载的，在小城建筑时"缺西北示服事吴也"。由于当时于越的国境已经很小，即所谓"吴封地百里于越，东至炭渎，西止周宗，南造于山，北薄于海"②，句吴部队驻扎在钱塘江以北，正位于于越的西北方。因此，小城西北方不筑城垣是于越臣服于句吴的表示。但是城垣依种山而筑，西北方虽然没有城垣，却有比城垣更为可靠的种山作为屏障，而且范蠡更在此山的最高阜上建造了一座飞翼楼③，其实就是瞭望台。当时钱塘江江道从南大门出海，从飞翼楼（从宋代起称为望海亭）可以北眺江滨，句吴若有军事行动，于越即可随时准备。

图 3　种山与于越宫室图

就这样，于越在很短的时间里，迅速地筑成了这座周围只有 2 里稍多的国都兼军事堡垒，使整个于越部族有了一个新的、坚强的政治

---

① 据宋范仲淹《清白堂记》；《舆地纪胜》卷一○；乾隆《绍兴府志》卷六等。
②《吴越春秋》卷八。
③《越绝书》卷八；《吴越春秋》卷五。

中心，让部族在风雨飘摇中站稳了脚跟。于是，紧接着小城的落成，范蠡又在小城外围建筑了城周大于小城 10 倍的山阴大城。大城把这个地区的大部分孤丘聚落都包罗在内。可以设想，在范围广阔的大城之中，除了街衢、河渠、屋宇、工场等以外，仍然还保留着许多牧场和耕地。小城是于越的政治中心和军事堡垒，大城则是于越的经济中心和生产基地。小城的迅速建成，为大城的兴筑赢得了时间；而大城的兴筑，又为小城保障了给养，进一步巩固了小城的基础，使越王句践"十年生聚、十年教训"的复兴计划有了可靠的保证。以后的绍兴城市，就这样从公元前 5 世纪初的句践小城和山阴大城逐渐发展起来。

秦汉时代——绍兴城市发展的停滞

越王无疆九年（前 334），于越为楚所灭。[①] 从此，历秦、前汉，直到后汉中期，由小城和大城构成的山阴县城，基本上没有什么发展。这中间虽然历史记载十分缺乏，但是我们可以从另外一些旁证材料中证明上述论点。

首先，在这一时期，这个城市的政治、经济地位有了很大的变化。当越王句践"十年生聚、十年教训"的时代，这里是于越的政治、经济中心。但到了句践二十五年（前 472），句践为了称霸中原，将国都北迁琅琊[②]，小城和大城顿时从于越的政治、经济中心下降为部族的一个后方基地，地位有了很大的削弱。秦统一中国建立郡县制以后，今钱塘江南北设置了会稽郡，郡治设在今苏州，今绍兴不过是全郡 26 县中的一个山阴县，这样一直延续到后汉中期。

另外，在地广人稀的古代，一个地区经济的发展和城市的繁荣，与地区人口的增长有密切关系。在春秋于越时代，这一带的居民是很稀少的，越王句践在其即位后的第七年与范蠡所说的话可以为证，他

---

① 《史记·越王句践世家》。
② 《吴越春秋》卷六。

说:"今欲定国立城,人民不足,其功不可以兴,为之奈何?"[1]于是,增加人口就成为句践"十年生聚,十年教训"中的重要任务之一。他采取了一系列有效措施,包括提倡早婚,限制夫妻的年龄差距,奖励生育,加强孕妇和产妇的保育,等等[2],终于使人口有了比较迅速的增长,使劳动力和兵员的补充都有所保证。在句践准备兴兵伐吴的前夕,他已经建立起一支规模不小的军队,包括"习流二千人,俊士四万,君子六千,诸御千人"[3],总数达到5万人之多。若按两丁抽一的数字来估计,则当时于越部族青壮年男子已达10万人之多。相应加上等量的青壮年妇女,则总数就达20万,另外还应按比例加上各占四分之一的不成丁幼年和老年,则当时于越部族的人口总数约为30万之谱。当然,于越部族的分布范围是很广的。若按其一般疆域,即《国语·越语上》所谓"南至于句无,北至于御儿,东至于鄞,西至于姑蔑"的范围,即大体上以5万平方公里的面积计算,则人口密度为每平方公里6人,在当时已经不算十分稀疏了。[4]当然,人口并不是平均分布的。在这个大约5万平方公里的范围中,显然存在一个人口的聚集中心,即前述句践被俘返国后初期的领地,所谓"东至炭渎,西止周宗,南造于山,北薄于海",面积估计大约为5000平方公里,而这个5000平方公里的中心地,即是句践小城和山阴大城。这里,在举国一致的复仇气氛中,经过"十年生聚,十年教训"而百废俱兴,当时曾经出现过一种可以称得上畸形繁荣的现象。但是这种繁荣并没有持续多久,由于伐吴的成功和随着得到的军事上的节节胜利,越王句践于其在位的第25年(前472)放弃了他的创业基地而迁都琅琊。这样,不仅小城和大城的建设陷于停顿,而且在迁都过程中,句践公

---

①《吴越春秋》卷八。

②《国语·越语上》"令壮者无取老妇,令老者无取壮妻;女子十七不嫁,其父母有罪;丈夫二十不娶,其父母有罪;将免者以告,公令医守之;生丈夫,二壶酒,一犬,生女子,二壶酒,一豚;生三人,公与之母,生二人,公与之饩。"

③《吴越春秋》卷六。

④ 陈桥驿:《古代于越研究》,《民族研究》1982年第1期。

然带走了他的绝大部分军队和大量部族居民，使这里的人口也骤然减少。以后，在楚国占领和秦敉平全国的过程中，越部族居民纷纷流散，南迁到浙南、福建、广东等地，即所谓三越。^① 秦在建郡县的同时，又采用了强制移民的办法，把这个地区余留的于越居民迁移到钱塘江以北的乌程、余杭、黝、歙、无湖等地，又把各地的罪犯人等移入这个地区。^②

总之，在这段时期中，这个地区的人口趋于减少，生产陷于停滞，城市当然也得不到发展。终前汉一代，山阴一直是会稽郡下的一个普通属县。据《汉书·地理志》所载，会稽郡共有二十二万三千零三十八户，计一百零三万二千六百零四人。当时全郡 26 县，每县平均还不到 4 万人。而且 26 县之中，包括郡治吴在内，有 7 个县在今江苏境内，是当时郡内经济最发达的地区，必然聚居了较多的人口。另外 6 个县在今浙西地区，当时经济也较发达。上述 13 个县占全郡总县数的一半。其余今浙东闽北地区的 13 个县中，虽然山阴显然居于重要的地位，但由于苏南、浙西已经占了全郡人口的一半以上，则山阴全县的人口即使从多估计，即按全郡各县的平均数计算，也不过 4 万人之谱。司马迁曾经到过这个地方，他所说的"地广人稀"^③，确是非常真实的目击记载。所以这个地区，当时曾成为关东人口稠密地区移民的对象^④。由此可见，绍兴城市在前汉一代也不会有多大发展。

后汉永建四年（129），大体上以钱塘江为界，实现了吴（郡）、会（稽郡）分治。^⑤ 江北为吴郡，郡治仍在吴；江南为会稽郡，郡治设在山阴。吴、会分治的本身是地区生产力有所发展的反映，而且说明，经过五百年的停滞，山阴仍然是浙东第一大城。

---

① （明）焦竑：《焦氏笔乘续集》卷三："此即所谓东越、南越、闽越也。东越一名东瓯，今温州；南越始皇所灭，今广州；闽越今福州。皆句践之裔。"
②《越绝书》卷八。
③《史记·货殖列传》。
④《通典》卷一《食货·田制上》："至武帝，遂徙关东贫人于陇西、北地、西河、上郡会稽。"
⑤《后汉书·孝顺皇帝记》。

吴、会分治后不过 12 年，会稽郡守马臻在永和五年（140）主持了鉴湖围堤工程。以郡城为中心，筑堤长达 127 里，使会稽山山麓线以北，郡城以南，形成一片面积超过 200 平方公里的人工湖泊。[1] 鉴湖工程的兴修首先说明当地农业生产的发展有了建造大型水库的需要，同时也说明这个地区的人口开始有了增长，因而才有可能动员大批劳动力投入这个工程。尽管自从小城和大城的建筑以后，有正式记载的再一次建城要晚至隋代，但在鉴湖工程的修建中，山阴城垣必然经过培修。因为城垣三面为水所包围，山阴县的城垣建筑，除了其他郡、县城垣所具备的共同作用外，至此还必须具备堤坝的性质，并利用城垣原有的水门，改建了都赐堰、东郭堰、都赐闸、东郭闸这样 4 处闸堰。山阴城以北广大平原上的船舶，特别是从今萧山到绍兴的运河沿线的船舶，必须通过山阴县城，然后从都赐堰或东郭堰牵挽而过，才能进入鉴湖。这样，山阴县城在交通运输上，顿时显出了它的重要性。

手工业此时也随着有所发展。日人梅原末治根据他对绍兴出土的建安二十五年（220）的神兽镜和黄武五年（226）山阴铸造的神兽镜和画像镜等的研究，认为山阴是当时我国重要的铸镜中心。[2] 目前这里出土的铜镜甚多，其铸造年号多为黄武、黄龙、嘉禾、赤乌、建兴等[3]，说明山阴县的铸镜工业在后汉到三国的盛况。此外，山阴县的麻织工业在这个时期也十分发达，它和临淄、陈留、汉中，成为全国四个最大的麻织中心[4]。麻织品主要是"越布"，是山阴县当时的重要贡品[5]。三国时代，这里生产的麻布，甚至远销海外。[6]

从上述材料中可以看出，在经过了一段相当长的停滞时期以后，

----

① 陈桥驿：《古代鉴湖兴废与山会平原农田水利》，《地理学报》第 28 卷第 3 期（1962 年）。

② 梅原末治：《绍兴古镜聚英》，日本京都文星堂影印本。

③ 王士伦：《浙江出土铜镜选集》，中国古典艺术出版社 1958 年版。

④ 陈义方：《纺织史话》，《大公报》1962 年 7 月 26 日。

⑤ 《后汉书·陆续传》。

⑥ 《三国志·吴书·孙权传》。

山阴县城从后汉中期吴、会分治成为会稽郡治以后，又开始进入了一个发展时期。

从东晋到隋唐——绍兴城市发展的加速

自从后汉中期吴会分治以后，绍兴城市又开始有所发展，这种发展到东晋和南北朝时期出现了很高的速度。由于鉴湖水利工程的完成，北部山会平原得到了迅速的开拓，耕地扩大，农业生产大幅度提高，手工业也随着获得较大的发展，地区经济实力日渐雄厚。而恰恰在这样的时候，北方发生了战乱，朝廷被迫南迁，大量中原居民随之南来，而绍兴正是北方移民安家落户的理想地方。当时，从北方迁入会稽的显要家族有王羲之、谢安、孙绰、李充、许询、支遁等[1]，平民移入的，为数必然更多。于是，城市发展，市面繁荣，各行各业都因骤然增加的大量需要而迅速扩充，出现了"今之会稽，昔之关中"[2]的局面，山阴城市的欣欣向荣可见一斑。东晋咸和四年（329），首都建康发生了苏峻之乱，宫阙灰烬，三吴人士，甚至提出了朝廷迁都会稽的主张。[3] 说明在大江以南的城市中，除了建康以外，山阴已经首屈　指了。

行政地位的提高也是绍兴城市发展的有力证明。南北朝之初，山阴已经号称"海内剧邑"[4]。刘宋孝建元年（454），浙东的会稽、东阳、永嘉、临海、新安五郡置东扬州，州治就设在会稽，[5] 山阴县城从一郡郡治成为五郡首府。刘宋大明三年（459），竟一度把扬州州治从原来的建康迁到会稽。[6] 按自晋建武东渡后，建康既为扬州州治，又是国

---

① 《晋书·王羲之传》。
② 《晋书·诸葛恢传》。
③ 《通鉴》卷九四《晋纪一六》。
④ 《宋书·顾恺之传》。
⑤ 《通鉴》卷一二八《宋纪一〇》。
⑥ 《宋书·沈怀文传》。

家首都，所以"扬州刺史为诸州统帅，多以上相领之，六朝皆然"①。
而会稽居然膺此重寄，足见当时城市的繁荣发展和地位的重要。扬州
州治虽然旋即迁返建康，但会稽从梁代初年起，又被升格为东扬州②。
对此，清代学者全祖望曾经有所解释，他说："六朝扬州封内以丹阳为
王都，而吴郡乃其近畿，故多合二郡为扬州，而今会稽为东扬州。"③
说明正是由于"会稽人阜物殷"④，使其俨然与建康东西相峙，成为当
时江南的两大都会。

　　随着生产力的发展和经济的繁荣，山阴县城市扩大，政事繁剧，
这就促成了在县内出现山、会分治的局面。把山阴县分成山阴、会稽
两县的建议，早在南北朝齐代就已经提出⑤，到不久以后的陈代（557—
558）终于实现⑥。于是，整个山阴县境，包括城市和乡间，以城内中
心一条纵贯南北的河渠为界，自南而北一分为二，西部为山阴县，东
部为会稽县，这也是会稽作为县名在历史上的第一次出现。

　　南北朝以后，尽管隋、唐两代版图扩大，国家的政治、经济中心
又迁回北方，但是由于绍兴已在东晋、南北朝建立了雄厚的经济基础，
所以仍能获得不断发展，并且在隋开皇年代（581—600）出现了自从
于越筑城以来第一次有记载的城垣修建。⑦这次修建的规模，首先是
在卧龙山下建筑了子城，子城设陆门四处，水门一处⑧，西北两面
都以卧龙山为城，不设壕堑，东南两面建有城垣，东面高二丈二
尺，厚四丈一尺，南面高二丈五尺，厚三丈九尺，周围共达 10 里，
但由于西、北两面以山为城，故城垣的实际长度只有五里稍多。⑨

①（清）李慈铭：《越缦堂日记补》咸丰十一年五月十九日。
②《舆地广记》卷二二。
③《浙江分地录》，《鲒埼亭集外编》卷四九。
④《通鉴》卷一五九《梁纪一五》。
⑤《南齐书·沈宪传》。
⑥《方舆纪要》卷九二《浙江四》。
⑦《方舆纪要》卷九二《浙江四》。
⑧（宋）沈立：《越州图序》，《会稽掇英总集》卷二〇。
⑨嘉泰《会稽志》卷一。

从子城的位置来看，大体上只是把于越的句践小城加以扩充。另外，在子城之外又建罗城，罗城周围达二十四里二百五十步，也设陆门 4 处，水门 1 处①，罗城的规模也比于越大城有了扩充。这一次扩建以后，绍兴城的总体轮廓基本上已经确定，其基址与今日的环城公路已经大体吻合了。

隋唐时代绍兴城市的继续获得发展，和这一时期地区农业、手工业和交通运输业的发展有密切关系。在农业方面，由于北部杭州湾沿岸的海塘在唐代建筑完成，鉴湖水利枢纽玉山斗门在唐代扩建为八孔闸门②，蓄泄能力空前提高，这样，山会平原北部的 9000 顷土地已经全部获得垦殖，农业产量有了很大的增加。随着农业生产的发展，手工业生产也迎头赶上，直接由农业提供原料的丝绸业至此异军突起，名闻海内。在隋炀帝时代，越州进贡的耀花绫，即以品质优异而著名。③到了唐代，越州的丝绸已经风行全国，作为贡品的就有白编绫、交梭、轻调、宝花罗、花纹罗、十样绫、花纹绫、轻容纱、生縠纱、花纱，等等④，不仅品种繁多，产量也很巨大。唐代末年，浙东观察使对越州重赋搜刮，"每旬发一纲金万两，银五千铤，越绫万五千匹，他物称是"⑤。重赋搜刮一方面说明了统治者的穷奢极欲，但同时也说明了这个地区经济实力的雄厚。这里所说的"越绫"，当是越州所产各种绸缎的通称，每十天中单单上交朝廷的绸缎就有 15000 匹，则当时这一带丝绸作坊的普遍和工人的众多可以想见。

在唐代迅速发展起来的另一种手工业是瓷器制造。虽然在已经出土的瓷器中，吴永安三年（260）烧制的产品已经相当精细⑥，但在全国范围内崭露头角却始于唐代，即所谓越窑。唐代的越窑建在绍兴，

①嘉泰《会稽志》卷一。

②《新唐书·地理志》。

③（唐）冯贽：《南部烟花记》，《唐人说荟》第 13 册。

④《通典》卷六；《新唐书·地理志》。

⑤《通鉴》卷二五九《唐纪七五》。

⑥镜塘：《芜湖见闻》，《旅行杂志》1953 年第 27 卷第 12 期。

其主要产品是青瓷。陆羽在他的《茶经》中评价当时全国所产的瓷器，其中盘和瓯两者都以越州产品为第一。日人上田恭辅也把越窑列为全国第一①。从唐代许多诗人对越州瓷器的吟咏中，可以说明越窑产品在当时的风行一时。②除了国内市场以外，越州瓷器还成为当时对外贸易的重要商品。如今在巴基斯坦的勃拉名纳巴特废址（繁荣于公元7世纪）、伊拉克的沙麻拉废址（筑于公元838年）、埃及开罗南郊的福斯脱特（繁荣于公元9世纪）等地，都曾发现越瓷碎片。③在日本的德隆寺和其他许多地方，则完整保存的唐代越窑青瓷器至今也仍然不少。④所有这些，都说明了当时绍兴的瓷器制造工业的发展规模。

交通运输业在这一时期也有了较大的发展，特别是沟通甬江和钱塘江的浙东运河的运输不断增加，使居于沿河枢纽地位的绍兴的重要性更为提高。当时，由于地濒浙东沿海的鄞县在对外贸易上开始发达，并于开元二十六年（738）设置了明州⑤，明州与日本、朝鲜及南洋等海外国家的通商往来，一时逐渐频繁。由于钱塘江河口沙洲横阻，通航困难，海外来华的官商人等，往往自明州循浙东运河取道绍兴，然后渡钱塘江北上。⑥天宝七年（748）鉴真和尚第五次赴日，就是从绍兴出发，循此道东渡的。⑦元和十年（815），浙东观察使孟简主持兴修了从越州州城沿浙东运河至萧山的运道塘⑧，这是绍兴水网地带建筑的第一条有记载的石路，主要是运河船舶的纤路，从这条纤路的修建中，可以设想运河上船舶的众多和运量的巨大。当时，运河的东段即从越州州城到曹娥江之间，是利用鉴湖通航的。因此，所有南来船舶，

---

① 上田恭辅：《支那古陶磁研究の手引》，大阪屋号书店。
② 例如陆龟蒙："九秋风露越窑开，夺得千峰翠色来"；皮日休："邢客与越人，皆能选瓷器"；施肩吾："越碗初盛蜀茗新"；等等。
③ 三上次男：《陶磁の道》，东京：岩波书店1979年第11版，第17、117、176页。
④ 厦门大学考古专业：《古刺桐港》第2册，第156页（油印本）。
⑤《新唐书·地理志》。
⑥（宋）姚宽：《西溪丛语》卷上。
⑦ 赵朴初：《鉴真和尚圆寂一千二百年——中日两国人民の文化の血缘关系走をずそう》，《人民中国》日文版，1963年5月。
⑧《新唐书·地理志》。

都必须驶入州城，然后从都赐堰牵挽进入鉴湖。所以州城之内，樯橹相接、船舶如梭的盛况也就可以想见。

如上所述，可以反映出绍兴城市在当时的繁荣发展概况。正因为此，贞元三年（787）越州成为浙江东道的道治所在①，和六朝一样，在行政地位上仍居浙东之首。当长庆年代（821—824）在越州任刺史的元稹，就曾写诗一再夸耀越州风景的美丽，州宅的宏伟，城市的繁华，甚至用"会稽天下本无俦"②的诗句来赞美这个城市。到了唐代末年，由于中央政权削弱，四方纷纷割据。乾宁四年（897），吴越王钱镠定杭州为吴越国西府，是吴越国的首都；越州为吴越国东府，是吴越国行都，他自己曾先后于乾宁四年、天复元年（901）、后梁开平三年（909）数度驻节越州，擘划经营，建树甚多，进一步促进了这个城市的发展，奠定了越州在南宋初期成为临时国都的基础。③

南宋——绍兴城市发展的飞跃

前面已论述了两晋之间我国北人第一次大规模南迁对于绍兴城市发展的重大影响，要是和两宋之间我国北人第一次大规模南迁给与绍兴城市发展的影响相比，则后者比前者显然更为重要。

由于金兵继续南下，从北方南奔的宋高宗赵构，于建炎三年（1129）十月由杭州渡过钱塘江来到越州，驻跸州廨，越州第一次成为南宋的临时首都。④但因金兵紧紧尾随，当年十二月，赵构又东奔从海上避难，到了章安和温州。建炎四年（1130）初，金兵北撤，南宋朝廷于当年四月从温州再度返越，以州治为行宫，越州第二次作为南宋的临时首都，为时达一年零八个月之久。⑤这一次驻跸越州，由

---

①《通鉴》卷二三二《唐纪四十八》。
②《再酬复言和夸州宅》，《元氏长庆集》卷二二。
③《吴越钱氏志》卷七。
④《宋史纪事本末》卷六三。
⑤《建炎以来系年要录》卷三二。

于为时较久，军事形势也比较稳定，越州在一年多时间里成为南宋的政治、经济中心，这当然要替这个城市带来许多变化。

这中间首先面临的是外来人口的大量拥入。由于中原为金兵所占，居民大批南迁，据建炎三年的记载，当时渡江之民，溢于道路①，而浙江成为四方移民的中心，即所谓"四方之民，云集两浙，百倍常时"②。绍兴由于成为临时首都，移民进入的为数更多，来自赵、魏、秦、晋、齐、鲁各地的士大夫阶级，充斥山会城内③，不仅是"空第皆给百官寓止"④，连寺院庙宇也成为他们的寓所⑤。由于绍兴城市的发展和地区富庶，朝廷还于建炎四年命令南迁到各地的贫苦百姓到绍兴安置。若以大中祥符四年（1011）的人口统计与嘉泰元年（1201）的人口统计相对比⑥，尽管在这期间，绍兴曾经蒙受过熙宁八年（1075）因严重自然灾害和瘟疫所造成的"死者殆半"的人口损失⑦，但在这短短不到二百年的时间中，山、会两县人口竟剧增一倍以上。绍兴城市在这个时期中的迅速发展可以想见。

赵构驻跸越州以后，虽然他并无恢复中原的大志，但也很想在此苟延残喘，巩固一下南宋小朝廷的所谓中兴之业。因此，建炎四年以后，他就改元为绍兴元年（1131），并且"仿唐幸梁州故事，升州为府，冠以纪元"⑧。这就是绍兴作为一个地名的由来。由于绍兴与当时粮食生产最丰富的太湖平原之间有钱塘江之阻，漕运不如杭州方便⑨，加上自五代吴越建都以来，杭州的城市规模已经超过绍兴，并有西湖

---

① 《宋会要辑稿》第一六〇册。

② 《建炎以来系年要录》卷一五八。

③ （宋）陆游：《老学庵笔记》卷八。

④ 宝庆《会稽续志》卷七。

⑤ （宋）周密：《癸辛杂识》后集。

⑥ 《宋会要辑稿》第一六〇册。

⑦ 嘉泰《会稽志》卷五。

⑧ （宋）陆游：《嘉泰会稽志序》。按"唐幸梁州故事"指唐建中四年（783）朱泚之变，唐德宗出奔梁州后，于兴元元年（784）六月"诏改梁州为兴元府"。事见《通鉴》卷二三一《唐纪四七》。

⑨ （宋）熊克：《中兴小纪》卷一一。

的繁华胜景^①，南宋朝廷才于绍兴元年十一月决定迁往临安，并在绍兴二年（1132）初开始迁离。从此以后，绍兴虽然从临时首都的地位退居一个府的府治，但这里被选为王室的陵寝所在^②，而且成为赵氏宗室的重要聚居地，朝廷的宫学也在此创办。^③ 因此，迁都以后，绍兴仍然是南宋朝廷的陪都，其地位显然高出其他各府。^④ 绍兴六年（1136），朝廷规定临安以外的全国大邑 40 处，山阴就名列其首。^⑤ 因为这里不仅生产发展，经济繁荣，同时又是当时全国重要的文化中心之一，而山水之秀又甲于天下。^⑥ 所以南宋一代，除了首都临安以外，绍兴仍然与金陵齐名，为全国两大城市。南宋状元王十朋于绍兴二十七年（1157）在卧龙山顶巅俯瞰这个城市，写下了一段目击记述，他说："周览城闉，鳞鳞万户。龙吐戒珠，龟伏东武。三峰鼎峙，列障屏布。草木芃葱，烟霏雾吐。栋宇峥嵘，舟车旁午。壮百雉之巍垣，镇六州而开府。"^⑦

这段目击记述看来并无夸大之处，在卧龙山（种山）、戒珠山（蕺山）、东武山（怪山）三峰鼎峙之间的高大城垣之内，已经有了上万户居民，而"栋宇峥嵘，舟车旁午"，俨然是一番大都市的景象。事实确实如此。自从绍兴初年以来，这个城市出现了飞跃的发展。以居民住宅区为例，北宋大中祥符时代，城内的街坊名称，据《越州图经》所载，属于会稽县的有十二坊，总共三十二坊。^⑧ 但到了南宋嘉泰年代（1201—1204），府城内的厢坊建置已经骤然扩大，全城计有五厢九十六坊^⑨，正是大中祥符年代的三倍。在这五厢九十六坊中，又设置

① （明）谢肇淛：《五杂俎》卷三。

② 即今宋六陵，在绍兴东南会稽山麓。

③ 《建炎以来系年要录》卷九一。

④ 《宋绍兴府进士题名一》，杜春生：《越中金石记》卷四："越今为陪都，……要非余郡可比。"

⑤ 《中兴小纪》卷二〇。

⑥ （宋）叶绍翁：《四朝闻见录》丁集。

⑦ （宋）王十朋：《会稽三赋》。

⑧ 嘉泰《会稽志》卷四。

⑨ 宝庆《会稽续志》卷一。

了照水坊市、清道桥市、大云桥市、大云桥西市、龙兴寺前市、古废市、驿地市、江桥市等八个集市[①],组成了城市内部的商业网。嘉定十四年到十七年间（1221—1224），又在城内进行了一次有历史记载的大规模建设，除了把罗城和水陆城门作了一番修缮外，对城内的道路、河渠、桥梁等，也都作了新的规划和修建，此外还新建和扩建了公用房舍和仓库、场局、馆驿等[②]。经过这一次修建，绍兴城内的厢坊建置、街衢布局、河渠分布等，大体都已定局。从此直到清末以至民国，都没有较大的变化（图4）。

绍兴城市的发展在南宋时期的飞跃，这当然与北人大规模南迁和一度成为临时首都有重要关系，但是，从根本上说，这仍然是由于这个地区的生产力在短期迅速发展的结果。由于大量人口的移入，对粮食的需要空前增加，这就首先刺激了农业生产的迅速扩大，并且促成了鉴湖的围垦。鉴湖的较大规模围垦始于北宋，在北宋末期，围垦收益曾经先后拨充苏、湖、秀三州和平江府的水利建设之用。[③]南宋初年，围垦规模迅速扩大，其收益每年可得米十万斛。[④]最后垦出了湖田二千多顷[⑤]，这就替山会平原扩大了四分之一的耕地面积，其价值当然是不言而喻的。蚕桑业在这一时期也由于需要的剧增而迅速发展，为了增加对桑园的利用，除了春蚕以外，开始饲养夏蚕和秋蚕，使一年中育蚕次数增加到三次。[⑥]农业中的另外一个重要部门是水产业，由于水面广大，水产资源丰富，水产业在南宋被认为是"越国之宝"[⑦]。据嘉泰《会稽志》卷一七所载，当时已有许多专业化的渔民，"大多凿池、养鱼为业……有贩鱼苗者负放池中，辄以万计"。此外如

---

① 嘉泰《会稽志》卷四。
② 宝庆《会稽续志》卷一。
③《宋会要辑稿》第一二四册。
④《建炎以来系年要录》卷一五四。
⑤ 陈桥驿：《古代鉴湖兴废与山会平原农田水利》，《地理学报》第28卷第3期（1962年）。
⑥ 嘉泰《会稽志》卷一七。
⑦（宋）孙因：《越问》。

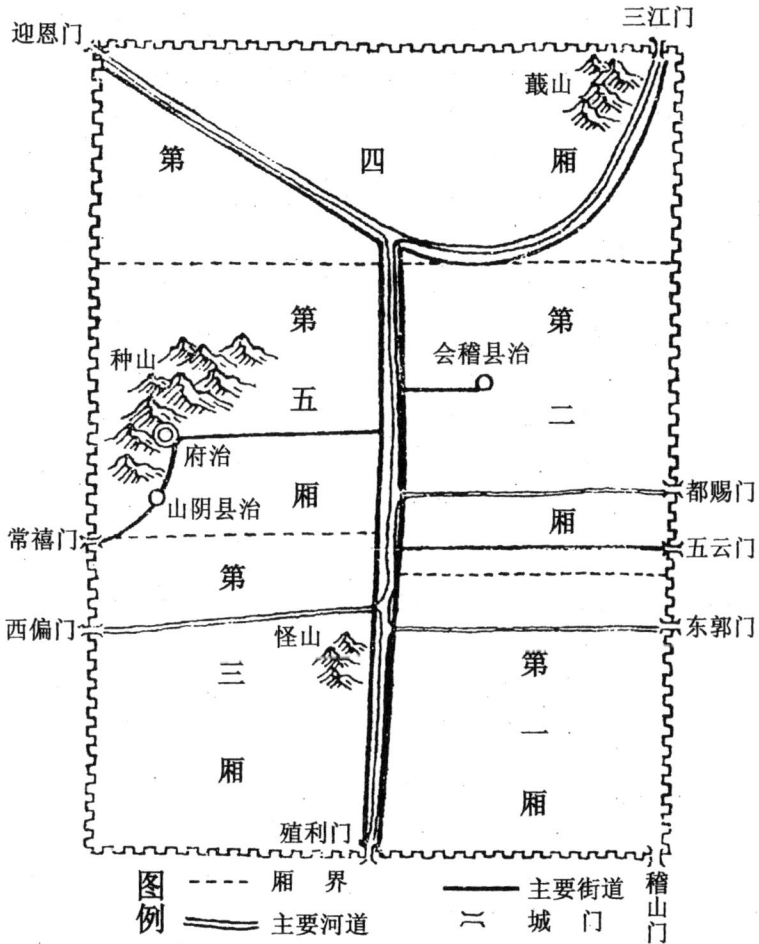

图4　南宋绍兴示意图

菱、藕、茭等水生植物的种植也十分普遍，这就是陆游所描述的："柳姑庙前鱼作市，道士庄畔菱为租。"① 水产业的盛况可见一斑。如上述，稻米、蚕桑和水产，使绍兴成为一个鱼米之乡和丝绸之府。南部会稽山地当时已成为全国最著名的茶叶产地，除了名列全国第一的日铸茶外②，还有天衣山的丁坞茶，陶宴岭的高坞茶，秦望山的小朵茶，东土乡的雁路茶，兰亭的花坞茶，等等③，甚至连城内卧龙山上也开辟了茶园，出产著名的瑞龙茶。④ 按照绍兴三十二年（1162）的统计，包括整个绍兴府属县在内，当年的茶叶产量为385060斤。⑤ 当时绍兴府内所产茶叶，均在绍兴平水镇加工，而府城则为出口运销的枢纽。大宗茶叶的外销，对绍兴城市的繁荣，当然具有很大意义。

手工业部门中最发达的仍然是拥有雄厚原料基础的丝绸业。根据日本学者斯波义信的统计，宋代绍兴出产的各种绸缎种类繁多，主要有：

罗：越罗、宝街罗、会稽尼罗、万寿罗、藤七罗、宝火罗、齐珠罗、双凤罗、绶带罗；

绫：寺绫、十样花纹绫、樗蒲绫、十样绫、大花绫、轻交梭绫、白编绫；

纱：绉纱、萧山纱、茜绯花纱、轻容纱；

绢：花山绢、同山绢、板桥绢。⑥

当时，绍兴出产的绸缎质量极佳。陆游曾在四川遂宁看到当地出产的一种绸缎，居然也标以"越罗"之名⑦，绍兴丝绸的名闻遐迩，由此可见。

① （宋）陆游：《思故山》。
② （宋）欧阳修：《归田录》卷一。
③ 嘉泰《会稽志》卷一七。
④ 宝庆《会稽续志》卷四。
⑤ 《宋会要辑稿》第一三六册。
⑥ 斯波义信：《宋代商业史研究》，东京风间书房1979年再版，第279—280页。
⑦ （宋）陆游：《老学庵笔记》卷二。

　　南宋时代在绍兴迅速发展的另一种手工业是造纸。这和宋代雕板印刷的发展有关，但更为重要的是因为绍兴从南宋初年以来人文荟萃，和临安成为当时全国两大印刷和出版中心，因而有力地促进了这里的造纸工业。当时，政府在南部会稽山地建立了汤浦、新林、枫桥、三界四个纸局①，生产姚黄、学士、邵公、常使、展手等著名竹纸②。斯波义信曾经统计了当时全国 47 处产纸地，其中产品种类最多的是越州、徽州和成都③，绍兴成为全国三大造纸中心之一。绍兴所产的纸张，不仅供给本地需要，并且还输出到临安等印刷、出版业发达的地区。

　　由于宋朝的税收制度中，酒、盐、茶三税居全部税收的十分之八④，因此，酿造业是得到鼓励的手工业部门。著名的绍兴酒在南渡以后有了很快的发展，在绍兴城内达到了"酒满街头"的程度⑤，著名的品种如瑞露酒、蓬莱春等⑥都在此时显露了头角，为以后绍兴酒的行销海内奠定了基础。

　　除了手工业的发展以外，在交通运输业方面，南宋一代中，绍兴也具有独特的地位，因而促进了城市的繁荣发展。这中间，特别重要的是浙东运河。由于运河的一端是首都临安，另一端则是当时的重要港口明州，绍兴恰恰位居其中。不仅国外来华的使节商旅，大多循此道去首都，而且南宋的陵寝设在绍兴，梓宫的搬运也全赖此河，因而在南宋一代中对这条运河的整治史不绝书。例如绍兴元年越州、余姚段的整治⑦，嘉泰元年山阴钱清新堰和上虞通明堰的修建⑧，嘉定十四

① 嘉泰《会稽志》卷四。
② 宝庆《会稽续志》卷四。
③ 斯波义信：《宋代商业史研究》，第 258—261 页。
④《建炎以来朝野杂记》甲集，卷一四。
⑤（宋）陆游：《小圃独酌》；（明）冯时化：《酒史》卷下。
⑥（宋）赵鼎：《辩诬笔录》；（宋）朱弁：《曲洧旧闻》卷一。
⑦《宋会要辑稿》第一九三册。
⑧ 嘉泰《会稽志》卷四。

年西兴、钱清段的疏浚等①。从明州到绍兴，政府置有专门船只从事河运②。这样，绍兴在水上交通上可以借此运河"通瓯达闽，浮鄞达吴"③。此外，从绍兴经钱清江转入浦阳江上溯诸暨或下至钱塘江的航道，南宋一代中也大体畅通。这条航道联系了绍兴和钱塘江上游诸府县的交通，对促进绍兴城市的发展也具有意义。④

绍兴城市的发展，经过南宋这一代的飞跃以后，城市的规模和布局基本上已经稳定。此后，除了元至正十二年到十三年（1252—1253）间在卧龙山以西另建新城，把西郊的广规乡移入城内使城市面积有所增加外⑤，历元、明、清三代，都无其他较大的变化。而且，由于浙江省境内其他城市的发展，绍兴城市在省内的地位有所下降。自从句践建城直到唐代，山阴一直是今浙江省境范围内的最大城市。中唐以后，杭州由于水利建设的进步而城市开始扩展，及至五代钱氏建都而终于超过了绍兴。南宋以后，浙东沿海的明州和浙南沿海的温州由于对外贸易的发展和腹地的扩大，也相继超过了绍兴。不过，绍兴仍然是浙江的一个重要城市，因为终元、明、清三代，它在行政上始终是一个府的府治，特别是在农业、手工业和交通运输业上也仍然有所发展，所以一直是全省次于杭州、宁波、温州的第四个较大城市。

结　语

综上所述，绍兴城市是由公元前 5 世纪前后山会平原上的孤丘聚落逐渐扩大而形成的。这个地区孤丘众多的自然环境和优越的地理位置，使于越选择它作为灭吴称霸的基地，但是这个古代的简陋城市之获得发展，显然是于越居民举族上下从事了"十年生聚，十年教训"

---

① 宝庆《会稽续志》卷四。
②《宋会要辑稿》第一四四册。
③（宋）王十朋：《会稽三赋》。
④ 陈桥驿：《历史时期浦阳江下游的河道变迁》，《历史地理》创刊号，1981 年。
⑤（元）杨维桢：《绍兴新城记》，《东维子集》卷一二。

的结果。所以尽管在秦汉时代，这个城市的发展曾一度停滞，但早期建立的生产基础和城市规模，使它仍然具备了在吴、会分治以后继续发展的条件，并且从东晋起迅速扩大，直到南宋一代中获得飞跃的发展。当然，行政地位的提高和外来居民的涌入，对绍兴城市的发展具有重要的意义。但是，从根本上说，对这个城市的发展起决定作用的，无疑是地区生产力的提高，而外来移民对这个城市发展上所起的作用，也仍然必须通过生产力的提高获得实现。在历史上，我国曾有过不少城市，特别是边塞城市，它们有的也具有很高的行政级别，并且一时聚集了大量人口，但是由于战争或自然条件的改变，使地区生产力遭受到难以恢复的损毁。曾几何时，这些历史上显赫一时的城市就销声匿迹，成为一片废墟。绍兴城市之所以能够一直稳定在句践小城和山阴大城的原址上并且获得持续的发展，除了于越居民的创业维艰以外，首先应该归功于后汉的鉴湖水利工程，为山会平原的全面垦殖创造了有利条件，从而为这个地区建立了巩固的农业基础。此外，人民利用农业资源、山林特产和地方矿物资源（如高岭土）而发展的手工业以及依靠水利资源、疏凿运河而发展的运输业，也都对绍兴城市的发展起了重要作用。

既然历史时期的城市发展决定于城市所在地区生产力的发展，同样，城市发展的规模也和城市所在地区生产力发展的规模相适应，并且还必须考虑到与其他城市之间的关系。以绍兴与杭州的关系来说，以山会平原的农业生产为基础的绍兴，由于其发展年代的悠久，从于越到唐初，在城市规模上一直冠于全浙。但是，当水土资源更为丰富的太湖平原得到垦殖，而以太湖平原的农业为基础的杭州上升为一个地方政权（吴越国）的中心时，其城市规模就立刻超过了绍兴。绍兴与宁波的关系也是如此，今宁波直到唐初还是越州的一部分，鄞、鄮、句章等县，长期来都是绍兴的腹地。但是，宁波由于其逐渐发展的对外贸易，终至出现了明、越分治的局面。分治以后，又因其对外贸易的继续发展，终于又反过来使绍兴作了它的腹地。于是，宁波的城市规模，也就接着超过了绍兴。所有这些，当然都是历史城市地理上的一般原理，但其中有一些对于现代城市地理和城市规模等，仍然不无参考价值。

　　对于绍兴城市的形成和发展的研究，不仅仅因为这个城市的渊源古老和资料丰富，特别值得指出的是，在目前我国存在的古老城市中，这个城市还有大量的古迹未曾泯灭，有利于现场的勘察。譬如，在城内，自从南北朝末期划分的山阴、会稽两县的县界，至今还有很长段落依然存在，而从汉晋以至唐宋的地名，包括街道河渠、坊巷桥梁等等，很大部分至今仍然沿用。在乡间，虽然鉴湖沧桑，海岸递变，但山河故迹，村镇聚落，也仍然历历可辨。笔者既在多年踏勘的基础上撰写此文，更希望历史地理学界同仁考察现场，继续深入对这个地区的研究。

原载《纪念顾颉刚学术论文集》下册，巴蜀书社 1990 年版，第 643—661 页

收入《吴越文化论丛》第 354—380 页

古代于越研究

于越的历史和人民

于越[1]是我国古代活动于东南地区的一个部族。其起源目前尚不够清楚，假使与余姚河姆渡的原始公社相联系[2]，则这个部族在这一带活动的历史，已达七千年左右。不过，由于这方面的资料迄今尚未完整，因此，我们还不能作出确切的结论，只能暂从有历史记载的年代说起。

早在西周初期，于越与中原汉族就有了友好往来。[3]春秋中期，它已经与其相邻部族发生了密切的关系。[4]其中与北部的邻族句吴接触最为频繁，它们之间，不仅有共同的风俗习惯[5]，而且正如以下将要论及的，在语言上也十分近似。由于土地和其他权益问题，它与句吴之间常常兵戎相见。两族间的战争见于《春秋》记载的就有公元前537年、前510年、前505年三次。[6]这些战争多半发生在两族接壤之地即今嘉兴一带，战争的结果一般是胜负互见。但公元前494到公元前493年之间的一次战争，句吴军队长驱直入到于越境内，包围了

---

① 于越，《汉书·地理志》"句吴"，颜师古注："夷俗语之发声也，亦犹越为于越也。"

② 浙江省文物管理委员会、浙江省博物馆：《河姆渡遗址第一期发掘报告》，《考古学报》1978年第1期。

③《竹书纪年》卷下，周成王二十四年（前11世纪末）"于越来宾"。

④《左传》宣八（前601），楚"盟吴、越而还"。

⑤《越绝书》卷六："吴越为邻，同俗并土。"又卷七："吴越二邦，同气共俗。"

⑥《春秋》昭五、《春秋》昭三十二、《春秋》定五。

于越的最后基地会稽山，于越被迫求和，越王句践本身被作为人质，在句吴都城姑苏囚禁了三年，直到公元前 490 年才获得释放。从此，于越开始在今绍兴建立小城，作为国都，经过了所谓"十年生聚，十年教训"的惨淡经营，终于在公元前 473 年并吞了句吴，并于次年迁都琅玡，直接参与了周王朝范围内的全国性政治和军事活动，"以兵北渡江淮，与齐、晋诸侯会于徐州，致贡于周，……时越兵横行于江淮之上，诸侯毕贺"，又"号令齐、楚、秦、晋皆辅周室，血盟而去"。①

越王句践是于越历史上最有雄才大略的领袖，在他以前的于越世系，按《越绝书》的记载："越王夫镡以上至无余，久远，世不可记也。夫镡子允常，允常子句践，大霸称王，徙琅玡都也。"由此可知句践是允常之子，允常是夫镡之子，夫镡以前，情况就模糊了。句践以后共七代，记载却是很清楚的："句践子与夷时霸，与夷子子翁时霸，子翁子不扬时霸，不扬子无疆时霸，伐楚，威王灭无疆，无疆子之侯窃自主为君长，之侯子尊时为君长，尊子亲失众，楚伐之，走南山，亲以上凡八君，都琅玡二百二十四岁。"②

自从越王无疆九年（前 334）为楚所败后，楚人把原来句吴之地全部占领，直达今钱塘江北岸。③于越实际上被分割成为两部分，从无疆之子之侯到亲共三代，仍然局促于琅玡一隅④；另外，今浙东绍兴一带，由于原来是于越部族的聚居中心，以后一直仍是于越繁衍生息的基地。到战国后期楚攻占琅玡以后，北方的于越居民如《越绝书》所说的进行了"走南山"的迁移，回到了浙东的会稽山地。⑤当然，经过了在琅玡二百多年的定居，和北部中国诸族相杂处，当时的于越，与越王句践以前必然大不相同了。

---

① 《吴越春秋》卷六。

② 《越绝书》卷八。

③ 魏王泰：《括地志》下（《汉唐地理书钞》本）："尽取其地，至于浙江之北。"

④ （清）李慈铭：《祥琴室日记》，《越缦堂日记》同治八年三月十五日。

⑤ 陈桥驿：《古代绍兴地区天然森林的破坏及其对农业的影响》（《地理学报》31 卷，1965 年第 2 期）"南山"注："《吴越春秋》卷六：'祭禹于越，立宗庙于南山之上。'此外称会稽为南山的尚可参见《越绝书》卷八、《水经·浙江水注》等。"

这里还需要把于越部族的人口数字略加探讨。当然，在完全没有人口统计的古代，至今也只能作一个十分约略的估计而已。于越原是一个小部族，这个部族的人口稀少情况，可以用大夫范蠡在越王句践七年（前490）所说的一番话为证，他说："今欲定国立城，人民不足，其功不可以兴，为之奈何？"① 于是，句践就即时采取了增加人口的措施，这就是《国语·越语上》所记载的："令壮者无取老妇，令老者无取壮妻；女子十七不嫁，其父母有罪，丈夫二十不娶，其父母有罪；将免者以告，公令医守之；生丈夫，二壶酒，一犬，生女子，二壶酒，一豚；生三人，公与之母，生二人，公与之饩。"这种措施的确使人口有了较快的增长，在句践准备兴兵伐吴的前夕，他已经建立起一支规模不小的军队，包括"习流二千人，俊士四万，君子六千，诸御千人"②。总数达到了5万人之谱。若按两丁抽一的数字来估计，则当时部族的青壮年男子已达10万人之多，相应加上等量的青壮年妇女，则总数就达20万，另外还应按比例加上各占四分之一的不成丁幼年和老年，则当时于越部族的人口总数约为30万人之谱。按照这个部族分布的一般疆域，即《国语·越语上》所说的："南至于句无，北至于御儿，东至于鄞，西至于姑蔑"的范围，大体以5万平方公里的面积计算，则人口密度约为每平方公里6人，在当时已经不算十分稀疏了。当然，人口并不是平均分布的，在这大约5万平方公里的范围中，显然存在着一个人口的聚集中心，即句践从句吴释放后的疆域，所谓"吴封地百里于越，东至炭渎，西止周宗，南造于山，北薄于海"③。面积估计约为5000平方公里。这个地域的中心，正是于越的国都句践小城和山阴大城。

上述估计当然是指的句践北伐以前的情况，句践北伐胜利以后，国都迁往琅玡，军队和部族居民必然大量随之北迁，人口分布相应发

---

① 《吴越春秋》卷五。
② 《吴越春秋》卷六。
③ 《吴越春秋》卷八。

生较大的变化。以小城和大城为中心的部族聚居地，居民必然有所减少，一直要到琅玡为楚所并，那里的于越居民重新南迁以后，人口才又有所增加。

秦统一中国以后，对东南地区的部族采用了同化和强迫迁移的政策，他们一方面把浙东的于越居民迁移到今浙西和皖南的乌程、余杭、黝、歙、无湖、石城一带[①]；另一方面又把"天下有罪适吏民"迁到浙东各地，[②] 这样就促进了于越居民与其他各族居民的杂处，于越居民从此就从他们原来的聚居中心逐渐分散。浙东于越居民的另一部分，后来又南迁到浙南、福建、广东等地，即所谓"三越"[③]。从此，于越居民就逐渐与各族居民，特别是汉族居民融合为一体，失去了原来的部族特点。

于越的语言和习俗

由于部族最后的流散和融合，于越的语言早已泯灭。除了大量的人名和地名以外，古代于越语言中的一般词汇至今存留的只有两个：一个是"余"，即汉语中的"盐"；[④] 另一个是"须虑"，即汉语中的"船"。[⑤] 前面已经提及的，"吴越二邦，同气共俗"一语，虽然还不足以说明它们在语言上的共同性，但是《吕氏春秋·知化篇》却明白指出："吴之与越也，接土邻境，壤交通属，习俗同，言语通。"事实上，在句吴与于越留传下来的许多人名和地名之中，可以发现它们的语言有不少共同之处。例如，句吴之"句"，与于越句践、句章、甬句东之"句"；句吴国都姑苏之"姑"，与于越姑蔑之"姑"；句吴地名无锡、无湖之"无"，与于越人名无余、地名句无之"无"。顺便指出，

---

① 《越绝书》卷二。

② 《越绝书》卷八。

③ （明）焦竑：《焦氏笔乘续集》卷三："此即所谓东越、南越、闽越也。东越一名东瓯，今温州；南越始皇所灭，今广州；闽越今福州。皆句践之裔。"

④ 《越绝书》卷八。

⑤ 《越绝书》卷八。

秦会稽郡 26 县名称，多数都因循原来的吴、越方言，其义不可强解，正如清李慈铭所指出的："盖余姚如余暨、余杭之比，皆越之方言，犹称于越、句吴也，姚、暨、虞、剡，亦不过以方言名县，其义无得而详。"① 后世有些学者，把这类地名按汉字字义曲为之解，实存荒诞无稽。②

和当时中原的汉族相比，于越在文化上显然是相当落后的。关于这一点，越王句践本人并不讳言。他说："此乃僻陋之邦，蛮夷之民也。"③ 我国不少古籍如《史记》《汉书》《论衡》等④，都有关于于越风俗中"断发文身"的记载。《庄子·逍遥游》记载的"宋人资章甫而适诸越，越人断发文身，无所用之。"《淮南子·说山训》也有类似的记载说："鲁人善制冠，妻善织履，往徙于越而大困穷，以其所修而游于不用之乡。"《庄子》与《淮南子》的记载，充分说明了于越与中原之间的文化差距。正因为这种差距，所以于越和汉族对于文化修养上的许多事物的反映，各有他们自己的绝不相同的标准。《吕氏春秋·遇合篇》说："吹籁工为善声，因越王不喜；更为野声，越王大说。"这里的所谓"善声"和"野声"，实际上就是于越和汉族由于文化差距而表现在对于音乐欣赏上的分异。当然，在经过了迁都琅玡二百多年以后，这种文化差距必然有所缩小。

勇敢善战可能是于越能够战胜比它强大得多的句吴，并且能够染指中原二百多年的重要原因之一。《淮南子·主术训》说："越王好勇，而民皆处危争死。"这里的所谓"处危争死"，好些古籍都有具体的记载。《论衡·率性篇》说："句践试其士于寝宫之庭，赴火死者不可胜

---

① （清）李慈铭：《息荼庵日记》，《越缦堂日记》同治八年七月十三日。

② 例如《水经·河水注》引周处《风土记》："旧说舜葬上虞。"又《浙江水注》引《太康地记》："舜避丹朱于此，故以名县。"（明）田汝成：《西湖游览志余》卷一："杭州之名，相传神禹治水，会诸侯于会稽，至此舍杭登陆，因名禹杭。至少康，封庶子无余于越，以主祭祀，又名余杭。"

③《越绝书》卷七。

④《史记·越王句践世家》；《汉书·地理志》；《论衡·四讳篇》。

数。"《墨子·兼爱下》记载得更为清楚:"昔者,越王句践好勇,教其士臣三年,以其知为未足以知之也,焚舟失火,鼓而进之,其士偃前列,伏水火而死,有不可胜数也。"正因为此,所以秦始皇在统一全国以后,对于越部族集中的地方,仍然耿耿于怀,因而采取强迫移民的措施,以削弱其力量。尽管于越居民在这种措施下开始分散,但他们的那种强悍好斗的习俗,此后仍然在秦始皇所说的"东南有天子气"[①]一语中得到反映。秦始皇不得不于其在位的第三十七年(前210)"东游以厌之"[②],跋山涉水,"上会稽,祭大禹,望于南海,而立石刻颂秦德"[③]。秦始皇的巡狩会稽,充分说明了这个勇敢善战的部族在当时的动态。

在于越的另外一些习俗中,比较重要的是这个部族的熟谙水性和好使船只。这种习俗当然与他们所处的自然环境有密切关系,也就是越王句践所说的:"水行山处,以船为车,以楫为马。"[④] 于越不仅在离今绍兴城五十里的沿河建立了它的造船工业,即所谓舟室,并且还在离今绍兴城四十里的沿海地带,修筑了石塘、防坞、杭坞等港埠。[⑤] 它拥有"戈船三百艘"[⑥]的一支船队和"习流二千人"[⑦]的一支水军。于越的这种好舟善水的习俗,至今流传在我国南方各省的就是龙舟竞渡。关于这方面,容观琼先生在其《竞渡传风俗》一文中已记其详,[⑧] 此处不再赘述。

在宗教信仰方面,于越大概属于一种信奉多神教的部族。他们信巫术,敬鬼神。[⑨] 占卜成为他们决定许多事情的依据。按照《越绝书》

---

① (清)孙楷:《秦会要订补》卷六。
② (清)孙楷:《秦会要订补》卷六。
③《史记·秦始皇本纪》。
④《吴越春秋》卷六。
⑤《越绝书》卷八。
⑥《越绝书》卷八。
⑦《吴越春秋》卷六。
⑧ 容观琼:《竞渡传风俗——古代越族文化史片断》,《中央民族学院学报》1981年第1期。
⑨ (清)钱培名:《越绝书札记》,《龙溪精舍丛书》本。

的记载，越神巫所居之地称为巫里，那里所建的亭祠，直到后汉仍然存在。神巫死后，有他们专用的墓葬地，称为巫山。神巫中有一个名叫无社的，特别享有盛名，他的子孙当然世代为神巫，越王句践曾经为这些神巫亲自经营墓葬。① "吴、楚多淫祠"②，这是这一带古代居民多神教信仰的明显残余。直到建国以前，浙东各地蒙受古代于越多神教信仰的影响，仍然相当强烈地存在。

于越的生产发展

按照现存的历史资料，于越在春秋时代出没于浙东山地，特别是会稽山地，从事狩猎业和迁徙农业的生产活动。这就是《吴越春秋》卷四记载的："人民山居……随陵陆而耕种，或逐禽鹿而给食。"由于这种刀耕火种的迁徙农业，使部族居民不可能建立固定的聚落，因此，整个部族就处于"不设宫室之饰，从民所居"的状态。③ 部族酋长的驻地也同样必须经常迁移，所以早期的于越都城，就经常移动于会稽山地南部的诸暨和北部的嶕岘大城一带。④

这个时期，部族的生产活动之所以局限于会稽山地而不发展到广大的沿海平原，主要有两个原因：第一，沿海平原虽然广阔，具有远大的发展前途，但是由于这些平原大多是咸潮出没的沼泽地，垦殖利用必须花很大的力量和具备较高的技术，而且在平原生活，诸如居住、饮水等问题，当时也都难以解决；第二，由于技术水平的限制，单靠农业，还不足以满足部族居民的食物需要，必须辅以狩猎业，平原是一片动物资源并不丰富的沼泽草地，部族自然不能远离森林茂密的山区。⑤

---

①《越绝书》卷八。

②《新唐书·狄仁杰传》。

③《吴越春秋》卷四。

④ 陈桥驿：《历史时期绍兴地区聚落的形成与发展》，《地理学报》35 卷，1980 年第1 期。

⑤ 陈桥驿：《浙江古代粮食种植业的发展》，《中国农史》1981 年第 1 期。

随着生产力的提高和技术的进步，从于越前期到后期，原始的迁徙农业逐渐向比较高级的定居农业过渡，这种过渡在地域上的表现则是部族居民开始从会稽山地移向宁绍平原。越王句践即位以后，接着就把于越都城从会稽山地的嶕岘大城移到山麓冲积扇地带的平阳，[①] 成为这种过渡的重要标志。因为这一带土地广阔而平坦，灌溉便利，水土资源较山地远为丰富。而和北部的沼泽平原相比，它们却又位处山麓，地势高燥，不受咸潮的威胁，有利于定居农业的发展。当然，部族最后要进入沼泽平原，山麓冲积扇就在一个时期作为从山地到沼泽平原之间的跳板。[②]

公元前 490 年，越王句践从句吴释放返回于越后，他没有再回到旧都平阳，而是选择了沼泽平原上一处孤丘较多的地方兴建句践小城和山阴大城，即今绍兴城。这就意味着，于越部族对于广大的沼泽平原的垦殖开拓已经全面开始。他们修筑堤塘，如富中大塘、练塘、吴塘等，[③] 围垦土地，发展了种植业，种植稌（即稷）、黍、赤豆、稻粟（即水稻）、麦、大豆、穬（大麦的一种）等粮食作物 [④] 和麻、葛等纤维作物[⑤]，并且发展了蚕桑业 [⑥]。同时，又利用平原上的孤丘如犬山、白鹿山、鸡山、豕山等，发展了牧场畜牧业，驯养犬、鹿、鸡、豕等家畜。[⑦] 利用广阔的水面，发展了水产养殖业。与在会稽山地进行刀耕火种时截然不同，耕作的精细程度至此有了显著的提高，特别是对于田间管理和耘田等工作，都已得到了注意。[⑧] 甚至对于自然现象和旱涝规律，也已进行了初步的研究，大夫计倪指出："太阴三岁处金则

---

① （清）毛奇龄：《重修平阳寺大殿募疏序》，《西河文集》卷一六。
② 陈桥驿：《历史时期绍兴地区聚落的形成与发展》。
③ 《越绝书》卷八。
④ 陈桥驿：《浙江古代粮食种植业的发展》。
⑤ 《越绝书》卷八。
⑥ 《述异记》卷上："句践得范蠡之谋，乃示民以农桑。"
⑦ 《越绝书》卷八。
⑧ 《吴越春秋》卷九："留意省察，谨除苗秽，秒除苗盛。"

穰，三岁处水则毁，三岁处木则康，三岁处火则旱。"[1]虽然语涉阴阳五行，但实际上已经进行了对自然界的观察和研究。水产养殖业特别是养鱼业，在当时已经具有较高的技术水平，传为大夫范蠡所著的《养鱼经》一书，[2] 即是根据这个地区的养殖经验写成的。

除了农业以外，于越的手工业在越王句践时代也获得了空前的发展。其中手工冶金业是一个很重要的部门。当时的冶金业与矿山采掘紧密结合，开采和冶炼的金属主要是铜和锡。根据《越绝书》卷八的记载："句践时采锡山为炭，称炭聚，载从炭渎至练塘。"练塘按嘉泰《会稽志》在县东六十里[3]，至今犹在。此外，在六山和姑中山，也都发展了冶铜工业，其中六山在城东十四里，[4] 姑中山在城南十五里射的山西南。[5] 铜的主要用途是制造战争武器。于越以铸剑技术的高超闻名，历年以来在绍兴和南方各地陆续出土的许多于越青铜剑，不仅证实了当时冶铜工业的存在，同时也证实了当时铸剑技术所具有的水平。在所有这些出土的于越青铜剑中，特别著名的有"越王剑""越王者旨于赐剑""越王之子剑""越王丌北古剑"等，而 1965 年在湖北江陵县纪南城附近楚墓中出土的"越王句践剑"，[6] 无论从冶铸技术和艺术加工等方面，都称得上是一种精湛的作品，充分说明了于越手工冶铸业的发展水平。

于越部族是否掌握了冶铁的技术？历来尚有不同意见。清赵翼从"赤堇之山，破而出锡；若耶之溪，涸而出铜"，推定当时铸剑都不用铁。[7]但《吴越春秋》卷四却有"干将作剑，采五山之铁"的说法。

---

① 《越绝书》卷四。

② 此书又名《养鱼法》。《水经·沔水注》："又东入侍中襄阳侯习郁鱼池，郁依范蠡《养鱼法》作大陂，陂长六十步，广四十步。"书亡佚已久，今见《齐民要术》辑存。

③ 嘉泰《会稽志》卷九。

④ 《舆地纪胜》卷十。

⑤ 夏侯曾先：《会稽地志》，《会稽郡故书杂集》本。

⑥ 陈谦：《越王句践の剑》，《人民中国》日语版，1973 年 6 月号别册。

⑦ （清）赵翼：《陔余丛考》卷二一。

《拾遗记》提及范蠡相越之时，"铜铁之类，积如山阜"①。嘉泰《会稽志》卷一八记载越州东南的古冶，曾引《旧志》说："铜牛、铁冶，越王铸剑之所。"以后明欧大任参校了各家著述，也作了欧冶子和干将"凿茨山泄其溪取铁作剑三枚"的记载。② 为此，尽管在句践时代，冶铁技术或许尚未掌握，但于越后期，于越境内可能已经进行了铁的冶炼。

于越的其他手工业部门中特别应该指出的是造船工业。当时，会稽山地是一片原始的亚热带混交林和阔叶林，③ 造船的木材并不匮乏。仅仅在越王句践一代，为了造船的需要，有记载的大规模砍伐，在距城十五里的木客山一带就进行过两次，一次是句践十年（前487），"木工三千余人入山伐木一年"；④ 另一次约在句践二十五年（前472）迁都琅玡之时，曾"使楼船卒二千八百人，伐松柏以为桴"。⑤ 于越的造船工业规模，由此可见一斑。绍兴地区以后一直以造船工业著名，而且直到元代，这一带所造的船只，仍被称为"越船"。⑥

按照现代的工业体系进行分类，于越的建筑业也非常可观。这中间，句践小城和山阴大城的建筑即是突出的例子。在句践作为人质去句吴以前，于越都城原在会稽山麓冲积扇的平阳，北部沼泽平原上的聚落尚属稀见。⑦ 句践返国以后，为了建立一个抗吴称霸的基地，根据大夫范蠡的意见："今大王欲国树都，并敌国之境，不处平易之都，据四达之地，将焉立霸王之业。"⑧ 在返国当年就利用种山（今卧龙山）的地形，在一片平易四达的地方，首先修建句践小城，于次年（前489）筑成。据《越绝书》卷八所载，城周二里二

---

① （晋）王嘉：《拾遗记》卷三，《汉魏丛书》本。
② （明）欧大任：《百越先贤志》卷一。
③ 陈桥驿：《古代绍兴地区天然森林的破坏及其对农业的影响》。
④ 《吴越春秋》卷九。
⑤ 《越绝书》卷八。
⑥ （元）袁桷：《越船行》（《清容居士集》卷八）："越船十丈如青螺。"
⑦ 陈桥驿：《历史时期绍兴地区聚落的形成与发展》。
⑧ 《吴越春秋》卷五。

百二十三步，设陆门四处，水门一处。这是因为强敌窥伺于浙江北岸，必须争取时间，从速建筑一座足以抗御句吴的军事堡垒。同时，为了密切注意句吴的入侵，又在小城西侧种山顶巅修建一座称为飞翼楼的瞭望台①，登楼瞭望，浙江沿岸清晰可见。句吴若有军事行动，可以及早准备。小城筑成以后，安全已有初步保障，随即进行山阴大城的修筑。大城位于小城东南，与小城相连，按《越绝书》卷八所载：城周二十里七十二步，设有陆门三处，水门三处，范围比小城大十倍。小城是于越的政治中心与军事堡垒，大城则是于越的经济中心和生产基地。小城的迅速筑成，为大城的兴筑赢得了时间；而大城的兴筑，又为小城保障了给养，进一步巩固了小城的基础，使于越"十年生聚，十年教训"的复兴计划有了可靠的保证。作为政治中心和军事堡垒的小城，除了坚固的城垣和上述窥察敌人的飞翼楼外，主要是建于种山南麓的宫室。作为经济中心和生产基地的大城，城内不仅有街道、河渠、屋宇、工场，并且还有耕地和牧场。和小城的飞翼楼南北遥峙，大城的怪山之巅也兴建了一座怪游台，据《越绝书》卷八所载，高四十六丈五尺二寸，周五百三十二步，其作用是"仰望天气，观天怪也"。这座怪游台是我国有记载的第一座综合性的天文台和气象台。它不仅反映了于越的建筑技术，也反映了于越的科学思想。

结　语

古代于越的情况大致已如上述，这个部族在其有雄才大略的领袖句践的领导下，终于达到了击败强吴、称霸中原的目的，而部族本身在这个过程中逐渐与周围的其他部族特别是中原汉族相融合，其语言和风俗习惯等，都在这个融合的过程中逐渐消失。但是无论如何，于越的各种影响，在今天东南地区仍然相当普遍地存在着。在浙江，当

---

① 从宋代起称为望海亭。

年于越的重要地名如余姚、余杭、上虞、诸暨、鄞、甬、剡等，至今仍然沿用不变。即使是较小的地名如若耶溪、投醪河等，[①] 也依然为当地人民所熟知。

于越的各种建筑如今当然早已不存，但今绍兴种山（卧龙山）南麓的宫室基址，却仍然依稀可辨。于越的不少习俗，例如龙舟竞渡的习俗，至今仍然盛行于南方各省，而越王句践卧薪尝胆的故事，在东南地区至今流传，具有激励人心、奋发图强的教育意义。由于年代久远，于越的历史记载显得零星不全，但流传于战国而为后汉人所编辑的《越绝书》[②] 以及其他一些著作，为我们提供的于越史料仍颇不少，加上日益增加的考古学成果，使我们对于于越的研究仍然拥有相当丰富和不断增加的资料。这支曾经活跃于我国东南地区的古老部族，不论从远古时的情况以及以后留存在这个地区的各种影响等方面，今天都仍然具有深入研究的价值。

原载《民族研究》1982 年第 1 期，第 1—7 页

收入《吴越文化论丛》第 1—14 页

---

① 《水经·渐江水注》引《吕氏春秋》："越王之栖于会稽也，有酒投江，民饮其流而战气自倍。"今绍兴城内有投醪河。

② 陈桥驿：《关于〈越绝书〉及其作者》，《杭州大学学报（哲学社会科学版）》1979年第 4 期。

浙江古代粮食种植业的发展

一、古代的粮食种植业

历史上，浙江地区的粮食作物种植业发轫甚早，以目前的考古资料来说，余姚河姆渡的第四文化层上部，普遍夹有一层至数层的谷壳、稻秆、稻叶的混合堆积物和炭化谷粒[①]，证明这里的稻谷种植，距今至少已有七千年左右。此外，在吴兴钱山漾的文化层中，与红陶、黑陶同时出土的，有很多炭化的稻谷凝块。[②] 杭州水田畈，也有类似的炭化稻谷凝块，[③] 这些都可以说明原始部族在这一带种植水稻的情况。当然，新石器时代的粮食种植，规模必然很小，在技术上也无疑是粗放和落后的，而且仅仅依靠几个点的发掘资料，还不足以描述当时粮食作物种植的全貌。

浙江的正式历史记载始于春秋于越，规模较大的粮食作物种植业，实际上也从此时开始。于越部族的分布范围很广，所谓"南至于句无，北至于御儿，东至于鄞，西至于姑蔑。"[④] 但当时的部族中心，在会稽山地一带。因此，从地区上说，浙江古代的粮食种植业，首先应该对

[①] 浙江省文物管理委员会、浙江省博物馆：《河姆渡遗址第一期发掘报告》，《考古学报》1978 年第 1 期。

[②] 浙江省文物管理委员会：《吴兴钱山漾遗址第一、二次发掘》，《考古学报》1960 年第 2 期。

[③] 浙江省文物管理委员会：《杭州水田畈遗址发掘报告》，《考古学报》1960 年第 2 期。

[④]《国语·越语上》。

会稽山地加以注意。

　　会稽山地在古代，是一片茂密的原始森林，部族利用一些山间盆地或山麓冲积扇，进行刀耕火种的原始迁徙农业，这就是《吴越春秋》所描述的："人民山居……随陵陆而耕种，或逐禽鹿而给食。"[①] 当时粮食种植虽然已有发展，但仍和狩猎业相辅而行。由于这种迁徙农业的需要，部族酋长的驻地要随着不断迁移，因此，早期的于越都城，就经常移动于会稽山地南部的诸暨和北部的大城一带。[②]

　　这个时期粮食种植之所以不发展到广大的沿海平原，主要有两个原因：第一，沿海平原虽然广阔，具有远大的发展前途，但是由于这些平原大多是咸潮出没的沼泽地，垦殖利用必须花很大的力量和有较高的技术，而且在平原生活，诸如居住、饮水等问题，当时也都难以解决；第二，由于技术水平的限制，粮食种植业的产量并不足以满足部族居民的食物需要，必须辅以狩猎业。平原主要是一片动物资源并不丰富的沼泽草地，部族自然不能远离森林茂密的山区。

　　随着生产力的提高和技术的改进，从于越前期到后期，原始的迁徙农业逐渐过渡到比较高级的定居农业。这种转变过程在地域上的表现则是农业从会稽山地移往宁绍平原。根据记载，在吴王僚时期，由于公子光之祸，吴王子庆忌的家族，曾南渡浙江，隐居在会稽山地以北的平原地区，并且得到越人的帮助："予湖泽之田，俾擅其利，表其族曰庆氏，名其田曰庆湖。"[③] 公子光之祸载于《春秋》昭公二十七年（前515），当时平原地区的垦殖已经开始。越王句践即位后，部族中心从会稽山南移到山北，建都于山麓冲积扇附近的平阳[④]，接着又北迁建都小城[⑤]。这就更为具体地说明了于越的农业已经发展到一个

---

　　①《吴越春秋》卷四。
　　②《水经·渐江水注》："又有秦望山，……山南有嶕岘，岘里有大城，越王无余之旧都也。……《吴越春秋》所谓越王都埤中，在诸暨北界。"
　　③（三国·吴）谢承：《会稽先贤传》，《会稽郡故书杂集》本。
　　④（清）毛奇龄：《重修平阳寺大殿募疏序》，萧山陆氏补刊本《西河合集》序十六。
　　⑤《越绝书》卷八。

新的阶段。据传说，"句践得范蠡之谋，乃示民以耕桑"①，说明对于种植业的开始重视。在以后所谓"十年生聚，十年教训"的励精图治过程中，垦殖土地以发展粮食种植业成为重要的内容。句践的谋士计倪讲过，"兴师举兵必且内蓄五谷"②，这说明于越之最后能战胜句吴，粮食种植业的发展，也是其中重要原因之一。可见，句践在位之后，粮食种植业已经成为于越农业中的主导部门；而且由于粮食的逐渐充足，替技术作物的种植和畜牧业的发展创造了条件，使这两个部门也开始有所发展。

　　在平原地区发展定居的粮食种植业与在山区的迁徙农业极不相同，农田水利建设就成为必要的措施。而且，在潮汐直薄的宁绍平原，首先就必须围堤筑塘。当时建筑的堤塘是不少的，例如富中大塘、吴塘等均是其例。③此外，为使粮食作物得到稳定的收获，就必须掌握农时，进行农事。《越绝书》提到："发号施令必顺于四时，四时不正则阴阳不调，寒暑失常，如此则岁恶，五谷不登。"④《吴越春秋》也指出农时与农事的关系："春种八谷，夏长而养，秋成而聚，冬畜而藏。"⑤耕作的精细程度至此也有了显著的提高，特别是对于田间管理和耘田等工作，都已得到了注意。⑥甚至对于自然现象和旱涝规律，也已进行了初步的研究。⑦这些都说明了当时粮食种植业的发展情况。

　　最后需要探讨的是于越粮食种植业主要有哪些作物。《越绝书》和《吴越春秋》中经常提到"五谷""八谷"等称谓，说明当时粮食作物的种类已经不少。当然，五谷和八谷都还是一种总称，历来解释很多，并无一致的意见。于越粮食品种的具体情况，《越绝书》中列举的"十

①《述异记》卷上。
②《吴越春秋》卷五。
③《越绝书》卷八。
④《越绝书》卷十三。
⑤《吴越春秋》卷五。
⑥《吴越春秋》卷五："留意省察，谨除苗秽，秽除苗盛。"
⑦《越绝书》卷四："计倪对曰：太阴三岁处金则穰，三岁处水则毁，三岁处木则康，三岁处火则旱。"

货"①，给我们提供了很好的资料。十货之中，辛货为"果"，不是粮食；壬、癸二货未举名称，亦可不论。此外，从甲货到庚货按次是粢、黍、赤豆、稻粟、麦、大豆、穬七种。这些无疑都是当时于越粮食作物中的主要品种。在这七种作物之中，黍、赤豆、麦、大豆四种，古今称谓基本相同，粢为稷，穬为大麦的一种，也无多大疑问。需要进一步探索的是丁货稻粟，究竟是水稻抑或是粟类。从考古学所得的资料来看，河姆渡、钱山漾、水田畈等地已经出现的稻谷，按理不应在于越消失。其实，《越绝书》和《吴越春秋》的记载也可以找到这个问题的答案。《越绝书》记载于越岁饥请籴于句吴的事，说"吴王乃听太宰嚭之言果与越粟"②。句吴的粮食种植是以水稻为主的，则吴王籴与于越的"粟"必是稻谷，足见《越绝书》所称的粟乃是谷物的通称。《吴越春秋》记载得更为明确，它说"吴王乃与越粟万石"，以后"越王粟稔，拣择精粟而蒸还于吴"③。但吴王由于看不出粟是蒸熟了的，认为"越地肥沃，其种可嘉，可留使吾民植之"，因而造成"粟种杀而无生者，吴民大饥"④。这里说明，吴越双方籴粜的这种粟，可以大量蒸熟加以保藏而外形无异。至今，把稻谷蒸熟后加以保藏的方法，在浙江的不少地区还很流行，这也是《越绝书》"稻粟"即是稻谷的极好证明。

　　水稻种植既可确定，但其位置却列在稷、黍、赤豆之下，这项资料对说明于越后期的粮食种植颇有意义。于越后期虽然已从迁徙农业进入定居农业，但其耕作技术毕竟仍然较低，宁绍平原虽已开始垦殖，但其活动范围却仍限于今萧甬线以南比较高燥的地带。稷、黍、豆类等都是旱地作物，对水利条件要求不高，都是迁徙农业时代所常种的作物，因此当时种植仍很普遍，在全部粮食作物中仍占重要位置。而对技术条件要求较高的水稻，当时还居于次要地位。

---

①《越绝书》卷四。
②《越绝书》卷五。
③《吴越春秋》卷五。
④《吴越春秋》卷五。

二、汉唐时代的粮食种植业

如上所述，于越时代的粮食种植，在地区分布上以山区和半山区为主，在作物种类上则五谷杂出，而以旱作为主。这种情况到汉代就有了很大的改变。与于越恰恰相反，自从秦汉以后，浙江的粮食种植主要转入平原，而水稻成为唯一重要的作物。

于越原来是一个山居部族，尽管其后期的活动已经进入平原，但整个部族对平原的开发为时不长，在平原农业的劳动素养方面并无较多经验。从战国后期起，浙江境内的于越部族开始流散，秦统一中国后，具有平原农业生产经验的汉族大量流入境内，[①] 这样就空前加速了省内平原的开发和粮食种植业的发展。从汉代起，省内的主要平原，如宁绍平原、杭嘉湖平原、温黄平原和金衢盆地等，都次第得到开发，成为重要的粮食仓库。与山区不同，平原地区的水土资源异常丰富，在水利设施逐渐改善的情况下，水稻终于后来居上，成为唯一重要的粮食作物。

东晋以后，由于政治中心南移，浙江地区的重要性空前增加，即所谓"今之会稽，昔之关中"[②]。随着中原居民的大量南迁，粮食需要量剧增，刺激了浙江粮食种植业的进一步发展。以宁绍平原为例，到了刘宋时代，就已经出现了"土境褊狭，民多田少"[③] 的现象，而使地价提高到"亩直一金"[④] 的程度。而随着粮食播种面积的扩大和产量的增加，粮食的商品性也有了提高，境内各区的粮食，有着经常的流动。

在粮食种植业的经营方式上，秦代以后也从于越的粗放种植逐渐过渡到精耕细作，由于农业区由山区转入平原，种植的作物由杂粮为主变为水稻为主，农田水利问题就成为当务之急。秦代以后，前述主

①《越绝书》卷八。
②《晋书》卷四十七《诸葛恢传》。
③《宋书》卷五十四《孔季恭传》。
④《宋书》卷五十四《孔季恭传》"史臣曰"。

要平原地区的农田水利工程大量出现，为水稻种植创造了有利的条件。

杭嘉湖平原和宁绍平原是浙江最大的两片平原，但它们都面临咸潮的威胁，发展粮食种植业，必须拒咸蓄淡，才能保证灌溉。早在汉代，这一带就有海塘的建筑，如杭州的钱塘，绍兴的玉山斗门及后海塘等均是其例。至于平原内部的蓄淡灌溉，杭嘉湖平原由于地形平坦而广阔，所以除了边缘近山地区外，主要是依靠河渠灌溉。早在秦代，这里就完成了北起嘉兴、南通钱塘江的水道。到了隋代，就完成了规模更大的江南运河，这是杭嘉湖平原农田灌溉的最大干渠。在湖州一带，灌溉河渠更为周密，例如三国时代开凿的青塘河，晋代开凿的横塘河、荻塘河、谢塘河等，不胜枚举，都具有很好的灌溉效益。在平原边缘接近山区的余杭、富阳、长兴等县，则在山麓筑堤围湖，以资灌溉。

宁绍平原的地形与杭嘉湖平原不同，由于范围比较狭窄，地形自南向北比降较大，故农田灌溉以山麓的人工湖泊为主，绍兴的鉴湖即是其例。鉴湖修筑于后汉，湖堤长达一百二十余里，全湖面积超过二百平方公里，可以灌溉农田九千顷。[①] 此外如上虞的夏盖湖、余姚的牟山湖、宁波的广德湖等，在整个宁绍平原上，较大的人工湖达数十处，均于汉唐之间陆续修建，成为这个地区农田水利的特色。

温黄平原的水利形势与宁绍平原相似，虽然这个地区的开发和粮食种植业的发展较宁绍平原稍晚，但自汉代以后，海塘、人工湖泊和河渠等的修建也渐趋完备。金衢盆地是浙江境内的最大平原，这里有钱塘江上游的许多支流作为灌溉水源，早自汉代起，就开始建塘筑堰，设置了不少农田水利工程，成为境内的重要粮食产区。

此外，境内其他一些较小的平原和盆地，在唐代以前，也都出现了不少农田水利工程，例如温州平原的会昌湖[②]，丽水盆地的通济渠、

---

① 陈桥驿：《古代鉴湖兴废与山会平原农田水利》，《地理学报》第 28 卷第 3 期，1962 年。
② 光绪《永嘉县志》卷二。

金沟渠和好溪渠,奉化盆地的白社河和土塸堰①,诸暨盆地的大农湖②,建德盆地的西湖③,淳遂盆地的古渠,以及寿昌盆地的西湖④ 等均是其例。在这些平原和盆地中,也都发展了粮食特别是水稻的种植。

由于大量农田水利工程抗御了旱涝,保证了主要作物水稻的灌溉,就替复种技术逐渐提高创造了条件。在春秋战国的于越时代,粮食作物是一年一熟的。前述《吴越春秋》所说的"春种八谷,夏长而养,秋成而聚,冬畜而藏"四句话可以为证。《越绝书》也说"非暮春中夏之时,不可以种五谷"⑤,这也是单季水稻种植的极好证明。其所以如此,原因当然是多方面的,这和劳动力、肥料、气温、作物品种等都不无关系,但灌溉却是其中最重要的关键之一。随着水利问题的解决,从三国时代起,温黄平原首先出现了水稻一年二熟的记载,这就是《临海异物志》所说的"丹邱各冬夏再熟"⑥。嘉定《赤城志》解释说:"夏熟者曰早禾,冬熟者曰晚禾。"⑦ 至此境内粮食作物种植业中,已出现了早晚禾两熟的耕作制度。

随着水利问题的解决,耕地的扩大,复种指数的提高,粮食产量自然有了较大的增长。在古代粮食产量数字资料十分缺乏的情况下,地区人口的增长资料,很大程度上可以反映地区粮食产量的增长情况。根据记载估算,后汉永和五年(140)到永寿二年(156)之间,属于今浙江境内的二十个县的户数,只占当时全国户数的1.7%。⑧ 到了唐天宝元年(742),全浙十州以及苏州辖下属于今浙江的嘉兴、海盐二县,户数已占当时全国户数的8.8%⑨,增长迅速,可见一斑。韩

---

① 雍正《浙江通志》卷一五二引成化《四明志》。
② 《隋书·地理志》。
③ 雍正《浙江通志》卷六〇引《严陵志》。
④ 雍正《浙江通志》卷六〇。
⑤ 《越绝书》卷三。
⑥ 嘉定《赤城志》卷三十六引。
⑦ 嘉定《赤城志》卷三十六。
⑧ 根据《后汉书·郡国志》推算。
⑨ 根据《元和郡县志》推算。

愈说:"赋出天下,而江南居什九。"① 唐代的江南道范围甚大,包括今
苏、皖二省的长江以南部分,今浙、闽、赣、湘全部以及川、鄂、黔
的各一部分,在这个范围之中,今浙江境内各州县的户数要占全道户
数的44%②,户口繁盛,可以想见。在唐一代,湖州的糯米、黄糯,苏
州(包括省内嘉兴、海盐二县)和婺州的香粳,均被列为贡品,这也
说明了粮食种植的发展情况。

三、宋代以后的粮食种植业

宋代以后,浙江境内以水稻为主的粮食种植业,随着社会情况的
改变,其发展与前代有了较大的差异。

宋代以来,影响粮食种植的主要社会因素是人口剧增。在北宋元
丰年代(1078—1085),浙江的户数已占全国总户数的10.4%,较唐
代有了显著的提高。到了南宋,北方居民大量南移,绍兴年间,"渡
江之民,溢于道路"③,确数很难估计,李心传所谓"中原士民扶携南
渡,不知其几千万人"④,也只是一个近似的数字。而这些移民的主要
集中地即在浙江,即所谓"四方之民,云集两浙,百倍常时"⑤。从此,
浙江就一直成为全国突出的地狭人稠的地区。加上南宋建都浙江以后,
地主兼并土地的情况愈益严重,以致"百姓膏腴皆归贵势之家,租米
有及百万石者"⑥。在这样的情况下,尽管全省的粮食产量一直冠于国
内,特别是杭嘉湖平原和宁绍平原的秋谷收获,成为南宋朝廷经费的
主要来源,但从境内来说,早在北宋时代,就已经出现了粮食不够自
给的地区。例如,在当时土地利用率较低的金衢盆地,由于人口增加,
就出现了口粮不足的情况;即使在粮食素称丰富的宁绍平原,在南宋

---

① (明)丘濬:《大学衍义补》卷二十四引。
② 根据《元和郡县志》《新唐书·地理志》等推算。
③《宋会要辑稿》第一六〇册。
④《建炎以来系年要录》卷八十六。
⑤《建炎以来系年要录》卷一五八。
⑥《宋史·食货志》淳祐六年,谢方叔言。

初年，朝廷也已颁发了禁止外省前去贩粮的诏谕①，说明粮食紧张的趋势已甚明显。这种趋势到了明清各代，表现得更为尖锐，终至出现了全省性的缺粮现象。

此外，从宋代以来，浙江的土地利用率虽然不断提高，但由于技术作物品种的增加和播种面积的扩大，使粮食作物的播种面积不能随着人口的增加而相应扩大。在所有技术作物中，与粮争地的首先是蚕桑业。太湖流域的蚕桑业，从宋代起已经位居全国第一。于是杭嘉湖平原上栽桑的旱地就逐渐增加，其中增加最快的崇德县，在明代后期已达到桑地与稻田两者相等的比例。②而清代以后，这种比例续有发展，这就使稻田面积有了较大的缩减。在宁绍平原也是一样，根据明代的记载，"绍兴多种桑、茶、苎"③。这一带特别是茶，从宋代以来已居全国第一。④尽管茶树种于坡地，但宜于植茶的向阳缓坡，不仅可以种植杂粮，而且也可开辟梯田种植水稻。因此，茶园的大量发展也仍然与粮食种植存在矛盾。除此以外，从元代起，棉花的种植在省内开始普遍起来⑤，这种后来居上的技术作物，无疑也占用了不少粮地。

粮食种植业的本身，这段时期中也出现了一种新的情况，这就是由于酿造业的发展而促使糯米播种面积的日益扩大，它实际上影响了粮食的产量。江浙一带播种糯米为时较晚，直到南北朝后期尚属罕见。⑥如前所述，直到唐代，湖州的土贡中才首先出现糯米。到了宋代，朝廷为了扩大税源而大量鼓励酿造业的发展⑦，于是，糯米的种植才盛极一时。以酿造业特别发达的绍兴一带为例，南宋时代，糯稻播

---

①《建炎以来系年要录》卷三十五。

②《天下郡国利病书》卷八十四："崇邑田地相埒，故田收仅足支民间八个月之食。"

③（明）陆容：《菽园杂记》卷十三。

④（宋）欧阳修：《归田录》卷一。

⑤《元史·世祖本纪》。

⑥（南朝·梁）陶弘景：《名医别录》："道家方药俱用稻米、粳米，稻米白如霜，江东无此。"按，此处稻米即糯米。

⑦《建炎以来朝野杂记》甲集，卷四。

种面积竟占水稻播种总面积的 60%。[①] 到了明代，尽管这个地区已经非常缺粮，但绍兴依然"邑壤多秫少粳"[②]，糯稻占播种面积的 40%[③]。这就是徐渭所指出的："酿日行而炊日阻，农者且病农而莫之制也。"[④] 以致像绍兴这样的粮食产区，却出现了"虽甚丰登，亦只供半年之食，是以每借外贩，方可卒岁"[⑤] 的现象。

为此，宋代以来，浙江的粮食种植业在提高粮食产量方面也有了一些新的发展。这中间首先是扩大耕地面积，其方法主要有下列三种。

第一是围垦湖田。如上所述，浙江最主要的粮食作物种植区杭嘉湖平原和宁绍平原都是水乡泽国，河湖水面广阔，加上长期的水土流失，底部已经淤高，围垦相当容易，于是，地主豪强甚至驻军兵卒都竞相围垦。在浙西，太湖成为围垦的重要对象。绍兴二十三年（1153）右谏议大夫史方言："浙西民田最广，而平时无甚害之忧者，太湖之利也，数年以来，濒湖之地，多为军下兵卒侵据为田，擅利妨农，其害甚大。"[⑥] 此外，如杭州的临平湖、西湖，余杭的南下湖、北湖等，也都遭到全部或局部的围垦。在浙东，宁绍平原的许多人工湖，如鉴湖、湘湖、临浦、夏盖湖、广德湖等，也都在这一时期围垦殆尽。从此以后，历代围湖为田，史不绝书，这就是顾炎武所说的："上下历代，则田日增，湖日损，至今侵湖者犹曰未已。"[⑦] 在人口迅速增加的情况下，围湖为田，乃是势所必然，所以顾炎武也说："地狭人稠，固其势也。"[⑧] 围垦的结果，增加的耕地面积是不小的，例如仅仅绍兴一个鉴湖，就垦出肥沃的湖田二千余顷[⑨]，因而增产了不少粮食。但是另一方

---

① （宋）孙因：《越问》，宝庆《会稽续志》卷八。
② 万历《会稽县志》卷三（浙江图书馆藏抄本）。
③ （明）徐渭：《物产论》，《青藤书屋文集》卷十八。
④ （明）徐渭：《物产论》，《青藤书屋文集》卷十八。
⑤ （明）祁彪佳：《救荒杂议》，《祁忠惠公集》卷六。
⑥ 《建炎以来系年要录》卷一六五。
⑦ 《天下郡国利病书》卷八十五。
⑧ 《天下郡国利病书》卷八十五。
⑨ 陈桥驿：《古代鉴湖兴废与山会平原农田水利》。

面，历史上的这种围垦，是在无政府状态下漫无限制地进行的。围垦者只管自己获得土地，根本不考虑其他水利等问题，因而就一时出现了愈来愈多的旱涝现象，造成宋王十朋所指出的："每岁雨稍多则田已淹没，晴未久而湖已枯竭"[①] 的情况。

第二是开垦山地。从秦汉时期汉族移居浙江时起，粮食种植主要发展在平原地区，山区基本上仍是茂密的原始森林。以最接近生产发展地区的会稽山地为例，在东晋时代，满山还是茂林修竹[②]，直到五代年间，衢州和金华一带都还有象群出没[③]。但是到了宋代，由于山区的开垦，会稽山地已出现了"有山无木"[④] 的情况，《明书·禨祥志》描述浙江山区的火烧地，"草木皆披靡"，说明宋代以后山区垦殖的普遍。当然，山区初期的垦殖，主要还是植茶，这在唐代已有进行，但规模并不很大。宋代以后的大规模开垦，却主要是为了粮食种植。到了明初，则深山幽谷如仙霞岭地区，也已经"满山粳稻"[⑤]，当然还有其他作物。山区的垦殖和粮食种植业的发展，造成了日益加剧的水土流失，宋代以后平原地区旱涝现象的所以日趋严重，这也是重要的原因之一。

第三是利用海涂河滩等荒地。这是宋代以来浙江扩充耕地行之有效的途径之一。在浙西，主要是垦殖钱塘江沿岸及河口的涨沙地。早在绍兴二十八年（1158），朝廷就已诏谕："浙西沙田芦场，官户十顷民户二十顷以上，并增纳租课。"[⑥] 说明垦殖的规模已经不小。这样的垦殖，以后在明清各代也继续进行，特别在海涂河滩淤涨迅速的年代，则围垦的规模更大。例如在乾隆十四年（1749）一年中，海宁县垦出涂地一千零六十三顷，仁和县垦出一百六十七顷[⑦]。在浙东，除

---

① （宋）王十朋：《鉴湖说》上，《王忠文公文集》卷七。
② （晋）王羲之：《兰亭集序》。
③ 《十国春秋》卷十八、吴越宝正六年："秋七月，有象入信安境"。《吴越备史》卷四、癸丑三年："东阳有大象自南方来，陷陂湖而获之。"
④ （宋）庄季裕：《鸡肋篇》卷上。
⑤ （明）刘基：《过闽关诗》，雍正《浙江通志》卷三十七，仙霞关引。
⑥ 《建炎以来系年要录》卷一七九。
⑦ 《清实录·高宗实录》卷四九三。

了钱塘江河口以外，东部沿海的海涂，宋代以来也有较多的围垦。早在北宋熙宁七年（1074），沈括就已指出："温、台、明州以东海滩盐地，可以兴筑堤堰，围裹耕种，顷亩浩瀚，可以尽行根究修筑，收纳地利。"① 南宋嘉定年代（1208—1224），临海、黄岩、宁海三县就已垦出涂田三万七千余亩。② 在钱塘江河口，余姚、慈溪（今慈城镇）以北，从北宋庆历七年（1047）筑浒山大古塘后，到清朝末年，已经先后筑了新塘七条，垦区向北伸展了约三十里。③ 此外，沿海岛屿的垦殖也次第进行，近陆如南田岛，远海如大衢山，在清代都有明文规定开垦。④

除了上述扩大耕地面积外，宋代以来对于扩大水稻复种面积，更为重视。前面提到，唐代以前浙江已经有了双季稻的种植，这毕竟是极少数，但到宋代以后，早晚两熟制就获得了普遍的推广。早在北宋至道年代（995—997），处州即有稻再熟的记载。⑤ 在气候和水利条件较好的温黄平原，南宋时代就出现了"黄岩出谷半丹邱"⑥ 的情况。若以双季稻的两季产量较单季稻的一季产量高 40%—50% 计算，则当时黄岩县的双季稻播种面积至少已达水稻播种面积的 30% 以上。此外，据明《谷谱》所载，"浙江温州稻岁两熟"⑦，说明从宋到明，双季稻的播种在浙南已经相当普遍。位置偏北的宁绍平原和杭嘉湖平原，虽然还没有水稻连作的记载，但春花作物中的麦类种植比以前也有了显著的增加。浙江农民自来较少种麦，宋李心传曾研究了这方面的原因，认为"大抵江浙须得梅雨乃能有秋，是以多不种麦"⑧，这当然是一个重要的原因，但另外如劳力、肥料等方面，也不全无关系。所以直到

---

① 《宋会要辑稿》一二四册。
② 嘉定《赤城志》卷十三。
③ 据乾隆《余姚志》卷八，光绪《余姚县志》卷八等。
④ 《东华录》光绪元年十月。
⑤ 光绪《处州府志》卷二十五。
⑥ （宋）熊克：《劝农诗》，嘉定《赤城志》卷三十七。
⑦ 雍正《浙江通志》卷一〇七引《谷谱》。
⑧ 《建炎以来系年要录》卷一〇〇。

明代，湖州一带还有"湖州无春熟"①的农谚。这种情况，从宋代以来，也开始有了逐步的改变。例如明嘉靖年间，嘉兴一带比较富裕的农民多已种麦②。而在杭州一带，则更是"田畴万顷，一望无际……麦陇高下……碧浪层层"③，则种麦已很普遍，复种亦自然随之提高。

最后，在宋代的粮食作物种植业中，还可以发现粮食品种的改良和扩大的情况，这中间首先是水稻品种的改良和扩大。嘉泰《会稽志》列名的水稻品种已达五十六种④，而明代的《乌青文献》所说的粳稻更达七十余种之多⑤。在大量增加的水稻品种中，具有特别重要意义的是籼稻数量的增加。籼稻的大量传入浙江，大概始于宋大中祥符年代⑥，由于这种稻种生长季节短，耐旱耐寒，因此，籼稻的推广，实际上就是水稻种植向山区梯田、冷水田发展的重要指标。嘉泰《吴兴志》指出："粳稻大率多坝田所种，山田易旱，惟种金成。"⑦因此，山地广阔的绍兴府属各县，黄籼就成为南宋时代的四大优秀水稻品种之一。⑧据万历《杭州府志》所载，杭州府平原各县，包括仁和、钱塘、海宁等多种粳稻，平原和山乡各半的余杭县则是早晚半之，而其余山区各县则多种籼。⑨所以籼稻的推广，空前扩大了水稻的播种面积。当然，在初期，籼稻的产量并不很多，正如明《东阳县志》所说："此耕农所借以接乏，非食租者所尝也。"⑩但以后产量逐渐增加，到康熙十二年，"户部覆准浙省被灾州县，许以籼米兑运"⑪。则籼米产量到清初就已很可观了。

---

① 《补农书》卷下。陈恒力《补农书研究》注云："湖州无春熟，一般是坂田过冬，只种一季水稻。"

② 光绪《嘉兴府志》卷二十二。

③ 光绪《杭州府志》卷七十八引《遵生八笺》。

④ 嘉泰《会稽志》卷十七。

⑤ 据民国《乌青镇志》所引。

⑥ 《宋会要辑稿》一二四册："大中祥符五年，遣使福建取占城禾分给江淮两浙，并出种法，择民田高者种之。"

⑦ 嘉泰《吴兴志》卷二十。按：金成即占城。

⑧ 嘉泰《会稽志》卷十七。

⑨ 万历《杭州府志》卷二十八。

⑩ 雍正《浙江通志》卷一〇六引。

⑪ 雍正《浙江通志》卷七十六。

　　除了籼稻以外，这一时期还选育引进了不少其他优良水稻品种。从省外来的有江西早、宜黄白稻、建阳早、泰州红、宜兴晚、松江稻、昆山晚、宣州白等，在省内相互引种的有剡籼、江山早、龙泉禾、湖州晚、余杭白等。此外，劳动人民还根据各地旱涝发生的情况，选出了耐旱的品种如旱棱、旱湖等，耐涝的品种如料水白、倒水赖等①。优良品种的引入，对粮食增产也起了一定的作用。

　　除了水稻品种以外，宋代以来，杂粮的播种也有了显著的增加。早在宋初太平兴国年代（976—984），朝廷为了保证自己的粮赋收入，曾诏谕江南地区，改变专种粳稻的习惯，从淮北调运粟、麦、豆种，要人民"益种诸谷"②。以后在南宋开禧二年（1206）及嘉定八年（1215），又曾两次诏谕浙西及两浙路，要人民多种杂粮。③ 因此，南宋时代，诸如粟、稷和各种豆类等杂粮，种植已比较普遍。不过这些杂粮都是旱作，因此种植均在山区。嘉泰《会稽志》说："今吴越泽国，唯山乡高原有种穄（即稷）者。"④ 嘉泰《吴兴志》说："粟，今山乡人种。"⑤ 则杂粮种植与前述山地开垦有密切的联系。

　　在所有杂粮中，甘薯和玉米的引种具有极端重要的意义。浙江省山区面积广大，与平原相比，山区气候寒凉，灌溉困难，人口稀少，肥料短缺，所以不利于粮食作物特别是水稻的种植。但甘薯和玉米这两种作物，不仅耐旱耐寒，对土壤和肥料的要求都不高，十分适宜于山区的粗放播种，自从明代后期传入境内后⑥，就立刻在山区广泛种植，成为浙江最重要的旱地粮食作物。甘薯和玉米加入粮食作物行列，对

---

　　① 据嘉泰《会稽志》卷十七，嘉泰《吴兴志》卷二十，嘉定《赤城志》卷三十六，雍正《宁波府志》卷十三，同治《湖州府志》卷三十二，嘉靖《仁和县志》卷三，光绪《嘉兴府志》卷三十三等。

　　②《宋史·食货志》。

　　③《宋史·宁宗本纪》。

　　④ 嘉泰《会稽志》卷十七。

　　⑤ 嘉泰《吴兴志》卷二十。

　　⑥ 甘薯引入浙江，首见于万历《普陀山志》；玉米引入浙江，首见于田艺蘅《留青日札》。

全省粮食总产量的迅速提高，当然起了十分重要的作用。但是，原来由于缺乏粮食以致聚落稀疏、人口缺少的山区，从此却也吸引了大量人口的进入，这就引起了全省性的人口剧增（当然，还有其他社会经济原因）。另外，由于这两种作物在山区的推广，造成了植被的彻底破坏，水土的大量流失。因此，在山区突然剧增的粗粮产量中，应该承认其中的一部分是以牺牲平原细粮的代价而换取的。至于这两种作物的引种及其实际产生的各种影响，笔者拟另撰专文，这里不再赘述。

综上所述，历史时期浙江粮食作物种植业的发展可以归纳为：

一、浙江在春秋于越时代，粮食种植业已经开始有所发展，当时，农业的经营方式，开始从迁徙农业转入定居农业，农业的分布地区，逐渐从山区转入平原。粮食作物的品种较多，但水稻可能还不是主要作物。

二、从秦汉以至隋唐，境内各平原次第开发，农田水利建设日趋完善，粮食作物的品种相对减少，水稻成为主导作物，双季稻的种植开始出现。

三、宋代以后，由于人口剧增和技术作物播种面积扩大等原因，粮食发生了短缺的现象，因而采取了增加耕地、采用复种、改良品种等多种办法，以增加粮食产量。杂粮又在山区大量播种，特别是甘薯和玉米的引入，在增产粮食方面取得了巨大的效果，但也因此而产生了相当不良的后果。

原载《中国农史》1981 年第 1 期，第 33—41 页

历史上浙江省的山地垦殖与山林破坏

　　浙江省的地形以丘陵，山地为主，包括以天目山为主干的浙西丘陵，以天台、四明、会稽诸山为主干的浙东丘陵和以括苍、雁荡、洞宫、仙霞诸山为主干的浙南山地。总计丘陵和山地面积占全省面积的70.4%。省内平原除杭嘉湖平原和宁绍平原较大外，其余如温州、黄岩一带的沿海平原与金华、衢州一带的内陆盆地，面积都较狭小，只占全省面积的23.2%。浙江省河流稍多，但湖泊甚少，河湖水面只占全省面积的6.4%，这正如群众谚语所说的"七山一水二分田"。浙江山地面积占了如此大的比例，山地利用对全省的重要性是不言而喻的。本文试图对历史上省内山地利用的过程及其得失加以探讨，这对今后我国的山区建设，可能不无意义。

　　浙江省境内不仅山丘遍布，而且气候温暖湿润，因此，在古代，这些山丘上生长了茂密的原始森林。近年来在河姆渡遗址的考古发掘中，获得了诸如酸枣、麻栗果等果实。[1] 根据出土树叶的鉴定，当时这个地区的森林树种，计有壳斗科的赤皮椆（*Quercus gilva* BI）、栎（*Quercus* sp）、苦槠 [*Castanopsis selerophylla* (Lindl.)Schottky]，桑科的天仙果（*Ficus heekeyana* Hook Arn.），樟科的细叶香桂（*Cinnamomum chingii* Metcalf）、山鸡椒 [*Litzea Cubeba* (Lour.)Pers]、江浙钓樟（*Lindera Chienii Cheng*），虎耳草科的溲疏比较种（*Cf Deutzia scabra Rehd*）等。而孢粉分析的结果，证明这一带原始森林的主要建

---

　　① 《河姆渡发现原始社会遗址》，《文物》1976 年第 8 期。

群树种有蕈树、枫香、栎、栲、青冈、山毛榉等。[1] 古代浙东的原始森林，属于亚热带的混交林和阔叶林，它们很可能与当时浙江中南部以及赣、闽等地的原始森林连成一片。[2] 根据历史记载，这片森林中除了大量松柏科植物如松、柏、栝、桧等以外[3]，还有檀、栵、柘、穀、楝、楸、柽、柞、樗、枫、桐、檫、椲、梓、梗、楠、栎、槠、榆、豫章[4]、棕榈、櫰[5]，等等，古木参天，树冠茂密，拥有许多树身高大的树类。《吴越春秋》所载"大二十围，长五十寻"[6] 的巨木，虽然语涉夸大，但是直到森林开始遭到破坏的南北朝初期，这里确实仍有许多"干合抱，杪千仞"[7] 的巨大树木。在浙江北部，以天目山为主干的丘陵、山地中，原始森林也非常茂密。《水经·浙江水注》记载天目山的森林："山上有霜木，皆是数百年树，谓之翔凤林。"这说明在古代，浙江境内从南到北的所有丘陵、山地中，森林发育都很良好。

无论在什么时代，人类都必须攫取自然资源，作为他们的生产资料和生活资料，以发展生产力，延续社会的生命。浙江省境内的山地垦殖与山林破坏，实际上是一件事物的两个方面。自从省内有人类活动以来，这一过程就在不间断地进行着。而且，在人类活动的早期，由于人类利用自然、改造自然的能力非常薄弱，他们对山地的依赖，较之以后的任何时期，都要强烈得多。当时，浙江境内除了原始森林茂密的山地以外，就是几块沼泽平原。这些平原由于潮汐直薄，土地泥泞，燃料、饮水和其他生活资料都很匮乏，因此，人们还不可能对

---

① 浙江省博物馆自然组：《河姆渡遗址动植物遗存的鉴定研究》，《考古学报》1978年第1期。

② 见陈桥驿：《古代绍兴地区天然森林的破坏及其对农业的影响》，《地理学报》第31卷第2期，1965年。

③《越绝书》卷八；（南朝·宋）孔灵符：《会稽记》（《会稽郡故书杂集》本）；（唐）李德裕：《平泉山居草木记》（《说郛》第七十册）。

④（南朝·宋）谢灵运：《山居赋》（《全宋文》卷三十）；《平泉山居草木记》；（宋）王十朋《会稽三赋》。

⑤ 宝庆《会稽续志》卷四。

⑥《吴越春秋》卷五。

⑦（南朝·宋）谢灵运：《山居赋》。

它们进行大规模的开发利用。浙东的河姆渡文化和浙西的良渚文化在地理位置上都没有远离山区，就是一个很好的证明。当时，人们的生活来源依靠"随陵陆而耕种，或逐禽鹿而给食"①，是一种狩猎业和迁徙农业并存的生产类型。在河姆渡出土的文物中，农具的骨耜和猎具的链镞并见②，就是这种生产类型的反映。

这些远古居民由于狩猎活动和刀耕火种的迁徙农业，对山林就必然有所破坏。还因为当时人口分布有地域的差异，按目前的省境范围来说，破坏的程度又很不相同。我在拙作《古代于越研究》一文中曾经指出，在先秦时代，省内存在着一个人口聚集中心，即句践从句吴释放后的疆域，所谓"吴地封百里于越，东至炭渎，西止周宗，南造于山，北薄于海"，面积估计约5000平方公里③。这个范围，包括会稽山和四明山的一部分，就是当时省内山地垦殖最发达和山林破坏最显著的地区。当然，由于整个于越部族的总人口不过30万人之谱④，因此，其垦殖规模和砍伐程度显然不可能与后代相比，加上森林有自然更新能力，所以，先秦时代的山林破坏，无疑是十分轻微的。

越王句践时代（公元前496年以后），由于手工冶炼业、造船业等的发展，对会稽山地的森林是有所砍伐的。见于记载的大规模砍伐有两次，一次是句践十年（前487），句践命"木工三千余人入山伐木一年"⑤。另一次是句践二十五年（前472）迁都琅琊之时，曾"使楼船卒二千八百人，伐松柏以为俘"⑥。像这样数千人出动的大规模砍伐，对山地生态可能已经有影响。但是，由于当时运输力量的落后，砍伐地区都在森林边缘，不可能深入森林内部。另外，到这个时代，于越部族的狩猎和迁徙农业的生产方式已经基本结束，居民开始离开山区，

---

① 《吴越春秋》卷四。
② 浙江省文物管理委员会、浙江省博物馆：《河姆渡遗址第一期发掘报告》，《考古学报》1978年第1期。
③ 陈桥驿：《古代于越研究》，《民族研究》1982年第1期。
④ 陈桥驿：《古代于越研究》。
⑤ 《吴越春秋》卷九。
⑥ 《越绝书》卷八。

进入北部的冲积平原，从事定居农业。因此，从总体言之，对山林的破坏实际上反而逐渐减少。

于越时代浙江境内的粮食种植业，在地区分布上以山区和半山区为主，在作物种类上则五谷杂出，而以旱作为主。[①] 时至秦汉，于越部族流散，具有平原农业生产经验的汉族大量进入境内，于是，省内各重要平原次第垦殖，水利建设有了极大进步，水稻成为唯一重要的作物。从此，平原成为生产基地和人口聚集的中心。在汉一代中，省内各平原兴建的较大水利工程，在宁绍平原有慈溪的旧陂[②]，上虞的夏盖湖和白马湖[③]，绍兴的鉴湖和玉山斗门等[④]；在杭嘉湖平原有杭州的防海大塘[⑤]，余杭的南下湖[⑥]，长兴的荆塘和皋塘等[⑦]；在金衢盆地有金华的白沙堰等[⑧]。它们在拒咸蓄淡、防洪灌溉等方面，都起了重要的作用。因此，虽然平原在土地面积上完全不能与山地相比，但其生产潜力却是十分可观，吸引了大量的居民，使省内的广大山区，在一个相当长的时期中相形冷落，成为一片地广人稀的深山老林。直到公元 10 世纪中叶，在南部衢州和金华一带的山地中，仍有象群出没[⑨]，其森林之茂密，可以想见。

自从平原获得垦殖利用以后，山区的垦殖遂陷于停顿。由于两晋之间北人大批南迁，平原的某些部分开始出现人多地少的趋向。这中间，开垦历史最悠久的山阴县，首先在南北朝初期发生了"土境褊狭，民多田少"[⑩]的情况。但是这种情况在当时并未造成居民向山地的移动。

---

① 陈桥驿：《浙江古代粮食种植业的发展》，《中国农史》1981 年第 1 期。

②《晋书·孔愉传》。

③ 陈桥驿：《古代鉴湖兴废与山会平原农田水利》，《地理学报》第 28 卷第 3 期，1962 年。

④ 光绪《上虞县志续》卷三十八。

⑤《后汉书·朱儁传注》。

⑥ 雍正《浙江通志》卷五十三。

⑦ 雍正《浙江通志》卷五十五。

⑧ 雍正《浙江通志》卷五十九。

⑨《十国春秋》卷十八，《吴越备史》卷四。

⑩《宋书·孔季恭传》。

因为省内各平原在垦殖程度上是很不平衡的，尽管宁绍平原的西部已经达到"亩直一金"①的程度，但宁绍平原的东部却仍然地广人稀，还有许多未曾垦殖的水网沼泽地，可以从山阴县"徙无赀之家于余姚、鄞、鄮三县界，垦起湖田"②。从魏晋南北朝直到唐代，省内各平原上的水利工程仍然不断增加。例如在宁绍平原上，又出现了萧山的临浦和湘湖③，慈溪的慈湖和花屿湖④，宁波的广德湖和小江湖⑤；在杭嘉湖平原上，有富阳的阳陂湖和苋浦⑥，余杭的北湖和南湖⑦，嘉兴的汉塘和魏塘⑧，湖州的荻塘河、青塘河、蒲帆塘河等⑨；在温黄平原，有临海的高湖等⑩。这说明平原在土地资源上还具有较大的潜力。

当然，在平原垦殖的同时，山区的局部垦殖也是存在的。特别是到了唐代，茶叶已经成为一种商品，浙江各山区的植茶业开始发展。唐代的茶叶专家陆羽在品评各地茶叶质量时说道："越州上，明州、婺州次，台州下。"⑪这就告诉我们，当时在会稽山、四明山、天台山以及浙南的一些山地中，都已有茶园的开辟。这是对山区的一些较大规模的垦殖。但也应该看到，茶树是一种比较特殊的作物，它需要一定的地形和小气候条件。具体地说，即坡度不宜太陡，并且需要选择向阳避风的地形。特别是在这种作物栽培的早期，它还是一种身价很高的商品，社会需要量并不很大，因此，由于茶叶栽培而对山区进行的垦殖，其规模不可能太大，范围也不至于甚广。

两晋以后，我国的又一次人口大流动是在两宋之间。在这一次人

---

①《宋书·孔季恭传》。
②《宋书·孔季恭传》。
③ 陈桥驿：《论历史时期浦阳江下游的河道变迁》，《历史地理》创刊号，1981年。
④ 雍正《浙江通志》卷五十六。
⑤《新唐书·地理志》。
⑥《新唐书·地理志》。
⑦《新唐书·地理志》。
⑧《天下郡国利病书》卷八十三。
⑨ 雍正《浙江通志》卷五十五。
⑩ 嘉定《赤城志》卷二十三。
⑪《茶经》卷下。

口流动的过程中，北人南迁的规模，远远超过两晋之间的那一次。我曾经作过一个统计，从后汉永和五年（140）到永寿二年（156）之间，属于今浙江境内 20 个县的户数，只占当时全国户数的 1.7%。[①]到唐天宝元年（742），全浙 10 州以及苏州辖下属于今浙江的嘉兴、海盐二县，户数已占全国户数的 8.8%。[②]到了北宋元丰年代（1078—1085），浙江的户数更占全国总户数的 10.5%。[③]浙江人口在全国总人口中的比例，是提高得相当迅速的。及至南宋初年，由于北方的战乱，北人更大批南迁。在绍兴年间，"渡江之民，溢于道路"。[④]李心传说当时"中原士民，扶携南渡，不知其几千万人"。[⑤]而这些移民的主要集中地就在浙江，即所谓"四方之民，云集两浙，百倍常时"。[⑥]我在拙作《古代鉴湖兴废与山会平原农田水利》一文中作过一个统计，以山阴、会稽二县为例，从北宋大中祥符四年（1011）到南宋嘉泰元年（1201）的 190 年中，人口就增加了 1.4 倍。从此，随着人口压力的加大，粮食不足的情况就日趋严重。如素来以粮食富足著称的宁绍平原，在南宋初年，朝廷就颁发了禁止外商前去贩运的诏令[⑦]，由此可见一斑。

　　由于人们长期以来的生产和生活习惯，也由于当时的平原在自然地理和人文地理条件上均比山区远为优越，在人口压力开始沉重的初期，离开平原进入山区的居民毕竟还是极少数。为了增加粮食生产，人们仍然试图挖掘平原的土地资源潜力。这首先就是围垦湖田。在浙西，太湖是重要的围垦对象之一。绍兴二十三年（1153），右谏议大夫史方言："浙西民田最广，而平时无甚害之忧者，太湖之利也。数年以来，濒湖之地，多为军下兵卒侵据为田，擅利妨农，其害甚大。"[⑧]

---

① 陈桥驿：《浙江古代粮食种植业的发展》，《中国农史》1981 年第 1 期。
② 陈桥驿：《浙江古代粮食种植业的发展》。
③ 陈桥驿：《浙江古代粮食种植业的发展》。
④《宋会要辑稿》第一六〇册。
⑤《建炎以来系年要录》卷八十六。
⑥《建炎以来系年要录》卷一五八。
⑦《建炎以来系年要录》卷三十五。
⑧《建炎以来系年要录》卷一六五。

此外，杭州的临平湖、西湖，余杭的南下湖、北湖等，也都遭到全部或局部的围垦。在浙东，宁绍平原的许多湖泊如鉴湖、湘湖、临浦、夏盖湖、广德湖，等等，也都在这一时期围垦殆尽。围垦的结果，增加的耕地面积是不小的，例如绍兴的一个鉴湖，就垦出肥沃的湖田2000余顷，因而增产了不少粮食。但是另一方面，历史上的这种围垦，是在无政府状态下漫无限制地进行的，围垦者只管自己获得土地，根本不考虑到其他水利等问题。因而就出现了愈来愈多的旱涝现象，造成宋王十朋所指出的："每岁雨稍多则田已淹没，晴未久而湖已枯竭"① 的情况。

在挖掘平原的土地潜力方面，除了围垦湖田外，这一时期还重视提高土地的复种指数。尽管早在三国时代浙江平原地区种植双季稻已见于记载，② 但这毕竟是极少数。到了南宋，双季稻的播种面积在气候条件较好的温黄平原，已占水稻播种面积的30%以上。③ 在历来没有种麦习惯的杭嘉湖平原④，南宋以后，也开始改变耕种习惯，普遍播种了春花作物，扩大了平原土地的复种面积。

这一时期，人们也设法在原有的平原以外扩大耕地，他们着眼的，首先是耕作比较容易的海涂。绍兴二十八年（1158），"诏浙西、江东沙田、芦场，官户十顷、民户二十顷以上，并增纳租课"。⑤ 这表明在钱塘江以北的沿海地带，当时已经垦殖了不少海涂。钱塘江以南，海涂垦殖在这一时期也同样有所发展，据嘉定《赤城志》卷十三所载，当时仅临海、宁海、黄岩三县的海涂田，即达3.7万余亩。

至于面积广大的山地，这一时期在山林破坏的速度上也有显著的增加，接近城市、交通方便的会稽山地，某些地方甚至到达"有山无

---

①《鉴湖说》上篇，《王忠文公文集》卷七。
② 嘉定《赤城志》卷三十六。
③ 陈桥驿：《浙江古代粮食种植业的发展》。
④《补农书》卷下："湖州无春熟。"
⑤《建炎以来系年要录》卷一七九。

木"①的地步。但这种砍伐主要是为了木材的需要。在山地垦殖方面，发展则比较缓慢。茶园面积在这一时期当然有所扩充，但单是若干种技术作物进入山区，对于广大的山区来说，影响并不太大。山区存在着粮食缺乏和交通困难的问题，特别是粮食问题没有解决以前，人们很难在山区长期定居，因此垦殖始终是有限度的。当然，宋代以来，平原地区由于人口压力的加重，人们也曾在粮食作物引入山地方面作过不少努力。例如，在条件适宜的山地开辟梯田，种植水稻，向山区引入比较耐旱的杂粮作物，等等。但对于山区来说，这种努力仍然是有限度的。因为开辟梯田需要有利的自然条件，必须是坡度较小、取水方便的山垅地或溪谷地，而且需要耗费大量的劳动力。所以尽管这一时期确实开垦了不少梯田，但由于田片狭小，气候条件不佳（灌溉水源水温低、无霜期短），肥料缺乏，产量显然无法与平原相比。投资大而收益小，是引不起人们兴趣的。至于杂粮的引种，当然比水稻简易。南宋以来，在山区引种较广的杂粮之一是粟，嘉泰《吴兴志》卷二十说："粟，《续图经》②载，今山乡人种。"《宋会要》第一六三册所说临安府属"山田多种小米"，也就是这种作物。另外一种是稷，嘉泰《会稽志》卷十七说："穄，稷也。今吴越泽国，唯山乡高原有种穄者。"粟和稷都是低产作物，在山区种植这类作物事倍功半，是出于不得已的。这对吸引平原人口进入山区，仍然起不了多大作用。为此，在南宋一代中，一方面，平原有人满之患；另一方面，山区则仍然地广人稀。以会稽山地为例，像平水镇这样历史悠久的集镇，在陆游笔下依然是"山鸟啼孤戍，……草市少行旅"③。而"山重水复疑无路，柳暗花明又一村"④，也正是会稽山地聚落稀疏的写照。那时，尽管山区人口稀少，但是每当平原地区的农忙季节，仍须下山出卖零

---

① （宋）庄季裕：《鸡肋编》卷上。

② 指《吴兴续图经》，修于绍兴年间。

③ （宋）陆游：《山行》，《剑南诗稿》卷七十六。

④ （宋）陆游：《游西山村》，《剑南诗稿》卷一。

工劳动力。[1]这就具体说明了山地的垦殖规模很小，农活不多。关于这个问题。从户口统计数字中也可以找到证明，按《元丰九域志》所载，两浙路户数为 1 414 316 户，而《宋会要》所载乾道五年两浙路户数为 2 158 653 户，这说明从北宋元丰到南宋乾道的 90 年左右时间里，户数增了 0.52 倍。但乾道五年，两浙路计有人口 4 216 816 人[2]，到了明嘉靖年代，浙江全省人口计有 5 073 566 人[3]。假使乾道人口统计中属于今苏南部分估计占两浙路人口的 1/5，则当时省内人口数为 3 373 153 人。从乾道到嘉靖的 350 多年中，全省人口的增加也不过 0.5 倍，而两宋之间的 90 年，户口增加的速度竟超过宋明之间的 350 年。前者之所以迅速，显然是由于这段时期中的大规模北人南迁；后者之所以缓慢，原因之一是平原人口已经趋于饱和，而山地的垦殖并无较大的发展。

上面已经指出，山区由于粮食不足和交通困难，无法吸引大批人口到那里安家落户。在南宋省内人口突然增加以后的相当长时期里，大量人口一直聚集在占全省面积不到四分之一的平原之上。这种状况一直到 18 世纪前后，才开始被突破，发生了迅速的改变。何炳棣在其《1368—1953 年中国人口问题研究》一文中指出："中国人口在 1700 年为 1.5 亿左右，至 1794 年增至 3.1 亿左右，一世纪中增加了 107%，到 1850 年太平天国起义前夕，增加到 4.3 亿。在短短 150 年间，人口增加 187%，平均每年增长率为千分之七。"[4]何炳棣所指出的全国性的人口增长，同样发生在浙江省境内。根据《嘉庆一统志》卷二八一的记载，康熙五十二年（1713），全省人口为 2 710 649 人。康熙年代的人口比嘉靖年代少了 60 多万是可以理解的，因为这中间经

---

①（宋）陆游：《秋日郊居》，《剑南诗稿》卷二十五："上客已随新雁到，晚禾犹待薄霜收。"陆游自注："剡及诸暨人以八月来水乡助获，谓之上客，以其来自山中也。"

②《宋会要辑稿》第一六一册。

③ 按嘉靖《浙江通志》统计。

④ Ping-ti Ho, *Studies on the Population of China, 1368-1953*, Cambridge, Harvard University Press, 1959。

过明末清初的长时期战乱，加上连年水旱，特别是从 1640 年起的连续 5 年大旱，"震泽巨浸，褰裳可涉"①，造成了"民食树皮草根"②，"人相食"③的悲惨局面。但到乾隆五十六年（1791），在这不到 80 年的时期里，全省人口竟跃升到 22 829 000 人④，几乎增加了 7.5 倍。在这一时期全国性的人口猛增中，浙江表现得更为突出，其原因是多方面的，过去已有不少学者对此发表了意见。但是对浙江来说，必须看到这片占全省面积 2/3 以上的山地，假使不是这片山地的吸引，那短时期内出现的人口猛增的现象，就是不可思议的。

事实果然就是如此。自从于越部族结束刀耕火种和狩猎业生产进入平原以后，沉寂了 2000 多年的山地，在这一段时间中又一次大开门户，招徕了许多居民的进入。引起这一变化的原因就是何炳棣在他的论文中所指出的"土地利用的革命"。⑤ 事情的整个过程必须从玉米和番薯这两种作物的传入说起。

玉米和番薯原是新大陆的作物。这两种作物随着新大陆的发现于明代辗转传入我国。1511 年刊行的正德《颖州志》卷三列名的"珍珠秫"，可能就是我国对玉米的最早记载。⑥ 在万历元年（1573）成书的《留青日札》中，关于玉米的记载就十分清楚了。该书说："御麦出于西番，旧名番麦，以其曾经进御，故称御麦。干叶类稷，花类稻穗，其苞如拳而长，其须如红绒，其粒如茨实，大而莹白。花开于顶，实结于节，真异谷也。吾乡传得此种，多有种之者。"⑦

《留青日札》的作者田艺蘅是杭州人，由此可知杭州一带最迟在 16 世纪 60 年代已有玉米的种植。除了此书以外，万历《山阴县志》

---

①（清）吴梅村：《鹿樵纪闻》卷上。

② 光绪《临海县志》卷十一。

③ 同治《湖州府志》卷四十四。

④ 严中平等：《中国近代经济史统计资料选辑》，科学出版社，1955 年，第 362 页。

⑤ *Studies on the Population of China, 1368-1953.*

⑥《颖州志》除了"珍珠秫"三字外，别无解释，所以很难论定。不过浙江省的玉米种植，多数从安徽传入，下文还要提到。

⑦（明）田艺蘅：《留青日札》卷二十六。

"乳粟"条所记载的也正是这种作物："粒大如鸡豆，色白，味甘，俗名遇粟。"[①]《山阴县志》所说的"鸡豆"即是芡实的绍兴方言，直到今天，玉米在绍兴方言中也仍称"遇粟"。这也说明玉米在绍兴开始种植的时间和杭州不相上下。

番薯传入我国可能较玉米稍晚。关于这种作物的传入经过，各方说法不一。[②] 有的认为是万历初年从缅甸传入云南的，有的认为是万历初年从安南经海道传入广东的，也有的认为是明代从吕宋岛传入福建的。其实，一种作物有时也可能从几处不同的地方分别传来。番薯来源的众说不一，或许就反映了这种事实。在浙江，最早记载番薯的是刊行于万历三十五年的《普陀山志》，该志认为番薯是从日本传来的。[③] 到崇祯十年（1637），山阴人祁彪佳在他的《寓山注》中也记载了这种作物[④]，可见番薯在明代末叶已经传入了会稽山地。

对于自然条件比较恶劣的土地来说，玉米和番薯的确是十分难得的作物。道光年代刊行的《淳安荒政纪略》说："百谷之中惟苞芦不烦灌溉，不忧旱潦，不计土之肥硗。"光绪《宣平县志》卷十七说番薯"虽陡绝高崖，皆可栽种，止宜去草，不必用肥"。因此，这是两种生命力异常顽强的新作物，它们一旦传入以后，就立刻在浙江的山地和沿海沙荒地站稳了足跟。当然，在开始传入的万历年代，播种还是较少的，所以成书于万历六年（1578）的《本草纲目》卷二十三说："玉蜀黍出西土。种者亦罕。"但是，随着时日的推移，播种就逐渐扩展开来，到了康乾年代终于遍及全省。

这两种作物引入省内的具体过程是有差别的。根据各种记载，玉米传入浙江多来自安徽。光绪《于潜县志》卷十八说该县在乾隆年间

---

① 万历《山阴县志》已佚，系雍正《浙江通志》卷一四○及乾隆《绍兴府志》卷十七所引。

② 杨宝霖：《把番薯引进广东的陈益》，《羊城晚报》1980 年 9 月 30 日。

③ 万历《普陀山志》卷四："番薯，如山药而紫，味甘，种自日本来。"

④ 《寓山注》卷下："从海外得红薯异种，每一本可植二三亩，每亩可收得薯一、二车，以代粒，足果百人腹。"

"将山租安庆人种作苞芦"，光绪《开化县志》卷二说苞芦"种自安庆来"，光绪《宣平县志》卷十七苞芦条下记载："乾隆四五十年间，安徽人来此，向土著租赁垦辟。"这类记述还有不少，不胜枚举。至于番薯，大概是从沿海传播而来的。嘉庆《余杭县志》卷八说："近年多闽粤蓬民，不种苎麻，即种番薯。"光绪《永嘉县志》卷七说番薯"初从闽来"，光绪《平湖县志》卷八说番薯"今温台人侨居海上多种之"，光绪《嘉善县志》卷十二说番薯"今温台人侨居境内多种之"。总之，到了康乾以后，玉米和番薯都很快地涌进省内的广大山地。何炳棣说这些作物"单产大，营养丰富"[1]。与南宋以来在山区种植的粟、稷之类显然不同，种植这两种作物，使得省内的山地之中，有史以来第一次有了比较充裕的粮食，使山地从此可以接纳较多的定居居民。从另一种角度说，省内的山地也因此第一次遭到规模最大的垦殖。

这种垦殖的规模和速度是可以想象的。为了开垦土地和获得肥料，垦殖者常常采用烧山的办法。清初撰写的《明书·禨祥志》说："浙江山中先有火烧地，及左右草木，皆披靡成一径。"光绪《余杭县志》卷三十八刊载了一首该县境内山区垦殖的诗："瘠土山氓井邑稠，谁知海贾也勾留，翻忧陵谷多开垦，遍种番薯上山头。"这都说明在这个时期内，由本地居民和外来移民一齐动手，山地垦殖殆尽，原有植被荡然无存。

前面已经指出，浙江的广大山地，尽管历来常有技术作物和杂粮的种植以及为了木材需要的砍伐，但垦殖规模并不很大，植被破坏也并不十分剧烈。以垦殖和砍伐历史最悠久的会稽山地为例，直到明代初年，平水镇还设有专为出口竹木抽税的税务机构。[2] 这反映出山地中的森林资源仍有可观。但到了清代，会稽山地就"无森林之可言了"[3]。至于远离平原的深山，原始植被保存得更为完整。以衢州为例，

---

① *Studies on the Population of China*，1368-1953.

② (清) 王思任：《祁忠敏公年谱》，《祁忠敏公日记》第一册。

③ 《会稽县劝业所报告册》宣统三年上期，稿本，绍兴鲁迅图书馆藏。

据民国《衢县志》卷一所载:"衢地多山,郁乎苍苍,参天蔽野。"但是,"晚近以来,用之者众,生之者寡,旷览四郊,有牛山濯濯之叹"。深山里的森林在清末民初以后同样遭到了严重的破坏。

由于垦殖的势头在一个短时期中来得这样猛烈,山林破坏得如此迅速,人们也立刻发现了这件事实的严酷后果。光绪《余杭县志》卷三十八记载该县番薯种植的后果说:"山遭垦松,遇潦即沙土随水入河……屡为农田水利之患。"光绪《宣平县志》卷十七记载该县广种玉米以后所出现的不祥之兆说:"山中种此,则土松石出,每逢大雨,山石随势下坍,溪涧填淤。宣(平)自嘉庆五年大水,溪潭悉沙石堆积,水不能蓄,职是之故。然山种苞芦十年必败,并不可栽竹木,利尽而害随之矣。"光绪《于潜县志》卷十八数说种玉米之害:"山经开掘,遇霖雨土即崩裂,湮灭田禾,填塞溪涧,以致水无潜滋,稍晴即涸,旱潦交忧,害实不浅。"在这样的情况下,有识之士必然会考虑到,这种滥垦必须制止。于是,嘉庆初年,浙江巡抚阮元下令禁止在山区进行这种开垦。①

但是,浙江巡抚的这项命令,看来并未收到什么效果。因为在短短几十年中,人口已经增长了几倍,大批居民已经拥入山区。在沉重的人口压力之下,除了增种粮食,没有其他可以解决问题的办法。在阮元命令禁止山区垦殖以前不过十几年,清廷曾在乾隆五十一年(1786)因侍郎张若溎之请,饬各省广种番薯,以为救荒之备。②这反映了在人口恶性膨胀之下的严峻事实。在这样的情况下,政府纵有一点赈济,也是杯水车薪,无济于事的。《淳安荒政纪略》在评论浙江巡抚禁种苞芦的命令时说:"夫一日之赈,固足以拯万人之命;而民食能不致匮乏者,则半由苞芦之功。"刘继庄也曾在康熙年代推崇番薯之功说:"饥馑之岁,民多赖以全活。"③由此可见,通过开垦山地种植玉米和番薯

---

　①《淳安荒政纪略》。
　②光绪《奉化县志》卷三十六。
　③《广阳杂记》卷五。

这两种粮食作物，可以养活平原地区的稻米所无法供养的人口。于是，大量人口拥入占全省面积 2/3 以上的山区。随着人口的机械变迁而来的自然增殖，导致人口数量的迅速增加，而为了养活突然增加的大量人口，人们就必须不断破坏植被，扩大垦殖，增加这两种作物的产量。这是一种不幸的恶性循环。在爆炸性的人口问题面前，这样的恶性循环，就一直往复继续下去，致使浙江的广大山地，在一个较短时期中，土地的垦殖，山林的破坏，水土的流失，都到达十分惊人的程度。

我国历史时期的植被变迁，按其主流来说，实际上就是古代劳动人民利用自然和改造自然的巨大成果，是具有深远的积极意义的。正如恩格斯所说的："人消灭植物，是为了在这块腾出来的土地上播种五谷，或者种植树木和葡萄，因为他们知道这样做可以得到多倍的收获。"[①] 但也必须看到，人们对于自然发展规律的认识和掌握，是有一个复杂的过程的。古代人们对于自然界的认识的片面和落后，过度的垦殖加上不良的耕作方法和技术，使他们在利用和改造自然的过程中，不可避免地留下了许多消极因素。也正如恩格斯所指出的："美索不达米亚、希腊、小亚细亚以及其他各地的居民，为了想得到耕地把森林都砍完了，但是他们却梦想不到这些地方今天竟因此成为荒芜的不毛之地，因为他们把森林砍完之后，水分积聚和贮存的中心也不存在了。"[②] 恩格斯的这段话，对于康乾以来浙江省的山地垦殖和山林破坏同样是适用的。

总之，康乾以来浙江省境内所发生的这一场暴风骤雨式的山地垦殖和山林破坏，对浙江省和其他许多情况相似的省份，都是一种深刻的历史教训。时至今日，在全省范围内，不论是山地和平原，都还在不同程度上为这一时期的破坏支付着代价，并很难估计要支付到什么时候。因此，虽然事情的开始发生，距今已有两个半世纪之久，但是今天我们来总结这个历史教训，仍然具有十分重要的现实意义。

①《自然辩证法》，《马克思恩格斯全集》第二十卷，人民出版社，1971 年，第 571 页。
②《自然辩证法》，《马克思恩格斯全集》第二十卷，人民出版社，1971 年，第 519 页。

从实质上说，在浙江省的广大山地中，自从康乾以来所发生的、直至今日仍然面临的问题，是一个人口再生产与生态平衡之间的关系问题。治山治水是我们今天已经普遍懂得的道理。但是，假使离开人口再生产的问题而侈谈治山治水，将会使一切归于徒劳。实际上，广义的国土治理，本来就包括人口再生产的计划性在内。现在有一门称为人类生态学（Human Ecology）的科学，它研究人类和环境间的物质和能量的收支关系，亦即人口限度与生态平衡的关系。我们总结康乾以来的历史教训，其所亟待解决的，也正是这种关系。

恩格斯指出："人类数量增多到必须为其增长规定一个限度的这种抽象可能性当然是存在的。但是，如果说共产主义社会在将来某个时候不得不像已经对物的生产进行调整那样，同样也对人的生产进行调整，那么正是那个社会，而且只有那个社会，才能毫无困难地做到这一点。"[①] 恩格斯所说的"对人的生产进行调整"，也就是人口再生产的计划性，现在看来，真是十分重要。尽管我们现在还不是共产主义社会，要进行这项工作，还不能像恩格斯所说的那样"毫无困难"。但是对于人口再生产和山林破坏的问题，在新中国成立以前以及新中国成立 30 多年来，我们都有过难忘的教训，我们在这方面所背负的历史包袱比世界上一些发达国家远为沉重，今后我们一定要比较妥善地处理好这个问题。对于浙江省的广大山区，我们一定要在那里把人类和环境间的物质能量的收支关系调节妥当，让这片占全省面积 2/3 以上的土地得到全面的整治。

原载《中国社会科学》1983 年第 4 期，第 207—217 页

[①]《恩格斯致卡尔·考茨基》，《马克思恩格斯全集》第三十五卷，人民出版社，1971 年，第 145 页。

吴越文化和中日两国的史前交流 ①

　　中华民族是许多民族经过历史上的长期融合而成的，这正像日本民族在历史上长期融合而成一样，世界上的许多民族，都有这样的过程，毫不足怪。中国文化同样也是历史上长期融合的结果，它绝对不是一元的，而是多元的。在远古，今中国版图中存在着许多文化类型，择其主要的来说，黄河流域是汉文化，长江中游是楚文化，长江下游和浙闽一带是越文化，或者称为吴越文化。这中间，吴越文化在中日两国的史前交流中具有重要意义。

　　学者研究吴越文化，已有较长的历史，有关这种研究的论文和专著，已有大量出版。但在过去，研究吴越文化的学者多半是历史学家、考古学家和民族学家等，研究的方法着重于历史文献的查索和考古发掘的论证，收获当然不少，但现在看来，不免还有一些局限性。最近二三十年来，地理学家和地质学家也加入了吴越文化研究的行列，而历史学家和考古学家的研究手段也有了很大的提高，因此，吴越文化的研究，出现了一种新的面貌和前景。

　　中国东部沿海，从第四纪晚更新世以来，曾经发生过三次海侵，即星轮虫、假轮虫和卷转虫海侵。星轮虫海侵发生于距今 10 万年以前，海退发生于 7 万年以前，和我们讨论的课题没有关系。假轮虫海侵发生于距今 4 万余年以前，海退发生于 2.5 万年以前。这次海退是全球性的，规模极大，中国东部海岸后退约 600 公里，东海中的最后

一条贝壳堤位于大陆架前缘 –155 米，C-14 测年为 14780±700 年前，这是至今发现的假轮虫海退的最后海岸线。[1]

这次海退以后，越族的祖先，就在宁绍平原繁衍生息。现在的宁绍平原，从钱塘江南岸到宁波以东沿海，面积约为 8000 平方公里。当时由于海岸线在今海岸以东 600 公里，因此范围比今天要大得多。这片平原，东、北濒海，西、南靠山，气候暖热，河湖交错，自然条件十分优越。所以古代越族繁衍生息的这片领地，确是得天独厚。

不过假轮虫海退以后，接着就是卷转虫海侵的掀起。这次海侵始于距今 15000 年前，海面上升在初期甚为缓慢，经 6000—7000 年之久，海面才上升到与现代海面相似的高程。但从此开始，海侵转入迅速，不过 1000 年，即距今 7000—6000 年前，整个宁绍平原就沦为浅海，海岸到达今会稽山和四明山山麓线。就在这 1000 年中，宁绍平原上的自然环境迅速恶化，包括海岸退缩引起土地面积缩减，潮沙对内陆河湖的侵袭，土地盐渍化，陆上生物资源锐减，等等。居住在这片平原上的越族居民，就在这 1000 年中纷纷流散。

他们的流散道路，主要有三条。其中一批人越过今杭州湾，向今浙西和苏南的丘陵地迁移，他们就是以后称为句吴的一族，是马家浜文化、崧泽文化和良渚文化的创造者。《越绝书》中曾两次提到他们与越族之间的"同气共俗"[2]。《吴越春秋》中称："吴与越，同音共律，上合星宿，下共一理。"[3]《吕氏春秋·知化篇》说："吴之与越也，接土邻境，壤交通属，习俗同，言语通。"谭其骧教授说他们是"一族两国"[4]。所有这类说法，其实都说明他们是同源的，都是由于卷转虫海侵而从宁绍平原流散的。

另外一批人，随着海水的不断侵入而向宁绍平原南部迁移，河姆渡

<hr />

① 王靖泰、汪品先：《中国东部晚更新世以来海面升降与气候变化的关系》，《地理学报》，1980 年第 4 期。

②《越绝书》卷六，"吴越为邻，同俗并土。"卷七，"吴越二邦，同气共俗。"

③《吴越春秋》卷六。

④ 邹逸麟：《谭其骧论地名学》，《地名知识》1982 年第 2 期。

就是他们在南移过程中建立的一个聚落。在会稽、四明山麓以北，这样的原始聚落，今后还将陆续发现。在这次海侵到达最高峰时，河姆渡也被淹入海底，这一批越族居民，在这以前已经进入了四明山地和会稽山地。在山区的困难自然环境中，度过了几千年迁移农业和狩猎业的生活。直到海退以后，他们在公元前10世纪前后，才陆续回到这片平原上来。

第三批人在宁绍平原环境恶化的过程中，他们运用长期积累的漂海技术，用简单的独木舟或木筏漂洋过海。他们的足迹可能很广，台湾、琉球、南部日本以及印度支那等地。在一本战国时期成书，到东汉初年再加整理的《越绝书》上①，对于流散以后的越族，写出了两个重要的名称，一个是"内越"，另一个是"外越"，或称"东海外越"。②这里的"内越"，《越绝书》明确指出就是移入会稽、四明山地的一支；"东海外越"显然就是指的离开今宁绍平原而漂洋过海的一支。

在秦始皇统一全国的过程中，浙东地区的"内越"，受到秦始皇的武力镇压而流散，逃入浙、皖山区的后来称为"山越"③，进入浙南的称为"瓯越"，进入福建的称为"闽越"，进入两广和印度支那的称为"南越"和"雒越"④，分支繁多，所以又常被称为"百越"。

漂移海外的"外越"，由于和"内越"同源，长期来关系不断，所以他们虽然身在海外，但是对于秦始皇迫害他们的同族"内越"，仍是同仇敌忾的。《越绝书》上指出，秦始皇加紧对"内越"的镇压，目的是"以备东海外越"⑤，说明"内越"和"外越"是一致抗秦的。等到汉兴秦亡之际，"外越"是否参与抗秦战争，由于没有具体资料，所以不敢断言，但流散在各地的"内越"，曾经奋起抗秦，这在《史记·东越列传》中有明确记载。

---

① 参阅上海古籍出版社1985年出版，乐祖谋点校《越绝书》卷首拙序。

② 内越、外越、东海外越，均见《越绝书》卷八。

③《后汉书·灵帝纪》："丹阳山越贼围太守陈夤。"我国史籍中提出"山越"一名，以此为最早。

④ 瓯越、闽越、南越，见明焦竑《焦氏笔乘续集》卷三。雒越即骆越，见《史记·南越列传》。

⑤《越绝书》卷八。

以上是从地质学、地史学、古地理学、第四纪学等学科出发，结合考古学、历史地理学、历史学等的研究成果，说明越族从晚更新世到全新世时期的繁衍和流散。按照历史学者所划分的时代，这个时代属于旧石器时代。

越族在宁绍平原的这个从繁衍到流散的过程，还可以从传说中得到一种佐证。卷转虫海侵在时间上属于玉木冰期的冰后期，从全球范围来说，也算是在今日以前的最后一次海侵，世界各地都有实际上反映这次海侵的洪水传说流行，《旧约圣经》中的挪亚造方舟的故事[1]，即是其中之一。在中国，众所周知的是禹治水的故事。关于这个故事，按照汉族的传统说法，禹是中原王朝夏的始祖，则故事当然是起源于中国北方的黄河流域的。但是著名的历史学家和历史地理学家顾颉刚，早在 20 年代就在他的一本名著《古史辨》[2] 中指出："禹是南方民族神话中的人物。""这个神话的中心点在越（会稽）。"顾颉刚的观点，为另一学者冀朝鼎在 30 年代所同意。冀于 1936 年用英文在英国伦敦乔治·艾伦和昂温有限公司出版了一本名为《中国历史上的基本经济区与水利事业的发展》[3] 的专著，他在此书中指出："顾颉刚认为，由于长江流域的特殊地理条件，即森林、野兽与沼泽的威胁，洪水灾害，特别是钱塘江（当时长江的一条支流）的洪水灾害，以及由此而产生的对治水的迫切要求，就产生了禹和洪水的传说。"冀朝鼎并没有批判顾颉刚的这种在正统派的历史学家认为离经叛道的观点，而是客观地说："将来新发现的证据，可能证实，也可能推翻顾颉刚所作的结论的积极贡献。"

在冀朝鼎作出这种预言以后不过三十多年，冀氏所说的"新发现的证据"，已经完全证实了顾颉刚的论断。"新发现的证据"很多，但主要的是两条。第一条是地史学、第四纪学等学科的研究成果，即是

---

[1]《创世纪》。
[2] 顾颉刚:《古史辨》，民国十五年，北平朴社出版。
[3] 中译本，朱诗鳌译，中国社会科学出版社 1981 年出版。

卷转虫海侵的证实及其波及的范围。在顾颉刚的时代，地史学和第四纪学，还不可能说明卷转虫海侵的事实，顾颉刚提出的钱塘江洪水正和黄河洪水一样，仅仅一条河流的洪水，也有泛滥之时，也有枯落之日，是不可能产生禹的传说的。只有大面积的海侵，海水吞噬了越族人民世代繁衍生息的宁绍平原，才能产生这样的传说。第二条是考古学的成果，河姆渡遗址的发现，说明了南方存在着比仰韶文化更早的文化遗址，雄辩地说明了中国的古代文化不是一元的。

禹的传说就因为卷转虫海侵而在越族中起源，然后传到中原。但是这种传说在宁绍平原地区一带是根深蒂固的。中原的汉族虽然把这位越族传说中的伟大人物据为己有，但是他们显然留有余地，设法在这种传说中添枝加叶，尽量布置一个结局，让这位从越族中硬拉过来的人物，最后仍然回到越族中去，这就是权威的史书《史记·夏本纪》中所说的："帝禹东巡狩，至于会稽而崩。"在《史记》的正文以后，司马迁还要加上一段他自己的话："禹会诸侯江南，计功而崩，因葬焉，命曰会稽。会稽者，会计也。"《国语·鲁语》还记下了一个禹会诸侯于会稽的插曲："仲尼曰，丘闻之，昔禹致群神于会稽之山，防风后至，禹杀而戮之。"对于中原夏王朝来说，会稽是荒外之地，是越族的领地，"同气共俗"的吴国尚且要血战一场才能进军到这个地方，汉族的帝王和诸侯凭什么能到这个"南蛮鴃舌"之地去"会计"呢？但是孔夫子和太史公都不属于会说谎的人，他们的话，当然是从前代传下来的。《史记·越王句践世家》又说："越王句践，其先禹之苗裔，而夏后帝少康之庶子也。封于会稽，以奉守禹之祀。"这真是古代汉族人的高明之处，以上所引《国语》和《史记》中的话，实际上就是汉族人告诉越族人："对不起，我们占用了你们传说中的一位伟大人物，但是在他死以前，我们原物奉还吧！"我的一位正在美国斯坦福大学进修的研究生乐祖谋君，为了要证实顾颉刚在 20 年代提出的这个论断，曾经花了几个月工夫，到宁绍地区的绍兴、余姚、上虞三县考察。因禹的帝位是舜禅让给他的，所以舜和禹可能就是一个传说中的两个人物，所以他把舜迹和禹迹一起调查，三县之中，查得舜、禹故迹共十八处。他的论文已经刊在我所主编的《中国历史地理论丛》第三辑中。①

在汉族的古籍中，上述《国语》和《史记》等对于禹的记载，都来源于比它们更早的古籍和传说。现在尚可看到的汉族古籍中，最早传出禹的信息的，大概是《诗经·商颂·长发》："洪水茫茫，禹敷下土方。"前面已经指出，黄河泛滥的大水，涨落有时，恐怕还称不上"洪水茫茫"，卷转虫海侵把越族早前繁衍生息之地沦为一片海洋，这才称得上"洪水茫茫"。这就是由于卷转虫海侵而在越族人民中产生了禹的传说的真相。

现在再回过头来看看在卷转虫海侵中分路流散的越族的下落。越过钱塘江在苏南、浙西丘陵落户的句吴，春秋时代成为列国之一，春秋末叶为同族的于越所灭，其始末是清楚的。《越绝书》所说的"内越"，即从宁绍平原南移进入山区的这一支，也就是海退以后重返宁绍平原的这一支，通常称为于越，秦一统后为秦始皇所驱散，以后的所谓山越、瓯越、闽越、南越等，都是从这一支派生出来的，所以其始末也是清楚的。在卷转虫海侵中流散的还有一支，即漂洋出海的，也就是《越绝书》上所称的"外越"或"东海外越"，至少到现在，其始末还没有完全清楚。

前面已经说明，假轮虫海退的规模很大，东海中的最后一条贝壳堤位于大陆架前缘现代海面 –155 米处。当时，不仅今舟山群岛与大陆相连，舟山以东，还有大片土地供越族繁衍生息。卷转虫海侵的前期，首当其冲的就是上述舟山以东的大片土地，在距今 11000 年前后，海面上升到现代海面 –60 米处②，此时，舟山群岛已经脱离大陆，群岛以东已经全部沦为海域，但大陆却尚不受海侵影响。这次海侵在距今

　　① 乐祖谋：《历史时期宁绍平原的城市起源》，陈桥驿主编：《中国历史地理论丛》第三辑，陕西人民出版社，1988 年出版。
　　② 王靖泰、汪品先：《中国东部晚更新世以来海面升降与气候变化的关系》。

7000 年前后到达高峰，大陆蒙受影响主要在其最后的 1000 年，而舟山群岛及其以东出露的广阔大陆架，在大陆蒙受影响以前 3000 年前后就沦入海域。因此，在这个地区居住的越族，比大陆早 3000 年就开始流散，除了一部分流入大陆外，必然也有漂洋过海，成为"外越"的。所以"外越"流散的时间远较"内越"漫长，其分布之广，可以想见。蒙文通氏昔年在《外越与澎湖台湾》① 一文中提出此二地属于"外越"之说，实际上是比较保守的说法。因为"外越"一名，除了见于《越绝书》以外，还见于《水经注》所引的《林邑记》。《林邑记》是佚书，据《水经·温水注》所引称"铜鼓外越"，又称："盖度铜鼓，即骆越也。"据《水经·叶榆河注》所引："江水南对安定县，《林邑记》所谓外越、安定、纪粟者也。"按安定为西汉交趾郡属县，位于今越南首都河内以南，则印度支那古时属外越已可无疑。而直到今日，这个国家的国名中也仍然留着"越"字这个标志。

值得研究的是外越向北流散的情况。在夏季半年，他们的独木舟或木筏，顺着盛行南风漂往琉球和日本，这是在长达几千年的流散过程中势所必然要产生的事。从日本来说，在越族流散的途径中，九州显然是首当其冲，像大隅、萨摩、岛原、西彼杵等半岛，就是移民们在九州最适宜的登陆地点。从全部日本来看，移民们在里日本登陆的条件当然比表日本好得多。不久以前我曾和日本著名汉学家福永光司先生 ② 见面，他提到了岛根和能登这两个半岛。我也早已注意了这个地区，因为在日本的旧国名中，"越前""越中""越后"都在这个地区。此外，日本还有许多大大小小的含有"越"字的地名。这些都是古代越族到达这个地区的标志，也就是吴越文化的标志。

语言、文字、宗教、风俗习惯，等等，中日两国当然有许多相同或相似的地方，但是在吴越文化这个研究课题中，我们必须把日本早期接受的吴越文化和以后接受的特别是汉、唐时期广泛接受的中国文

---

① 蒙文通：《越史丛考》，人民出版社，1983 年出版。

② 福永光司，京都大学名誉教授，前京都大学人文科学研究所所长。

化区别开来，这就是我们必须深入研究的问题。例如文字，古代越族
没有自己的文字，从现在已经发现的越族青铜器铭文，如"越王剑"，
"越王者旨于赐剑"，"越王丌北古剑"，"越王句践剑"，等等，说明他
们是从汉族引进文字使用的。因此，日本人使用的假名和汉字，就不
能算是吴越文化。但语言就不是这样，日语音读中的许多词汇均是越
音，举个最简单的例子，日语音读数字：一、二、三、四、五，等等，
这个"二"读音作"ni"，现在主要流行于宁绍地区。又如从宗教上
说，汉族由于受孔夫子的影响，宗教观念是比较淡薄的。甚至在佛教
传入以后，许多人表面上信奉佛教，其内心仍抱着孔夫子对宗教的态
度："祭如在，祭神如神在"（《论语·八佾》），"敬鬼神而远之"（《论
语·雍也》）。但越族在这一点上大异于汉族，这是一个淫祠滥祭的民
族，至今对这个地区影响至深。宁绍地区一带，什么都有"神"，在
农村，甚至连一间十分简陋的厕所，也有"神"管辖。日本也是个信
奉佛教的国家，但是我看到日本的祭祀活动极多，不少祭祀活动都不
属于佛教，是不是越族残留的影响，也值得研究。

　　从种种迹象来看，越文化，或者称为吴越文化，是中日两国的共
同文化。我对于这个课题的研究，还只是开了个头，希望两国学者，
继续把这个课题深入研究下去。

原载《浙江学刊》1990 年第 4 期，第 94—97 页

收入《吴越文化论丛》第 58—66 页

第二篇

郦学研究

《水经注》的地理学资料与地理学方法

引　言

　　《水经注》是北魏延昌、正光间（515—524）郦道元撰述的一部地理著作。[①]从书名来看，它仅仅是《水经》的一种注释，但这部完成于三国时代的《水经》，内容非常简短，全文只提到 137 条河流，

[①] 此据影印《水经注疏》卷首贺昌群"说明"。除此以外，关于《水经注》著作年代说法甚多，兹简介如下：

　　一、蒋维乔《中国佛教史》卷上，第 28 页："郦道元撰《水经注》在魏太和间。"

　　二、伯希和（P. Pelliot）《交广印度两道考》第 48 页："六世纪初年撰之《水经注》。"

　　三、费瑯（C. Ferrand）《昆仑及南海古代航行考》第 3 页："五二七年，郦道元撰《水经注》。"

　　四、足立喜六《〈法显传〉考证》上编"序说"第 314 页："《法显传》系法显自天竺归后自记之历游记行，卷末有岁甲寅之语，故知法显之书，成于义熙九年归至建康迄翌年甲寅之间。……《法显传》撰述后，……约在百十年之后，北魏郦道元所著之《水经注》卷一、卷二辄引之。"又同书下编"校释"第 188 页注："《水经注》（西历五三○年顷）。"驿按：义熙九年为公元 413 年，则法显成书为 414 年，百十年之后，当为公元 524 年，故足立氏先后二说自相径庭。

　　五、Joseph. Needham. F. R. S," Science and Civilisation in China", Vol. 1, P. 259 : "Shui Ching Chu, Commentary on the Waterways Classic（geographical account greatly extended）. N/Wei, late 5th or early 6th century. Li Tao-Yuan". 李约瑟《中国科学技术史》第 1 卷，第 259 页："《水经注》，《水经》的注释（地理学的广泛描述）。北魏，公元 5 世纪末或 6 世纪初，郦道元。"

　　六、岑仲勉《水经注卷一笺校》："综比观之，可决郦注之成，应在延昌至孝昌（512—527）时代，但确为何年，殊不可考。"

　　——编者说明：本文 1964 年初次发表时没有此注，1985 年版《水经注研究》收录本文时，作者增加此注。

每条河流无非寥寥数语。而《水经注》记载的河流多至 1252 条[1]，注文大于《水经》达 20 余倍。和一般注释性的文字不同，《水经注》在内容上并不受《水经》的限制，是一部由作者独创的地理著作。为此，历来学者多予以极高评价，如清刘继庄称之为"宇宙未有之奇书"[2]，丁谦称之为"圣经贤传"[3] 等，盛誉可见一斑。

历来学者对《水经注》的研究，主要偏重在版本、校勘和注疏等方面。此书原有四十卷，辗转传抄，到宋代已缺佚五卷。[4] 明代以来，更无善本。经注混淆，讹误特甚。明清两代，有不少学者，其中特别是清初的全祖望、赵一清、戴震等，在这方面付出了大量的劳动，根据《永乐大典》与其他版本，进行了仔细的校勘，大体上恢复了这部名著的旧观。当然，清初学者并没有完全结束这方面的工作，不仅自宋代以来缺佚的五卷未曾补足，[5] 以致像《元和郡县志》《太平寰宇记》等古籍中所载引的如滹沱水、泾水、洛水等，都不见于今本；而今本中，内容词句显系因传抄而脱漏讹误者，为数仍属不少。但是与明代相比，现在毕竟已经有了比较完善的版本，[6] 应该承认与郦氏原著已经相去不远了。

必须指出，版本、校勘与注疏方面的工作，主要目的还只是为了恢复这部历史名著的本来面目，提供后人利用这部著作的方便。《水经注》作为一部地理著作，其实际价值主要当然在于地理学方面。尽

---

① 《唐六典》卷七《工部·水部郎中》注："桑钦《水经》所引天下之水百三十七，江河在焉……郦善长注《水经》，引其枝流一千二百五十二。"（宋）王应麟《困学纪闻》卷一〇《地理》："今本《水经》所列仅一百一十六水。"——编者说明：本文 1964 年初次发表时没有此注，1985 年版《水经注研究》收录本文时，作者增加此注。

② （清）刘继庄《广阳杂记》卷四。

③ （清）丁谦《水经注正误举例》小引，《求恕斋丛书》。

④ 据《崇文总目》。

⑤ （清）戴震《书水经注后》（载《戴东原集》卷六）："今仍作四十卷者，盖后人所分以傅合卷数。"

⑥ 清以来较完善的版本有戴震武英殿聚珍版本，赵一清注释本，全祖望七校本，王先谦合校本，杨守敬、熊会贞注疏本等。——编者说明：本文 1964 年初次发表时有此注，1985 年版《水经注研究》收录本文时，作者删除此注。

管许多学科都可以从《水经注》中吸取养分，但是从地理学角度，对这部名著作全面的和系统的研究，毕竟应该放在首要地位。遗憾的是，历代以来，在这方面的工作显得凤毛麟角。这就是刘继庄所说的："《水经注》千年以来无人能读，纵有读之而叹其佳者，亦只赏其词句，为游记诗赋中用耳。"[①]对于这样一部内容丰富的地理著作，研究工作局限于考据注疏，而成果利用主要限于摘取片言只语作为诗文材料，这不能不说是对这部名著的莫大误解。虽然，清末以来，已经开始有些学者如杨守敬等辈，从地理学角度对《水经注》做了若干工作，但为数到底不多。由于《水经注》在地理学上的丰富成果长期来没有得到应有的重视，这就不可避免地削弱了它的实际价值。《水经注》在地理学上的价值是非常巨大的，其中，它所拥有的地理学资料和采用的地理学方法是非常重要的方面。笔者拟就这些方面，略抒己见。

《水经注》的地理学资料

《水经注》是一部内容浩繁的地理著作，对于地理学领域内的许多有关学科，它都能提供有用的资料。

首先，《水经注》拥有丰富的有关地质、地貌、矿物等方面的资料，这些资料，有不少至今仍然具有实际意义。

《水经注》记载了大量关于石灰岩与喀斯特地貌的资料，其中描述比较细致明确的有卷十一《易水注》、卷十二《圣水注》、卷十三《灢水注》等10余处。卷三十一《涢水》经"涢水出蔡阳县"注云：

> 山下有石门，夹鄣层峻，岩高皆数百许仞。入石门，又得钟乳穴。穴上素崖壁立，非人迹所及。穴中多钟乳，凝膏下垂，望齐冰雪，微

———————
①《广阳杂记》卷四。

津细液，滴沥不断。幽穴潜远，行者不极穷深。[①]

这一段记载石灰岩洞穴的文字，的确写得细致生动，使读者宛如身入其境，至今仍有参考价值。

《水经注》非常注意伏流（地下河流）的分布，全书提到的伏流多至 30 余处。当然，郦道元所记载的伏流之中，也有一些如"河出昆仑，重源潜发，沦于蒲昌，出于海水"（卷一河水）之类的错误传说，但其中有不少是有价值的，对于今天我们探索喀斯特地貌方面具有较大意义。

《水经注》拥有我国泉水、地下水等方面的大量资料。仅仅温泉一项，全书记载的即达 30 余处，一般泉水的记载就更不计其数。这些泉水今日虽然并不一定存在，但对于我们探索各地历史上地下水位的变化以及为今日找寻水源等方面，都提供了有用的线索。对于各地地下水位的差异，著者也很注意，诸如卷二《河水注》"城中穿井，深一十五丈，不得水"；卷十九《渭水注》"长城北有平原，广数百里，民井汲巢居，井深五十尺"；卷二十二《颍水注》"其地丘墟，井深数丈"等，均是其例。

《水经注》也为地史及古生物方面累积了不少资料。卷三十《淮水注》关于"吴伐楚，堕会稽，获骨焉，节专车"的记载，所指即是地质年代中巨大爬虫类的骨骼化石。根据嘉庆《山阴县志》卷二十一所载："宋时建里社，掘土得骨长七尺。"说明这种巨大的动物化石，在这个地区曾经一再发现，也说明《水经注》所提供的资料的可靠性。因此，这类资料对古生物地区分布的研究，具有颇大价值。此外，卷三十八《涟水注》记载衡阳湘乡县石鱼山的鱼类化石说："山高八十余丈，广十里，石色黑而理若云母。开发一重，辄有鱼形，鳞鳍首尾，

---

① 本文引用《水经注》原文，除注明者外，概据戴震武英殿聚珍版本。——编者说明：本文 1964 年初次发表时有此注，1985 年版《水经注研究》收录本文时，作者删除此注。

宛若刻画，长数寸，鱼形备足。"对这个地区鱼类化石的这样清楚的描述，不消说是一项地史和古生物方面的有用资料。

此外，《水经注》还提供了许多历史上的地震资料，特别是对于那些强度很大的地震。例如卷二《河水注》所载陇西鸟鼠山地区的一次地震是"其山岸崩落者，声闻数百里"。这个地区至今仍是我国主要的地震区，也说明了《水经注》的资料至今仍然具有意义。

有关各种有用矿物的地理分布，《水经注》的贡献是尤为卓著的。尽管在那个时代，人们所认识和能应用的矿物为数不多，但著者却能运用他的丰富见识，把燃料矿物中的煤炭、石油、天然气，金属矿物中的金、银、铜、铁、锡、汞，非金属矿物中的雄黄、雌黄、硫黄、盐、石墨、云母、石英、琥珀、玉、建筑石材等近 20 种矿物的性状、用途及其地理分布作了详实的记载。下面是卷三《河水注》记载石油的例子：

故言高奴县有洧水，肥可爇[1]，水上有肥，可接取用之。《博物志》称酒泉延寿县南山出泉水，大如筥，注地为沟，水有肥如肉汁，取著器中，始黄后黑，如凝膏，然极明[2]，与膏尤异，膏车及水碓缸甚佳，彼方人谓之石漆。水肥亦所在有之，非止高奴县洧水也。[3]

这里，不仅清楚地描述了石油的性状和用途，而且指出了这种矿物在我国西北地区分布的广泛性。1400 多年前的地理学家，能对石油作出这样的描述，确是难能可贵的。

由于食盐对人民生活的重要性，《水经注》十分重视盐产地的记载，种类包括池盐、井盐、岩盐和海盐，地区西达国外天竺，东至于

---

[1] 爇，《水经注笺》朱谋㙔云："古然字。"骅按：即燃字。

[2]《水经注疏》作"然之极明"。

[3] 据杨守敬、熊会贞：《水经注疏》。——编者说明：本文 1964 年初次发表时有此注，1985 年版《水经注研究》收录本文时，作者删除此注。

海，北到黄河，南及长江。甚至还记载了某些井盐能使人"瘿疾"的事实，都是非常有用的资料。

如上所述，说明《水经注》的矿物资料，对于今日我们在有用矿物的勘探、开采和利用等方面，仍然不无价值。

除了上述有关地质、地貌、矿物等资料外，《水经注》并且还拥有大量自然地理学的资料，对中国区域自然地理与中国部门自然地理的研究很有裨益。

由于《水经注》的内容以水道分布为核心，因此，它在自然地理学上提供的资料，首先是在河流学与水文地理方面。《水经注》考证记载了 1252 条大小河流的发源、流程、水文特征与流域的自然地理概况等资料。除了干支流本身外，在整个流域中，有关湖泊、陂池、瀑布、急流、井泉、伏流、季节河，等等，无不广泛搜罗，详细记载。以瀑布为例，全书记载的大小瀑布（包括部分急流），为数即达 60 余处。从今日来说，这些瀑布的记载不仅在水力资源的开发利用上仍然可资参考，而且从古代瀑布位置的变动和消失等现象中，对于河床发育变迁的研究，也提供了极为有用的资料。

关于河流水位的季节变化，洪水期和枯水期、河流的含沙量、河流的冰期等资料，《水经注》都有比较完备的记载。例如卷五《河水注》记载的白鹿渊水："深三丈余，……若夏水洪泛，水深五丈。"这里就把一般水位与高水位作了区别。《水经注》关于河流含沙量的记载是不少的，其中"河水浊，清澄一石水，六斗泥"的数量分析，成为古来对黄河含沙量的著名记载。此外，卷一《河水注》所记"寒则冰厚数丈"和卷五《河水注》所记"常以十二月采冰于河津之隘"等记载，对了解古代黄河的冰期及冰层厚度，都有较大的价值。

在自然地理学领域中，《水经注》可以为土壤地理学提供的资料，为数亦颇不少。尽管当时还没有什么科学的土壤分类，但这些资料即使到今日，也仍然具有一定意义。例如著者在卷二十七《沔水注》及卷二十八《沔水注》中描述今汉水山地区河谷地带的土壤分布是"黄壤沃衍"和"土色鲜黄"。对这个地区土壤的这种描述，至今仍然部分符合实际。《水经注》也有不少关于盐碱土分布的记载，例如卷十《浊漳水注》"其国斥卤，故曰斥漳"，卷十二《巨马水注》"沆泽之无水，斥卤之谓也"。这些记载对今日华北的农业生产，仍然具有参考价值。

《水经注》拥有大量植物地理学与动物地理学的资料，对于研究古代自然植物与野生动物的种类与分布，提供了很大方便。著者很注意各地自然植物的分布，干支流所迳，他总是用较大篇幅进行这方面的描述，所以资料极多，不胜枚举。甚至在自然植物缺乏或遭到破坏的地方，注文也常常加以提及。像卷六《汾水注》中的管涔山："其山重阜修岩，有草无木"；卷三十《淮水注》中的金山："山无树木"等，均是其例。除了一般植物外，著者同时也很注意各地的特殊植物。例如卷三十三《江水注》所载巴州的荔枝树，卷三十六《温水注》的槟榔树，卷三十七《叶榆河注》的邛竹和桄榔树等。此外，著者还留意了各地植物分布的垂直差异现象，例如卷四《河水注》中的申山："其上多穀柞，其下多杻橿"；卷四十《浙江水注》中的秦望山："扳萝扪葛，然后能升。山上无甚高木，当由地迥多风所致。"诸如此类的资料，在现代植物地理的研究中，也仍然都可以加以利用。

有关动物地理学的资料也同样丰富多彩，不胜列举。和植物一样，著者也很重视各地的特殊野生动物，像卷十五《伊水注》的鲵鱼，卷三十六《若水注》的象、犀、钩蛇，卷三十七《叶榆河注》的猩猩、髯蛇等。注文中还记载了候鸟的动向，例如《叶榆河注》关于吊鸟山的记载，"众鸟千百为群，其会鸣呼啁哳，每岁七八月至，十六七日则止"，写得非常明白。著者甚至还探索了淡水鱼类的洄游规律，卷五《河水注》所载："鳣鲤王鲔，春暮来游。"这是世界上记载淡水鱼类洄游的最早文献之一。

必须注意，《水经注》对于自然环境的描述，并不是纯自然主义的，而是采取了评价自然环境的态度。一泉一湖和一草一木，在著者心目中，都看作是有用的自然资源，这就增加了《水经注》自然地理资料的实际意义。以温泉为例，全书提到的 30 多处温泉中，同时记载了它们的治疗价值的就达 13 处。在自然植物的记载中，著者特别着意于有用植物资源，例如卷十三《灅水注》所记到刺山的大黄，卷十四《鲍邱水》所记香陉山的藁本香，卷二十二《渠注》所记圃田泽的麻黄草，卷三十八《湘水注》所记泉陵县的香茅草，等等。在野生动物中，特别重视了经济意义较大的野生水产资源的记载，例如卷十《浊漳水注》广博池的"名蟹佳虾"，卷二十七《沔水注》的"佳鳠""好鲋"，卷十二《圣水注》的白鱼，卷三十五《江水注》的鲫鱼，卷四十《渐江水注》的乌贼鱼，等等。此外，如矿物、土壤等方面的记载，也都没有离开对自然资源进行评价的角度，大大充实了《水经注》自然地理学资料的内容。

《水经注》对于自然条件与资源的评价，实际上已经牵涉到人文地理学的领域。在全部注文中，人文地理学的资料拥有很大的数量。[①]

特别突出的是关于农业地理学的资料，这中间包括种植业、畜牧业、林业、渔业、狩猎业等，范围是很广阔的。其中以农田水利为中心的种植业占了很大的比重，举凡渠道、陂池、堤堰、涵闸，以及包括大量设备的整套灌溉工程等，注文中有很大篇幅加以描述。例如秦的郑国渠，据卷十六《沮水注》所记，其灌溉效益使"泽卤之地四万余顷，皆亩一钟，关中沃野，无复凶年"；卷三十三《江水注》记载蜀中都江堰的灌溉效益达到"水旱从人，不知饥馑，沃野千里，世号陆海"。此外，像卷三十一《滍水注》所记溉田万顷的滍阴县马仁陂；卷四十《渐江水注》所记溉田万顷，包括水门 69 所的山阴县长湖等，注文也都作了详细的描述。即使是较小的农田水利工程，著者也并不

[①] ——编者说明：本句中的"人文地理学"，本文 1964 年初次发表时，当时用词为"经济地理学"；1985 年版《水经注研究》收录本文时，作者改为"人文地理学"。以下本文中所用"人文地理""人文地理学"处，1964 年初次发表时，均使用"经济地理""经济地理学"一词，不再另外说明。

轻易放过；例如卷二十一《汝水注》所记，自平舆至襃信一段干支流上，就有小型陂池 16 处；卷三十一《淯水注》所记，在穰县境内六门陂以下，结成小型的所谓"二十九陂"。诸如此类，注文也都一一加以介绍。

《水经注》不仅记载了我国内地的农业地理资料，同时也记载了当时我国边疆地区的农业地理资料。例如卷二《河水注》记载了轮台以东"广饶水草"地区的绿洲灌溉农业，卷三十六《温水注》则记载了今中南半岛地区"火耨耕艺"的原始农业。这说明了著者在区域人文地理方面的渊博，也增加了《水经注》人文地理学资料在地区上的广泛性。

由于《水经注》是一部以河湖为纲的地理著作，为此，著者特别重视河湖在农业生产中的综合利用。例如卷十五《伊水注》所载陆浑县慎望陂"陂方十里，佳饶鱼苇"，这就指出了河湖在鱼类养殖与水生植物种植上的多种经营潜力。卷二十一《汝水注》所载"水至清深，常不耗竭，佳饶鱼笋"；卷二十四《瓠子河注》所载"泉不耗竭，至丰鱼笋"等，也都说明了河湖在灌溉、渔业和水生植物种植三方面的综合利用。特别引人入胜的是卷十一《滱水注》所描述的阳城淀的综合利用：

> 又东迳阳城县，散为泽渚，渚水潴涨，方广数里。匪直蒲笋是丰，实亦偏饶菱藕。至若娈婉丱童，及弱年崽子，或单舟采菱，或叠舸折芰。长歌阳春，爱深绿水，掇拾者不言疲，谣咏者自流响。于时行旅过瞩，亦有慰于羁望矣。世谓之为阳城淀也。

在这里，作者不仅描述了河湖的经济资源和生产活动，甚至也把河湖在风景旅游上的作用包括在综合利用的价值之中，把这个小小的阳城淀，在综合利用上的意义写得有声有色。

《水经注》也记载了不少工业地理的资料，其中包括采矿、冶金、机器、纺织、造纸、食品等许多部门。在前面指出的《水经注》所载的许多矿物资料中，注文大部分有开采利用的记载。诸如卷三十三《江水注》所记蜀中的天然气，卷三十八《湘水注》所记萌渚岭的锡矿，卷四《河水注》涉及高奴县的石油等，则时至今日，情况亦未大变。《水经注》记载了许多地区的冶金工业，例如卷二《河水注》所载："屈茨北二百里有山，夜则火光，昼日但烟，人取此山石炭，冶此山铁，恒充三十六国用。"这里不仅记载了冶铁工业的原料地和燃料地，而且还记载了产品的运销范围，是一项完整的工业地理资料。《水经注》并且也有机器制造和应用的记载，卷十六《穀水注》所描述的"魏晋之日，引穀水为水冶，以经国用"[①]，即是其例。食品工业的许多部门及其分布，在注文的工业地理资料中占了很大的篇幅，其中又以制盐工业最为详尽，全书记载的大小盐场近 20 处。此外，如纺织、造纸等工业部门，也都提供了不少资料。

河流是古代漕运的主要通道，为此，《水经注》关于运输地理的资料，为数非常可观。全书所描述的河渠水道，大部分都涉及航运问题，而河道中的滩、堆、峡、濑等，常被作为航道条件加以评价。例如卷三十九《耒水注》所记从汝城以下三十里中有十四濑，卷四十《浙江水注》所记自寿昌至建德八十里中有十二濑，都是航行的障碍。水位的季节变化往往也结合航行问题提出，例如卷二十五《泗水注》所述："泗水冬春浅涩，常排沙通道。"在同一河流中，著者很重视每一段落在航行上的不同价值，例如卷三十八《湘水注》所载："西至关下，关下，地名也，是商舟改装之始。"此外，运输工具和被运输的货物也同样为著者所重视，当时长江中已经出现了巨大的船舶，据卷三十五《江水注》所载，可以"载坐直之士三千人"。卷二十《漾水注》关于"虞诩为郡漕谷布"的记载，就是著者从货运种类考察内河运输业的例子。

[①] 据王祯《农书》卷十九所述，水冶又称水排，为一种利用水力进行冶铸的机器。

　　《水经注》的运输地理资料，并不完全局限在水上运输方面，著者也同样注意了陆上运输的情况。当然，在许多场合中，陆上运输是和水上运输结合进行描述的。这中间特别重要的是著者对桥梁和津渡的广泛搜罗与详尽记载。全书提出的各种桥梁超过90座，所涉及的津渡也有90余处。在桥梁的描述中，著者甚至还注意到桥梁的净空问题。卷十六《穀水注》写到旅人桥说："桥去洛阳宫六七里，悉用大石，下圆以通水，可受大舫过也。"清楚地描绘了一座净空较大的石拱桥的形象。

　　最后，在人文地理学领域中，《水经注》还提供了大量有关人口地理学与聚落地理学的资料。[①] 在郦道元的时代，正是北方变化较多、人口移动频繁的时代，《水经注》反映了不少当时人口迁移的情况。卷三十五《江水注》所载："咸和中，寇难南逼，户口南渡，因置斯郡（按：指东晋所置的汝南侨郡）治于涂口。"诸如此类的记载是不胜枚举的。《水经注》也提供了许多少数民族分布和活动的资料，像卷三十六《温水注》所记的文狼人和木耳夷及卷三十七《夷水注》所记的巴蛮等均是。尽管著者是站在中原大国的身份描述了少数民族，但只要这些资料实际上具有价值，我们是不应该在这些问题上去苛求古人的。聚落地理的资料在全部注文中拥有巨大分量。《水经注》在叙述水道流程时，水道的位置与方向，大都是以流域中的城邑或其他聚落来定的。全注提到的县城、镇、乡、聚、村、戍、坞、堡等聚落接近4000处，[②] 为后世累积了大量聚落地理资料。

　　《水经注》拥有大量自然地理学与人文地理学的资料已如上述。这些资料按时间都是北魏及其以前的，因此都属于历史地理学的资料。

----

　　① ——编者说明：本句中的"聚落地理学"，本文1964年初次发表时，当时用词为"居民点地理学"；1985年版《水经注研究》收录本文时，作者改为"聚落地理学"。以下本文中所用"聚落"处，1964年初次发表时，均使用"居民点"一词，不再另外说明。

　　② ——编者说明：本句在本文1964年初次发表时，表述为："全书提到的县、城、镇、戍、坞、墟等居民点，为数约在2500处以上。"1985年版《水经注研究》收录本文时，作者改为如上正文的表述。

在全部注文中，除了上述丰富的历史地理学资料外，对历史地理学的其他一些分支及相关学科，《水经注》能够提供的资料也不少，其中特别是关于沿革地理和地名学方面。

在《水经注》中，县一级以上的行政区和聚落，大部分都记载了沿革地理的变化。著者叙述各地沿革，清楚明确，简单扼要。以卷十九《渭水注》的华阴为例："渭水迳县故城北，春秋之阴晋也；秦惠文王五年，改曰宁秦；汉高帝八年，更名华阴；王莽之华坛也。"寥寥数语，刻画了华阴五百多年的沿革变化。

《水经注》关于地名学的资料也很丰富，这方面的资料，不仅有助于历史地理学的研究，而且也为语言学、历史学等许多学科所需要。《水经注》所记载的城邑、河流及其他地名，除了叙述其沿革外，往往也进行有关地名学的考证。例如卷二十七《沔水注》中提到："沔水一名沮水，阚骃曰：以其初出沮洳然，故曰沮水也，县亦受名焉。"这里就考证了沮水和沮县的地名来源。又如卷二十九《均水注》中提到的熊耳山："双峰齐秀，望若熊耳，因以为名。"这些例子是举不胜举的。著者一方面正面提出许多有关地名考证的资料，另一方面也对以往讹传的那些地名来源进行纠谬。以上虞县名为例，卷四《河水注》说："周处《风土记》曰：旧说舜葬上虞。……余按周处此志为不近情，传疑则可，证实非矣。"作者的这个论断是正确的，后世学者也有类似的意见。[①]

正因为《水经注》是一部地理巨著，因此，它所拥有的地理学资料是为数巨大的。如上所述，仅仅是少数几个例子而已。当然，在这样大量的古代地理资料中，难免也夹杂着不少错误的东西，我们自然不能按现代的要求对它进行非议。而怎样取其精华，舍其糟粕，其责任恰恰正在我们自己。

---

① (清) 李慈铭《越缦堂日记》同治八年七月十三日，《越缦堂日记》二函十一册。

《水经注》的地理学方法

郦道元从事《水经注》的著述，在方法上是科学而踏实的，是一整套地理工作的方法。甚至直到今日，他的工作方法仍然值得我们地理工作者学习。

《水经注》的著述工作，是一种区域地理的研究工作。对于区域地理的研究工作，搜集各区域的大量资料乃是十分重要的任务，而郦道元的工作方法恰恰就是如此。在他的研究和著述工作中，首先做到了大量资料的占有。关于这一点，《北史》本传的评价是："道元好学，历览奇书。"后世治《水经注》的学者，也都一致公认。有的推崇他"读万卷书"[①]，有的赞扬他"博极群书，识周天壤"[②]，等等，不胜列举。著者占有资料的方面确实是很广阔的。从内容说，地理、历史、政治、哲学、文学等熔为一炉；从体裁说，正史、方志、杂记、小说、诗词歌赋、碑碣等无不俱全。在他占有的资料中，直接引用到注文内的，为数就在 430 种以上。明代治《水经注》名家朱谋㙔说："奇编奥记，往往散见《水经注》中。"[③]这话是确实的。在著者引用的书目中，特别丰富的是地理书目。[④]从内容分，既有全国地理资料，如《禹贡》《汉书·地理志》等；也有分区地理资料，如《华阳国志》《钱唐记》等。从时间分，既有当时流传已久的旧籍，如《山海经》《尚书地说》等；也有当时问世不久的新著，如《扶南传》《佛国记》等。必须指出，在那个时代，书籍的流行主要依靠传抄，则著者占有资料的艰巨性可以想见。《水经注》所引用的地理书籍至今大部分已经缺佚，也正是由于著者的工作，使后世学者在进行古代地理书籍的辑佚工作时，得以利用《水经注》所提供的许多方便。清王谟曾根据明朱谋㙔校本

---

① （清）沈德潜《水经注集释订讹》原序。
②《广阳杂记》卷四。
③ （清）王谟《汉唐地理书钞》凡例。
④ （清）陈运溶《荆州记序》（载《麓山精舍丛书》）："郦注精博，集六朝地志之大成。"

进行了他的《汉唐地理书钞》的辑佚工作①,取得了卓著的成果。由此足以说明,由于著者大量占有资料、特别是地理资料的工作方法,不仅使《水经注》这部地理巨著的本身增加了无限光彩,而且还替后世的地理工作者带来了许多便利。

《水经注》不仅描述北魏时代的地理概况,同时也描述北魏以前的地理概况。因此,著者除了进行一般区域地理的研究外,也进行大量区域历史地理的研究。对于区域历史地理来说,则在大量资料中的细致分析工作就特别显得重要。郦道元的工作方法正是如此,《水经注》所采用的资料,都是经过著者慎重处理的。注文中常常可以读到"余按群书"之类的字样,这就反映了著者在大量资料中进行整理分析的复杂劳动过程。著者整理分析资料的重要方法之一是进行资料的比较,通过比较以判定许多资料的真伪。卷十一《滱水注》关于唐县及其附近山川形势的资料比较即是其例:

应劭《地理风俗记》曰:唐县西四十里,得中人亭。今于此城中取中人乡,则四十也。唐水在西北入滱,与应符合。又言尧山者,在南则无山以拟之,为非也。阚骃《十三州志》曰:中山治卢奴,唐县故城,在国北七十五里。骃所说北则非也。《史记》曰:帝喾氏殁,帝尧氏作,始封于唐。望都县在南,今此城南对卢奴故城,自外无城以应之。考古知今,事义全违。俗名望都故城,则八十许里,距中山城,则七十里,验途推邑,宜为唐城。城北去尧山五里,与七十五里之说相符。然则俗谓之都山,即是尧山,在唐东北望都界。皇甫谧②曰:尧山一名豆山。今山于城北如东,……《地理志》曰:尧山在南。今考此城之南,又无山以应之。是故先后论者,咸以《地理记》之说为失。

---

① 《汉唐地理书钞》尚未刻完。据中华书局影印七十种本(按:王谟《重订前编书目》有二百四十九种),其中辑自《水经注》的,即达四百三十五条之多。

② 皇甫谧,晋代人,所著地理书有《帝王经界记》《国都城记》《郡国记》《地理书》等,除《帝王经界记》辑存于《汉唐地理书钞》外,其余均已亡佚。故《水经注》所引何书,不得而知。

这里，著者就五种资料，进行细致的比较，然后判定应劭的说法是错误的。这种比较资料、去伪存真的方法，对地理工作者，特别是历史地理工作者的启发是很大的。在许多资料的相互比较、细致分析之中，不仅可以判定资料的真伪，并且还可以找出资料错误的原因，揭露事物的实况。卷十六《榖水注》关于涧水和渊水的问题就是很好的例子：

> 刘澄之云：新安有涧水，源出县北；又有渊水，未知其源。余考诸地记，并无渊水，但渊、涧字相似，时有字错为渊也。故阚骃《地理志》曰：《禹贡》之渊水。是以知传写书误，字谬舛真，澄之不思所致耳。既无斯水，何源之可求乎？

在大量资料的比较分析中，也可以发现许多历史地理上以讹传讹的疑窦。著者虽然不能一一解决这些疑窦，但却把这些疑窦发现而公诸后世，这实际上也是对后世的贡献。《水经注》中关于这样的例子是俯拾即是的。卷二十六《淄水注》关于阳水和洋水之疑即是其例：

> 世又谓阳水为洋水。余按群书，盛言洋水出临朐县，而阳水导源广县。两县虽邻，川土不同，于事疑焉。

这里也必须指出，由于时代的限制，郦道元所采用的分析和比较等方法，并不是完美无疵的。从今天来看，他的这种方法，颇大程度上还只是一种朴素的形式逻辑。经过他分析比较以后的资料，也仍然可以发现不少错误。不过作为一部1400多年前的地理著作，我们就不能低估著者在这方面的成就。特别是在今日能见的所有《水经注》以前的地理著作中，能像郦道元这样进行大量资料的分析比较的，实未尝见。为此，《水经注》在区域地理研究中，对于资料的处理，实开分析比较方法之先河，对后世地理学者具有很大的启发作用。

　　《水经注》在地理学方法上的卓越成就，除了大量资料的占有以及对这些资料进行细致的整理和分析外，同时也包括大量野外地理工作的成果在内。野外的直接考察，是著者重要的地理工作方法，也是《水经注》作为一部地理著作，获得如此成就的重要关键。著者在其原序中谈到《水经注》的著述经过时说："脉其枝流之吐纳，诊其沿路之所躔，访渎搜渠，缉而缀之。"这就说明著者是非常重视从野外的亲身实践中来从事他的研究和撰述工作的。

　　在北部中国，著者的足迹是很广的。凡是足迹所到之处，他都进行了野外考察，其成果在注文中有大量的反映。郦道元是范阳人，据卷二十六《淄水注》，他生长于东齐，在东齐地区，他自幼就进行了野外地理工作，因此对这个地区的山川形势了如指掌。《淄水注》关于营陵与营丘地理位置的考证即是其例：

　　　　余按营陵城南无水，惟城北有一水，世谓之白狼水。……由《尔雅》出前左之文，不得以为营丘矣。营丘者，山名也。……今临淄城中有丘，在小城内，周回三百步，高九丈，北降丈五，淄水出其前，故有营丘之名，与《尔雅》相符。……郭景纯言齐之营丘，淄水迳其南及东也，非营陵明矣。

　　这里，著者在营丘这一小小冈阜上所做的野外考察工作是令人佩服的。不仅是位置、周围长度和高度测算得非常精确，连小丘南北坡的高度差异也不轻易放过，说明他在野外地理工作中的细致踏实程度。

　　著者曾先后出任过颍川太守（卷二十二《洧水注》）、鲁阳太守（卷二十一《汝水注》）和东荆州刺史（卷二十九《比水注》）。在任所中，他都从事了野外地理工作，其成果在注文中有不少反映。即使是在旅程中，著者也随时利用机会，进行他的野外地理考察工作。卷二十五《泗水注》说："余昔因公事，沿历徐沇，路迳洙泗，因令寻其源

流。"卷三十二《决水注》说："余往因公至于淮津，舟车所届，次于决水，访其民宰，与古名全违，脉水寻《经》，方知决口。"诸如此类的野外工作成果，在注文中是屡见不鲜的。卷三《河水注》所记，著者曾于太和中随北魏高祖北巡，也是一路访渎搜渠，进行了大量野外地理工作，大大丰富了他的研究成果。

值得惋惜的是，由于当时南北隔绝，著者的足迹没有深入中国南部，[①] 因而造成了注文中对于南部水系的不少错误。后世有些学者曾在这方面对著者提出不少非议。[②] 当然，对于这样一部杰出的古代地理著作中存在的某些瑕不掩瑜的缺陷，我们大可不必多加贬损。但是野外实践对于地理工作的重要性，在这个事实中也就得到了充分的证明。

最后，著者对地理事物的描述手法，替《水经注》平添了不少声色，也是著者运用的异常出色的地理工作方法。关于这方面，后世学者是一致公认的。刘继庄认为著者"更有余力，铺写景物，片语只字，妙绝古今"[③]。明代治《水经注》名家杨慎，更把著者的生动造语，摘录成编。[④] 当然，地理学者褒贬一部著作，主要在其地理学内容而不在于辞藻。但是另一方面，地理学历来重视描述。尽管时至今日，定量分析已经愈来愈多地代替了定性描述，但无论如何，描述在这门学科中仍然具有重要意义。为此，《水经注》的生动描述手法，乃是著者所运用的所有地理学方法之中最成功的范例，它不仅使著作本身倍增光彩，而且更为后世地理学者树立了地理描述的卓越楷模。

---

① 据《水经注》卷三十四《江水》"又东过夷陵县南"条注文，郦道元的足迹，最南曾到达长江三峡一带。——编者说明：本文 1964 年初次发表时有此注，1985 年版《水经注研究》收录本文时，作者删除此注。

② 例如明黄宗羲《今水经序》："余越人也，以越水证之：以曹娥江为浦阳江，以姚江为大江之奇，分苕水出山阴县，具区在余姚，沔水至余姚入海，皆错误之大者。"又如清李慈铭《受礼庐日记》下集同治七年四月初九日（载《越缦堂日记》二函十册）："郦道元未至南方，所言多误。"

③《广阳杂记》卷四。

④（明）杨慎：《丹铅杂录》卷七。

《水经注》地理描述的重要特色之一是生动。河川山岳，虽然都是比较刻板的事物，但在著者笔下，这些刻板的事物往往表现得栩栩如生，给人以深刻的印象。例如他在卷九《淇水注》描述河流发源的情况时说："淇水出沮洳山，水出山侧，颓波漰注，冲激横山。山上合下开，可减六七十步，巨石磈砢，交积隍涧，倾澜漭荡，势同雷转，激水散氛，暧若雾合。"这里，著者确把那种由急流和瀑布构成的河流上源，写得惟妙惟肖。写山岳也是一样，他在卷十五《洛水注》中描述鹈鹕山的地理景色是："山有二峰，峻极于天，高崖云举，亢石无阶，猿徒丧其捷巧，鼯族谢其轻工，及其长霄冒岭，层霞冠峰，方乃就辨优劣耳。"短短数语，把一座山峰写得出神入化。他在卷三十四《江水注》中形容长江三峡的形势说："自三峡七百里中，两岸连山，略无阙处；重岩叠嶂，隐天蔽日。自非停午夜分，不见曦月。"写得多么简洁真切！

著者地理描述手法的另一特色是词汇丰富，不用套语滥调。著者运用词汇之所以能够如此左右逢源、丰富多彩，一方面是由于他能够精细地观察一切地理事物，从而得到启发，创造了不少新词新语。前述被杨慎摘录成编的如"分沙漏石""鱼若空悬"等，即属于这一类。另一方面更是由于他善于吸取群众的语言以丰富自己的词汇。在全部注文中，可以看到大量被著者引用的歌谣谚语，都是群众在长期实践中所创造出来的，是经过千锤百炼的语言。用这样的语言进行地理描述，行文自然更得心应手。例如描述江道的险峻，在卷三十四《江水注》中引用了舟人的歌谣："滩头白勃坚相持，倏忽沦没别无期。"在卷三十六《若水注》中则引用了当地的俗语："楢溪赤水，盘蛇七曲。盘羊乌栊，气与天通。"又如形容江道迂曲，在卷三十四《江水注》引用了舟人歌谣："朝发黄牛，暮宿黄牛，三朝三暮，黄牛如故"；在卷三十八《湘水注》则引用了当地渔歌："帆随湘转，望衡九面。"这样，使言语变化层出不穷，而景物描述更细腻深刻。

以上论述的是郦道元在其著述工作中所运用的主要地理学方法。当然，按照现代地理学方法的要求来说，著者的工作方法仍然存在不少缺陷。但是我们如能从一部一千多年前的地理著作来衡量，则《水经注》的地理学方法确实具有卓越的创造性，对后世地理工作者有重要意义。

结　语

《水经注》的地理学资料与地理学方法已略如上述。从年代的久远、内容的丰富和方法的严谨等方面来看，它可以毫无愧色地列为世界最早的地理名著之一。《水经注》在地理学上的成就，是我国地理学史也是世界地理学史上的光辉一页。而且《水经注》至今还有它重要的现实意义。不仅是它的丰富地理学资料在我国地理学、特别是历史地理学研究中具有重要价值；而著者所运用的地理学方法，可以为今日地理工作者借鉴之处也仍然不少。美中不足的是，这部杰出的地理著作，曾经长期遭到后人的误解，形成清陈运溶所说的："近世为《水经》之学者，又皆校正字句、无所发明"[1] 的现象，因而贬损了这部著作在地理学上的作用。可喜的是，新中国成立以来，地理学界对这部著作已经开始重视。在1959年出版的《中国古代地理名著选读》[2] 中，选释了《水经注》的《漯水注》《鲍邱水注》和《渭水注》三篇，并且进行了若干复原工作。1962年出版的《中国古代地理学简史》[3] 中，《水经注》成为专门章节加以论述。诸如此类，可以认为是用现代地理学的观点和方法研究《水经注》的开端。这个良好的开端，需要继续不断地加以发扬。为此，地理学界，特别是历史地理学界，应该义不容辞地把《水经注》的研究作为自己学科的重要任务，按照地

---

[1]（清）陈运溶：《荆州记序》，《麓山精舍丛书》。

[2] 侯仁之主编：《中国古代地理名著选读（第一辑）》，科学出版社1959年版。其中《水经注》部分，系侯仁之、黄盛璋选释。

[3] 侯仁之主编：《中国古代地理学简史》，科学出版社1962年版。

理学的观点、方法和要求,把这部杰出的古代地理名著,进行全面的整理和系统的研究,使这部千余年来的地理名著,重新在我国地理学上发出它的光芒!

原载《杭州大学学报(自然科学版)》1964 年第 2 期,第 138—150 页

收入《水经注研究》第 7—28 页

论《水经注》的版本 [①]

《水经注》是在公元 6 世纪初期完成的，而我国雕板印刷的大规模兴起，则在 10 世纪初期，相距达 4 个世纪。目前所知的郦注第一部刊本为北宋成都府学宫刊本，距郦注撰写可能已达 500 余年。在这漫长的 500 余年中，郦注的流传完全依靠传抄。一部 30 余万字的巨著，辗转传抄，经过 500 多年，残缺错漏，是可以想象的。而且时间愈久，错漏也必然愈多。

唐代的《水经注》钞本，由于距撰时尚近，看来比今天的版本要完整得多。像《北堂书钞》《初学记》等类书所引的，有许多就不见于今本。《唐六典》卷七云："桑钦《水经》所引天下之水百三十七，江河在焉……郦善长注《水经》，引其枝流一千二百五十二。"其规模确实大大超过今本。北宋初期，郦注抄本承唐代之后，其内容仍然较今本丰富，《寰宇记》《御览》等所引，有大量为今本所无。甚至到北宋后期，仍然还有一些抄本，如晏殊和宋敏求等所见的本子，[②] 其内容仍可能比今本要多。

目前所知的第一种《水经注》刊本是宋成都府学宫刊本，仅 30 卷，比《隋书·经籍志》和两《唐书》经籍、艺文志著录的少了 10 卷，内容也只有后来通行版本的三分之一。这个刊本究竟刊于北宋何时，不得而知。但北宋之初，刻书甚少，像《史记》和前、后《汉书》等重要书籍，要到淳化五年（994）才得付刊，而朝廷十分重视的书

---

① 原文题下附有说明：本文承谭其骧教授抱病审阅指正，谨致谢忱。
② 根据晏殊《晏元献公类要》（北京图书馆藏抄本）及宋敏求《长安志》所引郦注。

籍如《孟子》之类，直到真宗之世（998—1022）才有刊本。[1] 因此，郦注的付刊，估计不会在真宗以前。而这个刊本的内容寥落，以之与《寰宇记》《御览》等所引的相比，更足以证明绝非宋初的本子。所以这个成都府学宫刊本，估计和目前所知的郦注第二种刊本，即元祐二年（1087）刊本，在时间上相去不会太远。虽然成都府学宫刊本绝非佳本，但郦注的流传从此毕竟有了两条途径，除了历来相承的传抄仍然继续外，开始有了比抄本传播大为有效的刊本。而抄本和刊本的互相校勘，更有助于错漏的修补以提高版本质量。元祐二年刊本就是这样诞生的。据清钱曾所见陆孟凫影宋刻本宋版题跋云[2]：

> 《水经》旧有三十卷，刊于成都府学宫，元祐二年春，运判孙公始得善本于何圣从家，[3] 以旧编校之，才三分之一耳，乃与运使晏公委官校正，募工镂版，完缺补漏，比旧本凡益一十有三，共成四十卷，其篇帙小大，次第先后，咸以何氏本为正。

元祐刊本是郦注版本史上的一个重要起点，因为它和目前流行的版本已经大同小异。其体例规模除了从目前尚存的明吴琯刊本中可以窥及外[4]，今北京图书馆所藏的宋刊残本，有人认为就是这个刊本的继承。[5] 明代以后，由于雕版印刷事业的发展，郦注刊本的种类有了增加。至今尚存的明版有嘉靖十三年（1534）的黄省曾刊本，万历十三年（1585）的吴琯刊本，万历四十三年（1615）的朱谋㙔《水经注笺》，崇祯二年（1629）钟惺、谭元春的评点本。四本之中，除朱笺留待以下再论外，黄、吴两本均从宋本而来，虽然稍有疏证，但发明

---

[1] 毛春翔：《古书版本常谈》，中华书局 1965 年版，第 24 页。
[2] 钱曾：《读书敏求记》卷二。
[3] 何圣从，即何郯；见《宋史》卷三二二，列传八一。
[4] 宋刊残本《水经注》（北京图书馆藏）卷末张宗祥写跋："吴琯刻出自元祐。"
[5] 宋刊残本《水经注》卷末袁抱存写跋："卷中如桓、构诸字，皆有剔痕，决非刻时缺避，盖南宋时所摹印也。……钱遵王所见即此钞本，且以后人无翻雕者为惜，观此，则此残本即元祐刻本无疑，信间之鸿宝也。"

不多。钟、谭本实即朱笺，无非二人在版框上端刊上许多评语，其中谭评尚涉及考证，钟评则全是文字欣赏，没有多大意义。

除了刊本以外，传抄本在明代也仍然流行，最著名的当然是《永乐大典》本，但其他抄本必然很多。由于传抄比雕版远为容易，因此易于获致，但也易于散失，所以至今完整保存的明抄本，为数实已很少。柳大中的影宋抄本，是正德年代的旧抄；赵琦美的三校本，是万历年代的名本。可惜这些著名的抄本都已不存，至今只能从别家传抄中窥其一斑。北京图书馆藏有明抄本 2 部：一部是稽瑞楼旧藏，系从宋元祐刊本抄出，有清何焯、顾广圻等校跋；另一部是海盐朱希祖旧藏，也是从宋本抄出，有王国维、章炳麟等校跋。这些都是明抄本的例子。

在现存的郦注刊本中，主要是清代刊本，例如沈炳巽的《水经注集释订讹》，康熙五十四年的项絪刊本，全祖望的七校本，赵一清的《水经注释》，孔继涵刊印的微波榭本，武英殿聚珍版本，嘉庆三年张匡学的《水经注释地》，同治四年杨希闵的《水经注汇校》，光绪十八年王先谦的合校本等。这中间，沈氏的《集释订讹》（《四库珍本丛书》本）系以黄省曾本作为底本而加以注释，沈氏为此书费时 6 年，[①]工力甚巨。项絪刊本系项氏与顾蔼、赵虹、程鸣等合吴琯本及朱笺校勘而成，但内容多循朱笺，无甚建树。在清代，尽管刊本流传已经较久，但由于印数不多，交通不便，传播还是不易的。上述沈炳巽在撰述之初，竟未获见朱笺，[②]因而不能利用前人的成果，以致浪费了许多精力。张匡学在撰述《水经注释地》时，所见也仅有吴琯、黄晟二本，他的撰述就以黄晟刊本为底本，[③]而这个黄晟刊本正如以下将要论及的，是个剽窃他人的赝本。杨希闵的汇校本系由殿本和其他五种刊本汇校而

---

① 卷首沈氏自撰凡例云："其书经始于雍正三年，脱稿于雍正九年。"《四库提要》卷六九则云："然炳巽作此书，凡历九年而成。"与凡例不同，兹从凡例。

② 《四库提要》卷六九。

③ 《水经注释地》凡例："《水经注》刻本仅见明吴琯、国朝黄氏二家。"

成，但主要遵循殿本。当然，和项本、张本等相比，它还是差强人意的。

刊本一经出现，其本身就是一种商品，于是，沽名牟利之徒剽窃翻刻，占他人成果为己有的事就随之出现。赵一清《水经注释附录》卷下说："近年真州重又镂板，颇称工致，然窃朱笺以为己有，中多删节，尤乖旨趣，俗学疑焉。"这种冒牌的真州版我未曾见过，我所接触过的国内外馆藏目录中也未见著录，说明流传不广。流传甚广的赝本是乾隆十八年（1753）新安黄晟的槐荫草堂刊本。我曾经核对过这个自称为"爰取旧本重为校刊"的版本，除了卷首的一篇 275 字的所谓跋以外，实际上就是康熙群玉堂项絪刊本的翻刻本。尽管这个刊本在刊印技术上和赵一清所见的真州版同样称得上"颇称工致"，甚至骗过了一些治郦学者，[①]但欺世盗名，不足为训，这是郦注版本中的糟粕。

值得重视的是，明末清初以来，不少治郦名家的校本和稿本，至今仍有流传，这些都是珍贵的善本，其价值远在刊本之上。浙江图书馆所藏的孙潜校本即是其中之一。此本以吴琯本为底本，除了孙氏自己的精心批校外，他还和柳大中、赵琦美两家的手校本对勘，[②]把柳、赵的批校也录之于上，使这两种著名校本也得以部分保存。复旦大学图书馆藏有何焯校本一部，系嘉业堂旧藏，其书以项絪本为底本，批校中有许多发人深省之处。南京图书馆藏的佚名临赵琦美、孙潜、何义门诸家校本，原是八千卷楼旧藏，卷中有全祖望门人鄞县董秉纯藏书章，足见由来已久。此书亦以项本为底本，批校中除了赵、孙、何三家外，并包括杭堇浦、孙汝澄、沈碻芳等人，熔治郦名家于一炉。武汉大学图书馆所藏的万历四十三年朱氏自刊本《水经注笺》，有宣

---

① 《水经注释地》凡例："鄙见黄本，参稽较密，今依照刊刻。"则张氏即受骗者之一。

② 卷一《河水》篇末孙潜校云："丁未十一月十八日，借得叶石君所藏清常道人手校本对勘，其本于万历丙午、己酉、庚戌年校三次，可谓佳本；十二月十一日又用柳大中钞本一勘，本亦藏叶石君所，正德年旧钞也。"按：丁未是康熙六年（1667）。

统三年湘乡王礼培的五色朱墨圈点批校，其中绿笔依朱之臣，蓝笔依陈明卿，紫笔依钟惺、谭元春，墨笔依何义门，朱笔是王礼培自批。尽管除了何焯一家外，其余各家的批校多是词章上的功夫，而且依钟、谭的紫笔，已经褪色无法辨认，但在朱笺各本中，此本仍不失为一部善本。北京图书馆藏清沈钦韩稿本《水经注疏证》一部，其书取法殿本和赵一清《水经注释》，在佚文辑录、疑难疏证等方面都有独到之处。以上所述的校本和稿本，在今后编纂郦注新版本时，仍有可以借鉴之处。

清末以后，《水经注》在版本上的重要事件是《永乐大典》本和《水经注疏》的影印，这是郦注版本中很重要的两种，下文当再论及。

在论述了郦注版本发展的大概过程以后，下面就把几种重要的版本略加评介。

首先是宋本。所谓宋本，现在还能见到的就是北京图书馆所藏的7册残本，只存卷五至八、十六至十九、三十四、三十八至四十，共12卷，其中首尾完整的只有10卷（卷五缺前二十六叶，卷十八仅存前五叶）。这部残本刊于宋朝何时，其来历如何，现在还不易论定。袁抱存在卷末写跋中认为这是元祐刊本的南宋摹印本，似乎证据不足。张宗祥于1919年在卷末写跋中断定此书为绍兴刊本，并说："大典本与此本无异同，此本出自清内阁，当即为大典本所自出。"傅增湘同意张说，他在《宋刊残本水经注书后》中说："张君阆声谓为绍兴本，庶几近之矣。"① 拿残本与大典本相比，相同之处确是不少的，特别是有些明显的错字，有时两本竟也相同，② 说明两本确实存在一定关系。但是仔细核对一下，不同之处却也常常有之。例如残本《河水注》"申下邑"，大典本作"甲下邑"；《济水注》"王符山"和"故市

---

① 傅增湘《藏园群书题记初集》卷三。

② 如《汾水注》的"鲁股桥"（今本作"鲁般桥"）；《济水注》的"五文沟"（今本作"五丈沟"）；《渭水注》的"滙渠水"（今本作"渥渠水"或"湼渠水"）和"光毕门"（今本作"光华门"），等等。

县故城"，大典本作"玉符山"和"固市县故城"；《渭水注》"丽山西北有温地"，大典本作"丽山西北有温水"；还可以举出许多例子。则张氏所说"大典本与此无异同"云云，并非事实。特别是书内北宋讳字（如匡、玄、殷、贞等）均缺笔，但桓、构二字却有缺笔（即袁抱存所谓"剔痕"）也有不缺笔，例如卷十六《穀水》经"又东过河南县北，东南入于洛"注"寻其基构"，卷十九《渭水》经"又东，丰水从南来注之"注"基构沦褫"等"构"字，都不曾避讳，则张、傅二氏断言此书为绍兴刊本，又何以自圆其说。因此，在没有发现其他有力的证据以前，轻易论定此书来历，看来并非适当。

尽管这是一部所剩无几的残本，但在今后郦注新版本的校勘中，仍然不无作用。不妨随手举个例子。今本郦注有一类称"坈"的地名，全注共有八九处。[1]这个"坈"字，在较早的版本如大典本、黄省曾本等之中往往作"坑"，但晚出的本子如殿本、七校本、注释本、注疏本等却均作"坈"。"坈"是个冷僻字，《河水注》"马常坈"下，朱谋㙔笺云："《玉篇》有坈字，而勇切，云地名也，按此注里数，则坈是薮泽之名。"明版《水经注删》[2]卷一"马常坈"下，朱之臣亦注云："而勇切，薮泽名。"张氏《水经注释地》卷二十六《胶水注》"以北悉盐坈"下，又沈氏稿本《水经注疏证》卷五《河水注》"马常坈"下，都引《玉篇》作注，说法和朱笺相似。但光绪《山东通志》在引郦注"平州坈"后加案云："坈当作坑，《太平御览》地部四十引《述征记》曰：齐人谓湖曰坑。"[3]朱笺的说法和《山东通志》的说法，究竟哪一种正确，我们在这个残本中找到了答案。残本卷五《河水注》云："秦坑儒士，伏生隐焉。"此处这个"坑"字，今本均作"坈"字，

---

①《河水注》：曹阳坈、马常坈、落里坈；《济水注》：深坈；《汳水注》：神坈坞；《淄水注》：皮丘坈；《胶水注》：盐坈；《浪水注》：水坈。以上共8处。又《济水》经"又东北过临济县南"注："济水又东北，迆为渊渚，谓之平州。"此处"平州"，大典本作"平州沉"，微波榭本及注疏本均作"平州坈"。

②北京图书馆藏万历刊本。

③光绪《山东通志》卷三二《疆域志第三·博兴县》。

说明这个"坑"字在宋代无非是"坑"字的别体。何焯校明抄本卷二《河水注》"投河坠坑而死者八百余人"可以作为旁证。因此，不管《玉篇》对此字别有音训，但宋代的"坑"字即今"坑"字是无疑的。既然有宋本作为依据，证明大典本和黄本都是正确的，则今本中的这八九处称"坑"的地名，都应改作"坑"。

再说大典本。《永乐大典》修于明初，其底本出于朝廷内库。明初的朝廷藏书当然是宋、元遗物。因此，《四库提要》卷六十九所云："盖当时所据，犹属宋椠善本也。"这句话除了"椠"字或应改成"钞"字外，其余是可信的。但张宗祥在宋刊残本卷末的手写跋语中却说："聚珍出大典，大典出此本。"傅增湘也说："永乐修书，正据此本钞入。"认为大典本的底本，即是今日尚存的宋刊残本，这些话是值得商榷的，前面宋本中已经谈过了。傅氏还说："盖各本之误得大典本可以证明，大典之误或待宋刻以纠正也。"[1]但是从残存的十二卷来看，可以纠正大典本之处是并不多的。因此，断言大典本出自这部残本也和断言此残本刊于绍兴同样缺乏足够的依据。

大典本的贡献之一是郦氏 477 字原序的保留，这是各本多已缺佚的。[2]另外，大典本在内容上也有不少优点。也不妨随手举个例子。卷二十《漾水》经"漾水出陇西氐道县嶓冢山，东至武都沮县为汉水"注云：

> 西汉水又西南得峡石水口，水出苑亭西草黑谷，三溪西南至峡石口，合为一渎。

这里，注文记载的是西汉水的支流峡石水，此水发源于苑亭以西

---

① 均见《藏园群书题记初集》卷三。

② 《四库提要》卷六九说此序"诸本皆佚"，这是夸大之词。(清)卢文弨：《水经序补逸》(《群书拾补》卷中)云："武进臧生镛堂之高祖玉琳先生，尝借得绛云楼宋版书校对，与大典亦有一二字之异。"又《水经注释》亦收此序，云是孙潜夫从柳大中抄本中录得，足见此序非大典本所独有。

的草黑谷，上源包括三条溪水，到峡石口合而为一。但是使人怀疑的是，既然上源有三条溪水，在发源后单独流了一段相当长的距离，才在峡石口汇合为一。那就不禁要问，这三条溪水，难道都发源在同一个草黑谷之中吗？在这方面，大典本的记载，看来比殿本等更为可信。大典本云：

> 西汉水又西南得峡石水口，水出苑亭、白草、黑谷三溪，西南至峡石口，合为一渎。

按大典本，则峡石水由上源的苑亭溪、白草溪和黑谷溪三溪汇合而成，说得清楚明白。虽然实际上只是一字之差，但由于此一字之差，句读也就随之而异，使文义绝不相同，所以关系是很大的。大典本中这样的例子不少，所以这是一种有价值的版本。可惜其原本已经在四库馆为戴震所刮补涂改[①]，给今天影印的《永乐大典》本造成了不可弥补的损失。

除了大典本以外，明刊其他版本没有什么可取的，他们的底本大多是宋朝流行的坊刻本。杨慎本和归有光本我未曾见，也不知今日是否还有传本；而黄省曾、吴琯诸本实际上都是这一类，经注混淆，错漏歧出，不经过校勘，实在无法卒读。在这样一类版本中，《水经注笺》就显得是鸡群之鹤。应该承认这部被顾炎武誉为"三百年来一部书"[②]的版本，除了深藏内库为众人所不能见的《永乐大典》本以外，无论在校勘和笺注方面，在明刊各本中都是首屈一指的。虽然后来居上的注释本和殿本等都已远远超过了它的水平，但是必须知道，在注释本和殿本的校勘过程中，朱笺都是重要的依据。《水经注释》卷首所列的参校版本多达 29 种，而赵一清最后说："以上诸本予悉取之与

---

① 孟森：《商务影印永乐大典水经已经戴东原刮补涂改弊端隐没不存记》，天津《益世报·读书周刊》，1936 年 11 月 12 日。

② 阎若璩：《古文尚书疏证》卷六下。

明南州朱谋㙔中尉笺相参证，录其长而舍其短。"赵一清并且还为此
撰写了《水经注笺刊误》一书。所以尽管可以作为朱笺优点的例子，
在注释本和殿本中都同样存在，但朱笺给予清代各版本的影响确是十
分深远的。

在清代著名的郦注版本中，最早完成的是赵一清的《水经注释》。
它的付刊晚于殿本，但成书要比殿本早 12 年。[①]赵氏致力郦学，正如
王先谦所说"数十年考订苦心"[②]，这是众所公认的。此书在经注的区
分、疑难的注释、错漏的订正、缺佚的辑录等方面，其成就都是前所
未有的。因此，《四库提要》卷六十九在著录此书时也不得不说："旁
征博引，颇为淹贯，订疑辨讹，是正良多，自官校宋本以外，外间诸
刻，固不能不以是为首矣。"

《四库提要》当然不会把私家的注释本置于官校的殿本之上，而
事实上，当时官校书籍确有其优越条件。殿本之成，无疑是参校了许
多版本的，但是按照殿本的校勘成果来看，在其所参校的诸本之中，
关键性的有两本，这两本，都是当时四库馆以外的学者所难得见到的。
其中一本是内库藏书，即是殿本所公开标榜的《永乐大典》本；的确，
大典本为殿本提供了重要的依据。另一本则为当时浙江巡抚所采进的
抄本，即是殿本所讳莫如深的赵氏注释本。注释本的成果，已经全部
吸收在殿本之中，这也早已不是秘密了。因此，殿本的丰硕成果，别
本就无法与之颉颃。正如《四库提要》卷六十九所说："凡补其缺漏者
二千一百二十八字，删其妄增者一千四百四十八字，正其臆改者三千
七百一十五字，神明焕然，顿还旧观。"殿本以后的不少版本，从疏
证上当然比殿本更为详尽，但在校勘的成就方面，基本上都还是殿本
的水平。

殿本当然是以戴震为首的作品，但后来有人把它称为戴本，却未
必妥当。这不仅因为在殿本之中也保留着四库馆其他成员的某些意

① 《水经注释》毕沅序。
② 合校本序。

见①，特别是因为戴震在进入四库馆以前，已经有了他自己单独校勘的本子。杨希闵《水经注汇校》序云：

> 顾东原之校上《水经注》也，稽之戴氏年谱，事在乾隆三十九年甲午十月，先生年五十有二。先于乙酉年，先生四十有三，始检校郦氏书，灼知经注互讹之故，立文定例，考定经文，订正注脱，辗转推求，竭八年之功，至壬辰已有定本，奉诏入馆，未及刊行，今所传曲阜孔氏刊本也。

杨氏所说的即今日流传的微波榭本，才是真正的戴本。这个版本和殿本相比，不仅目次大异，其所立篇名亦异：河水只分三篇，江、沔、渭、济均不分篇，汶水之一称大汶水，沮水之一作南沮水，辽水不分大小，江以南至日南郡二十水不列入篇目，并在斤员水（殿本作斤江水）篇之中。至于内容差异，也是俯拾可得，仅卷三十九《洣水》经"洣水出茶陵县上乡，西北过其县西"注中，戴本注文多出殿本即达 32 字，两本的差异可见一斑。殿本与戴本如此分歧，而殿本与赵本却又如此近似，这是众所共见的。

清刊本中还必须提及的是全祖望的七校本。全氏可以称得上是治郦世家，其祖上全元立、全天叙、全吾骐等，都校勘过郦注，传有旧校本一种，即双韭山房校本，也就是全氏七校本的底本。全氏在郦注的研究中，除了校勘和疏证上的不少独到之见外，另外还有两项功绩：首先是区分经注上的成就，宋、明版本上的经注混淆现象十分普遍，在区分经注方面，全、赵、戴都有不少贡献，但杨守敬认为全氏实导先路。② 其次是全氏提出的郦注原系双行夹写、注中有注的说法。③ 不

---

① 庞鸿书：《读水经注小识》叙略："闻戴氏之入四库馆，于馆中诸公为后进，戴性又傲不肯下人，诸公颇龃龉之，其所校刊，不尽从也。"

② 刘禺生：《述杨氏〈水经注疏〉》，《世载堂杂忆》，中华书局 1960 年版。

③《水经注释》卷首，参校诸本。

管这种说法的来源确实如全氏所云是他的先世旧闻，抑或是全氏自己的推论，都不失为一种创见。赵一清接受了他的说法，在《水经注释》中辨验文义，离析其注中之注，以大字细字分别书之，使语不相离而文仍相属。赵氏的尝试，从某些方面来说是成功的。所以全氏治郦的造诣以及其七校本的成就，在郦学研究史中无疑有其应有的地位。王先谦竟以林颐山的几句指摘而把七校本排斥于合校本之外①，这样的做法实在有失公正，而且也是合校本的美中不足。

　　清代的最后一种郦注佳本是王先谦的合校本。王氏究心郦学，生平常随带《水经注》为之考订，最后终于完成了这个合校本。此书系以殿本为准，而和朱、赵各本及孙星衍校本等加以参校，存众说于一编。置此一书，等于齐备了数种版本，使读者收事半功倍之效。其中孙星衍校本是一种稀见的手写校本（以黄晟本作底本），据萧穆所知，当时仅有刘履芬、薛福成和萧穆各录出一本②，王氏所用之本即得自萧穆③。抄本恐怕早已不见，赖合校本之功，留下了这一种稀见的校本。④

　　最后谈谈郦注的最近版本，即杨守敬、熊会贞的《水经注疏》。此书原是稿本，直到 1955 年科学出版社影印出版后才公之于世，此中详情可参阅该书卷首贺昌群所写的"说明"。这是一个很好的版本，在校勘和注疏方面都有可喜的成就，兹举例如下：

　　卷三十五《江水》经"又东北至江夏沙羡县西北，沔水从北来注之"注云：

　　通金女、大文、桃班三治，吴旧屯所，在荆州界。

① 合校本例略："全氏七校本《水经注》晚出，浙中慈溪林颐山晋霞斥其伪造，抉摘罅漏至数十事，顷岁刊行兹编，一字不敢阑入。"按林，光绪壬辰进士，曾任南菁书院山长，其著作目前尚存的仅有《经述》三卷，并未涉及《水经注》事。
② 萧穆：《记孙渊如先生水经注手校本》，《敬孚类稿》卷八。
③ 合校本例略："一校孙本，孙星衍伯渊所手校，桐城萧穆敬孚闻余校刊《水经》，持之相饷。"
④ 刘履芬本今尚存北京图书馆，系以同治二年余氏明辨斋重刊乾隆八年黄晟槐荫草堂刊本为底本，有刘履芬跋，并临孙星衍校注。

　　对于金女、大文、桃班这三治，历来成为疑难地名，长期不得解决。《历代地理志韵编今释》卷首序云："金女、大文、桃班、阳口、历口之类，皆不见于诸志……亦不能无疑焉。"注疏本把"治"字改成"冶"字。杨疏云：

　　《隋志》：江夏县有铁。《寰宇记》：冶唐山在江夏县南二十六里，《旧记》云：宋时依山置冶，故名。疑即注所指之冶。

　　又同卷经"鄂县北"注云：

　　江津南入，历樊山上下三百里，通新兴、马头二治。

　　这个"治"字，注疏本也改作"冶"字。熊疏云：

　　《晋志》：武昌县有新兴、马头铁官。《唐志》：武昌有铁。《御览》八百三十三引《武昌记》：北济湖当是新兴冶塘湖，元嘉发水冶。……《一统志》：新兴冶在大冶县南。

　　如上所述，杨、熊认为"治"字是"冶"之误，确是持之有据的。以上的校勘是在疏证的结论上进行的。有时候，校勘虽无所得，但疏证仍甚严密。也举一例。

　　卷三《河水》经"又南过赤城东，又南过定襄桐过县西"注云：

　　河水又南，太罗水注之，水源上承树颓河，南流西转，迳武州县故城南，《十三州志》曰：武州县在善无城西南百五十里。

　　这里的"武州县"，大典本、注笺本、项本等均作"武县"。熊疏云：

朱武字上下有脱文，赵作武州。……会贞按，《地形志》无武县，赵、戴因改为武州县。考《㶟水注》，武州川北流迳武州县故城西。武州川今为大同县西之十里河，西去树颓水数百里，东流入㶟尚在武州之西，树颓水西流入河，安得西迳武州之南，则此非武州县审矣。……据《十三州志》，此县在善无县西南百五十里，则在汉定襄郡地。定襄所属有武进、武要、武皋等县，皆不在树颓水滨。又有武城、都武两县，今失其地，此县必居其一，然莫能定，未敢以意增字。

如上疏，熊氏虽然最后无法考定这个县名应该是武城县抑是都武县，但应该承认其疏证是很严密的。可惜在全书近 115 万字的疏证之中，像上述那样的例子还不是很多，大量的文字都是一般考证和解释性的。此外，对郦注的许多缺佚，注疏本的工作也并不令人满意。所以，尽管《水经注疏》的某些成就的确称得上是前所未有，但其总貌距殿本仍然并不很远。因此贺昌群在卷首"说明"中所提到的："长江后浪催前浪，对这部书的增补改订，当待后之来者。"这话是很实在的。

在大致评介了《水经注》历来的重要版本以后，总的印象是，自从明代后期的《水经注笺》以来，在校勘和注释不断取得成就的过程中，郦注版本也随之有所发展。特别是到了 18 世纪后期，出现了全祖望、赵一清、戴震等这样的治郦名家，而 1774 年的殿本，就是代表这一时期的最高水平的版本。殿本问世至今又超过了 200 年，时至今日，此书已经不再是清刘继庄所慨叹的"无人能读"了。[①] 这些年来，历史地理学和考古学等学科，已经普遍地利用了《水经注》的丰富材料。今天，人们对于这部著作的研究，已经不仅是欣赏文字，而是通过历史地理学的分析，吸取它的科学内容了。正因为如此，过去的版本就显得不能满足今天的需要。为此，出版一种能够代表今天水

___

① 刘继庄《广阳杂记》卷四。

平的郦注新版本，已经成为当务之急，有待于历史地理学界和有关学科的同志们来共同完成。

附　记

本文在《中华文史论丛》1979 年第 3 辑发表前夕，笔者于是年 8 月下旬去秦皇岛参加中国地理学会，会后承天津人民出版社之邀在津小住数日，因蒙天津市人民图书馆黄钰生馆长慨允阅读该馆珍藏小山堂抄本、全谢山五校《水经注》，骤见之下，如获瑰宝，精神为之一爽。展读竟日，殊觉爱不释手。书系四明卢氏抱经堂旧藏，分装 8 册，卷首从《读书敏求记》抄入郦序，益证《四库提要》"诸本皆佚"之语为虚妄。卷首又罗列参校诸本共 25 种，末云："戊午夏抄篁庵病翁五校毕漫志于首。"戊午当是乾隆三年（1738）。因书系小山堂所抄，故版框上下甚至行间题下，夹入赵一清批注甚多，字迹有草率不可辨者，但要旨大体与注释本合。全氏书虽复经七校而付刊，但此本实合全、赵二家心力，其价值远在坊刻七校本之上。驿治郦有年，既恨读此书之晚，又喜终获一睹此书也。《版本》既已发表，此书不及载入，用特附记数言如上。

1979 年 10 月

原载《中华文史论丛》1979 年第 3 辑，第 191—203 页

收入《水经注研究》第 366—381 页

又收入《水经注论丛》第 108—119 页

关于《水经注疏》不同版本和来历的探讨

《水经注》是我国重要的历史名著，流传至今，历时已达 1400 多年。长期以来，学者对此书校勘笺疏，传抄刊印，为后学提供了许多佳本，我在拙作《论水经注的版本》^① 一文中已述其详。清乾隆一代中，郦学名流全祖望、赵一清、戴震等相继校勘，名本迭出，盛极一时，从此竟有后继乏人之感。及至清末民初，地理学家杨守敬异军突起，矢志治郦。在其门人熊会贞的襄助下，尽毕生精力，从事《水经注疏》的撰述，终于基本上完成了这一种郦注最新版本。《水经注》大于《水经》达 20 倍，而《水经注疏》则又大于《水经注》近 4 倍。所以，在篇幅之浩大、征引之广博、考订之精详等方面，它使以前的所有版本都为之逊色。

此书第一种公开发行的版本，即科学出版社影印《水经注疏》，于 1957 年底出版。尽管这个版本如以下将要论述的，并非熊会贞认可的最后定本，但它在国内外学界发生了很大的影响。我国郦学界老前辈钟凤年先生，自此书出版之日起，即着手对此书进行校勘，经过多年辛勤工作，终于完成了长达 7 万言的《水经注疏勘误》^②。年逾八旬的段熙仲教授，接受出版界的委托，也已经完成了此书排印本的点勘工作^③。在日本，著名郦学家森鹿三教授于 1964 年 4 月到 1970 年 3 月间，在京都大学人文科学研究所举办了一个《水经注疏》订补研究

---

①《中华文史论丛》1979 年第 3 辑。
②《古籍论丛》，福建人民出版社 1982 年版。
③ 据段熙仲教授 1983 年 2 月来信。

班①，费时 6 年，在订补《水经注疏》的基础上，出版了他们的研究成果之一，日译本《水经注（抄）》。②

《水经注疏》从撰述到问世，经过情况相当复杂。在我国郦学研究史中，当乾隆年代的鼎盛时期，曾经发生过戴赵相袭的悬案，至今言人人殊，莫衷一是。而《水经注疏》从其第一种影印本出版到今天，为时还不到 30 年，其中已经产生许多令人不解的问题。今日提出来进行商讨，或许还有不少知情人可以解释原委。时日迁延，则不仅将如汪辟疆在其《明清两代整理〈水经注〉之总成绩》一文中所说的："有关掌故，后世懵焉而已"③，而且以讹传讹，节外生枝，或许会出现更多乖离事实的传说。我们当然不希望这样一部巨大的著作让后世不明真相的人牵强附会。所以特撰写此文，既把我所知道的此中曲折和盘托出，同时也作为一种呼吁，请海内外治郦同仁，各抒己见，及早把此书的渊源经历，解释清楚，使后学不致再在这个问题上虚耗精力，浪费时间。

杨守敬是从清同治、光绪之间就潜心治郦，着手撰述《水经注疏》的。到了光绪五年（1879），他完成了此书的第一部初稿。但是他不以这部初稿为满足，从此开始，又在其门人熊会贞的参与下，继续修改此稿，直到光绪三十年（1904），才完成了《水经注疏》的第一次修改稿计 80 卷。在文稿修改的同时，他们师生又从事于按文制图，完成了《水经注图》的编绘工作，全套 8 册，采用古今对照的形式、用朱墨套印，于光绪三十一年（1905）刊行。

但这部修改的《水经注疏》并未付刊，当时陆续刊行的，只有篇幅较短的《水经注疏要删》（光绪三十一年，1905）、《水经注疏要删补遗》和《续补》（均在宣统元年，1909）等。这当然是因为原稿篇

---

① 船越昭生：《森鹿三先生和〈水经注〉研究》，《地理》第 26 卷第 3 期，东京古今书院 1981 年版。

② 陈桥驿：《评森鹿三主译水经注（抄）》，《杭州大学学报（哲学社会科学版）》1981年第 4 期。

③《杨熊合撰水经注疏》卷首，台北中华书局 1971 年版。

幅庞大，刊行不易。同时，杨氏显然还有继续修订，精益求精之意。等到杨守敬于民国四年（1915）去世时，全稿尚未修改完成。所以他临终对熊会贞嘱咐："《水经注疏》不刊，死不瞑目。"而熊会贞回答："鞠躬尽瘁，死而后已。"[①]杨死后，熊会贞移居武昌菊湾杨氏故居，继续修订，"又二十二年，书凡六、七校，稿经六次写定"[②]。直到30年代中期，"世变方殷，杀青无期"[③]。说明当时熊氏还没有一种认为即可付刊的定稿。而他却于民国二十五年（1936）弃世。所以今天流行的《水经注疏》并不是熊氏本人最后认可的定本，这中间还存在着不少值得商讨的问题。

由于郦学研究中曾经发生过前已述及的戴、赵相袭的悬案。为此，杨、熊二人尽管是师生之谊，而他们两人都接受这种教训并在这方面小心谨慎。这在熊会贞去世前亲笔书写的《十三页》[④]中就可以看得明白。《十三页》指出，杨守敬在生前已经注意到这个问题："先生初说，此书二人同撰，文各一半。"杨并且还把此书在日后出版时，杨、熊二人的署名方式也作了规定。[⑤]熊会贞出于他对老师的尊敬，在《十三页》中又另外写了一条："文先生三分之二，会贞三分之一。"并且述说："通体凡先生说，止作'按'字，不必指先生之名；会贞说，则作'会贞按'三字，以示附见。"仅就这一点而言，现在我们看到的本子，不论是影印本或抄本，就都没有遵办。这也就说明，这些本子，都不是熊会贞认可的最后定本。

为了把问题弄得稍有眉目，首先让我们讨论一下，《水经注疏》至今究竟有几种不同的本子存在。关于这方面，我往年曾经过目的，

---

① 汪辟疆：《明清两代整理〈水经注〉之总成绩》。
② 向宜甫：《水经注疏》（1949年武昌亚新地学社排印本）"序言"。
③ 刘禺生：《述杨氏〈水经注疏〉》，《世载堂杂忆》。
④ 熊会贞晚年陆续写成的修改《水经注疏》的意见，共13页，并无任何标题。后来有人更改其内容，并冠以《遗言》的标题。本文据影印13页原文，姑名为《十三页》，以示区别于后人更改过的《遗言》。
⑤ 据《十三页》，杨先定：宜都杨守敬疏，门人枝江熊会贞疏。后改作：宜都杨守敬纂疏，门人枝江熊会贞补疏。

共有四种本子，即两种残本和两种影印本。

第一种残本是中国科学院图书馆所藏的一部朱栏粗格稿本，仅存卷八《济水注》一册。这是杨守敬早年稿本的一种，稿本的格局完全是一种开雕的形式，因为当时山东的刻工较廉，所以这是杨预备送到山东去开雕的底本。其事在陈衍的《杨守敬传》[①]中记有原委。贺昌群在科学出版社影印《水经注疏》卷首的"说明"中也提及此事，并且把这个残本也作了影印，作为北京影印本的附件，所以大家都能看到，不必赘述。

第二种残本是 1949 年武昌亚新地学社的一个排印本，书系 16 开，仅一册，收入《河水注》三卷。卷首有向宜甫序，卷一以后又夹入李子魁叙言。向宜甫在序中提到："余于一九三九年冬晤李子魁教授于重庆沙坪坝，尝为予道其遗事，并搜集散稿，钩稽群籍，更改体例，重加整理，汇订成书，请序于余，余因之有感焉，爰述其经过如此。"则此书乃是李子魁所"更改体例，重加整理"的。李子魁据他自述是接受熊会贞遗命助杨、熊完成他们未竟之功的。但熊氏亲笔《十三页》中有一条说："合校本以戴为主，看甚分明。今变动则以朱为主，而据赵、戴订之，或自订之。通体朱是者作正文，非者，依赵、戴等改作正文。不能如合校本之尽以戴作正文也。此点最关紧要。会贞衰颓，不能再通体修改，全仗鼎力。必如此，全书方有主义。"另一条又说："顾亭林推朱笺为有明一部书……今朱笺以为祖本，据赵、戴订之，或自订之，俾更加密焉。"可是李却未曾遵照熊所说"最关紧要"和"朱笺为祖本"的指示，而自作主张，更改体例，把杨、熊以朱笺"为祖本""作正文"的"主义"，改成以合校本作正文，却在卷一署名："宜都杨守敬撰"，卷二署名："宜都杨守敬撰，枝江李之魁编"，卷三署名："宜都杨守敬、枝江熊会贞、李子魁编撰"，说明李不仅更改体例，而且喧宾夺主。因此，这个本子，虽然也列杨、熊之名，而

①《虞初近志》卷七。

且封面上赫然《水经注疏》四字，其实只能作为李个人编辑的一种东西，若杨、熊在世，当然是绝不能容忍的。

第三本是前已述及的科学出版社于1957年12月影印出版的《水经注疏》。此书原委，在卷首贺昌群于1955年7月所写的一篇"说明"中有详细交代。它原是熊会贞在其修订过程中请人录出的一部抄本，由住在武昌的黄陂人徐恕（行可）所收藏。中国科学院于1954年向徐购买了这部抄本，然后付诸影印。贺昌群说："这部钞本是熊会贞生前写订的，同一书手同一时期抄录两部，一部为前中央研究院所得……另一部即此稿。"李子魁曾经寄给我一篇他于1957年元月在北京北魏胡同17号中国科学院招待所写的题为《中国科学院科学出版社即将印行水经注疏》的短文复写本（原文在当时是否发表过，我不知道），文内也提及此事："'九一八'日寇猖狂侵略我东北领土，熊氏深虑稿本失传，允许汉口华实里书商徐行可抄录副本。"则这个副本是在1931年以后抄出的，显然不是熊氏最后的定稿。徐行可与熊的关系，《十三页》中是提及的："友人黄陂徐恕行可，博学多闻，嗜书成癖，尤好是编，每得秘籍，必持送以供考证，益我良多，永矢弗萱。"这里虽然没有谈到抄录副本的话，但根据"永矢弗萱"的关系，录副是可能的。这个副本之绝非熊氏最后定本，还可以从它的错误千出中得到证明。钟凤年先生在这个本子中校勘出来的包括注文和疏文的错误超过2000处。其实，因为钟先生最后没有获得台北中华书局影印本加以对勘，否则，他必然还能节省大量的精力，并且校出更多的错误。以《浙江水注》一篇为例，钟先生校出了杨、熊疏文中的错误共47处，而我用台北本对勘，却校出了这个北京影印本的错误共55处。[①]

第四本是台北中华书局1971年影印出版的《杨熊合撰水经注疏》。这一本虽然经过了较长时期的颠簸曲折，但它的来龙去脉还是清楚的。它的底本即贺昌群所谓"同一书手同一时期抄录两部"中的一部。它

[①]《评台北中华书局影印本〈杨熊合撰水经注疏〉》，《杭州大学学报（哲学社会科学版）》1983年第1期。

于 1938 年 7 月由中央研究院和中英庚款董事会作价从杨守敬的孙子杨勉之处购得。当时正值日军进攻武汉，战局十分紧张之际，抄本经抢运到香港，再从香港运抵重庆。国民党中央社曾为此稿运抵重庆而发过专电[1]，所以是举世皆知之事。这部抄本以后又辗转到了台湾省"中央图书馆"，直到 1971 年付诸影印。从抄本的格局笔迹来看，则贺昌群所谓"同一书手同一时期"的话是不错的。所不同的是这部抄本一直留在熊会贞身边，得到熊的不断校阅修改，改正了许多抄写中的错误，并加入了不少新的资料，这就是台北影印本在质量上远胜北京影印本的原因。此中细节，我在拙作《评台北中华书局影印本〈杨熊合撰水经注疏〉》[2]一文中已述其详，这里不必赘述。必须指出的是，这部抄本虽然一直留在熊的身边，留下熊不断修改的痕迹，但是，它在许多地方都和熊亲笔《十三页》的规定大相径庭。如按《十三页》的规定修改这部抄本，有的当然必须大事更改，有的却是一举手之劳而可就的，但抄本都未作修改。说明这部抄本后来也被熊所放弃，熊在晚年必然另有定本无疑。

除了上述四种我往年目击的本子外，不久以前，我又看到了另外一部抄本，那是我在日本看到的。因为对于这部抄本的存在，国内郦学界可以说绝不知情，所以事情还得从头说起。

按照国内郦学界历来所知的情况，熊会贞当年并未让日本郦学界抄录过《水经注疏》的副本，所以绝不会料到此类抄本在日本的存在。1949 年武昌亚新地学社排印本《水经注疏》卷首向宜甫序云："日人森鹿三，极服熊氏以一生精力成此绝业，乃于一九三○年夏四月，遣松浦嘉三郎走武昌求其稿，不获，又两谒，许以重金，乞写副，熊氏以大夫无域外之交，因拒之，卒不为夺。"此后，刘禺生在其 1960 年出版的《世载堂杂忆》的《述杨氏水经注疏》一文中也说："会贞在日，日人森鹿三极服其学，遣松浦嘉三郎走求其稿，不获，又两谒，

① 台北中华书局编辑部《杨熊合撰水经注疏稿本提要》。
②《杭州大学学报（哲学社会科学版）》1983 年第 1 期。

许以重金，乞写副本，会贞固拒之，卒不为夺。"则向宜甫和刘禹生所记载当是同一来源。另外，北京影印本卷首贺昌群的"说明"中引用了徐行可的话："徐氏说：抗战期间，武汉沦陷时，日人多方搜求此稿，向徐氏加以压力。他百计回避，保全了此稿，未落于日人之手，言下感慨系之，不禁泫然。"不过徐氏的话与向、刘二人的话当然还应该加以区别，因为这是他的一面之词。或许是确有其事，也或许是为了借此抬高这部抄本的身价，我们都无法肯定。不过徐氏的话，对于说明他也不知道日本已经存在了此书抄本的事，倒是一种极妙的旁证。总之，日本所存的《水经注疏》抄本，在中国，从郦学界以至熟悉此中行情的书商，可以说都是茫然无知的。

去年9月，我应日本关西大学之聘，为该校大学院（研究生院）作关于《水经注》的讲学。其间，又应森鹿三教授的高足、奈良女子大学船越昭生教授之邀，访问了该校。船越教授和我谈及，说森教授生前曾亲口告诉他，熊会贞当年曾允许森录出一部《水经注疏》的副本。当时相互间订有一项君子协定，即在中国未出版此书时，森不得以任何形式在日本出版这部抄本。森遵守了这项协定，并将这部抄本送给了京都大学人文科学研究所。

听到这个消息，我不久就请森教授的另一位高足、关西大学的藤善真澄教授陪同，去到京都大学人文科学研究所。承该所狭间直树副教授的接待，随即从书库中取出这部珍藏的抄本让我阅读。抄本分装四函，共40册，有京都大学藏书章。每册卷首均有毛笔正楷"森鹿三氏寄赠"六字。全书字迹端正，虽与北京、台北二本并非同一书手，但体例、格局与二本无异，其为同一时期抄录之副本，可以无疑。总之，对于这一部抄本的渊源，除了船越教授所告及亲眼目击的实况以外，其他我无法置评，留待国内郦学界继续研究。

除了上述我所见过的五本以外，《水经注疏》的其他本子，必然还有存在，其中最信而有征而且极关重要的，就是汪辟疆教授在重庆所见的所谓"誊清正本"。汪氏在其所著《明清两代整理〈水经注〉

之总成绩》一文中说:"是《水经注疏》一书,自杨氏创稿至今,已逾六十余年矣。稿凡数本:其一本,为中央研究院所得;其誊清正本,则仍在李子魁处。今余所及览者,则李君所藏之正本也。"汪辟疆在这篇文章以后还另外撰了一个《附记》,对这部所谓"誊清正本",说得尤为明白:

> 宜都杨守敬,枝江熊会贞《水经注疏》四十卷稿。今由熊先生哲嗣小固及李子魁君运渝,而杨、熊二氏生前所用参考书,凡百数十种,丹黄满帙,极可宝爱,近亦由武昌设法运至安全地带。李君追随熊固之先生最久,私淑邻苏。而又亲佐熊先生钩稽群籍,襄此鸿业。熊先生于民国二十五年逝世,临卒,又手草补疏水经注疏遗言凡四十条,交李君赓续办理,以竟全功,则此后整理全疏非李君莫属也。日前李君来谒,亟思于此时设法刊布全稿,以永流传,且亦杨、熊二先生素志也。余曾以此稿语之章行严先生,行严先生极愿尽力,因属子魁往谒之。

熊小固、李子魁所带往重庆的这个"誊清正本",以后未见出版,下落亦不可知。台北影印本卷首台北中华书局编辑部所写的《杨熊合撰水经注疏稿本提要》中也说道:"别有誊本及参考书数百种存李子魁处,不知今犹无恙否耳。"

这个"誊清正本",不仅其下落值得查访,其渊源也大可研究。当前中央研究院购买今台北影印本底本时,武汉的战局已濒紧张,据李子魁寄给我当时他与熊心赤(即熊小固)通信的复本,知熊、李两人当时均已离开武汉。当熊心赤从李子魁信中获知书稿被杨勉之出卖时,熊于这年(1938)9月20日复信李说:"奉足下手书,知先父水经注疏遗稿,已由杨姓出售,得价一万余元,其丧心病狂,惟利是图,一至此者,实出乎预料之外……因此稿根本非杨姓所独有,杨姓无单独处理之权,而违法出售,当然无效。"这里使人不解的是,一面痛诋杨姓出售书稿的"丧心病狂",另一面却身携"誊清正本"奔走重庆。这中间的关键可能是，在杨守敬和熊会贞的时代，杨、熊当然是师生融洽，彼此无间。但一俟杨、熊物故，到了子孙手上，则杨姓和熊姓的界线就划得十分清楚。杨勉之出售的书稿，是杨、熊合撰的著作，所以"杨姓无单独处理之权"。而"誊清正本"之所以能让熊心赤带走，正是因为这是熊会贞单独整理，是熊姓的东西。按台北中华书局编辑部在台北影印本卷首的提要所说："先生于民国四年逝世，而固之仍馆其家，暝写晨钞，历二十年如一日。二十五年，固之亦逝，全疏增删补正略已定，仅渭、沔二水尚待增订。"则这个"誊清正本"可能就是除了"渭、沔二水尚待增订"的熊氏晚年录出的定本。诚如是，则"誊清正本"必然远胜于今北京、台北两种影印本。假使这部本子能够查访得到，或许就可看到杨、熊《水经注疏》的最后定稿。

"誊清正本"这个名称是汪辟疆教授提出来的。既云"誊清"，必有底本。这个底本，大概就是熊会贞晚年最后写定的稿本。而这个稿本又到哪里去了呢？

我国郦学界至今还有不少人不知道熊会贞的悲惨结局。熊氏是因为稿本被卖而自杀的。他的乡友刘禺生的一段记载非常清楚：

守敬暮年，其书未成，而深信必传，举全稿畀之会贞。临卒曰：此书不刊，死不瞑目。会贞顿首涕泣，答曰：誓以毕生精力完成此书，以尽未竟之志。会贞居武昌菊湾杨氏故庐，又二十二年。书凡六、七校，稿经六易，略已粗定，而世变方殷，杀青无期，杨氏后人，阴售疏稿，图断会贞生计。会贞郁郁寡欢，因而自裁，与稿俱逝。时民国二十五年五月也。[①]

熊氏是怎样自杀的？向宜甫在 1949 年武昌亚新地学社排印《水经注疏》卷首序言中明白说出："顾昊天不悯，熊氏竟自缢逝世。"

---

①《述杨氏〈水经注疏〉》。

　　刘禺生所说的"略已粗定"，显然就是"誊清正本"的底本；所谓"杀青无期"，当是台北中华书局编辑部所说的："渭、沔二水尚待增订"；而"与稿俱逝"一语，说明这部底稿确实已被卖掉了。熊之所以因此走上绝路，也正是说明被卖的不是一部一般的抄本（当时，台北本的底本，尚在他手边；而北京本的底本，也在近在咫尺的徐行可处），而是至关紧要的、他最后写定的稿本。这部稿本究竟被卖到何处？至今下落不明。

　　熊氏死后，尽管北京本和台北本相继出版，但是，由于这两本如上所述，都不是熊氏最后的定本，因此，两本之中，恐怕有许多地方都不符合甚至违背熊氏晚年的旨趣。熊氏晚年的旨趣是什么？那就是他亲笔所写的《十三页》。往年，我曾经得到一份李子魁寄给我的题为《述整理水经注疏之经过》的短文的复写本，此文并有小标题《并附熊会贞先生补疏水经注疏遗言》。后来，当我获得了台北影印本时，看到卷首汪辟疆论文之后，就是这篇短文和所谓《遗言》文字与李寄我的完全一样，才知道这个《遗言》确是1937年李进入杨府后从《十三页》中整理出来的。不过，当杨勉之出卖这部显然经过李加工的抄本时，熊会贞的亲笔《十三页》仍然附在稿内，因此，这《十三页》也由台北中华书局影印，紧接在李所整理的《遗言》之下。才知《十三页》经过李整理以后，抵牾之处着实不少。首先，《十三页》绝无《遗言》字样，《遗言》是李所起的名称。熊在第一页中写道："今全稿覆视，知有大错，旋病未及修改，请继事君子依本卷末附数纸第四页所说体例改，多删名子甚易也。"李整理后，把"请继事君子依本卷末附数纸第四页所说体例改"20字，改成"请依下列所说体例补疏"10字。熊的意思是"请继事君子"赓续整理，说明他当时不曾指定哪一位。这和前面所引汪辟疆《附记》所说的："又手草补疏水经注疏遗言凡四十条，交李君赓续整理，以竟全功，则此后整理全疏非李君莫属也"的话大不相同。汪所写的这些，无疑是李告诉他的。现在由于核对无门，李的话我们既不能肯定，也无法否定。或许是李的一面之词，也或许熊确实另有委托他的信件。① 不过，在《十三页》中删去"请继事君子"这样的话，总不是一个接受《遗言》者所应该做的。

《十三页》的第一页中，另外一条重要的话是："先生未见残宋本、大典本、明抄本此书各卷，凡说残宋、大典、明抄，不得属之先生，当概删残宋本作某句、大典本作某句、明抄本作某句。"李对这一段的更改，可以说完全背离了熊的指示。李删去了"各卷凡说残宋、大典、明抄，不得属之先生，当概删……"的一整段，而把熊写在版框上端用作说明的一句话："残宋本、大典本、明抄本皆批见朱笺各卷书眉，又见各卷后"移接此处，最后李自己加上一句："改补疏者按。"使全文成为："杨师未见残宋本、大典本、明抄本。残宋本、大典本、明抄本皆批见朱笺各卷书眉，又见各卷后，改补疏者按。"这中间，"改补疏者按"这一句出自李的话是大有文章的。因为在台北影印本的每一卷卷首，除了"宜都杨守敬纂疏，门人枝江熊会贞参疏"这样两行，又都由李插入第三行："乡后学枝江李之奎补疏。"所以，这份经过李修改的《遗言》中的"补疏者"，其实就是李自己。李是 1937 年才进杨府的，而原稿中"残宋本作某"，"大典本作某""明抄本作某"的文句都是早已写定了的，怎能一下子都变成这位后来的"补疏者"的作品呢？

其实，上面所引的熊亲笔所写的这几句话，还只是整段文字的一半。因为《十三页》是他在许多日子里陆续写成，而并非一气呵成的。熊开始打算删掉残宋、大典、明抄的话，但后来他又改变了主意。原稿只空了一格，他又继续写道："今拟不删，以先生说，改为岭香孙世兄补疏。全书各卷中，先生按残宋本作某，或大典本、明抄本作某，尽改为先梅按，残宋本作某、大典本作某、明抄本作某，每卷开首题

① 李子魁《述整理水经注疏之经过》（台北影印本卷首）："顾天不假年，熊先生逝世，易箦之前，曾致余书。谓'水经注疏初稿已成，惟踳驳处多，急当修改。年华已暮，深恐不能勒为定本，望即南旋，以续整理之业'。"

名加一行，作孙先梅补疏。"这几句话实在是熊会贞为我国邮学研究史留下的一项重要资料，让我们知道，在熊当年对此书惨淡经营的过程中，孙先梅（岭香）曾经是他的得力助手。至少是今日书中大量出现的残宋本、大典本、明抄本作某句，都是他的劳动成果。杨守敬生前已经规定了此书出版时的署名方式是："宜都杨守敬纂疏，门人枝江熊会贞补疏。"熊考虑再三，最后决定在这一点上改变他老师的嘱咐，把自己的"补疏"改为"参疏"，而加上一行"孙先梅补疏"。在熊的全部《十三页》之中，这一条可以说最关重要。古人视所谓"三不朽"为神圣，对著作的署名，历来是了不起的大事，更何况其老师已经有命在先。而熊最后作出这样的决定，说明孙先梅在襄助熊的工作中确实不可抹杀。也就是说，他列名此书，是可以受之无愧的。

现在，不幸的是，先梅不仅不曾列名，而在李子魁整理的所谓《熊先生补疏水经注疏遗言》中，竟把这最关重要的一段话全部删掉了。只是由于当时"武汉时遭空袭"[1] 和"马当已失守"[2] 的紧张局势，李在匆匆离开武汉时来不及把熊的《十三页》从抄本中抽出，也可能是《十三页》是杨、熊两姓都知道的事不便抽出，也可能是当时这部抄本已在杨勉之手中。总之是一个十分幸运的原因，使我们今天仍能发现 40 余年前的事实真相。否则，在此书编撰上作过较大贡献的孙先梅，将泯泯然永不为人们所知道。

至于李子魁在今台北影印本的底本上，每卷都署名"乡后学李子奎补疏"之举，现在可以断言，绝非熊会贞的本意，熊会贞临死前曾函李求助，这是根据李自己的说法，我们已无法核对。就算这是事实，但也绝不会有让李列名"补疏"之意。因为如前已指出的台北中华书局编辑部《提要》所说："全疏增删补正略定，仅渭、沔二水尚待增订。"说明整理原稿的工作量已经不大。而事实上，在熊心赤 1938 年 9 月 20 日致李子魁信中所说："廿六年秋，由杨君勉之及弟商得兄之

---

① 1938 年 9 月 20 日熊心赤致李子魁信上语。

② 1949 年武昌亚新地学社排印本《水经注疏》序言向宜甫语。

同意，就杨府藏书处开始校雠工作。"则李整理此稿的时间还不到一年。我已从台北影印本中查核了熊生前认为"尚待增订"的渭、沔二水，内有"子奎按"的，计卷十七《渭水注》31 处：其中残宋本作某（有时也包括大典、明抄）的 24 处，只及大典本（有时包括黄省曾本）作某的 3 处，只及明抄本作某的 4 处；卷十八《渭水注》1 处（残宋本作某）；卷十九《渭水注》45 处：其中残宋本作某的 40 处，大典本作某的 5 处；卷二十七《沔水注》6 处（明抄本作某）；卷二八《沔水注》12 处（明抄本作某）；卷二十九《沔水注》6 处（明抄本作某）。以上渭、沔二水共 101 处，全部都不过是在"守敬案"三字之旁，插入"子奎按"三字而已。而其实在《十三页》中已经交代明白，所有这些按语，都是孙先梅的成果。在郦学研究中发生这样的事情，令人不胜遗憾。

前面已经述及，在清乾隆年代是郦学鼎盛时期。乾隆年代以后，郦学研究有过颇长时期的削弱，而杨、熊对郦学的研究和《水经注疏》的撰述，显然是乾隆以来郦学研究的又一次发展。虽然二氏都早已物故，但后学对于《水经注疏》这部有史以来最大的郦学巨著，仍然怀着很大的热忱，进行不断地研究。现在，当我们正在庆幸北京影印本和台北影印本次第出版的时候，却又不幸地发现了夹杂在这部巨著中间的种种模糊不清的问题和令人不怿的情况。溯昔抚今，确实使人感到不安。

但是，学术研究毕竟是实事求是的工作，我们当然不能回避这些已经出现的问题。我们希望，在经过不长时间的探索和讨论以后，这些问题都能早日廓清。

原载《中华文史论丛》1984 年第 3 辑，第 145—158 页

收入《水经注研究二集》第 92—106 页

论郦学研究及其学派的形成与发展

在我国历史上，后学为前辈著作作注的例子甚多，如颜师古注《汉书》，李善注《文选》，胡三省注《通鉴》等，都曾名重一时，具有很高的学术价值。这中间，郦道元注《水经》，无疑更为出类拔萃。《水经注》一书，篇幅超过《水经》20倍，文字生动，内容丰富，后世推崇，无与伦比，竟以"圣经贤传"[①]和"宇宙未有之奇书"[②]等喻之。宋代以来，学者开始从各个方面对此书进行研究，出现了这门牵涉广泛的"郦学"。近千年来，在许多著名郦学家的努力下，郦学研究有了很大的发展，并且形成了若干学派。本文拟在这方面稍作探讨和评论。

要论述这个课题，首先应该从《水经注》一书说起。《水经注》成于何年，历来各家说法纷纭，[③]迄无定论。但卷内出现的最后一个年代是延昌四年（515），[④]而郦道元遭萧宝夤杀害，则在孝昌三年（527），[⑤]故其成书必在公元515年以后，527年以前。从郦氏被害之日起直到隋统一的半个多世纪之中，北方战乱频仍，洛阳曾数遭兵燹；

---

① 丁谦：《水经注正误举例》小引，《求恕斋丛书》本。

②（清）刘献廷：《广阳杂记》卷四。

③ 如伯希和认为撰于6世纪初年（《交广印度两道考》第48页），费瑯认为撰于公元527年（《昆仑及南海古代航行考》第3页），足立喜六认为约在公元530年（《〈法显传〉考证》第188页），岑仲勉认为在延昌至孝昌（512—527）年间（《水经注卷一笺校》），森鹿三认为在延昌、神龟到正光五年（524年）的10年之中（《郦道元略传》，《东洋史研究》六卷二期，1950年）。

④《水经注》卷二十九《比水注》。

⑤《资治通鉴》卷一五一《梁纪》七。

这部巨著当年有几部抄本也不得而知，但却能奇迹般地度过成书后最艰危的 50 多年，《隋书·经籍志》著录此书作四十卷，显然仍是完璧。时至隋唐，国家承平，文化发达，传抄必有增加，这部巨著才开始为人们所渐知。所以隋代的《北堂书钞》、唐初的《初学记》等类书中，都曾收入《水经注》的大量资料。《北堂书钞》虽非官方著作，但作者虞世南是大业年间的秘书郎，而且在编著此书前不久参与过官修类书《长洲玉镜》的工作①，故其撰述所据资料，无疑来自朝廷藏书。至于《初学记》，则是朝廷文化机构集贤院的集体撰述，资料出于内库。这说明在隋唐之初，《水经注》的传抄本流传尚不普遍。此后，杜佑著《通典》，李吉甫纂《元和郡县志》，都曾引及郦注，但这些也都是官编著作，他们同样可以利用内库藏书。所以根据这些著作，还无法证明《水经注》当时已在民间流传。到了唐末，陆龟蒙诗说"《水经》《山疏》不离身"②。陆龟蒙虽然也当过几任小官，但终不过是个普通文人，他已可以随带郦注，说明《水经注》的传抄本，至此已经流入民间。

北宋初期的《太平御览》和《太平寰宇记》等书，都曾录入《水经注》的大量资料，情况与隋唐一样。说明朝廷仍然藏有此书抄本，而且都是卷帙完整的佳本。以后，随着传抄的流行，私人所收藏的本子显然有所增加。苏轼诗说："嗟我乐何深，水经亦屡读。"③苏轼读郦注确是很认真的，在《石钟山记》一文中，他不仅引用了郦注的记载，并且还对它作了评论。其实，到了苏轼的时代，《水经注》的流传，除了传抄以外，刊本也开始出现。苏轼应该是看得到北宋的最早刊本，即成都府学宫刊本及元祐刊本的。不过根据他在《石钟山记》中所引的文字，说明他所收藏的本子，远比成都刊本和元祐刊本完善。④尽

---

①　胡道静：《中国古代的类书》第 58 页，中华书局，1982 年出版。

②　据赵一清《水经注释附录》卷上所引。

③　苏轼：《寄周安孺茶诗》；赵一清《水经注释附录》卷上。

④　《石钟山记》（《苏东坡全集》卷三十七）所引《水经注》："下临深渊，微风鼓浪，水石相搏，声如洪钟。"不见于今本。

管北宋出现的刊本都绝非佳本，但刊本的出现，对于郦注的普及和郦
学的发展，无疑具有重要意义。

　　从隋唐到北宋，对于《水经注》的研究，还处于较低的水平，主
要是剪辑它所记载的各种资料：有的把这些资料进行分门别类，收入
各种类书，如隋《北堂书钞》、唐《初学记》、宋《太平御览》《书叙
指南》等；有的则摘取其片言只语，作为其他书文的注释，如唐初司
马贞作《史记索隐》，章怀太子注《后汉书》，等等；也有的把郦注资
料，按地区分类，录入全国总志或其他地理书，如唐《元和郡县志》、
宋《太平寰宇记》《晏公类要》《长安志》《元丰九域志》①，等等。所有
这些，当然属于郦注研究，不过研究的内容限于郦注的现成词句，其
方法也不过各取所需，剪辑这些词句而已。这种初级的郦注研究，对
扩大郦注的社会影响当然具有作用，但对郦注本身，却是无所考核发
明的。

　　北宋以后，金礼部郎中蔡珪②撰写了《补正水经》三卷，这是学
者深入研究《水经注》的嚆矢。尽管他的研究成果早已亡佚，但从至
今尚存的元欧阳元、苏天爵所撰该书元刊本序跋，③可以窥及当年蔡珪
的研究，并不是对郦注词句的简单剪辑，而是对该书的补充和修正。
按《水经注》一书在隋、唐志著录中均作四十卷，从隋唐以至宋初的
本子，估计都是足本。这些深藏内库的抄本，民间当然无缘得见，但
在宋初编撰《太平御览》《太平寰宇记》等书时，都曾作为依据。而
此二书中所引郦注，有大量为今本郦注所不见，这是宋初足本的明证。
但是当景祐年间编纂《崇文总目》时，发现藏在当时朝廷书库崇文院
中的此书抄本已经缺佚了五卷。从太平兴国到景祐不过50余年，东
京安谧，绝无兵燹水火的动乱，此五卷何由而佚，不得而知。或是在

---

　　① 今本《元丰九域志》未引《水经注》，但赵一清《水经注释》曾从此书辑出佚文
五条。《四库提要》卷六十《元丰九域志提要》云："民间又有别本刊行，内多古迹一门，
故晁公武《读书后志》有新、旧《九域志》之目。"故知今本不同于古本。
　　② 事迹附见于《金史·蔡松年传》。
　　③《国朝文类》卷三十六，赵一清《水经注释附录》卷下引《滋溪文集》。

太平兴国间编撰《太平御览》《太平寰宇记》《太平广记》等大部著作时，人手众多，管理不严，当时已经散佚，而至景祐时因编《崇文总目》才得察觉，亦未可知。嗣后，郦注的第一种刊本即成都府学宫刊本问世，经注混淆，内容寥落，即欧阳元《补正水经序》所谓"蜀版迁就之失"。而稍晚刊行的元祐二年本，虽有较好的何郯家藏本作底本，但从这个刊本覆刻而出至今尚存的明吴琯本来看，元祐本仍然无法与宋初的足本相比，无非割裂篇幅，凑足其四十卷之数而已。蔡珪的研究，正是在这种郦注版本散佚的情况下进行的。今其书已佚，内容不得而知，但此书元至顺刊本欧阳元序说："其详于赵、代间水，此固景纯之所难；若江自浔阳以北、吴淞以东，则又能使道元之无遗恨者也。"说明内容多有补充郦注之处；这也就是汪辟疆所说的："四十卷之原本，其中已佚五卷，金礼部郎中蔡珪补其亡失。"① 此书苏天爵跋说："（至顺三年）七月归至岳阳，与郡教授于钦止览观山川，钦止言洞庭西北为华容而县尹杨舟方校《水经》，念其文多讹阙，予因以《补正》示之，今所刻者是也。"据此，则蔡书还可能对郦注有所校勘。在蔡珪以前，绝未见到有对郦注作这般研究的学者。因此，蔡珪对于郦注的研究，实开校勘疏证、补遗纠谬之先河，在郦学史中具有重要的意义。

从明代起，《水经注》的研究开始盛行，不少学者根据宋代流传的刊本和抄本对它进行了校勘和注疏工作。关于这方面的成果，目前尚存的有嘉靖十三年（1534）的黄省曾刊本和万历十三年（1585）的吴琯刊本。黄、吴二人都对宋代流传而来的本子作了一些校勘和注疏。其中吴琯刊本据张宗祥的考证，认为其底本即是上述宋元祐刊本。② 黄、吴二人都是明代的学者，同时又是刻书家，经他们校勘覆刻的书籍甚多，《水经注》无非其中之一，所以他们对此书所作的校勘和注

---

①《明清两代整理〈水经注〉之总成绩》，台北中华书局影本《杨熊合撰水经注疏》第一卷，第二页。

②宋刊残本《水经注》卷末张宗祥写跋："吴琯刻出自元祐"。

疏，实在是很有限的。因此，今日我们所见的这两种刊本，经注混淆，错漏歧出。如与以后出现的各种佳本相比，则黄、吴对于郦注的研究，实在算不得什么。但是，从郦学发展史的角度评论，二人的功绩却也是不可抹杀的。这是因为，第一，他们除了多少也取得一点校勘和注疏的成果以外，特别重要的是他们对郦注的这种校勘和注疏的研究方法，对后世具有倡导作用。从他们起直到清代，郦学研究的主要内容和成果，仍然集中在校勘和注疏这两个方面。第二，他们都是明代著名的刻书家，主持刊印的书影响较大，流行较广，这不仅在社会上起了传播郦学的作用，同时也为后学研究郦注创造了条件。以后的不少郦学家，都以他们刊印的书作为底本，从事郦学研究，例如清初郦学家孙潜以吴琯刊本作底本进行研究工作，而清初的另一郦学家沈炳巽则以黄省曾刊本作底本进行研究工作。嘉靖、万历以来，郦学研究风气日盛，是和黄、吴的研究以及他们刊本的流行分不开的。

黄、吴以外，这个时期的另一位有刊本行世的郦学家是朱谋㙔。朱书刊印于万历四十二年（1614）。卷首序言说：

> 则知《水经》一注，撷彼二百四十四家，菁英居多，岂不诚为六朝异书哉！顾传写既久，错简讹字，交棘口吻，至不可读，余甚病焉。间尝紬绎割正十之六七，已与友人绥安谢耳伯、婺源孙无挠商榷校雠，十得八九，则惧古今闻见，互有异同，未敢轻致雌黄也。乃援引载籍，以为左券，名曰《水经注笺》。①

从上列序言中可见，朱在校勘此书的过程中，曾与谢耳伯（名兆申）和孙无挠（名汝澄）相切磋。而序言最后还提到，此书付刊以前，又有太学生李嗣宗（名克家）作了详细的校阅。所以《水经注笺》实际上是以朱谋㙔为主的集体研究成果。这是明代刊印的所有郦注版本

---

① 朱谋㙔自刊本《水经注笺》，武汉大学图书馆藏。

中的翘楚。清顾炎武推崇此书为"三百年来一部书"①，看来并不言之过甚。尽管朱所采用的底本，或许也是南宋的坊刻本，但由于他的卓越研究工作，使得从宋代以来，辗转传抄、经注混淆、错漏连篇的郦注，得到了很多修正，大大便于后人阅读和研究。以后的许多郦学家，都以《水经注笺》作为研究的基础。直至清代，许多郦注佳本，也都以朱笺作为底本。汪辟疆说："赵、戴二家，初皆依朱氏，惟赵采四明之说，戴托大典之文，始各自董理，以意改正，不复用朱氏之旧。殆赵、戴之书，先后流布，见者又谓二家臆改，反不如朱笺尚存真面目，言虽过激，要亦不为无因也。"② 当然，若说赵、戴在郦学上的成就不及朱氏，确是言之过激；但"不为无因"，其实就是后学对朱氏研究成果的重视。自从隋唐以来，学者对《水经注》的研究由来已久；自从金蔡珪作《补正水经》，对郦注本身的纠谬补遗，也已早有先例。但是，把《水经注》的研究作为一门专门的学问，即郦学，朱谋㙔实开其端。

在朱谋㙔注笺本刊印以前，至今存在的刊本和抄本为数尚有不少。其中刊本有北京图书馆所藏的残宋本以及上述黄省曾和吴琯本三种，抄本则有大典本，而著名的柳佥（大中）、赵琦美（清常道人）两家的研究成果，大部分为孙潜所录出，③ 至今亦仍可见。此外，北京图书馆所藏的何焯校明抄本、王国维校明抄本以及天津人民图书馆所藏的明练湖书院残抄本，为时或许也在注笺本以前。其中，残宋本和大典本的价值，在拙作《论水经注的版本》一文中已有论述，这两本当然都是佳本。但残宋本并无注疏，而大典本又被戴震作了过分的夸大，都是众所周知的。和上述所有各本相比，则注笺本校勘之精、注疏之广，都是别本所无法望其项背的。朱谋㙔在郦注的研究中，深校细勘，旁征博引，进行了大量的考据工作，从而促成了我国郦学研究中的第一个学派，即考据学派的诞生。

---

① （清）阎若璩：《古文尚书疏证》卷六下。
② 汪辟疆：《明清两代整理〈水经注〉之总成绩》。
③ 孙潜校本《水经注》，浙江图书馆藏。

在朱谋㙇建立郦学的考据学派后不久，明代末叶的郦学家之中，又形成了另一个郦学研究中的词章学派。这是由《水经注》一书在文学上的价值决定的。明末清初人张岱曾说："古人记山水，太上郦道元，其次柳子厚，近时则袁中郎。"①清刘献廷也说郦道元"更有余力，铺写景物，片言只字，妙绝古今"。②因此，对于郦注作文学上的欣赏，实在由来已久。明代中叶的杨慎就曾把郦注中的出色描写，摘录成编。③明朱之臣在其《水经注删》一书中，也在词章上下了许多功夫。而最后由万历年代的郦学家钟惺和谭元春二人创立了这个学派。钟和谭都是当时著名的文学家和诗人，由于二人均出于竟陵（今湖北省钟祥县一带），其文字风格便被称为"竟陵体"，声名不下于以袁宏道为首的"公安体"。《明史·文苑传（四）》说："钟、谭之名满天下"，可见一斑。他们认为《水经注》一书，除了山水描写以外，没有其他价值。谭元春说："予之所得于郦注者，自空濛萧瑟之外，真无一物，而独喜善长读万卷书，行尽天下山水，因捉幽异，掷弄光彩，归于一绪。"④充分表达了这个学派的治郦观点。他们以注笺本为底本，对郦注品词评句，任意发挥，在历来评论郦注词章的学者中，提出了最系统和最完整的见解。他们的研究成果，以后于崇祯二年（1629）由严忍公刊行，即今北京图书馆和宁波天一阁等收藏的所谓钟惺、谭元春评点本《水经注》。对于他们的文学观点和对郦注词章的评论，在当时就是褒贬互见的。《明史·文苑传（四）》说："然两人学不甚富，其识解多僻，大为通人所讥。"这不足为怪，在历代词章家中，知识丰富的当然很多，但由于科举取士的束缚（钟是万历进士，谭是天启举人），其中菽麦不辨的也大有人在。上面提及的治郦词章学派朱之臣即是其例。他在《温水注》"昆仑单舸"之下评曰："舸名新"。⑤说明

---

①《跋寓山注二则》，《琅嬛文集》卷五。
②《广阳杂记》卷四。
③《丹铅杂录》卷七。
④钟惺、谭元春评点本《水经注》谭序。
⑤《水经注删》，北京图书馆藏。

他全不知"昆仑"为何物，竟把它作为一只船的名称，令人啼笑皆非。诸如此类"大为通人所讥"的评论，在钟、谭的研究成果中也间或可见。不过，作为一个治郦学派，特别是他们所研究的这部著作，在文学上确实具有很大价值，因此，评论中纵然存在一些糟粕，我们自亦不必求全责备了。

自明末至于清初，郦学研究之风大盛，造诣很深的郦学家纷纷取得了丰硕成果。在朱谋㙔研究的基础上，考据学派在这一时期有了很大的发展。像康熙年代的孙潜、何焯和雍正年代的沈炳巽等，都在校勘上取得了出色的成绩。孙氏于康熙丁未、戊申（1667—1668）间，以吴琯本为底本，用柳佥、赵琦美等著名明抄本进行校勘。他在卷十六末自批云："岁事卒卒，兼患痔痛，故自（丁未）腊月七日辍笔至今九日，始得续校也，以艰于久坐，止校得此卷，遂复辍。"在寒冬腊月力疾校勘，辛勤可见一斑。何焯初校此书于康熙甲戌（1694），跋此书于康熙戊戌（1718），真可谓尽其毕生精力了（按：何卒于1722年）。沈炳巽初校此书于雍正三年（1725），历时六年，于雍正九年（1731）才完成其校本《水经注集释订讹》。上述各本，至今均存在，都是郦学考据学派的佳作。

此外，在浙东的著名郦学家族全氏，此时也正在从事郦注的校勘。这个家族从全元立、全天叙、全吾骐以来，已经拥有了研究成果，即所谓双韭山房校本。全吾骐之孙全祖望，在其祖传校本的基础上继续研究，于乾隆三年（1738）完成了对此书的五校，[①] 以后又完成了此书的七校，[②] 成为郦学考据学派中的一枝奇葩。全祖望在郦学研究中的主要贡献有两项：首先是区分经注上的成就，宋、明版本上经注混淆的现象十分普遍，在区分经注方面，全、赵、戴都有不少贡献，但杨守敬认为全氏实导先路。其次是全氏提出的郦注原系双行夹写、注中有

[①] 今有小山堂钞本，天津市人民图书馆收藏，参见拙作《小山堂钞本全谢山五校水经注》，《杭州大学学报（哲学社会科学版）》1981年第4期。

[②] 今有光绪十四年薛福成刊本全氏七校《水经注》。

注的说法。不管这种说法的来源确实如全氏所云是他的先世旧闻，抑或是全氏自己的推论，都不失为一种创见。赵一清接受了他的说法，在《水经注释》中辨验文义，离析其注中之注，以大字细字分别书之，使语不相离而文仍相属。赵氏的尝试，从某些方面来说是成功的。

　　赵一清的研究成果《水经注释》，是清代郦学考据学派的一大杰作。他首先深入钻研了朱谋㙔的《水经注笺》，评论得失，撰写《水经注笺刊误》十二卷。然后在朱笺的基础上，参照全祖望五校本和其他许多版本，于乾隆十九年（1754）完成了《水经注释》。此书不仅校勘精密、注疏详尽，并且还从孙潜校本抄录了失传已久的郦氏原序，又广辑散佚，增补了滱水、洺水、滹沱水、洛水、泾水等十二水。全祖望推崇赵氏的郦学研究，为此书作序说："安定至是始有功臣，而正甫之书，虽谓其不亡可也。"毕沅为此书作序说："道元之注，足以正经史之阙遗；而先生是书，又足以补道元之讹漏。经不可无注，注不可无释，断断然也。"赵一清在郦学研究中的贡献，于此可见。可惜《水经注释》成稿以后的三十余年中，只以抄本流传，直到乾隆五十一年（1786），才由其子赵载元刊行于世。抄本流传甚稀，见者亦罕，就难免为他人窃为己有，竟因此而造成清代郦学研究中长期争论的悬案。

　　稍晚于赵一清的著名郦学家是戴震。戴震早年就潜心郦学，于乾隆三十七年（1772）完成了他的第一个研究成果，即日后由孔继涵整理付刊的微波榭本《水经注》。戴氏接着奉命于乾隆三十八年秋进入四库馆，主校《水经注》，而于次年（1774）蒇事，即武英殿聚珍版本。此书一出，以前的所有郦注版本均无法与之抗衡，在郦学研究的考据学派中，戴氏因而达到了极高的地位。

　　戴震在郦学研究上的造诣是无可置疑的，其研究成果即殿本之胜于他本，也是众所共见的事实。但是作为一个学者，在社会公认的学术道德准则方面，戴氏或许不够检点，因而使这个时期的郦学研究蒙上了一层阴影。戴氏进入四库馆以后，可以随意阅读外间学者所无法接触的许多内库藏书，成为他得天独厚的条件。这中间包括著名的《永乐大典》本，也包括浙江巡抚所采进的全祖望、赵一清所校各本。本来，在校勘中利用前人的成果，这是由来已久的事，而且在全氏五校本和赵氏注释本中，卷首都开列参校书目，已经有了成例。可是戴震却没有这样做，而把他的一切成就都归之于外人无法窥见的大典本，又恐大典本日后为他人所见，竟至刮补其书以饰其非。① 在其校勘按语中，除注笺本因众人皆知不得不指名外，其他各本一律混称"近刻"，而在《潕水注》方城、《沘水注》芍陂、《施水注》成德、《羌水注》参狼谷、《浙江水注》固陵等五处各引归有光本以纠"近刻"之谬，而此五处其实均与全、赵本同。故学者以为戴所谓归有光本，亦是虚构以惑众。② 王国维云："凡此等学问上可忌可耻之事，东原胥为之而不顾"，③ 或许责人过甚，但是这等事作为后学的鉴戒，却是十分必要的。

戴震以后，在清一代中，可以称得上郦学考据学派的学者，还有孙星衍、王先谦等人。特别是王先谦，他在三十余年之中，凡是舟车旅途，都以郦注相随，用功之勤，可以想见。他编纂合校本《水经注》一书，熔郦学各著名考据学派成果于一炉，以便后学，厥功甚伟。但是对于这个学派来说，在全、赵、戴三家勤勉治郦时已经达于鼎盛，此后就无法再和这个全盛时代相比了。

另外，自从清初以来，郦学研究中的另一个学派，即地理学派，已经逐渐酝酿成熟，在郦学界显露头角。明末清初学者黄宗羲，在郦学研究中批判了考据学派和词章学派不务实际的流弊。他说："朱郁仪《水经注笺》，毛举一二传写之误，无所发明。"又说："今世读是书者，大抵钟伯敬（按：即钟惺）其人，则简朴之诮，有所不辞尔。"他又

---

① 孟森：《商务影印永乐大典水经已经戴东原刮补涂改弊端隐没不存记》，天津《益世报·读书周刊》，1936 年 11 月 12 日。

② 孟森：《戴东原所谓归有光本水经注》，天津《益世报·读书周刊》，1936 年 11 月 12 日。

③ 王国维：《聚珍本戴校水经注跋》，《观堂集林》卷十二。

从地理学角度，指出了郦注的不少错误："以曹娥江为浦阳江，以姚江为大江之奇，分苕水出山阴县，具区在余姚县，沔水至余姚入海，皆错误之大者。"① 所以他撰写了《今水经》一卷，先列表简示全国水道，然后按北水（淮水以北）、南水（江水以南）的次序，简单地描述了全国的重要河川。

黄宗羲以外，清初其他地理学家如顾炎武、顾祖禹、胡渭、阎若璩等，在他们各自的地理著作如《肇域志》《天下郡国利病书》《读史方舆纪要》《禹贡锥指》《古文尚书疏证》等书中，都密切结合了《水经注》的研究。清初的另一地理学家兼郦学家刘献廷批评历来郦学研究的不切实用时说："《水经注》千年以来无人能读，纵有读之而叹其佳者，亦只赏其词句，为游记诗赋中用耳。"② 刘氏的好友黄仪，曾按郦注，每水各绘一图，并考证两岸支流，一并绘入图内。赵一清称誉此图"精细绝伦"。③ 黄仪的《水经注图》曾为胡渭撰述《禹贡锥指》所参考。这是见诸记载的第一种《水经注图》，可惜此图早已亡佚，于今无从知其内容。黄仪以后，学者在郦学研究中开始重视地图的绘制。董祐诚的《水经注图说》与汪士铎的《水经注图》均是其例。不过前者编绘未竣，只有《河水》《汾水》等残稿四卷刊印问世，而后者则粗疏缺漏，无甚可取。直到光绪三十年（1904），杨守敬与其门人熊会贞，在完成了郦学研究的重要成果《水经注疏》初稿的同时，编绘了《水经注图》一套。全图八册，采用古今对照、彩墨套印的形式，于光绪三十一年（1905）刊行，这是郦学研究史上第一种比较完整的《水经注图》。杨、熊二人都是对地理学有精湛研究的学者，而《水经注疏》初稿的完成和《水经注图》的编绘，标志着郦学研究中的地理学派已经成熟。尽管长达一百多万字的《水经注疏》仍然包含着大量考据成果，杨、熊二人在校勘和注疏上也有重大贡献，但是郦

---

① 黄宗羲：《今水经序》。
②《广阳杂记》卷四。
③《水经注释》卷首参见书目。

学界已经开始发现，校勘和注疏并不是郦学研究的主要目的。正如陈运溶于光绪二十四年（1898）在《荆州记序》（《麓山精舍丛书》）中所说的："近世为《水经》之学者，又皆校正字句，无所发明。"尽管他批评考据学派的话，如说朱谋㙔"语焉不详"，说赵一清"尤觉妄诞"等，未免言之过激，但证实了这一时期地理学派在郦学界的兴起和发展。

作为地理学派代表人物的杨守敬和熊会贞在郦学研究中作出了卓越的贡献。杨于 1915 年去世，临终遗言："《水经注疏》不刊，死不瞑目。"[1] 熊会贞继承杨的研究工作，"瞑写晨钞，二十余年如一日"。[2] 熊于 1936 年逝世，在这以前，全书已基本定稿。当时曾录有抄本两部，这两部抄本，已先后于 1955 年和 1971 年由北京的科学出版社和台北的中华书局影印出版。后者由于其底本在熊去世前一直留在身边，朝夕校订，熊死后又由熊遗嘱委托李子魁整理近一年，所以远胜前者，拙作《评台北中华书局影印本〈杨熊合撰水经注疏〉》[3] 已述其详。《水经注疏》当然也反映了大量的校勘和注疏成果，并且还辑入了不少遗文佚句，但是由于有早年刊行的《水经注图》与之相得益彰，因此，它不宜与其他考据学派的研究成果相提并论，而应该认为是地理学派的巨构。从此以后，郦学与地理学进一步密切结合，又充满了蓬勃的生机。

下面，顺便对国外郦学家的郦学研究稍作论述。《水经注》不是一种一般的古籍，它包含着大量中国古代的自然知识和人文知识，并且还有艰深的文字结构，因此，没有扎实的汉学基础的外国学者，是不容易进入郦学之门的。所以外国的郦学家，必然同时也是汉学家。清末民初，西欧汉学家，特别是法国汉学家，就是以他们在汉学上的卓越造诣而从事郦学研究的。他们对郦学的研究，涉

---

① 刘禺生：《述杨氏〈水经注疏〉》，《世载堂杂忆》，中华书局 1960 年版。
②《明清两代整理〈水经注〉之总成绩》。
③《杭州大学学报（哲学社会科学版）》1983 年第 1 期。

及面较广，例如伯希和（Paul Pelliot）和费瑯（G. Ferrend）都考证过郦注的成书年代，[①]而沙畹（Edouard Chavannes）则在他主编的东方学杂志即 1905 年的《通报》中，用法文选译了《水经注》的少量卷帙。在郦学研究中，他们都做过一些考据工作。另外，他们都很重视《水经注》在地理学上的应用。例如伯希和，曾利用《温水注》的记载研究古代林邑国都城的所在，认为其地应在广南。马伯乐（H. Maspero）根据郦注研究 6 世纪初期林邑都城的位置，认为当在因陀罗补罗。鄂卢梭（L. Anuoseau）按郦注记载研究古代的区粟城和典冲城，并且确定了它们的地理位置。[②]近代的著名科学史专家李约瑟（Joseph Needham）也认为《水经注》一书，是"极度广泛的地理描述"。[③]由此可知，西方学者的郦学研究，不管其采用什么方法和根据什么需要，他们的立足点都在地理学上。

在外国郦学家的研究中，特别值得重视的是日本学者。日本的郦学研究具有优秀的传统，近年来，更为可观。例如，从 1964 年 4 月到 1970 年 3 月间，京都大学人文科学研究所曾经组织了一个《水经注疏》订补研究班，由著名郦学家森鹿三教授主持，对《河水》《汝水》《泗水》《沂水》《洙水》《沔水》《淮水》《江水》等篇进行了深入的研究，获得了不少成果。[④]日本的某些高等学校，以关西大学为例，至今仍然开设有关《水经注》的专门课程。[⑤]

日本郦学界拥有不少造诣很深的学者，1980 年去世的森鹿三教授即是代表人物。他毕生从事于郦学研究，著述甚多。据日本郦学家船

---

①《交广印度两道考》，商务印书馆 1933 年版；《昆仑及南海古代航行考》，商务印书馆 1930 年版。

②参见拙作《〈水经注〉记载的城市地理》，《中国历史地理论丛》第一辑，1981 年。

③ *Science and Civilization in China*，Vol.1，P.259

④船越昭生：《森鹿三先生和〈水经注〉研究》，《地理》二十六卷三期，1981 年，东京古今书院出版。

⑤据关西大学藤善真澄教授 1982 年来信所述。

越昭生的分析①，森鹿三的郦学研究可分两个时期：1931—1950 年为前期，1957 年以后为后期。森鹿三在学术上是拥护戴震的，因此，他的前期以发表拥戴为主题兼及其他研究的论文为主，其后期由于《水经注疏》已在我国出版，此书对他甚有影响，所以是他对郦注进行润色整理、协调风格的集大成时期。森鹿三的代表作，即是 1974 年出版的《水经注（抄）》，这是在他主持下，由日本当代的几位出色郦学家日比野丈夫、日原利国、藤善真澄、胜村哲也诸氏共同翻译的日文译本。关于此书情况，我在拙作《评森鹿三主译水经注（抄）》②一文中已有评论，这里不再赘述。必须指出的是，这个译本具有图文结合的特色，这在历来的郦注版本中是别开生面的。译者在每一卷译文中，都把杨守敬《水经注图》的有关图幅列于篇内。在全书之末，又附有检视图一幅，用以在一幅现代的新式地图上，查阅此书每一卷描述的空间范围，使读者可以就检视图所示的范围，对照新式地图，弥补所附杨图的不足。除了地图以外，译本中还插入了若干地理照片，如兰州附近的黄河水车、黄河水利工程等，具有强烈的区域地理色彩。所有这些，都说明了日本郦学家在郦学研究中的地理学观点。

　　以上大体说明了郦学研究中三个学派的形成和发展过程。首先是考据学派，这是郦学研究中的基础学派，它为不同学派的郦学研究奠定了基础。《水经注》一书，经过长期的辗转传抄，到了宋代，已经成为一部经注混淆、错漏缺佚的残籍，使人无法卒读。有赖于这个学派的出色研究，他们区分经注，纠谬补缺，收辑散佚，广加注疏，不仅在很大程度上恢复了原书的本来面目，而且由于注疏的精密详尽，大大方便了后学对此书的利用。自从明朱谋㙔以来，这个学派至清乾隆间而达于全盛，学者最多，著述最丰，在郦学研究中作出了巨大的贡献。但是，尽管古人在这方面已经做了大量的工作，在今后的郦学

---

　　① 船越昭生：《森鹿三先生和〈水经注〉研究》，《地理》二十六卷三期，1981 年，东京古今书院出版。

　　②《杭州大学学报（哲学社会科学版）》，1981 年第 4 期。

研究中，考据仍有必要。目前，在经、注文的校勘方面，各本都还存在不少缺憾。北京影印本《水经注疏》堪称精密，但与台北影印本相比，仅《浙江水注》一篇，就有上百处的错漏 ①。在注疏方面，森鹿三主译的《水经注（抄）》，仅《河水注》五卷，注释就达一千一百一十四条 ②，说明精益求精，事在人为。至于辑佚，潜力或许更大。考据学派是郦学研究中最古老的学派，可是并没有完成历史任务，再接再厉，还在后学。

另一个学派词章学派，按其性质是郦学研究中的欣赏学派。《水经注》虽然毫无疑问地是一部地理著作，但是由于它在文学上的精深造诣，因此，对于此书词章上的欣赏，无论在陶冶人民性情，丰富人民精神生活以及培养后学的文学技巧等方面，都有非常重要的价值。在不少卷帙中郦注的写法采用游记体裁，从现代旅游业的观点来评价，古代的游记，特别是像《水经注》这样语言生动、范围广阔的游记，乃是宝贵的旅游资源。明曹学佺编纂《名胜记》，所引郦注不下数百条，说明此书的生动描述与旅游的密切关系。今后，随着人民文化生活的提高和旅游事业的发展，郦学研究中的这个学派，必然大有可为。

最后一个学派是地理学派，这是郦学研究中的实用学派。在郦学研究发展的过程中，它形成较晚，但却具有极强的生命力和远大的前途。因为《水经注》本身是一部地理著作，拥有丰富的自然地理和人文地理内容，它为我们在地理学研究上提供了充分的资料。从近年来我国历史地理学界的研究来看，这方面的例子不胜枚举。史念海教授根据《水经注》的记载，研究壶口瀑布位置的迁移，成功地推算了黄河这一河段溯源侵蚀的速度。③ 陈吉余教授根据《河水注》《淄水注》《濡水注》《鲍邱水注》等资料，研究古代渤海海岸的

---

① 《评台北中华书局影印本〈杨熊合撰水经注疏〉》。
② 《评森鹿三主译水经注（抄）》。
③ 《河山集二集》，三联书店，1981年版，第175页。

变迁，也获得了令人满意的成果。① 吴壮达教授根据《浪水注》研究古代广州城市的形成与发展，由于注文内关于"水坑陵"的记载而获得了古番禺最早居民聚落的所在。② 所有这些例子，都说明按地理学方向进行郦学研究，将有美好的前景。数百年来，郦学研究中的考据学派通过他们的辛勤劳动，已为地理学派的崛起和发展奠定了基础，如同考据学派在乾隆年代盛极一时一样，今后，郦学研究中的这个古为今用的地理学派，也必然会出现一个全盛的局面。

原载《历史研究》1983 年第 6 期，第 51—61 页

收入《水经注研究二集》第 1—18 页

又收入《水经注论丛》第 317—330 页

---

① 《中国自然地理·历史自然地理》第五章，《历史时期的海岸变迁》，科学出版社，1982 年版。

② 《水经注的"水坑陵"问题》，《华南师院学报（自然科学版）》1980 年第 2 期。

郦学概论

引　言

在整个地球上，除了高山和荒漠等地区外，绝大部分地面都被大小河流所网络。河流滋润大地，哺育生灵。所以郦道元在《水经注序》中说："天下之多者水也，浮天载地，高下无所不至，万物无所不润。"在古代，人类文明往往与河流联系在一起。以我国的六大古都为例：西安为泾、渭、灞、浐、沣、滈、潏、涝八水所围绕，即所谓"八水绕长安"；洛阳按《洛诰》是在洛水的支流涧水和瀍水之间经过占卜而兴建的都城；开封在其全盛时代，即北宋的东京城，穿城而过的河流就有汴河、惠民河、五丈河、金水河4条；北京为永定河、潮白河、北运河、拒马河等所环绕，而西山水源，又在城内形成什刹海、北海、中南海等许多湖泊；南京在长江和秦淮河之交；杭州在钱塘江和大运河之交。所有这些，都雄辩地说明了河流与人类社会发展的重要关系。

正是由于河流的重要性，所以自古以来就受到人们的高度重视，大量地见于古籍记载。《五藏山经》是《山海经》成书最早的部分，是我国最早的地理书，大概撰于战国时代，里面已记载了100多条河流的名称。《禹贡》是比《五藏山经》稍晚的地理著作，记载了包括江、淮、河、济所谓"四渎"在内的三十几条河流，并且还记载了今洞庭湖、鄱阳湖、太湖等9个大湖。以后如《说文解字》记载的河流为数更多①，而《汉书·地理志》所记载的河流，不仅数量多，描述也更为详细。上述古籍当然不是记载河流的专著，它们既记载河流，也记载其他地理事物。不久以后，记载河流的专著相继出现，这种书称为《水经》。《新唐书·艺文志》著录："桑钦《水经》三卷。"这可能是我国最早的一部记载河流的专著。桑钦是西汉成帝时代人（公元前1世纪末），因此班固撰《汉书》时已能见到此书，在《地理志》中引用了6处。由于班固引用此书时只说"桑钦言""桑钦以为"等，未指《水经》书名，所以后世尚有不同意见。不过《汉志》所引6处，其内容恰恰就是绛水、漻水、汶水、淮水、弱水、易水等6条河流，因此很可能就是《新唐书·艺文志》著录的《水经》。《隋书·经籍志》著录："《水经》三卷，郭璞注"；《旧唐书·经籍志》著录："《水经》二卷，郭璞撰。"《旧唐书》"撰"字当从《隋书》作"注"字。宋《通志·艺文略》著录："《水经》三卷，汉桑钦撰，郭璞注。"《通志》的著录比《隋书》《唐书》完整，说明桑钦所撰的《水经》，到晋代由郭璞作注。这是我国历史上的第一部《水经》和《水经注》。可惜两书均已亡佚，内容除《汉书》引及者外，其余不得而知。

到了三国时代，另一种《水经》接着问世。此书不知撰者，也不详具体年代。清人根据书内地名考证："《涪水》条中，称广汉已为广魏，则决非汉时；《钟水》条中，称晋宁仍曰魏宁，则未及晋代。推寻文句，大抵三国时人。"②这项考证明白可信。但以后有人作其他解释，甚至提出经注同出一手，即均由郦道元所撰，于事甚属无稽，可以不论。《隋书·经籍志》另有著录："《水经》四十卷，郦善长注。"新旧《唐书》著录与《隋书》同，这就是今日通行的《水经注》，正是本文所要讨论的。

---

①《说文解字》卷一一上《水部》，收入河流共150余条。
②《四库提要》卷六九《地理类二》。

《水经注》的撰述与流传

《水经注》为北魏郦道元（？—527）所撰。道元字善长，涿州（今河北涿县）人。他出生于一个世代官宦家庭，一生中曾任北魏治书侍御史、颍川太守、鲁阳太守、东荆州刺史、河南尹、御史中尉等职，最后于关右大使任上在阴盘驿亭（今陕西临潼附近）为叛将萧宝夤所杀害。郦道元毕生勤奋好学，《魏书》和《北史》本传都说他"历览奇书"。他在一生戎马倥偬之中，竟撰成《水经注》这样一部巨著（今本尚有 34 万余字），被后世称誉为"圣经贤传"[1] 和"宇宙未有之奇书"[2]。此书撰述，究竟始于何时，成于何年，很难估计。全书中出现的最后一个年份是延昌四年（515），郦道元被害于孝昌三年（527），所以大体而言，此书当成于从北魏延昌到孝昌的十余年之中。

从郦道元被害直到隋一统，中间经过半个多世纪，洛阳曾数遭兵燹，庐舍为墟，但此书却奇迹般地得以保全。《隋书·经籍志》著录 40 卷，仍是完璧。隋时修类书《北堂书钞》，此书已被引用。唐初官修类书《初学记》，引此书尤多。后李吉甫主纂《元和郡县志》，亦常以此书记载为据。《唐六典》说："桑钦《水经》所引天下之水百三十七，江河在焉……郦善长注《水经》，引其枝流一千二百五十二。"[3] 这是当年卷帙完整的全部《水经注》的规模。宋初，此书仍完整无缺。官修类书《太平御览》及地理书《太平寰宇记》，两书规模均甚庞大，所引《水经注》更多，此后，北宋类书如《书叙指南》，全国总志如《元丰九域志》[4]，南宋类书如《玉海》，地理书如《舆地纪胜》《方舆胜览》等，莫不大量引用《水经注》的词句。不过在景祐年间，北宋朝

---

　　①（清）丁谦《水经注正误举例》，《求恕斋丛书》。
　　②（清）刘献廷《广阳杂记》卷四。
　　③《唐六典》卷七《工部·水部郎中》注。
　　④ 今本《九域志》并无引及《水经注》之处，按《四库提要》卷六〇《元丰九域志》下云："民间又有别本刊行，内多古迹一门，故晁公武《读书后志》有新、旧《九域志》之目。"赵一清从《九域志》辑录郦佚共 5 条，故知旧本《九域志》曾引及郦注。

廷书库崇文院整理书籍，进行编目（《崇文总目》），发现此书已亡佚
5 卷，《水经注》从此成为残籍。所以在《御览》和《寰宇记》以后，
各书所引多出自残本，宋初引及的滹沱水、泾水、洛水等河流，均在
亡佚的 5 卷之中，以后就很难见到了。

　　从隋唐直到宋初，《水经注》仅在官修书籍中引及，私家诗文绝
未见到，可见当时此书只在朝廷收藏，未曾流入民间。陆龟蒙在唐
末有诗句"《山经》《水疏》不离身"①。此《山经》当然是《山海经》，
但《水疏》并不能断言就是《水经注》。陆龟蒙撰诗甚多，却绝无来
自《水经注》的诗句，所以无法肯定在陆氏时代，郦注已经流入民间。
到了北宋中期，情况就显然不同。苏轼《寄周安孺茶诗》云："嗟我乐
何深，《水经》亦屡读。"苏轼诗中的《水经》即是郦注，这有他的其
他文章可以作证。他在《石钟山记》一文中说："郦道元以为'下临深
潭，微风鼓浪，水石相搏，声如洪钟'。"②说明他确实"屡读"《水经》。
北宋的另一学者曾巩，也在他的著作中引及《水经·沔水注》的白起
渠③。所以此书在当时已流入民间，可以无疑。也正是因为深藏朝廷书
库的此书能流入民间，为此书的传播与郦学的形成、发展提供了大量
的机会。

　　在雕版印刷盛行以前，书籍的流行主要依靠传抄。《水经注》当
然也是如此。一部 30 多万字的著作，经过多次的辗转传抄，不仅错
漏满篇，而且依靠传抄流传，数量毕竟有限，很容易因水火兵燹而毁
灭，终至亡佚。北宋后期，随着雕版印刷的发展，《水经注》的第一
种刊本，即成都府学宫刊本问世。这个刊本只有 30 卷，比《崇文总
目》著录的更少 5 卷，说明绝非宋初的本子。这个刊本出现后不久，
到元祐二年（1087），学者才又从何郯（字圣从）的藏书中得到一种
较好的抄本，以此本与成都府学宫刊本对勘，内容增加了十分之三，

---

①《和袭美寄怀南阳润卿》，赵一清《水经注释附录》卷上。
②《苏东坡全集》卷三七（天一阁藏本）。
③《襄州宜城县长渠记》，《元丰类稿》卷一九。

凑成四十卷之数，这就是《水经注》的第二种刊本。这两种刊本都早已亡佚。由于明人吴琯曾以元祐刊本作底，刊行了一种校本，至今尚存，因此，元祐刊本的规模，通过明吴琯刊本尚大致可见。元祐刊本虽然也并非佳本，但是，这些刊本的出现，使《水经注》的流传开始有了两条途径，除了传抄仍然继续外，效率比传抄高得多的雕版印刷，使《水经注》的流行和学者研究此书的条件，都有了很大的改善。

郦学的形成与三大学派的发展

《水经注》一书虽然内容丰富，牵涉广泛，但是自从隋唐以至北宋，学者在此书上所下的功夫无非是剪辑它所记载的各种资料。有的把这些资料进行分门别类，收入各种类书，如前已述及的《北堂书钞》《初学记》《御览》《书叙指南》等；有的摘取其片言只语，作为其他书文的注释，如唐初司马贞作《史记索隐》，章怀太子注《后汉书》等；有的则把郦注资料按地区分类，录入全国总志或其他地理书，如《元和郡县志》《太平寰宇记》《元丰九域志》等。所有这些，不过是对《水经注》的初步研究。这样的研究，对郦注本书无所发明，也不可能使《水经注》形成一门专门的学问。

南宋时代，金礼部郎中蔡珪[①]撰《补正水经》三卷，书虽亡佚，不知内容，但此书尚存元至顺刊本欧阳元的序，序云："其详于赵、代间水，此固景纯之所难，若江白浔阳以北、吴淞以东，则又能使道元之无遗恨者也。"[②]说明内容多有补正郦注之处。又此书苏天爵跋云："（至顺三年）七月归至岳阳，与郡教授于钦止览观山川，钦止言洞庭西北为华容而县尹杨舟方校《水经》，念其文多讹阙，予因以《补正》示之，今所刻者是也。"[③]据此，则蔡书还可能对郦注有所校勘，他对于

---

① 事迹附见于《金史·蔡松年传》。
② 《国朝文类》卷三六。
③ 赵一清：《水经注释附录》卷下引《滋溪文集》。

《水经注》的研究是前所未有的。在《水经注》研究中形成郦学这样一门包罗广泛的学问，蔡珪的研究是其嚆矢。

明代以后，由于雕版印刷业的发展，新的《水经注》刊本不断涌现，比较著名的有嘉靖十三年（1534）的黄省曾刊本，万历十三年（1585）的吴琯刊本。这些刊本多以北宋景祐以后的本子作底本，稍加校勘就匆促付刊，经注混淆，错漏连篇，所以多非佳本。万历四十三年（1615）刊行的《水经注笺》，是我们今天可以见到的《水经注》版本史上的第一部佳本。此本由朱谋㙔所校勘，常被简称作《朱笺》。朱字郁仪，是明宗室，受封为镇国中尉。他一生力学，《明史》本传说他"闭户读书"。他对《水经注》的研究功力尤深，曾和当时著名的郦学家谢兆申（耳伯）、孙汝澄（无挠）、李克家（嗣宗）等，经过长期的商榷校雠，完成了此书。顾炎武称道此书为"三百年来一部书"[1]；王国维也赞扬"朱氏之笺，实大有功于郦书"。[2] 所以朱谋㙔不仅开创了郦学研究中的第一个学派即考据学派，并且大大地丰富了《水经注》研究的内容，奠定了郦学繁荣发展的基础。考据学派在清初继续发展，出现了诸如孙潜、刘献廷、沈炳巽、何焯等一流学者。他们的辛勤工作，使《水经注》逐渐从残籍走向完璧。到了乾隆年代，这个学派终于出现了登峰造极的局面。三位郦学大师全祖望、赵一清、戴震，各以他们的精湛校本，为郦学研究创造了灿烂的前景。特别是成书最晚的戴震校本，即武英殿聚珍版本，吸取了全祖望、赵一清和其他一切佳本如《永乐大典》本和《水经注笺》等的成果，成为此书从北宋景祐缺佚以来的最佳版本，除了景祐缺佚的5卷无法弥补外，其余基本上已经恢复了郦注的原貌。考据学派是郦学研究中的基础学派。学者们区分经注，校勘字句，追索缺佚，精详注疏，使长期来错漏累牍、不堪卒读的郦注，又逐渐成为完璧，为郦学研究提供各种理想的佳本，从而促进了郦学的发展。

---

① （清）阎若璩：《古文尚书疏证》卷六下。
② 王国维：《朱谋㙔水经注笺跋》，《观堂集林》卷一二。

晚明形成的另一个郦学学派是词章学派。这个学派由于崇祯二年
(1629)钟惺、谭元春评点本《水经注》的刊行而成熟。钟、谭二人
都是晚明的著名文学家和诗人。由于他们都是竟陵(今湖北钟祥一带)
人,他们的文字风格被称为"竟陵体",名重一时。谭元春在此书序
言中说:"予之所得于郦注者,自空濛萧瑟之外,真无一物,而独喜善
长读万卷书,行尽天下山水,因捉幽异,掷弄光彩,归于一绪。"他
们是从文学的角度研究《水经注》,着重于总结此书在文学上的成就。
由于郦道元在《水经注》的撰述中表现了他的高度文学素养和卓越的
写作技巧,唐宋以来,人们在这方面已经有了较大的重视。明末学者
张岱说:"古人记山水,太上郦道元,其次柳子厚,近时则袁中郎。"[①]
明代中叶的学者杨慎,就曾把郦注中的出色描写摘录成编,以供学习
和欣赏。[②] 不过这些学者只是列举《水经注》的优美词句,而钟、谭
评点本则能把这些优美词句从文学的角度加以品评,将郦注在词章上
的成就提高到理论。这个学派的贡献,不仅是让后人观摩和吸取《水
经注》的文学精华和写作技巧,而且把《水经注》这样一种记载河流
的专著,评点成为一部供公众欣赏、享受其优美文字的作品。因此,
词章学派是郦学研究中的欣赏学派。这个学派研究的重点,当然并非
郦道元撰写此书的本旨,但他们的研究,触及一般读者的普遍兴趣和
人们的精神享受,十分有利于《水经注》一书的推广,也同样有利于
郦学的发展。

郦学研究中的第三个学派是地理学派。《水经注》一书的地理学
性质原是众所共见的。因此,从唐《元和郡县志》起,历代修纂全国
总志和其他地理书,《水经注》往往被列为重要参考文献,引用其中
的大量资料。清初以来,不少学者如顾祖禹、胡渭、刘献廷等,都在
他们的地理学研究中利用过《水经注》,而黄仪、董祐诚、汪士铎等,
都曾绘制过《水经注图》。由此可知,郦学研究中的地理学派,溯源

---

① 《跋寓山注二则》,《瑯嬛文集》卷五。
② 《丹铅杂录》卷七。

甚早，而且流传广泛，可是工作都比较零星，成果也未臻完美。所以，尽管在地理学研究中结合郦注的学者先后相继，代有其人，但是却未能形成一个学派。直到晚清，由于杨守敬（1839—1915）与他的学生熊会贞（1859—1936）在这方面的一系列工作，终于形成了郦学研究中这个具有强大生命力的地理学派。杨守敬字惺吾，是晚清著名的地理学家。他的地理学与王念孙、段玉裁的小学、李壬叔的算学，曾被誉为清代的"千古绝业"。[①] 他于光绪十九年（1893）起开始《水经注》的研究。光绪三十年（1904），在熊会贞的襄助下完成了《水经注疏》初稿 80 卷，因篇幅过大，同年先刊印《水经注疏要删》40 卷，光绪三十二年又刊印《补遗》40 卷，另有《续补》40 卷，稿成未刊。另外，他在光绪二年（1876）开始付刊的《历代地理沿革图》的基础上（全图共 69 种），编绘了《水经注图》1 套，全图 8 册，采用古今对照，朱墨套印的形式，于光绪三十一年（1905）刊行。《水经注疏》初稿的完成和《水经注图》的刊行，是我国郦学研究中地理学派成熟的标志。尽管长达 100 多万字的《水经注疏》仍然包含着大量考据的成果，杨、熊两人在校勘上也有重大的贡献，但郦学界已经开始发现，考据和校勘并不是郦学研究的主要目的。正如陈运溶于光绪二十四年（1898）在《荆州记序》（《麓山精舍丛书》）中所说的："近世为《水经》之学者，又皆校正字句，无所发明。"要在郦学研究中有所发明，就有必要在考据学派所提供的基础上，从事《水经注》内容的研究和发挥。这中间，对此书所包罗的大量地理学内容的研究，当然是非常重要的。因此，地理学派是郦学研究中的实用学派，它必然要和乾隆盛极一时的考据学派一样，获得重大的发展，推动郦学研究的前进。

杨守敬于民国四年（1915）去世。当时，《水经注疏》全稿尚未最后修定。熊会贞继承师业，继续修订此书，"又二十二年，书凡六、七校，稿经六次写定"[②]。熊会贞于民国二十五年（1936）去世，此书

---

① 支伟成：《杨守敬传》，《清代朴学大师列传》。
② 汪辟疆：《杨守敬熊会贞合传》，《国史馆刊》创刊号。

最后定稿不幸被人私卖而不知下落①。但熊氏在修订过程中曾抄出若
干抄本，其中一本最后为中国科学院所得，已由科学出版社影印，于
1957 年出版。另一本为台湾"中央图书馆"所得，也已由台北中华书
局影印，于 1971 年出版。这两本都是郦学史上注疏最详尽的郦注版
本，它们代表郦学地理学派迄今为止的主要成果。

郦学史上的大论战——赵、戴《水经注》案

前面已经提到，乾隆年代是我国郦学史上的黄金时代。三位郦
学大师全祖望（号谢山，1705—1755）、赵一清（号诚夫、字东潜，
1709—1764）、戴震（字东原，1723—1777）各以他们的校本：七校
《水经注》（简称七校本）、《水经注释》（简称赵本）、武英殿聚珍版本
《水经注》（简称殿本）著称于后世。三本之中，最后完成却最早刊行
的是殿本。戴震于乾隆三十八年（1773）奉诏入四库馆，次年就校订
了《水经注》，由武英殿刊行。赵本成稿于乾隆十九年（1754），比殿
本早 20 年，但直到乾隆五十一年（1786）才得刊行，比殿本晚 12 年。
四库开馆之时，朝廷曾颁令全国采进藏书。赵书抄本由浙江巡抚呈进，
有《四库提要》著录可查②。因此，早在乾隆四十五年（1780），四库
馆内已有戴书袭赵的议论。当时，戴震去世已经三年，全、赵当然早
已物故。但他们的书都尚未刊出，还是戴书独行的时候。今上海图书
馆所藏孙沣鼎校殿木中，有一段孙在当年所写的跋语：

> 吾友朱上舍文藻③ 自《四库》总裁王少宰④ 所归，为予言:此书参
> 用同里赵□□（按当是诚夫或东潜二字）一清校本，然戴太史无一言
> 及之。

---

①陈桥驿:《关于水经注疏不同版本和来历的探讨》,《中华文史论丛》1984 年第 3 辑。
②《四库提要》卷六九《史部·地理类二》。
③朱文藻，杭州人,《浙江采集遗书总录》的编纂人。
④指四库副总裁王杰。

这条跋语的关键当然是"然戴太史无一言及之"一句。因为在著述中参用他人之书，这是古今皆然的事。但参用而不著一言，这就成了剽袭，是一个道德和人格的问题了。到了乾隆五十一年，赵书在开封刊行问世。学者所见此书与殿本在体例和内容上"十同九九"①，于是舆论哗然。而戴震的学生段玉裁首先发难。因为赵书在刊行以前，赵子载元曾委托梁履绳、玉绳兄弟就原稿作过一番整理，时履绳已物故，段就致书玉绳，询问他们在整理赵书时，有否"据戴本以正赵本"？当时梁有否覆信不得而知，但梁去世后在其文集《清白士集》中未收复书，所以有人认为当时梁未曾复书，即是默认，则赵书确有袭戴之事。② 但也有人认为："大约梁之复书，不过告以实未与闻而已，其书既不足存，自不复入集。"③ 所以此事实已无法核实。

但不久以后，魏源于道光年间撰成《赵校水经注后》④ 一文，提出了戴书袭赵之说。另外，由于戴震称他在四库馆内校书，主要依据外间无法看到的《永乐大典》本《水经注》。后来，张穆于道光间也在翰林院看到了此大典本郦注，发现戴所谓据大典本校勘是假，而抄袭赵书是真。⑤ 从此，论战扩大，而认为戴书袭赵者居多。到了晚清，这个案子已经闹得满城风雨，不可收拾，实际上严重影响了正常的郦学研究。因此，某些有识之士，希望各方面能平息这场论战。王先谦在光绪十八年（1892）刊行合校《水经注》，他在卷首《例略》中说："诸家聚讼，若段玉裁懋堂、魏源默深、张穆石舟，各执一词，存而不论可也。"民国以后，由于论战迄未稍息，梁启超也曾试图出面调停，使这场时旷日久的论战得以休止。他说："吾今试平亭此狱，三君（按：指全、赵、戴）皆好学深思，治此书各数十年，所根据资料又

---

① 《水经注汇校》卷首周懋琦序。
② 即使在反戴派中，也有人相信梁氏兄弟确实做了以戴书饰赵的事。例如杨守敬在其《水经注疏要删自序》中说："赵之袭戴在身后。"
③ 孟森《拟梁曜北答段懋堂论赵戴二家〈水经注〉书》，《胡适手稿》第五集下册。
④ 周寿昌《思益堂日札》。
⑤ 光绪《鄞县志》卷五四《艺文三》。

大略相同，则闭门造车，出门合辙，并非不可能之事。"①1935 年，《永乐大典》本《水经注》由上海商务印书馆涵芬楼影印出版，张元济也在此书的跋文中提出结束论战的呼吁。他说："今何幸异书特出，百数十年之症结，涣然冰释，是书之幸，亦读者之幸也。"

但是，论战并不因这些呼吁而休止，民国以后，学术界许多知名之士，都先后卷入这场争论。例如王国维责备戴震："凡此等学问上可忌可耻之事，东原胥为之而不顾。"②余嘉锡则指出戴震的著作，素来就是"改头换面，略加窜点，以为己作"③。孟森认为"东原之所为，实为学林所应公愤"④。郑德坤根据大量考证，论定："戴震剿袭赵一清、全祖望之罪名，虽百喙不能解之，而《水经注》赵戴公案可以判决矣。"⑤这场论战原由赵书袭戴开始，最后由于情况判明，戴震终于获得个四面楚歌的境地。

民国以后仍然站在戴震一方的学者已是凤毛麟角。在日本，森鹿三（1906—1980）是一个特例。森是日本的郦学权威，他于 1931 年在京都《东方学报》第 3 册发表了一篇《关于戴校水经注》的文章，竭力推崇戴震，并举出多种证据，说明他未袭赵书。尽管他的郦学研究在日本具有极高声望，但在这个问题上，正如他的学生船越昭生所说："森的《水经注》研究以表彰戴震的功绩为主旨，这是和一般认为'戴窃赵'的多数潮流相违的。"⑥因此，森的主张"是一场孤军奋战"。

在中国，站在戴震一边的著名学者就是胡适（1891—1962）。胡适是个知识渊博、研究领域十分宽广的学者。但他的后半生，却集中精力于郦学。他自己说："我是从民国三十二年（1943）十一月开始研

---

①《清代学者整理旧学之总成绩》，《中国近三百年学术史》，上海中华书局 1936 年版。

②《聚珍本戴校水经注跋》，《观堂集林》卷一二。

③《四库提要辨证》，《水经注》条。

④《拟梁曜北答段懋堂论戴赵二家〈水经注〉书》。

⑤《水经注赵戴公案之判决》，《燕京学报》1936 年第 19 期。

⑥《森鹿三先生和〈水经注〉研究》，《地理》第 26 卷 3 期，东京古今书院 1981 年版。

究一百多年来的所谓'赵戴《水经注》案'（又称全赵戴三家《水经注》案）的一切有关证件。"① 至于他为什么要研究此案,他于 1952 年在台湾大学文学院的一次讲学中说得十分坦率:"我审这个案子,实在是打抱不平,替我同乡戴震（东原）申冤。"② 胡适在他一生的最后 20 年时间里,在这方面的确做了大量工作。他逝世后,他在台湾南港的寓所改为胡适纪念馆,由他的夫人江冬秀商请凌纯声、魏喦寿诸氏组成委员会,负责编印《胡适手稿》③。从 1966 年开始,数年之中,共出版了十集（每集分上中下三册）,其中第一集到第六集计十八册,全为讨论《水经注》案的资料。在中国郦学史上,除了注疏郦注的学者以外,以郦学研究的论文函札而言,胡适实可以成果众多而冠于古人。当然,胡适的郦学研究,并不属于上述考据、词章、地理三个学派中的任何一派。正如他的学生费海玑所说:"胡先生研究《水经注》的动机,却不去治地理学,而是辨别戴震窃书的是非。"④ 所以在古今所有郦学家中,胡适是个特例。

　　胡适下决心要为戴震翻案,但是由于戴、赵二书"十同九九",过去的许多学者,早已把戴、赵两本,加上戴自称是主要依据的大典本,作过多次核对,发现了许多戴与大典本的不同,却与赵本相同之处。在这方面,胡适已经没有申辩的余地。于是,他就采用反其道而行之的办法,在戴、赵两本的不同之处下功夫。他为戴震翻案的文章很多,其中最重要的一篇是《戴震未见赵一清〈水经注〉校本的十组证据》⑤。因为指责戴震剽袭的人,有的认为戴在四库馆见了赵书,有的则认为早在戴于乾隆三十三年（1768）主修《直隶河渠书》时就见

　　①《胡适手稿》第六集下册。
　　②《胡适言论集》（甲编）,台北华国出版社 1953 年版。
　　③ 吴天任:《胡适手稿有关水经注论跋函札提要》,《东方杂志》复刊第 19 卷第 4 期,台北东方杂志社 1985 年版。
　　④ 费海玑:《胡适著作研究论文集》,台北商务印书馆 1970 年版,第 103 页。
　　⑤《胡适手稿》第一集中册。

到了赵书①。因此，胡适如能证明戴震未曾见过赵书，当然就不必再说剽袭了。他在该文中说：

> 这十组证据都是赵氏书里的特别优点，而都是戴氏书里全没有的。这十组或是校改了毫无可疑的错误，或是解决了不能不解决的问题，都是研究《水经注》的学者平日"寤寐求之"的好宝贝，专治《水经注》的人，见了这些好宝贝，若不采取，那就成了"如入宝山空手回"的笨汉了。

此外，他还花了很大力气，找寻其他一些可以说明戴氏未见赵书的证据。例如，他从《清高宗御制诗四集》的《汇刻四库全书联句》中，找到正总裁王际华的《联句》"局咨长贰纲都领，厅判东西力众擎"一句，下有王的自注："校勘《永乐大典》者，于原心亭列席；校勘遗书者，于宝善亭列席。"根据这条材料，胡适就考证说："四库全书馆分东、西两院，东院三十个翰林，西院也是三十个翰林，两院整理各省进来的遗书。《永乐大典》是东院整理的，东、西两院互相妒忌。……赵一清的《水经注》由西院翰林整理，戴东原在东院，当然没有看到。"②这段考证，实际上是从王际华的《联句》和自注中套出来的，再由他想当然地加上"东、西两院互相妒忌"的话，让人们加强两院不通声气、戴震无法看到赵书的印象。其实，四库馆的屋宇虽有东、西之分，但领导却是统一的，总纂官说一句话，没有做不到的事情。何况戴震就是奉总纂官纪昀之命进馆校勘《水经注》的，当然可以名正言顺地向西院调阅赵书。与前面的《十组证据》相比，这种考证，就更显得徒劳无功了。

---

① 王国维《聚珍本戴校水经注跋》："《水经注》为纂《河渠书》时第一要书，故全、赵二校本，局中必有写本无疑，东原见之，自必在此时矣。"按戴震确在《直隶河渠书》卷一《唐河篇》下，附录赵一清《卢奴水考》一篇，并加按语云："杭人赵一清，补注《水经》，于地学甚核（赅）。"
②《胡适手稿》第六集下册。

《十组证据》虽然与上述东、西两院说不同，是一篇搜集了较多数据的文章，是在替戴震翻案这个课题上唯一尚可探索的道路。但是，由于戴、赵二书从体例到内容"十同九九"，毕竟不是这区区"十组证据"可以推翻全案的。就在胡适去世这一年，辞书学家杨家骆发表了一组抽样调查的结果。他选择全书中篇幅最小的一卷，即卷十八《渭水》为样本，以赵本、殿本、大典本、杨熊注疏本四本互相比勘，其结果是：

统计在异文一百十处之中，除杨本异文无与赵戴争端外，大典、戴校、赵释三本有异同者凡九十处，其中戴同于赵者四十三处，戴同于大典十二处，戴异于二本者三十一处，三本互异者四处，倘复就赵氏校释中谓应作某者考之，凡戴异于赵，亦多阴本于赵氏校释之说，则戴之不忠于大典而复袭于赵，固至显然也。①

杨氏的抽样调查发表后，得到港、台学术界的大量附和。于大成在《永乐大典与大典学——论水经注案》②一文中，盛赞杨家骆的文章，再一次强调大典本在揭露戴书袭赵中的作用。他说："不意二百年后，大典竟自中秘散在人间，又不意大典残缺之余，《水经注》之书独全，于是，东原掠美东潜者，其迹乃无所遁逃。"

胡适为戴震打抱不平的许多文章，其结果是使这个已趋休止的赵戴《水经注》案，又一次在港、台学术界引起轩然大波。许多学者纷纷撰文，对胡氏的意见予以驳斥。由于这场时旷日久的论战，实际上严重影响了郦学的发展，所以不少人已经厌烦这种论战。例如寓居澳门的学者汪宗衍所说："惟近人胡适之晚年专治郦书版本，极力为东原洗刷剽袭，撰有论文函札七十余篇，凡数十万言，耗二十余年精力，

①《水经注四本异同举例》，《学粹》（台北）1962年第4卷第5期。
②《理选楼论学稿》，台北学生书局1979年版。

为兹枝节问题，虽曰求是，实于郦书何干？"[1]

胡适在郦学研究中立志要重审这个赵戴《水经注》案，其结果不仅徒劳无功，而且为枝节问题而大张旗鼓，重启战端，实在不得人心。不过他在郦学研究中也并非毫无成就，其主要成就是对于郦注版本的搜集方面。如费海玑所说："三十五年（按：1946）胡先生回国，记者传出他研究《水经注》的话，于是上海的朋友，纷纷把见过的《水经注》告诉他，北平的朋友亦然，于是全国的《水经注》均集中到他寓所，达三大橱之多。"[2] 他于 1948 年北平和平解放前夕，在北京大学举办《水经注》版本展览，展出的各种郦注版本达 41 种之多。[3] 他无疑是郦学史上迄今为止搜罗版本最多的学者。

近代国内外郦学研究概况

郦学牵涉的领域甚广，诸如历史学、地理学、考古学、碑版学、民族学、语言学、文学等许多方面，都和郦学有密切的关系，郦学都可以为这些学科提供丰富的资料。

两个多世纪来，由于不幸而发生了如上所述的这场"大论战"，许多有才华的学者，都被牵连到论战之中，论战几乎代替了正常的郦学研究，严重地影响了郦学的发展。但是，值得指出的是，毕竟也有一些郦学家顶住了论战的干扰，继续从事郦学本身的研究，在这段时期中发表了一些研究成果。例如范文澜的《水经注写景文钞》（北平朴社 1929 年出版），丁山的《郦学考序目》（中央研究院历史语言研究所《集刊》3 卷 3 期，1932 年出版），岑仲勉的《水经注卷一笺校》（广州《圣心》第 2 期，1933 年出版），郑德坤的《水经注引得》（北平哈佛燕京社 1934 年出版），汪辟疆的《明清两代整理〈水经注〉之

---

①《赵戴水经注案小记》，《水经注研究史料汇编》下册，台北艺文印书馆 1984 年版。

② 费海玑：《胡适著作研究论文集》，第 32 页。

③ 胡适：《水经注版本展览目录》，《水经注研究史料汇编》下册。

总成绩》(重庆《时事新报》《学灯》副刊第 69—70 期，1940 年）等等。这中间，特别值得称道的是熊会贞。他在杨守敬去世后，埋头 20 余年，"无间寒暑，志在必成"[①]。撇开历史上纠缠不休的赵戴相袭的旧事，继承杨氏地理学派的衣钵，把主要精力放在充实《水经注疏》的地理学内容方面。同时，在新的科学思潮的启发下，正视了旧郦学研究中的落后一面，力求刷新郦学研究的内容和方向。尽管他的最后定稿本不幸被人私卖而至今不知下落，但他留下的几种抄本，仍然闪烁着无比光彩，成为我国郦学史上的珍贵遗产。

新中国成立以后，我国的郦学研究继续获得了发展，首先值得提出的，当然是前已论及的杨、熊合撰的《水经注疏》的早年抄本之一，已于 1957 年在科学出版社影印出版。由于这部抄本在当时抄成以后未经熊会贞的校订，以致出版后发现错误千出。但郦学界老前辈钟凤年先生从此书出版之日起，即致力于此书的校勘工作，经过二十几年的努力，终于校出了错误 2400 余处，撰成《水经注疏勘误》[②] 专文，在一定程度上弥补了这个影印本的缺陷。在北京影印本出版以后，侯仁之教授主编《中国古代地理名著选读》(科学出版社 1962 年版），以合校本为底本，选入了《漯水》《鲍邱水》《渭水》三篇，广加注释，并配以地图，受到各方的重视。

"文革"以后，郦学再次获得较大的发展，从各个方面研究《水经注》的成果，一时大量地涌现出来。按照已经发表的论文来看，包罗的方面甚多，已经初步出现了一种研究的热潮。对郦注作全面介绍的文章，有曹尔琴的《郦道元和水经注》(《西北大学学报》1978 年第 3 期）和张大可的《水经注》(《文史知识》1981 年第 6 期）等，这类作品，即使对郦学界以外的广大读者，也有推广介绍的作用。

对于郦道元的出生年份和籍贯，在前人论述的基础上，也出现了一系列各抒己见的文章。辛志贤的《郦道元籍贯考辨》(《山西师范学

---

① 熊会贞：《关于水经注之通信》，《禹贡》1935 年第 3 卷第 6 期。
②《古籍论丛》，福建人民出版社 1982 年版，第 119—228 页。

院学报〉》1982 年第 2 期），赵永复的《郦道元生年考》（《复旦大学学报》历史地理增刊，1980 年），刘荣庆的《郦道元遇难地小考》（《人文杂志》1982 年第 4 期）等等，较之前人的考证，都有所发展和创新。

论述郦道元思想的论文也屡见发表，其中谭家健的《郦道元思想初探》（《辽宁大学学报》1983 年第 2 期）一文，对郦道元的长期不为人注意的甚至被误解的许多积极的思想倾向和进步哲学观点，作了较为深刻的分析。拙作《爱国主义者郦道元与爱国主义著作〈水经注〉》（《郑州大学学报》1984 年第 4 期）一文，则从郦氏在南北分裂的环境中，却以祖国统一的思想撰写此书，并且热情地赞美祖国各地的山水，论述了郦道元的爱国主义思想，并说明《水经注》一书不仅在学术上有重要价值，作为一部宣传爱国主义思想的读物，也值得推广评介。

对于《水经注》本身的研究，这一时期也有较大的发展。章巽教授所撰的《水经注和法显传》（《中华文史论丛》1984 年第 3 辑）一文，纠正了《水经注》对今新疆境内到印度河、恒河流域这个地区描述中的许多错误之处。另外，辛志贤的《〈水经注〉所记水数考》（《北京师范大学学报》1981 年第 3 期）和赵永复的《〈水经注〉究竟记述多少条水》（《历史地理》1982 年第 2 辑）等文，都仔细地检核了郦注记载的河川湖陂等水体，计算了全书记载的实数。拙作《〈水经·江水注〉研究》（《杭州大学学报》1984 年第 3 期）一文，是在日本讲学时的讲稿，是专门对郦注记载的一条大河所作的研究。另一篇拙作《论郦学研究及其学派的形成与发展》（《历史研究》1983 年第 6 期），也是在日本讲学时的讲稿。

有关《水经注》版本的研究，在前人研究的基础上，这一时期发表的论文，在横向扩展和纵向深入方面，都获得了可喜的成绩。钟凤年先生的《评我所见的各本〈水经注〉》（《社会科学战线》1979 年第 2 期）一文，对残宋本、大典本、合校本、注疏本等 20 种版本进行比较和剖析，广征博引，对这些版本的是非优劣评述无遗。段熙仲教授的《沈钦韩〈水经注疏证〉稿本概述》（《中华文史论丛》1979 年第

3 辑）一文，详细地论述了这部从清代流传至今的唯一郦注稿本，让绝大部分无缘读到这部稿本的郦学界同仁也能窥见这部著名稿本的一斑。吴泽教授的《王国维与水经注校》（《学术月刊》1982 年第 11 期）一文，不仅详细地介绍了王国维在《水经注》研究中的业绩，并且还同时讨论了明、清以来的许多郦注版本。《中华文史论丛》1979 年第 2 辑发表顾廷龙先生所藏的胡适遗稿《水经注校本的研究》，内容包括《再跋戴震自定水经的"附考"》等 8 篇文字。其中致徐森玉、顾廷龙函以及致顾廷龙的四函，为台湾出版的《胡适手稿》所不收，所以弥感珍贵。至于这一时期出版的《水经注》版本，有 1985 年上海人民出版社出版的王国维校明抄本《水经注校》和 1986 年巴蜀书店影印出版的合校本《水经注》。不过前者在出版前加了标点，造成了许多错误；后者则因版本选择较逊，阅读颇不方便。好在《水经注疏》和殿本的排印本不久都将出版，必可弥补这方面的缺憾。

　　我国的郦学研究，除了内地（大陆）以外，近年来在港、台两地也获得较大发展。在香港方面，郦学界以郑德坤、吴天任两教授为代表人物。早在 30 年代，郑氏已经编成了前已述及的《水经注引得》一书。1951 年，郑氏从香港到英国剑桥大学讲学，临行时曾将他历年所撰郦学著述多种交吴天任收藏，其中《水经注引书考》和《水经注故事钞》两种，经吴氏整理后已于 1974 年在台北艺文印书馆出版。此外，郑氏的另一著作《中国历史地理论文集》于 1980 年在香港中文大学出版，其中包括《水经注版本考》《禹贡川泽变迁考》《水经注引得序》《水经注引书类目》《水经注赵戴公案之判决》等文，这些都是他早年的旧作。郑氏的新作《重编水经注图总图跋》，是他 1984 年在香港中文大学所撰，收入于吴天任纂辑的《水经注研究史料汇编》下册。吴天任在近年来的主要郦学成果之一是《杨惺吾先生年谱》（台北艺文印书馆 1974 年出版），这部长达 460 余页的著作，包括《年谱》《水经注疏清写本（按：指北京本）与最后修订本（按：指台北本）校记》《杨惺吾先生著述及辑刻图书表》三部分。此书不仅对研究杨氏生平及其著述有重要价值，而且其第二部分把北京、台北两种影印《水经注疏》的字句异同逐条排比。收藏北京本或台北本的学者，得此一编即是得书（北京本或台北本）一部，确是事半功倍。吴天任的另一郦学著述是《水经注研究史料汇编》（台北艺文印书馆 1984 年出版），此书分上下二册，上册收入郦学史料共 78 篇，包括宋、元、明、清各代所有《水经注》版本的评述以及历来有关郦学研究的重要著作。下册内容多于上册两倍半以上，共有郦学史料 178 篇，包括著名郦学家杨守敬、熊会贞、森鹿三、孟森、郑德坤、汪辟疆、钟凤年、胡适等的论文和往来信札等，大陆近年来所发表的郦学论文如段熙仲教授的撰述和拙著等，也多收在内，可谓集其大成。最后有吴天任本人所撰论文 8 篇，多是功力甚巨而过去未曾发表过的著作。

台湾省郦学研究的成果，当以 1971 年台北中华书局影印《杨熊合撰水经注疏》的出版为重要。此书原版由于抄成后一直留在熊会贞身边，经过熊的一再校订，所以质量远远胜于北京本的底本。前面指出，吴天任在其《杨惺吾先生年谱》中，已经做了两本对勘的工作。段熙仲教授和我，几年来也合作做了两本对勘的工作，成果已收入于即将出版的排印本《水经注疏》之中。台湾省郦学研究的另一重要成果是《胡适手稿》一至六集于 1966 年起相继出版。此六集内容全为胡氏的郦学研究成果。其中第一集是戴震部分，第二集是全祖望部分，第三集包括全祖望的一部分和赵一清的一部分，第四集是《水经注》版本考，第五集是关于自张穆至孟森几家对戴震的指控的评论，第六集是与洪煨莲、杨联陞讨论本案往来的信札以及继续讨论本案的最后杂文和信札。胡适的学生费海玑于 1970 年在台北商务印书馆出版了他的《胡适著作研究论文集》，对《胡适手稿》各集作了内容提要，以便于读者阅读。此外，他并以《胡适与水经注》[①]为题，在台湾大学等校讲学，阐述胡适在郦学研究中的成就。

---

① 《胡适手稿第一集研究》，《胡适著作研究论文集》。

　　因为郦学已经是一门国际性的学问，所以除中国内地（大陆）和港、台外，世界上不少国家也发展了郦学研究。早在清代末叶，西欧国家的一些汉学家已在这方面做了不少工作。法国汉学家沙畹（Edouard Chavannes）在其所著《魏略所见之西域诸国考》一文中，将《水经注》卷二《河水》译成法文，作为该文的附录[①]，这是《水经注》译成外文的嚆矢。另外一些汉学家如伯希和（Paul Pelliot）[②]和费琅（G. Ferrand）[③]，都在他们的著作中讨论过《水经注》成书的年代。英国的著名科学史专家李约瑟（Joseph Needham），在其名著《中国科学技术史》中，把《水经注》列为常用参考书，认为《水经注》一书是"地理学的广泛描述"[④]。这种论断是很符合实际的。

　　在亚洲，印度汉学家师觉月博士（Dr. Praboddha Chandra Bagchi）曾于40年代在孟加拉邦国际大学中国学院与我国学者吴晓铃合作翻译过《永乐大典》本《水经注》[⑤]。

　　日本是除了中国以外郦学研究最发达的国家，早在1918年，著名汉学家小川琢治就已经撰写了《水经及水经注》的论文，对此书作了全面的分析和介绍，于该年的《艺文》第6、9两期发表。接着，森鹿三从30年代开始在京都《东方学报》发表一系列郦学研究成果。此外，如足立喜六[⑥]、滕田丰八[⑦]等汉学家，都把他们的研究与郦学相结合，获得了许多研究成果。在郦学研究中成绩最为卓著的当然是森鹿三。他毕生以郦学为专业，发表了大量的论文。从1964年到1970年的六年中，他在京都大学人文科学研究所举办了一个《水经注疏》订补研究班，网罗了全国郦学家和他的学生，从事郦学研究，每周由

---

　　① 此译文刊于巴黎出版的《通报》（*T'ong-Pao*），1905年，第563页。

　　②《交广印度两道考》，冯承钧译本，商务印书馆1933年版。

　　③《昆仑及南海古代航行考》，冯承钧译本，商务印书馆1930年版。

　　④ *Science and Civilization in China*, Vol.l, p.259.

　　⑤ 吴晓铃：《书胡适跋芝加哥大学藏的赵一清水经注释后》，《北京图书馆文献》1983年第15辑。

　　⑥《〈法显传〉考证》，何建民、张小柳译，国立编译馆1937年版。

　　⑦《抒泥城与伊循城》，《西域研究》，杨鍊译，商务印书馆1937年版。

他亲自主持一次会读，对《河水》《汝水》《泗水》《沂水》《洙水》《沔水》《淮水》《江水》等篇，进行了逐字逐句的讨论和分析。经过数年细致深入的集体研究，森鹿三又领导了《水经注》的翻译工作。翻译的过程也是十分认真的，以《河水》五卷为例，首先由森鹿三和其他译者进行对原文的集体钻研和反复讨论，然后由日原利国译成日语古文，再由藤善真澄和胜村哲也两人译成现代日语。《河水》以外的其他部分，则由另一位郦学家日比野丈夫主持翻译。经过这样几年艰苦的工作，终于在1974年由东京平凡社出版了这部日译本《水经注（抄）》。虽然译本的篇幅还只有《水经注》原本的1/4，但这已经是郦注最完整的一部外文译本了。

日本的郦学研究风气确实相当兴盛，至今不少大学的研究生院和本科都开设郦学课程。我曾于1983年和1985年两次赴日，都是受聘去作大学研究生院的《水经注》讲学和研究工作。他们的郦学研究有不少方面值得我们学习。

结　语

郦学是一门包罗丰富、牵涉广泛而且具有强大生命力的学问。事实证明，在最近几年中，郦学对于学术界的许多研究工作，已经发生了重要的作用。例如，史念海教授在他的野外考察中，利用《水经注》记载的资料，推算黄河山陕段在历史上的溯源侵蚀速度，并且得出结论，壶口瀑布从郦道元记载迄今，由于河流的溯源侵蚀作用，平均每年向北推移3.3米。[1]陈吉余教授利用《水经注》的记载，结合贝壳堤的查勘和放射性碳素资料，精确地画出了《渤海湾海岸历史变迁图》。[2]吴壮达教授利用《水经·浪水注》关于"水坈陵"的记载，

---

[1]《河山集二集》，三联书店1981年版，第175页。
[2]《中国自然地理·历史自然地理》，科学出版社1982年版，第232页。

解决了广州前身古番禺城的城址问题。[①] 盖山林先生根据《水经·河水注》中郦道元的目击记载，在内蒙古阴山一带查勘了绵延达21000平方公里的古代岩画，这些岩画的第一个发现者就是郦道元。[②] 此外，近年来，郦学研究的成果，为历史学、地理学、考古学等许多学科提供了大量数据，例子甚多，不胜枚举。所有这些，充分地说明了郦学的重要性和今后进一步发展郦学研究的意义。

原载《文史哲》1987 年第 5 期，第 3—15 页

收入《郦学新论——水经注研究之三》第 1—26 页

又收入《水经注论丛》第 281—299 页

---

①《水经注的"水坑陵"问题》，《华南师范学报》1980 年第 2 期。

②《郦道元与岩画》，《西北大学学报》1983 年第 1 期。

郦道元生平考

中国从公元 4 世纪初期起，开始了一场规模很大的混乱，这场混乱，牵涉到庞大集团的人群在自然地理环境和人文地理环境上的深刻变异。假使我们把 15 世纪以后的一段时间中，人们对于新航路和新大陆的探索称为"地理大发现"，那么，从 4 世纪初期直到 6 世纪后期之间的这种发生在中国境内的巨大人群所经历的地理变异应该被称为"地理大交流"。

早在战国时期，在这方面具有远见的汉族领袖如赵武灵王和秦始皇等，似乎都已经预见到这种事态的发生。但他们花了惊人代价所修建起来的所谓万里长城，终于没有抵挡住开始于 4 世纪初期的这场巨变。大群生活在北方草原上的游牧民族，一个部落接着一个部落地跨过这道"尸骸相支拄"[①] 的长城，相继进入中原。他们放弃了"天苍苍，野茫茫"的自然地理环境和"风吹草低见牛羊"的游牧生活，而定居到这片对他们来说是完全陌生的土地上从事农业活动。历史对人们往往是一种揶揄，赵武灵王在公元前 307 年断然决定："胡服骑射以教百姓"[②]；但事隔 8 个世纪，北魏君主元宏于公元 494 年正式下诏："禁士民胡服"[③]。这恐怕不是赵武灵王和战国时代的其他汉族领袖们所能逆料的。

---

① 《水经注》卷一《河水经》"屈东过九原县南"注引杨泉《物理论》："秦始皇使蒙恬筑长城，死者相属。民歌曰：生男慎勿举，生女哺用餔，不见长城下，尸骸相支拄。"
② 《通鉴》卷三《周纪三》赧王八年。
③ 《通鉴》卷一三九《齐纪五》明帝建武元年。

同样，原来居住在这个地区的汉族，也就被迫大批南迁，放弃了他们世代定居的这片干燥坦荡的小麦杂粮区，迁移到低洼潮湿的江南稻作区。因此，不论在中国的北方或南方，数量巨大的人群，都面临着新的自然地理环境和人文地理环境。在这场地理大交流中，直接参加交流的人们，新、旧地理环境构成了他们现实生活和思想上的强烈对比，空前地扩大了他们的眼界和丰富了他们的地理知识。对于那些没有直接参加交流的人们，他们有的是留恋故土，宁愿冒恶劣的处境而安土重迁，有的则是直接参加交流者的后代，这些人尽管没有地理大交流的实践经验，但他们同样从他们的亲属和父老那里，获得关于他们的故土和新领地的地理知识。

地理大交流的结果是大批地理学家和地理著作的出现。和中国早期的地理学家及地理著作不同，早期的地理著作如《山海经》《禹贡》《穆天子传》等，作者虽然都有一定的资料基础，但其间也包括大量的假设和想象。这类早期的地理学家，在实践经验方面，显然是相当薄弱的。现在，规模巨大的地理大交流为许多地理学家提供了实践的机会，因此，这一时期的地理学家和地理著作，不仅在地理资料上能左右逢源，而且他们之间，多数都直接、间接地参与了这场地理大交流，他们的作品中反映了大量的实践成果，这是前代的地理学家和地理著作所无法比拟的。

早在西晋末年，荀绰就撰写了《九州记》[①]，比他稍晚的乐资，则撰写了《九州志》[②]。接着，王隐在东晋初年又撰写了《晋地道记》[③]。这些在当时都属于全国地理著作。从此以后，北方和南方的地理学家和地理著作风起云涌，美不胜收。在北方，阚骃的《十三州志》[④]，佚名

①（清）文廷式《补晋书艺文志》卷二著录。
②（清）文廷式《补晋书艺文志》卷二著录。
③ 王隐《晋书》中的一篇。《郑堂读书记补逸》著录。
④《隋书·经籍志》著录。

的《大魏诸州记》[①]，陆恭之的《后魏舆地图风土记》[②]，等等，不胜枚举；在南方，刘宋的何承天和徐爰，各自都撰写了《州郡志》[③]。此外如齐刘澄之的《永初山川记》[④]，梁吴均的《十二州记》[⑤]，陈顾野王的《舆地志》[⑥]等，也都是全国地理著作。除了全国地理著作以外，还有为数更多的区域地理著作，他们就是通常所称的"六朝地志"，绝大部分都是东晋及其以后的著作。正是这一大批地理学家和地理著作，标志着这个地理大交流时代的时代特色。

在整个地理大交流时代中，在所有这些知识丰富的地理学家中，最最杰出的，无疑是北魏的郦道元，而他所撰写的名著《水经注》，正是这个时代的一切地理著作中登峰造极的作品。它不仅是地理大交流的丰硕成果，而且也是我国地理学史上的一颗光辉夺目的明珠。

郦道元（字善长）是北魏人。北魏是鲜卑族中姓拓跋的一支所建，所以称为拓跋魏。这个部落原来活动于今东北大兴安岭一带，以后逐渐向西南扩展，于东晋太元十一年（386）定都盛乐（今内蒙古和林格尔以北），东晋隆安二年（398），又从盛乐迁都平城（今山西大同附近），在此建都近百年，逐渐从一个游牧部落汉化为农耕民族，国力开始强大，并于太和十八年（494）把首都南迁到洛阳，尊孔重儒，力行汉族体制，废弃"拓跋"胡姓而改用汉姓"元"。从此称为元魏，是南北朝对峙历史中，北朝领土最广和国势最盛的时期，郦道元正在此时进入仕途，这对他毕生思想经历，都有重要的影响。

郦道元生于何年，历史上没有记载。他是涿州（今河北涿县）人，家乡叫做郦亭，也称郦村。他在《水经·巨马水注》中对他的家乡有明白的记载：

① 《隋书·经籍志》著录。
② 张国淦《中国古方志考》著录。
③ 张国淦《中国古方志考》著录。
④ 《隋书·经籍志》著录。
⑤ 张国淦《中国古方志考》著录。
⑥ 《隋书·经籍志》著录。

巨马水又东，郦亭沟水注之，水上承督亢沟水于逎县东，东南流，历紫渊东。余六世祖乐浪府君自涿之先贤乡爰宅其阴，西带巨川，东翼兹水，枝流津通，缠络墟圃，匪直田渔之赡可怀，信为游神之胜处也。

在他的笔下，充满了对家乡的美好描述和热爱。清孙承泽在其著作《春明梦余录》卷六十四说："郦亭在涿州南二十里，为郦道元故居。"说明直到清代，郦亭这个小村的地理位置还是明确的。因为《北史·郦道元传》把他误作"范阳涿鹿人"（《魏书·郦道元传》只称"范阳人也"），所以直到现在，有些书刊仍然以讹传讹，把他的家乡从今拒马河流域搬到远隔重山的桑乾河流域去。①

郦道元的家族是一个世代仕宦的家族，他的曾祖郦绍，在鲜卑族的另一支姓慕容的部落所建的后燕任濮阳太守，当拓跋氏南征时，他以郡迎降，北魏任他以兖州监军的官职。祖父郦嵩，曾任北魏天水太守。郦道元的父亲郦范，是北魏的一个显要官员，他曾任青州刺史，尚书右丞，再次出任平东将军青州刺史，其爵位从男爵、子爵、侯爵直至公爵，真是平步青云，扶摇直上。当时，北魏正是有雄才大略的君主拓跋焘和拓跋宏（元宏）先后在位的时候，他们重用汉族知识分子，变夷为夏，励精图治，举朝振奋，志在征服南朝，一统中国。正是这个时候，郦道元从童年、青年而进入仕途。

郦道元自幼就随着他父亲任官而奔走四方。《水经·巨洋水注》中记载了他童年时代随父在青州的情况：

余总角之年，侍节东州。至若炎夏火流，闲居倦想，提琴命友，嬉娱永日。桂笋寻波，轻林委浪。琴歌既洽，欢情亦畅。是焉栖寄，实可凭衿。小东有一湖，佳饶鲜笋，匪直芳齐芍药，实亦洁并飞鳞，其水东北流入巨洋，谓之熏冶泉。

---

① 如《中国文学家辞典》第一分册（四川人民出版社 1980 年版）和《文学家手册》（内蒙古人民出版社 1982 年版）等。

　　以上这段文字，是他描述临朐县熏冶泉一带的美丽景色，这当然是在他父亲第一次出任青州刺史的时候。由于"总角"一词泛指童年，并无确切的数量概念，所以无法由此推算他的出生年代。历来不少撰述，都曾希冀通过这一段文字推测郦道元的生年，其实都并不可靠。这段文字对我们的启发，主要是：第一，他是自幼随父于任所的，因此，他所受的教育是一种正统的世代书香官宦门第的教育，特别是在这段时期中，正是北魏国运昌盛，欣欣向荣，积极准备一统全国的时候。第二，他是一个热爱乡土、热爱自然的人，《巨洋水注》中描述他童年游息的青州熏冶泉水一带的自然风景，正和《巨马水注》中描写他的家乡涿州郦亭沟水一样，都是十分优美的，这里就可以看出他对乡土自然界所迸发的无比热爱。

　　太和十八年（494）是北魏孝文帝元宏从平城迁都到洛阳的这一年，正是这一年，郦道元开始进入仕途。他在卷三《河水注》中记及此事："余以太和十八年从高祖北巡。"既然从帝北巡，当然就不是一个普通庶民。这在同卷另一处得到证实："余以太和中为尚书郎，从高祖北巡。"说明这一年他是以尚书郎这个初级官职从帝北巡的。尽管官职低微，但却能入选随帝，当然不是一件简单的事。这与他的家族和本人，都有密切的关系。从家族来说，他父亲当时已位列公爵，以平东将军的头衔，出任青州刺史，这个家族正受到王室的高度信任。从他本人来说，当时正是年轻英俊、意气风发的时候，而元宏这位雄心勃勃的君主，所要提拔任用的，恰恰就是这一类人物。《河水注》记载这一次北巡到达今阴山一带。因为自从元魏汉化以后，它在北疆的主要敌人就是柔然族（东胡族的一支）。北魏在今潮白河上游到黄河河套一带设置"六镇"，主要就是为了防止柔然的入侵。太和十八年的北巡，关系十分重要，因为元魏在这一年把首都从平城迁到洛阳，首都从此远离北疆，更有必要使北疆巩固。特别重要的是元宏已经决心南征，南征以前加固后方，这是势所必然。郦道元入仕之初，就幸逢这一次重要的随帝北巡，这对于他的扩大眼界、增进知识、充实思想，都是具有重要意义的。

　　不久，郦道元的父亲去世，他继承父亲的爵位，被朝廷封为永宁伯，并先后担任太尉掾、治书侍御史、冀州镇东府长史、颍川太守、鲁阳太守、东荆州刺史、河南尹、黄门侍郎、侍中兼摄行台尚书、御史中尉等官职，最后在关右大使任上遇害，朝廷追赠他为吏部尚书、冀州刺史。

　　由于元魏国势的变迁和他的性格等种种原因，郦道元的仕途虽然也节节上升，但是却说不上坦荡，而从他的思想和抱负来说，打击最大的莫过于元魏国势的衰落。元宏在迁都洛阳后，随即就集合大军，浩荡南下，但不幸的是在太和二十三年（499），竟在进军途中病死于谷塘原，朝廷从此就后继无人。军事的失利，内政的腐败，相继而来，每况愈下，终至不可收拾。6世纪初期，从正始四年（507），在淮水与南梁的一次战争惨遭败北起，接着是熙平元年（516）颟顸淫泆的胡太后临朝，国运已经不可挽回，南征统一，断乎不再可能，而北疆六镇，又频频告急，面临着这种内忧外患的局势，郦道元虽然明知大势已去，但却仍秉着他严格、公正、一丝不苟的性格，在历任要职中鞠躬尽瘁。他在永平年代（508—511）任鲁阳太守之时，正是淮水之战惨败以后；而他在延昌四年（515）任东荆州刺史之时，随即就遇到孝明帝元诩去世、胡太后临朝的变故，国势糜烂，日甚一日，但他却不顾时世艰危和个人得失，秉用"威猛为政"的方法，使"山蛮伏其威名，不敢为寇"①。他同时也重视从文化上改变这些落后地区的面貌，"表立黉序，崇劝学教"。到了孝昌年间，由于南梁遣将北扰，而北魏徐州刺史元法僧又在彭城反叛，郦道元受朝廷的派遣，指挥了这次平叛的军事行动。他不畏权豪，为政清正。所以《北史》称他"道元素有严猛之称，权豪始颇惮之"。《魏书》和《北史》都记载的有关这方面的例子，就是他弹劾皇叔汝南王元悦的事。司州牧汝南王元悦，

---

①《北史·郦道元传》。

是孝文帝元宏的儿子，他嬖幸小人丘念，作恶多端，道元不惮皇叔权威，把丘念逮捕入狱，汝南王元悦请他的母亲胡太后下敕赦免，于是郦道元就揭发汝南王的奸恶而加以弹劾。其不避艰危，于此可见。而最后也因此受到汝南王元悦、城阳王元徽等一批王亲国戚的忌害，派他为关右大使，让他到已露反状的雍州刺史萧宝夤处，借叛臣萧宝夤以加害于他。而置个人利害于度外的郦道元，终于在阴盘驿亭（今陕西临潼县附近）为萧的叛军所包围。郦道元和他的弟弟道峻及其二子均遭杀害。

像郦道元这样一个耿介正直、执法不阿的忠贞之士，在魏收所撰的《魏书》中，竟受到无端的诽谤。《魏书》把他列入《酷吏传》，关于这方面，清赵一清在《水经注释》中按云："道元立身行己，自有本末，不幸生于乱世，而大节无亏。即其持法严峻，亦由拓跋朝淫污阘冗，救敝扶衰使然，何至列之《酷吏传》耶？恐素与魏收嫌怨，才名相轧故耶。知人论世，必有取于余言也。"赵一清的评论无疑是公正的。《魏书》最后又说："然兄弟不能笃睦……时论薄之。"对此，赵一清在《北史》抄录《魏书》此语下按云："此亦仍《魏书》之旧而未经裁削者，观其有从死之弟，则非不能笃睦可知。"既然有弟愿意跟随他作这次冒险的旅行而终至同死，则"兄弟不能笃睦"的话，显然是有意的诽谤。

对于郦道元的著作，《魏书》和《北史》记载相同："道元好学，历览奇书，撰注《水经》四十卷，《本志》十三篇，又为《七聘》及诸文，皆行于世。"但除了《水经注》40 卷以外，其他著作在《隋书·经籍志》中就不见著录，说明均在郦道元死后随即亡佚，唯《水经注》独存人间。这是一部彪炳千秋的伟大作品，它不仅是一部杰出的地理著作，而且郦道元毕生的思想抱负，也都凝结在这部著作之中。因此，今天我们研究郦道元的生平事迹，这部 30 余万字的不朽名著，对于我们的重要性，显然绝非寥寥 309 字的《魏书》本传和 612 字的《北史》本传（包括全文抄录《魏书本传》的 309 字在内）可以相比。

对此书进行深入的分析和研究，虽然时隔 1400 多年，但郦道元的音容气质，仕宦业绩，似乎还历历如在。

郦道元为什么要撰写《水经注》？他在原序中说："余少无寻山之趣，长违问津之性。"说明撰写此书，并不是他早年的夙愿。但他后来之所以全力投入此书的撰写，是必然有他的动机的。他在原序又说道："昔《大禹记》著山海，周而不备；《地理志》其所录，简而不周；《尚书》《本纪》与《职方》俱略；都赋所述，裁不宣意；《水经》虽粗缀津绪，又阙旁通。所谓各言其志，而罕能备其宣导者矣。"的确，本文在开始就已经提及，在公元 4 世纪初开始的地理大交流以后，人们对于我国自然地理和人文地理的知识，较之前代大为丰富，因此，具有像郦道元这样渊博的地理知识的学者，对前代的地理著作感到不满，那是完全可以理解的。但是，仅仅是这个原因，就使他下决心撰写这样一部巨著，恐怕也是不能自圆其说的。

郦道元是个北方人，他一生足迹未涉南部。当他出生之日，南北分裂，已经超过一个半世纪，但他却要撰写这样一部地理书，基本上以西汉王朝的疆域作为他的叙述范围，局部甚至涉及域外。另外，他撰写此书，从其内容看，显然并不如他在原序中所说，是为了古代的地理书过于简略，缺乏旁通。因为他除了补充古代地理书特别是《水经》在自然地理和人文地理上的不足之处以外，他还花了很大的篇幅描写各地的自然风景，这也就是清刘继庄所说的："更有余力，铺写景物，片语只字，妙绝古今。"[①]他所描述的祖国各地的自然风景，有的是他童年时代居住过的地方，如上面已经提及的《巨马水注》和《巨洋水注》中的例子，这当然是他十分熟悉的。有的则是他毕生足迹未到之地，如《江水注》中的三峡，《渐江水注》中的灵隐山等地。但在他的笔下，这些地方的自然风景，都能表现得如此优美细致，栩栩如生。在《水经注》以前的一切地理著作中描写祖国各地的自然风景

---

① 《广阳杂记》卷四。

的，实在凤毛麟角，但郦道元却在这方面如此殚精竭虑，逾格重视，这只能说明他是如何地热爱祖国的大好河山。一个生来就从未见到过统一的祖国的人，而却要以历史上一个伟大王朝的疆域作为他的写作范围，这也只能说明他是如何地向往着一个统一的祖国。在南北朝这样一个国家分裂、山河破碎、战争频仍、人民流离的时代里，郦道元却能写出这样一部把当时这个支离破碎的国家融合成为一体的巨著，而又以如此美好的描述，歌颂祖国各地的自然环境和人文环境。由此可以说明，《水经注》是一部伟大的爱国主义著作，而郦道元则是一位值得崇敬的爱国主义者。

当然，郦道元之能够成为一个向往祖国统一的爱国主义者，并不是偶然的。他对于历史上曾经出现过的版图广大的王朝的概念，当然是从他的广泛阅读和父辈的教育中得到的。但他之所以向往这样一个广大而统一的祖国的再次出现，却很可能是受了那位具有雄才大略的君主元宏的影响。前面已经提及，元宏是有决心要统一中国的，郦氏一门是他所器重的家族，因此，他必然会把他的这种抱负告诉他们。当太和年代，正是元宏从各方面进行准备，决心要实现他统一全国的计划之时，就在这个时候，郦道元踏入仕途，而且成为君主的近臣，他满怀壮志，认为南北统一、版图广大的祖国不久就会出现，却没有料到元宏的中道崩殂，也没有料到国势就从此一蹶不振。他眼看祖国统一无日，而锦绣山河支离破碎，就是从这段时期开始，他潜心于《水经注》的撰写，通过著述以表达他热爱祖国河山和渴望祖国统一的胸怀。

《水经注》一书成于何时，历来说法不一。但它是郦道元后期的作品，却是没有疑问的。贺昌群在科学出版社影印《水经注疏》卷首的"说明"中，认为此书成于延昌、正光之间，岑仲勉在《水经注卷一笺校》[①]中认为此书成于延昌、孝昌之间，日人森鹿三认为此书成

---

① 岑仲勉：《中外史地考证》上册，中华书局 1962 年版。

于延昌、神龟到正光五年（524）的 10 年之中①。按《水经注》记载中出现的最后一个年代是延昌四年（515），而郦道元被害于孝昌三年（527），说明他潜心撰写此书，正是胡太后临朝、朝政腐败至于不可挽回之时。郦道元运用他长期以来行万里路、读万卷书所积累的丰富知识，撰述这样一部巨著，将他的全部爱国主义感情倾注在这样一部著作之中，为后世留下了不朽的文化遗产。

郦道元撰写《水经注》的工作方法，主要有两个方面：一方面是广泛地占有资料；另一方面是勤勉地野外考察。他占有资料的工作是令人叹服的。《魏书》和《北史》所说的"历览奇书"，大概就是指此。《水经注》的内容遍及全国甚至域外，他尽其可能，搜集了所有这些地区的一切地理、历史、文学、碑碣、方言、民谣等资料，经过仔细地整理分析以后，作为他撰述的基本内容。全书列名的文献达 477 种②，金石碑碣达 357 种③。在当时，所有资料的获得依靠传抄，则此书在这方面的巨大工作量可以想见。《水经注》所引用的古代文献、金石等资料，在以后大量亡佚，依靠此书的摘引，才保留了它们的吉光片羽。仅仅从这一点说，此书的贡献也是值得称道的。除了文献资料以外，郦道元非常重视野外考察工作，正如他在原序中所说的："脉其枝流之吐纳，诊其沿路之所躔，访渎搜渠，缉而缀之。"用野外考察的成果充实他的著述，无论在驻地任所，舟车旅途，他都到处留意当地的自然地理与人文地理现象，细心观察，深入研究，然后载入他的著作之中。《水经注》全书在许多卷篇之中，都有他野外考察的记录。郦道元在他的著述之中对野外考察工作的高度重视，至今仍然是地理工作者值得学习的榜样。由于当时中国南北分裂，他的足迹未到南方，

①［日］船越昭生《森鹿三先生和〈水经注〉研究》，《地理》第 26 卷第 3 期，东京古今书院 1981 年版。

② 参见拙作《〈水经注文献录〉序》，《杭州大学学报（哲学社会科学版）》1986 年第 3 期。

③ 参见拙作《〈水经注金石录〉序》，《山西大学学报（哲学社会科学版）》1984 年第 4 期。

因而在南方河流的记载中常见谬误，尽管对于这部杰出的著作来说，这些都是瑕不掩瑜的，但却也充分说明了野外考察工作对于一部地理著作的重要意义。

前面已经提到，在历史记载中，有关郦道元的生平经历特别是思想观点确实凤毛麟角，但是，在《水经注》这部巨著中，却相当充分地反映了作者的思想观点。从全书来看，他最主要的思想，即是前已述及的南北统一，恢复一个版图广大的中华帝国的愿望。在早期，对于这个愿望的实现，他是满怀信心的，因为与南朝的篡夺频仍、政治腐败相比，他有幸生在这样一个励精图治、雄才大略的明君统治的朝廷中，早在拓跋焘在位的时期，北魏已经浩浩荡荡地进军到达从今南京到镇江一带的长江北岸，并在瓜步（今六合县以南的长江北岸）建起行宫，正平元年（451）春正月，拓跋焘大会群臣于江上，南朝为之丧胆，屈膝求和，拓跋焘才引军北还。[①] 现在，元宏已经迁都到洛阳，国势比拓跋焘时期更为强盛，因此，在他思想上出现一个版图可与西汉王朝相比的统一王朝，这是很自然的事。在事与愿违以后，他又把祖国一统的思想，倾注在他的著述之中。所以《水经注》的内容以西汉王朝的版图为基础，这绝不是偶然的。有人认为《水经注》叙述的空间范围是由《水经》决定的，这话其实不对，因为选《水经》作注，乃是郦道元的决定，是他的祖国一统思想的反映。何况《水经》简列河川源流，并不包罗西汉版图，例如朱崖、儋耳二郡（今海南岛），因与《水经》所述河流无涉，并不载入《水经》，但郦道元却以之附入于《温水注》的记载之中，而且写得非常详细：

朱崖、儋耳二郡，与交州俱开，皆汉武帝所置。大海中，南极之外，对合浦、徐闻县，清朗无风之日，遥望朱崖州，如囷廪大，从徐

---

① 《魏书·世祖纪》。

闻对渡，北风举帆，一日一夜而至，周回二千余里，径度八百里，人
民可十万余家，皆殊种异类，被发雕身，而女多姣好，白皙长发、美
鬓，犬羊相聚，不服德教。

　　一个足迹绝未南下的北人，对于这两个在遥远的南方大海中的、
建置短暂的西汉属郡，竟叙述得如此详细，这只能说明他是如何地心
怀祖国河山。在当时的政治上，南朝是北魏的敌方，兵戎连年，形势
紧张，前面已述及在元宏死后，北魏曾于正始四年（507）在淮水被
南梁火攻，魏兵溺毙，淮水为之不流，梁军尾随痛歼，使魏军遭受伏
尸四十里，被擒五万人的惨败①。但在《水经注》对南方各地的叙述中，
却丝毫看不到存在什么敌意。在郦道元的笔下，不论是南方或北方，
祖国的历史文化，人物掌故，都是那样地源远流长，丰富多彩；而祖
国的河川山岳，田园草木，都是那样地秀美多姿，引人入胜。在全部
《水经注》中，我们自始至终都可以体会到郦道元所倾注的这种热情
洋溢的爱国主义思想。

　　从《水经注》反映的郦道元思想的另一方面，是他对自然界特别
是河湖水体与人类之间的关系的认识。郦道元撰《水经注》，河川水
道当然是此书的纲目，但河川涉及一切自然地理事物，因此，他对整
个自然界，都有过深入研究，经过反复思考，从而在他的思想上形成
了人类与自然界关系的基本概念。这种概念在全部注文中反映得最多
和最明确的，当然是他对河湖水体的认识。他在原序中开宗明义，引
用了《玄中记》的话："天下之多者，水也，浮天载地，高下无所不
至，万物无所不润。"这其实就是他对于自然界的水体与人类之间的
关系的基本观点。中国自古流传禹治洪水的故事，在全注中对此有大
量的记载。洪水是一种可怕的自然力量，他对这种自然力量可以带给
人类的巨大破坏力，是有充分认识的，因而在注文中记载了许多河川

---

　　①《通鉴》卷一四六《梁纪二》武帝天监六年。

历史上所发生的危害人类的水灾。卷二十四《瓠子河》经"瓠子河出东郡濮阳县北河"注中,他还借用了汉武帝《瓠子歌》的文字:"皇谓河公兮何不仁?泛滥不止兮愁吾人。"卷六《浍水》经"浍水出河东绛县东浍交东高山"注中,他又引《史记》所载:"智伯率韩、魏引水灌晋阳,不没者三版。智氏曰:吾始不知水可以亡人国,今乃知之。汾水可以浸安邑,绛水可以浸平阳。"在全部注文中,这种在战争中以水代兵、漂淹城邑的记载,真是不胜枚举。尽管他对河湖水体对于人类的潜在破坏力量非常清楚,并且十分重视,但是,他却是坚定不移地相信,人类的力量完全可以制服和利用水体。卷十二《巨马水》经"又东南过容城县北"注中,他有一句至理名言:"水德含和,变通在我。"这就明白地指出,在人类与水的关系中,人类的力量是决定性的力量。因此,注文凡是涉及这两者之间的关系时,他总要搜罗资料,来表达他的这种思想。在卷二《河水》经"其一源出于阗国南山,北流与葱岭所出河合,又东注蒲昌海"注中,有一段关于这方面的绘声绘色的记载:

　　敦煌索劢,字彦义,有才略,刺史毛奕表行贰师将军,将酒泉、敦煌兵千人,至楼兰屯田。起白屋,召鄯善、焉耆、龟兹三国兵各千,横断注滨河。河断之日,水奋势激,波陵冒堤。劢厉声曰:王尊建节,河堤不溢,王霸精诚,呼沱不流。水德神明,古今一也。劢躬祷祀,水犹未减,乃列阵被杖,鼓噪讙叫,且刺且射,大战三日,水乃回减,灌浸沃衍,胡人称神。大田三年,积粟百万,威服外国。

　　在同条经文下,还记载了驻守疏勒城的戊己校尉耿恭在被匈奴包围的、水源断绝的围城中的几句话:

　　昔贰师拔佩刀刺山,飞泉涌出。今汉德神明,岂有穷哉。

耿恭的豪言壮语果然不虚，其结果是：

> 水泉奔出，众称万岁。乃扬水以示之，虏以为神，遂即引去。

上述注文中"王尊建节，河堤不溢"的话，在卷五《河水》经"又东北过卫县南，又东北过濮阳县北，瓠子河出焉"注中有较详细的记载：

> 粤在汉世，河决金堤，涿郡王尊，自徐州刺史迁东郡太守，河水盛溢，泛浸瓠子，金堤决坏，尊躬率民吏，投沉白马，祈水神河伯，亲执圭璧，请身填堤，庐居其上，民吏皆走，尊立不动，而水波齐足而止。公私壮其勇节。

像上述这样一类人与水的关系，简直都和神话一样，但是作者正是利用这些传奇故事，表达了他人定胜天的思想观点。当然，在全部注文之中，这样的神话毕竟是少数，更多的篇幅是记载了人类利用水体、改造水体的实实在在的事迹，诸如《河水注》的金堤、八激堤，《浊漳水注》的漳水十二堨，《鲍邱水注》的车箱渠，《穀水注》的千金堨、九龙堨，《沮水注》的郑渠，《沔水注》的大江堤，《比水注》和《肥水注》的芍陂，《江水注》的都安大堰，《渐江水注》的长湖等，真是不胜枚举。卷十六《沮水》经"沮水出北地直路县，东过冯翊祋祤县北，东入于洛"注中记载郑渠的工程效益说：

> 渠成而用注填阏之水，溉泽卤之地四万余顷，皆亩一钟，关中沃野，无复凶年。

卷三十三《江水》经"岷山在蜀郡氐道县。大江所出，东南过其县北"注中记载的岷江都安大堰说：

　　水旱从人，不知饥馑，沃野千里，世号陆海，谓之天府也。

　　《水经注》记载的人与水的关系，大部分都和上述《沮水注》及《江水注》的例子相似。这就是郦道元的人定胜天的思想，这种思想使《水经注》一书生气蓬勃，具有重要的积极意义。

　　郦道元的思想从《水经注》中反映出来的，还有一个重要的方面，就是他对许多落后的旧事物、旧制度所持的反对态度。这中间，他对我国古代流行的祸国殃民的厚葬制度的深恶痛绝，就是一个突出的例子。他在注文中记载了不少古代帝王将相的穷奢极欲的陵墓，在详细描述以后，他必然要痛加鞭挞。例如卷十九《渭水》经"又东过霸陵县北，霸水从县西北流注之"注中记载的秦始皇陵，注文说：

　　秦始皇大兴厚葬，营建冢圹于丽戎之山。……斩山凿石，下锢三泉，以铜为椁，旁行周回三十余里，上画天文星宿之象，下以水银为四渎、百川、五岳、九州，具地理之势。宫观百官，奇器珍宝，充满其中。令匠作机弩，有所穿近，辄射之。以人鱼膏为灯烛，取其不灭者久之。后宫无子者，皆使殉葬甚众。坟高五丈，周回五里余，作者七十万人，积年方成。而周章百万之师，已至其下，乃使章邯领作者以御难，弗能禁。项羽入关，发之，以三十万人三十日运物不能穷。关东盗贼，销椁取铜，牧人寻羊烧之，火延九十日不能灭。

　　同卷又记载了汉成帝建造陵墓的经过：

　　汉成帝建始二年，造延陵为初陵，以为非吉，于霸曲亭南更营之。……永始元年，诏以昌陵卑下，客土疏恶，不可为万岁居，其罢陵作，令吏民反，故徙将作大匠解万年敦煌。《关中记》曰：昌陵在霸城东二十里，取土东山，与粟同价，所费巨万，积年无成。

上列两段文字，实在就是郦道元对这种万恶的厚葬制度的无情揭发和愤怒控诉。卷二十九《湍水》经"湍水出郦县北芬山，南流过其县东，又南过冠军县东"注中，作者还以讽刺的笔法，揶揄了这种罪恶制度。记载说：

> 碑之西，有魏征南军司张詹墓，墓有碑，碑背刊云：白楸之棺，易朽之裳，铜铁不入，丹器不藏，嗟矣后人，幸勿我伤。自后古坟旧冢，莫不夷毁，而是墓至元嘉初尚不见发。六年大水，蛮饥，始被发掘。说者言：初开，金银铜锡之器，朱漆雕刻之饰烂然，有二朱漆棺，棺前垂竹帘，隐以金钉。墓不甚高，而内极宽大。虚设白楸之言，空负黄金之实，虽意锢南山，宁同寿乎？

南北朝时期是一个宗教风靡的时代，北魏建都平城的时期，皇室笃信道教，道观坛台，比比皆是。到了迁都洛阳以后，佛教之风，盛极一时，洛阳成为重要的佛教中心。北魏各地寺院，多达 13000 多处①，仅洛阳一地，寺院就有 1367 处之多②。尽管《水经注》对我国的文物历史、山川地理充满了歌颂赞美之词，但对于这类寺观神道之事，全书虽有许多记载，却绝无颂扬之意。郦道元在这方面的观点，卷十九《渭水》经"又东过霸陵县北，霸水从西北流注之"注中有明确的反映："神道茫昧，不宜为法。"

正因为郦道元对当时社会现实的许多方面所持的反对态度，加上他的耿直为人和不畏权贵的性格，因而招致了许多人的忌恨。如前所述，王族的阴谋，把他置于死地，甚至在他死后，《魏书》仍然不肯放过他，污蔑他为"酷吏"。现在，我们依靠《水经注》，把他蕴藏在这部巨著中的思想感情梳理出来，深入了解这位向往祖国统一，热爱祖国河山的爱国主义者的高尚品质和非凡才能，正是这部不朽的历史

---

① 《通鉴》卷一四七《梁纪三》武帝天监八年，时当北魏永平九年。
② 《洛阳伽蓝记》卷一。

名著，让我们追本溯源，获得了历史的真实。

这部倾注了郦道元思想感情的《水经注》，以后在中国历史上产生了重大的影响。郦道元去世后半个世纪，中国在混乱分裂260余年以后，又由隋皇朝重新统一。从此不到40年，一个强大的、堪与西汉王朝媲美的唐王朝终于在广大的中国版图上出现。这个伟大的王朝建立不到200年，郦道元的研究成果，就开始得到这个王朝编纂的一部规模巨大的全国总志《元和郡县图志》的采用。到了宋初，另一部规模更为巨大的全国总志《太平寰宇记》，大量地采用了《水经注》的成果。从此以后，凡是编纂地理书的，都离不开《水经注》的成果，它成了学术界所公认的古代地理书的权威。

另一方面，由于郦道元对祖国河山的深厚感情和高度的描写技巧，感情丰富的诗人们开始爱上了这部充满了诗文泉源的美好作品。唐朝晚期的著名诗人陆龟蒙就是其中之一，他的诗句说："《山经》《水疏》不离身。"①诗人流连于山水之间，而《水经注》则是他随身必备的精神食粮。到了宋朝，人们对于《水经注》的兴趣更为提高。唐宋八大家之一、著名的文学家和诗人苏轼的诗说："嗟我乐何深，《水经》亦屡读。"②人们对于倾注着郦道元丰富感情的文字的吟诵，已经成为一种陶冶性情的享受。

到了明朝，郦道元的著作开始广泛流行，学者从各种不同的角度，对此书进行考证和研究，因而出现了两个学派。以朱谋㙔为首的考据学派，主要的工作是把长期在相互传抄过程中所发生的错误加以修正，对郦道元所引用的许多典故作出注释，以恢复此书的本来面目，并便于读者的阅读。另一个学派以钟惺、谭元春为代表，他们继承唐宋诗人之后，专门研究《水经注》的优美词章，所以称为词章学派。两个学派都刊行了他们的《水经注》版本，其中朱谋㙔花了毕生心血所校定的版本《水经注笺》，曾被清初的著名学者顾炎武推崇为"三百年来

---

①据赵一清《水经注释附录》卷上所引。

②《寄周安孺茶诗》，赵一清《水经注释附录》卷上。

一部书"①。《水经注笺》竟成为明朝 300 年中一切书籍中的第一部好书。《水经注笺》获得这样高度的声誉，朱谋㙔的校勘之功当然不可抹杀，但主要当然应该归功于郦道元倾注在此书中的渊博学问和深厚感情。

《水经注》研究到了清乾隆年代而到达高峰。三位著名的学者全祖望、赵一清和戴震，先后提出了他们经过毕生研究的精湛版本。其中戴震曾参与《四库全书》的编纂，他在四库馆所藏的此书历来的一切版本之中，选择了赵一清的《水经注释》作为底本，并吸取了《永乐大典》本、全祖望本等的优点，改正了此书历来传抄中的 7000 多个错字，使郦道元的这部杰出著作，在很大程度上恢复了原貌。由于许多学者以各不相同的角度和见解对《水经注》进行研究，终于在我国学术界形成了一门包罗广泛的学问，人们把这门学问称为"郦学"。到了晚清，杨守敬与他的学生熊会贞从地理学的角度对此书进行深入的研究，他们编绘了内容精密的《水经注图》，校订了规模庞大的《水经注疏》，于是，《水经注》所汇集的，自从 4 世纪以来的这场地理大交流中积累起来的丰富的自然地理和人文地理知识，就被杨、熊两人系统地整理出来。这样，郦学学派中除了上述考据、词章两个学派以外，第三个新的学派，即地理学派从此成熟，它为郦学研究开拓了更为广阔的前途。

郦道元的著作在国际上也产生了相当大的影响。早在 1905 年，法国汉学家沙畹（Edouard Chavannes）就已经把卷二《河水注》译成法文，刊载于当年在法国出版的《通报》之中②。另外一些西欧的汉学家如伯希和（Paul Pelliot）③、费瑯（G．Ferrand）④、马伯乐（Henri Maspero）⑤、鄂卢梭（L．Aurousseau）⑥ 等，都在他们的研究工作中

---

① （清）阎若璩《古文尚书疏证》卷六下。
② 《沙畹译水经注》，郑德坤、吴天任《水经注研究史料汇编》上册，台北艺文印书馆 1984 年版。
③ 《交广印度两道考》，商务印书馆 1933 年版。
④ 《昆仑及南海古代航行考》，商务印书馆 1930 年版。
⑤ 《宋初越南半岛诸国考》，《西域南海史地考证译丛一编》，中华书局 1962 年版。
⑥ 《占城史料补遗》，《西域南海史地考证译丛二编》，中华书局 1962 年版。

利用了《水经注》的成果。40 年代，印度汉学家师觉月博士（Dr. Praboddha Chandra Bagchi）曾在孟加拉邦国际大学中国学院与胡晓铃合作，从事于《永乐大典》本《水经注》的翻译工作。[①] 在中国以外，《水经注》研究最有成绩的国家是日本，近世以来，已经出现了不少著名的郦学家和郦学研究成果，而其中以京都大学教授森鹿三最为著名。他 30 年代初期就开始发表有关郦学研究的论文，直到 1980 年去世，其郦学研究的成果堪称丰硕。这中间特别重要的是 1974 年出版的、由他主持的日文译本《水经注（抄）》[②]，此书篇幅虽仅《水经注》全书的四分之一，但译文信达，注释详尽，受到学术界的好评。

现在，郦学研究在中国正在继续得到发展，有关《水经注》的专著和论文，正在不断地涌现，而重新校点的各种《水经注》版本，也正在次第出版。不过，在郦学研究之中，对于《水经注》作者郦道元的研究，至今仍比较薄弱。长期以来，学者由于受到《魏书》《北史》两篇本传资料疏缺和记载歪曲的影响，往往回避对这位伟大作者的研究；或者明知正史记载的不实，却因资料短缺，无从入手。我在拙作《爱国主义者郦道元与爱国主义著作〈水经注〉》[③] 一文中指出："《水经注》一书，长期以来皎皎然举世荐誉；而这部历史名著的作者，千余年来却泯泯然罕见学者议论。作为一门完整的郦学，这不能不说是一种很大的缺憾。"本文通过对《水经注》的分析研究，把郦道元的出身经历、性格思想及其对后世的影响等，作一概括的评述，抛砖引玉，希望得到郦学界同仁的指正。

原载《地理学报》第 43 卷第 3 期（1988 年），第 241—249 页
收入《郦学新论——水经注研究之三》第 27—49 页
又收入《水经注论丛》第 395—411 页

[①] 胡晓铃《书胡适跋芝加哥大学藏的赵一清水经注释后》，《北京图书馆文献》第 15 辑，1983 年。

[②] 参见拙作《评森鹿三主译水经注（抄）》，《杭州大学学报（哲学社会科学版）》1981 年第 4 期。

[③]《郑州大学学报（哲学社会科学版）》1984 年第 4 期。

郦道元和《水经注》以及在地学史上的地位

"地理大交流"与"六朝地志"

中国从公元 4 世纪初期到 6 世纪之间，发生了一场规模庞大的"地理大交流"，它涉及数量巨大的人群，在自然地理环境和人文地理环境上的变异。在国际地学史上，也只有 15 世纪以后的"地理大发现"才可与它相比。

历史是不随个人意志而发展的，即使是极端聪明和有权力的人物。对于这场"地理大交流"，早在战国时代，赵武灵王和秦始皇等著名汉族领袖，似乎已经预见到这种事态的发生而竭力加以防范。但是，他们花了惊人代价建造起来的万里长城，终于挡不住从 4 世纪初期开始发生的这场巨变。赵武灵王在公元前 307 年作出了一个让汉族人民大吃一惊的决定："胡服骑射以教百姓。"[①] 但事隔 8 个世纪，北魏君主元宏在公元 494 年也宣布了一条使少数民族不知所措的法律："禁士民胡服"[②]。至此，这场"地理大交流"已经基本完成。大量生活在北方草原上的游牧民族，放弃了"天苍苍，野茫茫"的自然地理环境和"风吹草低见牛羊"的游牧生活，相继进入中原，从事定居农业。而原来居住在这个地区的汉族，则被迫放弃他们世代居住的这片干燥坦荡的小麦杂粮区，大批南迁，去到低洼潮湿的江南稻作区生活。

① 《通鉴》卷三《周纪三》赧王八年。
② 《通鉴》卷一三九《齐纪五》明帝建武元年。

在这场"地理大交流"中，新、旧地理环境构成了人们现实生活和思想上的强烈对比，空前地扩大了他们的眼界和丰富了他们的地理知识。他们之中，有的对新领地感到十分奇异，有的对旧家园引起无比怀念。这中间，有人就动了笔墨，写出描述新领地或怀念旧家园的文章来，出现了一批新的地理著作。

和以前的地理著作不同，以前的著作如《山海经》《穆天子传》之类，都是作者在少量现成资料上添加大量的幻想而写成的；如《禹贡》《汉书·地理志》之类，则是作者根据当时官方所有的资料写成。顾颉刚先生在《禹贡注释》①中，把前者称为"幻想派"地理学术，而把后者称为"征实派"地理学术。其实，《禹贡》和《汉书·地理志》的被列为征实派，不过是因为它们在采用的资料上比较严谨，不像前者的那样荒诞不经。至于写作的方法，前者和后者并无多大区别，这些作者，都没有下过野外实地考察的功夫。但是，在"地理大交流"中出现的地理著作，其中有许多是作者实地考察的成果。这类地理著作，内容真实，能够充分反映地方特色。后来人们给这一时期涌现出来的大量地理著作起了一个总的名称："六朝地志"。

"六朝地志"在中国地学史上具有重要意义，它们多半是在"地理大交流"中获得了感性知识的地理学家的创作，而这些创作的流行，又使另外一些人提高了对地理学的兴趣，也动手写作他们当地的或外地的地理文章，而这些文章同样又影响了另外一批人。因此，"六朝地志"在客观上起了一种地理课本的作用，它培养了许多地理学家，进一步推动了地理著作的撰写。所以，随着"地理大交流"的发展，地理学家的培养和地理著作的撰写，相互间出现了一种良性循环。这是中国历史上地理学家人才辈出、地理著作丰富多彩的时代。

当时，虽然国家处于南北分裂的局面，但南北各方，都出现了许多地理学家和地理著作。在南方，有刘宋何承天的《州郡志》，齐刘

---

① 侯仁之主编：《中国古代地理名著选读》，科学出版社1959年版。

澄之的《永初山川记》，梁吴均的《十二州记》，陈顾野王的《舆地志》等；在北方，有魏阚骃的《十三州志》，陆恭之的《后魏舆地风土记》等。这些都是"六朝地志"中的佼佼者，而它们的作者，也都是这个时代的著名地理学家。在所有这个时代的著名地理学家中，最最杰出的是北魏的郦道元，他的名著《水经注》，是"六朝地志"中无可争议的翘楚。清陈运溶说："郦注精博，集六朝地志之大成。"[①]一句话，就把《水经注》在"六朝地志"中的地位概括清楚。

郦道元与《水经注》

郦道元（？—527），字善长，涿州（今河北涿县）人，出生在一个世代官宦的家庭中。他父亲郦范，是一个受到北魏重用的汉族知识分子，曾任青州刺史和尚书右丞等重要官职。郦道元从小随父于任上，得以观察各地山川风物，既造就了他野外地理考察的爱好和基本功，也培养了他热爱大自然、热爱祖国河山的爱国主义感情。当时，正值北魏具有雄才大略的明君拓跋宏当政之时。拓跋魏属于鲜卑族的一支，但是他励精图治，努力加速他自己民族的汉化过程。就是他，命令"禁士民胡服"；把鲜卑的姓氏"拓跋"，改为汉姓"元"；尊孔重儒，奉行汉族典章制度。他把国都从偏远的平城（今山西大同）南迁洛阳，整军修武，准备南伐南朝，统一全国。就在这举朝一致，北魏国势兴盛的时刻，郦道元青年英俊，步入仕途。虽然他初入仕途时的尚书郎官爵不高，但是由于他家族的声誉和他自己的才能，他很快就成为元宏的近臣，随帝巡视，因而有机会踏遍北部中国，北及阴山、长城。这就大大开阔了他的眼界，更进一步地认识了祖国河山的辽阔广大。

由于当时国家南北分裂，他的足迹不可能到达南方。他只好通过大量的阅读，来领略江南山水的美丽。《魏书》和《北史》都说："道元好学，历览奇书。"这里的所谓"奇书"，就包括了"六朝地志"中

---
①《荆州记序》，《麓山精舍丛书》。

的江南著作。尽管南北双方当时处于敌对的形势之下，但他仍然热情奔放地描写了南方的河山，甚至并不回避使用南朝的年号。虽然郦道元出生之时，国家已经分裂了150多年，在一般人心目中，已经早就没有了统一国家的概念，但他却与众不同，迫切地希望看到一个强大而统一的祖国。《水经注》的撰写，他选择了西汉王朝的版图为基础，这就是他希望祖国强大、统一的最好证明。

在当时的形势下，南朝篡夺相仍，朝政腐败。而北朝在历代明君如拓跋焘、拓跋珪等的擘画经营之下，内政修明，国势强盛。郦道元心目中的祖国统一事业，当然寄希望于元宏。不幸的是，元宏于魏太和二十三年（499），在南征进军途中病死于谷塘原。从此朝廷后继无人，内政腐败和军事失利相继而来。而颠顶淫泆的太后临朝，国势每况愈下，终至不可收拾。正是在这样的困境之中，郦道元才从事于写作，他以渊博的地理知识和高度的文字技巧，把他的全部爱国主义感情，倾注在这部著作之中。这就是我们今天能读到的不朽名著《水经注》。

当然，元宏的早逝和北魏国势的衰落，对郦道元希望看到一个强大、统一的祖国的壮志是一种莫大打击。但是，他绝不是一个失败主义者。在这样的环境之中，他写《水经注》，并不是消极地借写作以排遣愁怀。相反，是为了通过对祖国各地的自然环境和人文活动的细致而生动的描述，来表达他对祖国的无比热爱和满腔希望。关于这方面，我们可以从他的为官严正、一丝不苟和不畏权豪的性格中得到证明。例如他在延昌四年（515）任东荆州刺史之时，随即就遇到宣武帝元恪去世而胡太后临朝的变故，国势江河日下。在这样的情况下，他仍然不顾时势安危和个人得失，一方面采用"威猛为政"的武力手段，在危难中稳定地方秩序，另一方面则采用"表立黉序，崇劝学教"的文治方法，在扰攘中提高地方文化。[1]他不畏权贵，所以《魏

---

[1]《北史·郦道元传》。

书》和《北史》都说他"素有严猛之称"，《北史》更载"权豪始颇惮之"。汝南王元悦，是元宏的儿子，他嬖幸小人丘念，作恶多端。而丘念则以元悦的王府作庇护所，以逃避法网。郦道元却不惮王室权威，设法把丘念逮捕治罪。元悦急忙请求他的母亲，即当权的胡太后下敕赦免，而郦道元立即揭发了他的罪恶，弹劾了汝南王元悦。其不避艰危，可以想见。他最后终于受到汝南王元悦和城阳王元徽等王室权贵的忌害，他们怂恿胡太后派他为关右大使，到已有明显反状的雍州刺史萧宝夤处，以便借萧之手杀害他。郦道元置个人安危于度外，毅然衔命进入雍州，而终于在阴盘驿亭（今陕西临潼附近）遭到萧宝夤叛军包围，他和他的两个儿子及弟弟道峻，都被叛军杀害，时在北魏孝昌三年（527）。

《水经注》的价值

郦道元为我们留下这部不朽名著，是具有极大价值的。《水经注》的价值，简单说来有两个方面：第一是它的学术性，这是一部学术价值很高的地理学名著；第二是它的思想性，因为它同时又是一部感情丰富的爱国主义名著。

作为一部学术价值很高的地理学著作来说，《水经注》在自然地理学的许多分支如地貌学、气候学、河流水文地理学、植物地理学、动物地理学和人文地理学的许多分支如农业地理学、交通运输地理学、城市地理学、人口地理学、文化地理学、旅游地理学等方面，都有十分丰富的资料。长期以来，学者在历史地理学和现代地理学的研究中，曾经借助《水经注》的丰富资料，获得了出色的成就。远的不说，仅仅在最近 10 年中，学者利用《水经注》的资料在自然地理学和人文地理学的研究中获得较大突破的例子就有不少。

史念海教授研究黄河中游的切割，利用《水经·河水注》对于壶口瀑布的精确记载，测算出了黄河在这一河段的溯源侵蚀速度。壶口瀑布的位置，从北魏到唐代，北移 1475 米；从北魏至今，计北移 5000 米，则其溯源侵蚀速度平均每年为 3.3 米。由于《水经注》记载 的瀑布位置和规模十分明确仔细，因此，史氏所测算出来的黄河中游 河段的溯源侵蚀数据是十分可靠的，这是黄河历史地理研究中前所未 有的成果。①

　　陈吉余教授根据《河水注》《淄水注》《濡水注》《鲍邱水注》等 篇所详细记载的北魏时代的海岸和河口资料，研究古代渤海海岸的变 迁。陈氏以《水经注》的资料与近年发现的贝壳堤及放射性碳素的年 代测定相印证，精确地绘制出《渤海湾海岸历史变迁图》，成为这一 时期来我国海岸变迁研究的重要成果。②

　　吴壮达教授根据《水经·浪水注》记载的"今入城东偏，有水坑 陵，城倚其上"的资料，经过深入的实地考察，对古代番禺城的地理 位置作了雄辩的论证：东汉建安二十二年（217）建立的州城，位于 今粤秀山南麓偏东的高地上。有了这样一个坐标，则古代广州的许多 事物的地理位置，都可进行测算，这是广州历史城市地理研究中的一 大收获。③

　　盖山林先生近年来对于阴山岩画的卓越研究，这是《水经注》资 料对于文化地理研究的莫大贡献。按《河水注》记载今阴山一带时说：
"河水又东北历石崖山西，去北地五百里，山石之上，自然有文，尽 若虎马之状，粲然成著，类似图焉，故亦谓之画石山也。"盖氏根据 这项记载，考察了这个地区，终于发现了阴山一带的大量岩画。他连 续发表了《举世罕见的珍贵古代民族文物——绵延二万一千平方公里 的阴山岩画》④、《巫·胡巫·阴山岩画作者》⑤、《郦道元与岩画》⑥ 等文章，

①《黄河在中游的下切》，《陕西师大学报（哲学社会科学版）》1977 年第 3 期。
②《中国历史地理·历史自然地理》，第 230—232 页，科学出版社 1982 年版。
③《水经注的"水坑陵"问题》，《华南师院学报（自然科学版）》1980 年第 2 期。
④《内蒙古社会科学》1980 年第 2 期。
⑤《内蒙古师范大学学报（哲学社会科学版）》1982 年第 1 期。
⑥《西北大学学报（哲学社会科学版）》1983 年第 1 期。

因而轰动国内外。

　　除了上述地理学研究以外，《水经注》记载的资料在历史学、考古学、地名学、碑版学、文献学、民族学、语言学、文学等许多学科上，也都具有重要价值。《水经注》引用的各种古代文献达 477 种[①]，其中有大量文献至今已经亡佚，依靠《水经注》的摘引，保留了它们的吉光片羽。《水经注》记载的各种金石碑刻达 357 种[②]，其中绝大部分都已不存，亦不见于后来的其他金石目录，所以也很珍贵。《水经注》记载的各种地名达 20000 处左右[③]，其中有地名来源解释的达 2400 处，为古代一切地理书所罕见，因而成为地名学研究的源泉。《水经注》由于语言丰富，文字生动，长期以来为各种文选和语文教科书所摘选，在训练人们的写作技巧和文学欣赏上也都很有价值。

　　如上所述，由于《水经注》内容丰富，牵涉广泛，它与许多学科都有密切关系，因而形成了一门包罗宏富的"郦学"。从明末以来，在郦学领域中，又因研究者的目的不同，出现了考据、词章、地理三个学派，每个学派都拥有一批著名的郦学家和他们的研究成果，带来了郦学研究的繁荣和发展。

　　《水经注》的另外一种重要价值在于它的深厚思想性。著者以丰富的感情和生动的语言，写出了他对祖国河山的无比热爱，它的强劲感染力，可以沁人肺腑。面对着这一部充满了思想感情的著作，没有人能够无动于衷。当然，文学家在这方面或许感受最深。宋朝的著名文学家苏轼在《寄周安孺茶诗》中说："嗟我乐何深，《水经》亦屡读。"作为一种爱国主义教育的教材，《水经注》的价值也是不可估量的。

---

① 拙著《水经注·文献录》，《水经注研究二集》，山西人民出版社 1987 年版。
② 拙著《水经注·金石录》，《水经注研究二集》。
③ 拙著《水经注地名汇编序》，《水经注研究二集》。

《水经注》在中国地学史上的地位

在中国地学史上，自从战国时代的《山海经》和《禹贡》以来，各种地理学专著，真是车载斗量。这中间，《水经注》显然是异常突出的一种。至少有七个方面，它在地学史上的地位是其他地理学专著所望尘莫及的。

第一，六朝是我国地理学家人才辈出和地理著作大量涌现的时代，是我国地学史上一个不同凡响的时代，而《水经注》是"六朝地志"中的代表作，它是我国地学史上一个重要时代的最重要的著作。

第二，《水经注》是我国地学史上最著名的河流水文地理著作。在郦注以前，虽然《新唐书·艺文志》著录过晋郭璞注汉桑钦《水经》3卷，但其书早已亡佚，而且卷帙短小，简陋可见。在郦注以后，唐李吉甫作《删水经》10卷，金蔡珪作《补正水经》3卷，也都已失传。现在尚存的有清初黄宗羲的《今水经》1卷，内容寥落，乾隆间齐召南的《水道提纲》28卷，体例刻板，都无法与郦注相比。因此，《水经注》是我国地学史上无出其右的河流水文地理名著。

第三，《水经注》不仅是一部河流水文地理名著，同时也是一部以河流为纲的区域地理名著。它以西汉王朝的版图为基础，若干地区并兼及域外。把如此广大的地域范围内的许多重要河流流域，进行综合性的描述，内容包括自然地理和人文地理，所以英国著名科学史学家李约瑟认为《水经注》是"地理学的广泛描述"[①]。在中国地学史上，全国性的区域地理著作虽然可以上溯到《禹贡》，但《禹贡》篇幅短小，内容简单，完全不能与《水经注》相比。

第四，《水经注》以前的地理著作，都没有实地考察的基础。而《水经注》却包括了著者大量实地考察的成果。以实地考察的成果撰写地理书，在我国地学史上，《水经注》实开其端。

[①] *Science and Civilization in China*, Vol. l, p.259.

第五，区域地理著作，内容易于刻板化，近人称此为"地理八股"。其实这种情况并不始于今日，如《禹贡》各州，《汉书·地理志》各郡县，所写也都是千篇一律的东西。以后如《元和郡县志》《太平寰宇记》等，都不能跳出这一窠臼。但《水经注》描写每一流域，却是文字生动，内容多变，使人百读不厌。这是区域地理著作在我国地学史上的一个突出例子。

第六，《水经注》不仅是一部具有高度学术价值的地理学专著，同时也是一部感情丰富、具有强大感染力的爱国主义读物，这在我国地学史上也属罕见。

第七，一本书形成一门学问的事，不仅在地学史上，在其他科学史上，也是很少例子的。《水经注》正是由于它的包罗宏富，牵涉广泛，才形成了郦学这门内容浩瀚的学问，而且从明末以来，得到很大的发展。即使从我国的全部科学史来说，《水经注》在这方面也是值得自豪的。

上列七个方面，充分说明了《水经注》在中国地学史上的卓越地位。

原载《自然杂志》第 13 卷第 3 期（1990 年），第 180—182 页

收入《郦学新论——水经注研究之三》第 50—59 页

又收入《水经注论丛》第 412—419 页

民国以来研究《水经注》之总成绩

民国二十九年（1940），中央大学国文系主任汪辟疆在重庆《时事新报》副刊《学灯》第 69 至 70 期（1.27—1.28）发表《明清两代整理〈水经注〉之总成绩》一文，这是郦学史上的一篇极为重要的文章。1971 年，台北中华书局影印出版收藏于中国台湾中央图书馆的《水经注疏》的最后一种稿本，定名为《杨熊合撰水经注疏》，并将汪氏此文置于卷首，台北中华书局在卷前写有《〈杨熊合撰水经注疏〉稿本提要》一篇，述及汪文云："辟疆先生长文，泛论明清以来整理《水经注》之总成绩，而归结于杨、熊书之精义入神，其于此籍之崎岖历经，娓娓详尽，倘此文不作，至今无复余人能道，有关掌故，后世懵焉而已。"汪文的价值，于此可见。

《水经注》成书于公元 6 世纪初，但自唐以来，文人学士一直只是撷取其佳句妙语作为诗文之资，无人对此书进行深入研究。宋初以后，此书残佚，几濒沦亡。南宋时，金礼部郎中蔡珪作《补正水经》三卷，成为学者研究《水经注》的嚆矢。但蔡书随即亡佚，后继无人。此后，由于辗转传抄，经注混淆，错漏连篇，几至不能卒读。明代以后，学者才开始对这部残缺错乱的《水经注》进行整理和研究，如正德年间杨慎撰《水经补注》，又整理《水经》，归纳河川运行的所谓"八泽"[①]。而柳金（大中）于正德年间用宋本校《水经注》，是明代的名本。其后黄省曾在嘉靖年间，吴琯在万历年间均刊行郦注，并都

[①] 杨慎《丹铅杂录》卷七："曰出，曰过，曰迳，曰合，曰分，曰屈，曰注，曰入，此其八泽也。"

用宋本作过一番校勘。赵琦美（清常道人）于万历年间三校郦注，与正德柳大中本并称佳本。特别重要的是万历四十三年（1615）朱谋㙔刊行的《水经注笺》，其书校勘细致，笺注精详，开创了郦学研究中的考据学派，曾被清顾炎武誉为"三百年来一部书"①。所以朱谋㙔无疑是明代整理研究《水经注》的翘楚。

及至清季，《水经注》的研究风气大开，初期有孙潜的精心校勘，明代的柳大中、赵琦美二名本，赖孙氏在校勘中全部录入，才得免于亡佚。其后如顾炎武、阎若璩、黄仪、刘献廷、顾祖禹、胡渭、何焯、沈炳巽诸氏，均致力于郦学研究，他们有的留有郦注校本，如何焯校本、沈炳巽《水经注集释订讹》等；有的在郦学研究的基础上撰成其他地学专著，如顾炎武的《天下郡国利病书》和《肇域志》、顾祖禹的《读史方舆纪要》、胡渭的《禹贡锥指》，等等。到了乾隆年间，全祖望、赵一清、戴震三大家先后兴起，《水经注》的整理研究，至此臻于鼎盛。经过此三家的精心校勘，区分经注，订正字句，《水经注》终于成为一部可读之书。此三家的校本，即全氏《七校水经注》，赵氏《水经注释》，戴氏武英殿本《水经注》，都是至今流传的佳本。此后，王先谦于光绪年间集考据学派的成果，刊行《合校水经注》，也是清代名本。

自全、赵、戴三家以后，郦学研究中的考据学派已经基本完成了整理《水经注》的任务，此三家并包括明朱谋㙔的成果，为晚清郦学地理学派的创立奠定了基础，这就是杨守敬、熊会贞所开辟的郦学研究方向。他们先后刊行《水经注疏要删》《水经注疏要删补遗》《水经注疏要删续补》《水经注疏要删再续补》②以及《水经注图》，而且在这种基础上着手编撰《水经注疏》。所以汪辟疆的长文，在总结明清两代整理《水经注》的掌故以后，又以很大的篇幅，议论了这部规模宏大的《水经注疏》。

①（清）阎若璩：《古文尚书疏证》卷六下。
②此书未刊，稿本由前国立编译馆收买。

　　汪氏撰述此文，至今已逾半个世纪，而且，由于汪氏事实上没有读到杨熊《水经注疏》的真本①，并不知道熊会贞在杨氏下世后的20多年中，郦学思想已有极大的变化，在评论《水经注疏》时，杨、熊二氏有必要分别对待。为此，我愿不自量力，继汪氏宏文之后，把自民国迄今80余年来的《水经注》研究，作一番回顾和探讨。

　　这一时期《水经注》研究的首要成果是版本的搜集和整理，这是明清两代所望尘莫及的。明清郦学家对版本的见闻甚稀，当时交通不便，传递困难，纵然闻知版本之名，亦难得获致。而且由于郦学家多半孤军作战，即使偶然得一珍稀版本，所能见者亦仅一家而已。例如明柳大中抄宋本及赵琦美三校本，清初叶石君有此二本，孙潜校郦，于康熙六年（1667）从叶石君处借此二本，过录于其校本之上。以后此二本为小玲珑山馆所有，随即不知所终。则郦学家得见此两本者，唯孙潜一人而已。又如沈炳巽于雍正年间校郦，所校即今《四库珍本》的《水经注集释订讹》。沈氏在此书《凡例》中云："是书宋本既不可得，今世所行，唯明嘉靖间黄氏刊本，其他如朱郁仪、钟伯敬及休宁吴氏诸本，亦仅或有之，余家所藏止黄氏一本。"《四库提要·史部·地理类》一云："炳巽作此书，凡历九年而成，丹铅矻矻，手自点定，初未见朱谋㙔本，后求而得之。"说明像沈炳巽这样的书香门第，其所有者惟经注混淆、错漏连篇的黄省曾本一种，像注笺本这种至今尚不属稀见的本子，他当年竟要"后求而得之"，足见版本搜求的不易。

　　杨守敬是晚清著名的郦学家，但所见的郦注版本，却也十分有限。例如，王先谦的《合校水经注》刊于光绪十八年（1892），长沙与武昌相去不远，他却要到出书后的次年四月在梁节盦的宴会中才看到此书，竟至如获至宝。②宣统三年（1911），傅增湘在上海与他谈论郦学，

　　① 根据汪文，汪所见者是李子魁携到重庆的本子，李后来把这个本子中的开头三卷在湖北师范学院（民国）的《史地丛刊》发表，于是胡适就作了考证，在《熊会贞遗言》（《胡适手稿》第五集中册）一文中说："不是《水经注疏》的真本，是他（按：指李子魁）把杨熊二公的四部《水经注疏要删》合并编纂而成的。"

　　② 据光绪十九年（1893）四月十二日杨守敬致梁节盦书。

他提及了以生平未见宋本为憾的话。① 其实，他所未见的又何止宋本，熊会贞在《十三页》② 上写得很明白："先生未见残宋本、大典本、明抄本，此书各卷凡说残宋、大典、明抄，不得属之先生。"正是由于杨守敬在版本上的见闻较稀，使他在郦学研究中发生了一些至关重要的判断错误，以后给熊会贞造成了困难。③

民国初年，在各方的搜求之下，《水经注》的珍稀版本陆续出现。最早获致的是宋本，系光绪、宣统年间故舍人吴县曹氏、宝应刘氏掇拾于大库废纸堆中，傅增湘于民国五年（1916）起收拾残卷，共得卷五末七叶，又卷六至卷八、卷一六至卷一九、卷三四、卷三八至卷四○，共十一卷有余。继此残宋本以后，原在大库的《永乐大典》本亦接踵而出，此书原装八册，前四册（卷一至二○）为乌程蒋氏傅书堂所得，王国维于民国十一年（1922）已见之。后四册为北平李玄伯所得，以后此八册均归涵芬楼，商务印书馆于民国二十四年（1935）影印出版。此外又出现了明抄本，除了民国十二年（1923）由王国维所跋的海盐朱氏藏本以外，天津图书馆有明练湖书院抄本，北京图书馆又有何焯、顾广圻校明抄本。至于清代的珍稀版本则有天津图书馆所藏的全谢山五校抄本和陕西图书馆发现的沈钦韩《水经注疏证》稿本。这些版本的不断搜罗发现，对郦学研究当然大有裨益。

这一时期在版本搜集中成绩最为卓著的是胡适。据费海玑所云："三十五年（按：1946）胡先生回国，记者传出他研究《水经注》的话，于是上海的朋友纷纷把见过的《水经注》告诉他，北平的朋友亦然。于是全国的《水经注》都集中到他寓所，达三大橱之多。"④ 民国

---

① 傅增湘：《宋刊残本〈水经注〉书后》，《藏园群书题记初集》卷三。

② 熊会贞暮年亲笔写成的修改《水经注疏》的意见，影印于台北本《水经注疏》卷首，共十三页，无标题。——编者说明：本文 1994 年初次发表时有此注，1994 年版《水经注校释》收录本文作为代序时亦有此注，2003 年版《水经注研究四集》和 2018 年版《水经注论丛》收录本文时，作者删除此注。

③ 参阅拙作《历史地理学家杨守敬及其〈水经注〉研究》。收入《郦学新论——水经注研究之三》，山西人民出版社 1992 年版。

④ 费海玑：《胡适著作研究论文集》，台北商务印书馆 1970 年版。

三十七年（1948）12月，为了庆祝北京大学建立50周年纪念，胡适在北京大学举办了一次《水经注》版本展览，展品中包括他自藏的和借自公私藏书的，计分：甲，宋刻本；乙，明抄宋本；丙，明刻本；丁，清代校刻朱谋㙔笺本；戊，清朝早期重要版本；已，18世纪四大家之一沈炳巽各本；庚，18世纪四大家之二赵一清各本；辛，18世纪四大家之三全祖望各本；壬，18世纪四大家之四戴震各本。以上共9类，达41种，有胡适自作的《目录提要》。胡适举办的这次《水经注》版本展览，集郦学史上版本之大全，胡适无疑是历来搜集《水经注》版本最多的郦学家。

随着《水经注》版本在这一时期的广泛搜集和大量发现，学者对各种版本的研究也就同时获得了许多成果，为前代所不可比拟。王国维于民国十二年（1923）起开始对若干珍稀版本和流行版本进行校勘，并撰写《跋尾》，到民国十六年（1927），一共写成了包括残宋本、大典本、明抄本在内的《水经注·跋尾》8篇，在郦学界有很大影响。郑德坤于民国二十二年（1933）撰成《〈水经注〉版本考》一文，把历代郦注版本，上起唐代，下至近时，或存或佚，或亲眼所见，或仅见书目，依次罗列，并作简评。此外，对历来郦注版本从事评论的，还有钟凤年的《评我所见的各本〈水经注〉》[1] 及拙作《论〈水经注〉的版本》[2] 等。

在版本研究中著述最丰的是胡适，他所撰有关郦注版本的文章，除了通论性的《〈水经注〉版本考》[3] 和《〈水经注〉考》[4] 以及罗列版本目录的《我的三柜〈水经注〉目录》[5] 以外，专论某一种或数种版本的文章，据我对《胡适手稿》一至六集的约略统计，约有70余篇之多。这个统计不包括与别人通信中论及有关版本的问题。胡适关于版本的

---

[1]《社会科学战线》1977年第2期。
[2]《中华文史论丛》1979年第3辑。
[3]《胡适手稿》第四集上册。
[4]《胡适手稿》第六集下册。
[5]《胡适手稿》第四集中册。

论述，其中有不少创见，但也有不少错误的论断。有些错误如对全氏《水经注》的议论，后来已经由他自己撰文更正。所有这些，我在《胡适与〈水经注〉》①及《评〈胡适手稿〉》②诸文中已述其详。

《水经注》的各种影印本和排印本在这一时期空前增加。前面已经提及的《永乐大典》本的影印出版，当然是郦学版本史上的一件大事。与此同时，以殿本、合校本进行排印出版的有商务印书馆的《四部丛刊》本和《国学基本丛书》本，中华书局的《四部备要》本以及世界书局的排印本，等等，而杨熊《水经注疏》的影印出版，成为郦学版本史上的又一重大事件。《水经注疏》影印本先后出版了两种，第一种是科学出版社 1957 年出版的，书名称为《水经注疏》；另一种是 1971 年台北中华书局出版的，书名称为《杨熊合撰水经注疏》。我在拙作《关于〈水经注疏〉不同版本和来历的探讨》③和《熊会贞郦学思想的发展》④等文中曾经论证过，北京本的底本在抄成以后就离开熊氏，未经熊氏校对，所以后来发现错误百出。台北本的底本抄成后一直留在熊氏身边，由他不断校改，所以不仅甚少错漏，而且内容比较符合熊氏在其亲笔《十三页》上所表达的郦学思想。

这一时期在版本方面的另一重要成就，是把各种《水经注》版本进行点校排印，以便利读者。上海人民出版社 1982 年出版的王国维的《水经注校》即是其中之一。此本是王氏以朱谋㙔《水经注笺》作底本，用残宋本、明抄本、孙潜本、袁寿阶手校本、大典本、黄省曾本、吴琯本对勘之本⑤，所以是郦学史上的名本。前面已经提及的《水经注疏》两种影印本，北京本由于底本不善，错误百出。台北本虽然称佳，但因海峡两岸当时消息阻隔，大陆学者无从获致。段熙仲据北

---

①《中华文史论丛》1986 年第 2 辑。
②《中华文史论丛》1991 年第 47 辑。
③《中华文史论丛》1984 年第 3 辑。
④《中华文史论丛》1985 年第 2 辑。
⑤ 此书卷首《标点说明》中说此书与聚珍本对勘，绝非事实，参阅拙作《关于〈水经注校〉》，《郦学新论——水经注研究之三》。

京本，花数年时间从事点校；我又据台北本对段校本进行复校，终于
将北京、台北二本合二为一，由江苏古籍出版社于 1989 年排印出版。
该书卷首《编辑说明》指出："故此铅排本就其学术价值言，可谓杨
熊《水经注疏》最佳之本。"《编辑说明》是出版社写的，我是此书点
校者之一，当然承受不起"最佳之本"的话。不过我在此书卷首所写
《排印〈水经注疏〉的说明》中有一段话："全书经过段老数年于兹的
精心校勘，基本上消灭了其中的错漏，而我的补充校勘，除了继续修
补了若干《注》文和《疏》文的错漏外，又把北京、台北两影印本糅
合在一起。因此，在目前尚存的此书各种版本中，这个排印本或许称
得上是除了熊氏的最后定稿本以外的最完整的《水经注疏》版本了，
它在一定程度上弥补了熊氏最后定稿本失落的损失。"当然，尽管这
种点校排印本是《水经注疏》最完整的版本，但是它并不是一种通行
的版本，因为虽然把影印本改成排印本，但篇幅仍近四千页，分装三
大册，而售价也仍然高昂。为此，另一种由我点校的武英殿本《水经
注》于 1990 年由上海古籍出版社出版。我在拙作《论〈水经注〉的
版本》中曾经指出："殿本以后的不少版本，在疏证上当然比殿本更为
详尽，但在校勘的成就方面，基本上都还是殿本的水平。"总的说来，
殿本的优点是经注区分清楚，注文校勘正确，而注疏量很小，所以适
宜于一般读者，是一种很理想的通行版本。此本出版以后，也曾获得
了学术界的一些好评，山西大学教授师道刚在评论此本时，以《弘扬
郦学进程中的一座里程碑》[1] 为题，倍加赞扬。著名史学家杨向奎认为
这种点校本"当然是现在通行最好的一种版本"。[2]

　　顺便还要提及，这一时期在《水经注》版本上的另外一项收获是
此书日文译本《水经注（抄）》的成就。译本是在日本著名郦学家、
京都大学人文科学研究所所长森鹿三的主持下，集合日本的数位郦学
家合力译成的，于 1974 年由东京平凡社出版，虽然译本只包括《河

　　[1]《山西大学学报（哲学社会科学版）》1993 年第 1 期。
　　[2] 杨向奎：《读〈水经注〉》，《中国历史地理论丛》1993 年第 1 辑。

水》《洛水》等 8 卷，占全书的 1/4，但这是一部非常成功的译本，也是此书唯一的一部外文译本。对此书详情，我已在拙作《评森鹿三主译〈水经注（抄）〉》^①一文中介绍。

除了版本以外，民国以来《水经注》研究的第二项成就是校勘的深入。关于郦注的校勘，明清两代的考据学派郦学家已经做了大量工作，大体上恢复了郦注的原貌。当然，余留的问题还是不少，而这一时期的校勘成果，是在明清学者校勘基础上继续深入。下面可以举一些例子。

卷三五《江水》经"又东北至江夏沙羡县西北，沔水从北来注之"注云：

通金女、大文、桃班三治，吴旧屯所，在荆州界尽此。

对于上列"三治"，历来无人能解。李鸿章在同治间为李兆洛《历代地理志韵编今释》作序说："金女、大文、桃班、阳口、历口之类，皆不见于诸志……亦不能无疑焉。"因为既然地名称"治"，看来不像个小地名，而历代地理志均不见，李鸿章对此有疑，却无法解决。《水经注疏》为这些地名作了正确的解释。在金女、大文、桃班下，杨守敬疏云：

《隋志》：江夏县有铁。《寰宇记》：冶唐山在江夏县南二十六里，《旧记》云：宋时依山作冶，故名。疑即注所指之治。

杨守敬怀疑金女、大文、桃班三治，"治"字是"冶"字之误。这项校勘很有价值，但是尚非确据。后来在熊会贞的校勘中，才算彻底解决了这个问题。卷三五《江水》经"鄂县北"注云：

---

①《杭州大学学报（哲学社会科学版）》1981 年第 4 期。译载于日本关西大学出版《史泉》第 57 号，1982 年 12 月。

江津南入，历樊山上下三百里，通新兴、马头二治。

此处，熊会贞疏云：

《晋志》：武昌县有新兴、马头铁官。《唐志》：武昌有铁。《御览》八百三十三引《武昌记》：北济湖当是新兴冶塘湖，元嘉发水冶。……《一统志》：新兴冶在大冶县南。

熊《疏》由于找到了新兴冶的确切依据，可以充分证明金女、大文、桃班、新兴、马头五处各本郦注中的"治"字，均应改作"冶"字。

卷一八《渭水》经"又东过武功县北"注云：

渭水又东，温泉水注之，水出太一山，其水沸涌如汤，杜彦达曰：可治百病，世清则疾愈，世浊则无验。

对于这一温泉的记载，目前能见的郦注各本均同。但温泉疗疾竟与"世清""世浊"拉扯在一起，实在牵强附会。在这方面，康熙《陇州志》所引郦注为深入校勘提供了极好的依据。《陇州志》卷一《方兴·温泉》引《水经注》云：

然水清则愈，浊则无验。

由此可知，现存各本的"世清""世浊"，乃是"水清""水浊"的音讹。

还可以再举一个有关温泉的校勘例子，卷三八《溱水》经"东至曲江安聂邑东屈，西南流"注云：

又与云水合，水出县北汤泉，泉源沸涌，浩气云浮，以腥物投之，俄顷即热。

这里的"俄顷即热"，在大典本、黄省曾本、吴琯本、何焯校明抄本、王国维校明抄本、注释本、注疏本等之中，原作"俄顷即熟"，但注笺本作"俄顷即热"，殿本因之。"热"和"熟"虽然一字之差，但以之描述水温，差距却是很大的。要判断此二字的正误，对此进行深入的校勘，当然必须寻求依据。按：《太平御览》卷七一《地部三六·温泉》引《幽明录》云：

> 始兴灵水，源有汤泉，每至霜雪，见其上蒸气高数十丈，生物投之，须臾便熟。

《幽明录》是南朝宋刘义庆所编的志怪小说，郦注所引，其实正是此书，而此文最后两句是"生物投之，须臾便熟"。据此，则不仅"热"字是"熟"字之误可以判定，而"腥物"是"生物"的音讹，也可一并勘正。

民国以来，许多郦学家对《水经注》的继续深入校勘都有所贡献，而王国维在这方面尤为独到，他在《颍水注》中，对"旧颍州治"一句，把诸本皆作"颍州"的"颍"，按明抄本勘正为"预州"的"预"（"预"是"豫"的别字）。又在《渐江水注》中，"入山采薪"一句，诸本皆作"薪"，而王氏按残宋本将此句勘定为"入山采旅"，"薪"字是后人对"旅"字的擅改。这些都是王氏深入校勘的杰出例子，我在拙作《王国维与〈水经注〉》[①]一文中已述其详。没有深厚的功底，不经周密的思考，是得不到这样的校勘成就的。

另外一位郦学家岑仲勉在其所著《〈水经注〉卷一笺校》[②]中，对郦注卷一《河水》的校勘也极精深，兹举两例如下：

---

① 《中华文史论丛》1989年第2辑。
② 《中外史地考证》上册，中华书局1962年版。

经"屈从其东南流，入渤海"注云："恒水又东迳罽宾饶夷城。"
岑云：

"罽"下诸本皆有"宾"字，《水经注疏要删补遗》谓戴于"罽"
下增"宾"字，似不自戴始。按：《法显传》只作"罽饶夷"（彝），即
今之 kanauj，盖后人因涉罽宾而误也。

又注文"彼日浮图坏尽，条王弥更修治一浮图，私诃条王送物助
成"。岑笺作："彼日浮图尽坏，条三弥更修治一浮图，私诃条王进物
助成。"岑云：

"三"原讹"王"，据《御览》八一二引支僧载《外国事》，条三
弥乃斯诃条国大富长者之名。《外国事》又云：私（原误和）诃条国
在大海之中，地方二万里。

此外还有不少郦学家如孟森、胡适、钟凤年、杨联陞、段熙仲、
吴天任等，都对郦注继续有所校勘订正。当然，在这些校勘之中，有
的可以肯定误在各本郦注；有的则谁是谁非尚可斟酌；有的则郦注不
误，误在校勘者。如胡适对卷一六《穀水》经"又东过河南县北，东
南入于洛"注内"凫没鸳举"一句，原句不误，而他的校勘则牵强附
会。[1] 所以总的说来，民国以来的郦学家，在《水经注》的继续校勘
中，取得了许多成果，但对于所有这些校勘成果，必须区别对待。

民国以来研究《水经注》的第三项重要成就是对于《水经注》记
载的各种资料的整理。这种郦学研究工作，在前代郦学家中，除了明
杨慎有《水经注碑录》一种外，绝无其他例子。不过应该指出，这项
研究工作得以开展的基础是乾隆以来郦注佳本的出现。在明代的那种
经注混淆、错漏连篇的版本中，要系统地整理郦注的各种资料，这是

---

[1] 参阅拙作《读〈水经注〉札记之三》，香港《明报月刊》1990 年 10 月号。

不可想象的。下面表列的，是民国以来整理《水经注》资料的主要
成果。

名称	著者	出版者及出版时间	备考
《水经注十录》	储皖峰	民国十七年《国学月报汇刊》第二集。	《十录》为：碑录、冢墓录、祠宇录、园宅录、两汉侯国录、动植矿物录、谣谚录、故事录、怪异录、引用书目录。仅《碑录》发表于《国学月报汇刊》。
《水经注引得》	郑德坤	民国二十三年哈佛燕京学社引得编纂处。	上海古籍出版社1982年重印。
《水经注写景文钞》	范文澜	民国十八年北平朴社版。	卷首有序、张穆《全氏水经注辩诬》、王先谦《合校水经注·例略》、胡渭《禹贡锥指例略》。
《水经注异闻录》	任松如	民国二十四年上海启智书局版。	上下两卷，计异闻四百零一则。
《水经注故事钞》	郑德坤	《华文学报》1942年第一期，香港中文大学东南亚研究所1963年重刊，台北艺文印书馆1974年版。	计有神仙故事、帝王传说、名人故事、战争故事、动物故事等类。
《水经注引书考》	郑德坤	1974年台北艺文印书馆版。	计考证郦注引书目四百六十三种，其中今存者九十一种。
《水经注经流支流目》	贺次君	民国二十三年《禹贡半月刊》第三卷第一、二、七、十一期。	以王先谦合校本作底，凡经水顶格，注入经水之支流低一格，入支流之水再低一格，以次递降。
《水经注文献录》	陈桥驿	序发表于《杭州大学学报》1986年第三期，转载于《新华文摘》1987年第一期，全文收入于《水经注研究二集》，山西人民出版社1987年出版。	考证郦注所引文献，计十八类，共四百七十九种。

《水经注·金石录》	陈桥驿	序发表于《山西大学学报》1984 年第四期，全文收入于《水经注研究二集》。	考证郦注所载碑刻二百七十八种。
《水经注碑录》	施蛰存	天津古籍出版社 1987 年版。	考证郦注所载金石碑刻三百五十七种。
《〈水经注〉地名汇编》	陈桥驿	序一篇，各类地名说明三十六篇收入于《水经注研究二集》。	郦注地名按不同性质分为六十五类，每类卷首附说明一篇。
《水经注通检今释》	赵永复	复旦大学出版社，1985 年版。	列载郦注记载的干支流，有今地可释者附以今地名。

　　除了上表所列的对《水经注》全书的各种资料进行整理研究以外，近年来又有学者对郦注资料进行了分省、分河段的整理研究。例如谢鸿喜所著《〈水经注〉山西资料辑释》①，即是把郦注记载的在今山西省境内的河流如黄河、汾河、桑乾河等，按《水经注》卷篇做出辑录和解释。杨世灿、熊茂洽合著的《水经注疏·三峡注补》②，则是节录《水经注疏》三峡段诸卷，包括卷三三、三四《江水》，卷三二《沮水，漳水》，卷三七《夷水》等篇，再详加注释。最近，该书作者之一、熊会贞的孙子熊茂洽，曾从湖北专程赶到杭州，与我商谈，他们还准备就《水经注疏》有关长江各篇，整理资料，作一次补注。《水经注》研究的这种发展趋势，是令人高兴的。

　　民国以来《水经注》研究的第四项成就是地理研究的加强。我在拙作《论郦学研究及其学派的形成》③一文中，曾对地理学派作过一点说明："在郦学研究发展的过程中，它形成较晚，但却具有极强的生命力和远大的前途。因为《水经注》本身是一部地理著作，拥有丰富的自然地理和人文地理内容，它为我们在地理学研究上提供了充分的

---

　　① 山西人民出版社 1990 年版。

　　② 湖北人民出版社 1992 年版。

　　③《历史研究》1983 年第 6 期。

资料。"在现代郦学研究中，假使忽视了郦学界的这种发展趋势，就会造成错误，《辞海》在《水经注疏》条中所出现的错误，其原因即在于此。

《辞海》（1979 年初版以来，各版均同）"水经注疏"条云：

> 因未经审校，错别字及脱漏之处甚多，如《涪水》漏抄郦注本文竟达九十多字。

《水经注疏》北京本错漏连篇，前面已经述及，《辞海》所说甚是。但后半句说《涪水》漏抄九十多字的话，却是《辞海》自己的错误。《辞海》作者认为《水经注疏》漏抄的郦注本文，所指就是"迳涪县西，王莽之统睦矣。臧宫进破涪城，斩公孙恢于涪，自此水上。县有潺水，出潺山，水源有金银矿，洗取火合之，以成金银。潺水历潺亭而下注涪水。涪水又东南迳绵竹县北，臧宫溯涪至平阳，公孙述将王元降，遂拔绵竹。涪水又东南"共 91 字。这条释文的作者，由于没有考究这一带的山川地理，而只拿殿本或合校本之类的郦注与之对照，一旦发现"涪水出广汉属国刚氐道徼外，东南流"之下，少了上列 91 字，就立刻断言这 91 字被杨熊或他们的书手所漏抄。其实，只要他能够对照一下地图，或稍稍耐心一点，再往下读几段，就会发现，这 91 个字原来未曾少去一个，只是次序前后，被地理学派的熊会贞重新安排过了。熊会贞在"臧宫溯涪至平阳，公孙述将王元降，遂拔绵竹"句下按云："朱'徼外'句下，按'东南流迳涪'云云，至'遂拔绵竹'，下接'涪水又东南流与建始水合'，至'迳江油、广汉者也'。全戴赵同。准以地望，建始水在上，江油在下，涪县又在下，何能先迳涪县而后会建始水而迳江油也？明有错简。'东南流'三字，当接'与建始水合'至'迳江油、广汉者也'，又移'与建始水合'上'涪水又东南'五字于其下，乃接'迳涪县西'至'遂拔绵竹'方合。"说明从清代到民国，《水经注》的校勘，已经从一般文字训诂上的校勘发展到地理学的校勘。《辞海》作者由于在这方面的认识停步不前，因而造成这种自误而诬人的大错。

近年来，我国学者以《水经注》的记载为依据，进行历史地理学和现代地理学的研究，成就卓著，例子不胜枚举。例如史念海根据卷四《河水注》研究壶口瀑布位置的迁移，成功地推算出黄河这一河段的溯源侵蚀速度。① 陈吉余根据《河水注》《濡水注》《鲍邱水注》《淄水注》等资料，研究古代渤海海岸的变迁，也获得了令人满意的成绩。② 吴壮达根据《浪水注》研究古代广州城市的形成与发展，由于注文内有关于"水坑陵"的记载，从而查获了古代番禺的最早聚落所在。③ 所有这些例子，都说明按地理学方向进行郦学研究，将为郦学研究创造出一个新的鼎盛局面。

为了鼓吹郦学研究朝地理学方向发展，我曾于 1964 年发表《〈水经注〉的地理学资料与地理学方法》④ 一文，从此，我整理《水经注》的地理学资料，把属于自然地理学的地貌、水文地理、伏流、瀑布、湖泊、温泉、峡谷、植物、动物、热带地理、自然灾害等方面，属于人文地理学的行政区划、城市、内河航行、道路、水利工程、农田、工业、兵要、桥梁、津渡等方面，进行专题研究，撰成专文，收入拙著《水经注研究》⑤。

在《水经注》与地理学的关系中，还有一项重要的内容是地图。郦道元在卷首序言中说道："今寻图访赜者，极聆州域之说。"又说："川渠隐显，书图自负。"说明郦氏在注文撰述时是有地图作为依据的。这就是杨守敬在《水经注图·自序》中所说的："郦氏据图以为书。"历代学者绘制《水经注图》的甚多，从南宋程大昌的《禹贡山川地理

① 史念海《河山集二集》，三联书店 1981 年版。
②《中国自然地理·历史自然地理》第五章，科学出版社 1982 年版。
③ 吴壮达《水经注的"水坑陵"问题》，《华南师范学院学报（自然科学版）》1980年第 2 期。
④《杭州大学学报（自然科学版）》1964 年第 2 期。
⑤ 天津古籍出版社 1985 年版。

图》起，清黄仪、董祐诚、汪士铎等，都曾尝试《水经注图》的编绘。但这些地图，或存或佚，其绘制方法，都是旧式的示意图，没有计量价值。民国以前的所有《水经注图》中，当然以杨守敬、熊会贞绘制的为最佳。不过此图以胡林翼于同治二年（1863）在湖北刊印的《大清一统舆图》为底，有经线而无纬线，仍以老法把图面分成两块，每方50里至80里，计量的准确性不大，按今天的要求仍有很大差距。

民国以后继续绘制《水经注图》的是郑德坤，他的编绘经过，见其1984年所撰的《重编水经注总图·跋》一文中：

图稿完成于1933年夏，当时因篇幅宏巨，制版印刷繁复，又逢日军紧逼平津，余亦应聘回厦门大学执教，该图由哈燕社（按：即哈佛燕京学社）保存。不意抗战军兴，举国动荡，绵延十余载，其后哈燕社撤销解散，图稿已不知下落。幸当时绘图员张颐年君因余将离京，特复制总图一纸以赠，藉为合作纪念。[①]

郑氏上文所说的这幅《总图》，几经周折，现在已折附于吴天任《郦学研究史》卷末，名为《郑德坤重编水经注图（总图部分）》。其图系以民国时代的全国地图作底，绘上《水经注》记载的河流，经文与注文记载牴牾的，则经注所记俱绘，如"经潜水""注潜水""经淹水""注淹水"等，正图以外，并有附图《西域图》《禹贡图》《越南图》三幅。郑氏此图由于用具备经纬网格的新式地图作底，在计量价值上当然超过杨、熊旧图，可惜除总图幸存外，其余均已亡佚，这当然是郦学研究中的一种损失。

总的说来，民国以来的《水经注》研究，在地理学方面的收获非前代所能比拟，但在《水经注图》的绘制方面却显得薄弱，直到今天，还没有一种可以取代杨、熊《水经注图》的著作。为此，我曾撰

---

① 吴天任纂辑《水经注研究史料汇编》下册，台北艺文印书馆1984年版。

有《编绘出版〈水经注图〉刍议》^①一文,呼吁郦学界"参照谭其骧教授主持编绘的《中国历史地图集》的形式和方法",编绘一套《水经注图》,以供目前的急需,因为郦学研究中地理学派的迅速发展与《水经注图》编绘的相对落后,已经成为一种亟待解决的矛盾,后者必须迎头赶上。

民国以来《水经注》研究的最后一项成就是郦学史和郦学家的研究。这个课题,前代几乎也是空白,是最近数十年中所开创的郦学研究的新领域,至今已经取得了卓著的成果,而寓居香港的郦学家在这方面尤多贡献。

在郦学史的研究方面,重要的成果之一是《水经注研究史料汇编》上下二册^②,上册为郑德坤所纂辑,收入上起晋郭璞、下至熊会贞的《水经注》研究史料 77 项。下册为吴天任所纂辑,篇幅数倍于上册,收入清代、民国及晚近郦学家 40 余人的《水经注》研究史料 160 余项。继此书之后,吴天任又有《郦学研究史》^③一书的撰述,此书上起《水经》的成书与郦道元为《水经》作注的动机和背景,接着以若干章节论述《水经注》的丰富内容,又分章议论唐以前以至近代的郦学研究,其最后四章的标题分别为:《近四十年中国大陆水经注研究之进展》《近四十年台湾香港等地之水经注研究》《外国学者之水经注研究》《今后水经注研究之新方向》。所以全书可称详今明古,甚有裨于郦学史的研究。此外,本文开头提出的汪辟疆所撰《明清两代整理〈水经注〉之总成绩》一文,也是这一时期郦学史研究的巨著。

在郦学家研究方面,对于郦道元本人,《魏书·郦道元传》只有309 字,而《北史·郦道元序》也只有 612 字,包括全录《魏书》在内。如此一部名著的作者而传记寥寥,当然令人引为莫大遗憾。而近年来所见到的有关郦氏生平文章,大多是其出生年代、遇难地点考证

---

①《地图》1986 年第 2 期。
② 台北艺文印书馆 1984 年版。
③ 台北艺文印书馆 1991 年版。

等枝节问题。我曾于 1987 年撰《郦道元与〈水经注〉》[①] 一书,尝试从郦注内寻索郦氏业绩;最后又完成了《郦道元评传》[②] 一书,或许稍可弥补这方面的缺憾。

对于历代郦学家的研究,吴天任所撰《杨惺吾先生年谱》[③] 堪称巨构。吴氏撰述此书,费时 30 载,对杨氏经历,包括言论、著作、往来函札以及公事家务,可谓巨细不遗。其尤可贵者,《年谱》记载不以杨氏去世而终,而以"先生卒后若干年"的体例,赓续记载郦学大事,直至"先生卒后五十六年(1971)",台北中华书局影印出版《杨熊合撰水经注疏》为止。此外,对于其他著名郦学家如全、赵、戴以及王国维、胡适、钟凤年、郑德坤、吴天任,我都已有专文发表。我并撰有《历代郦学家治郦传略》[④] 一篇,把历代郦学家(包括外国郦学家)126 人的治郦业绩,作了简要介绍。

以上是民国以来研究《水经注》的初步总结,应该指出,这一时期的郦学研究,不仅在学术上取得了丰硕的成果,并且还建立了良好的学风。良好的学风之一是,不少学者毕生治郦,作出了贡献,而且耄耋笃学,值得钦佩。例如熊会贞,他继承杨守敬的事业,"暝写晨抄,二十余年如一日"[⑤]。熊氏于其 19 岁之年进入杨氏为杨子授读,至其 77 岁之年去世,初则随杨氏钻研地学,继则潜心《水经注疏》之撰述,"书凡六七校,稿经六易"[⑥],毕生尽瘁于郦学,实属难能可贵。另一位著名学者胡适,是从 1943 年开始治郦的,直到 1962 年去世,以他一生中的最后 20 年光阴,全力以赴地投入《水经注》研究。尽管他为戴震翻案的努力没有成功,但 20 年中,他在郦注版本研究中做出了前无古人的成绩,在郦注的深入校勘方面,也有一定的贡献。

---

① 上海人民出版社 1987 年版。
② 南京大学出版社 1993 年版。
③ 台北艺文印书馆 1974 年版。
④《郦学新论——水经注研究之三》。
⑤ 汪辟疆:《明清两代整理〈水经注〉之总成绩》。
⑥ 刘禺生:《述杨氏〈水经注疏〉》,《世载堂杂忆》,中华书局 1960 年版。

又如钟凤年，他毕生在十分坎坷的遭际之中埋头于郦学研究，他于
1957 年开始校勘北京本《水经注疏》时，已经年近古稀，经 20 年的
辛勤，终于校出了错误 2400 余处 ①。他发表郦学研究的最后一篇名作
《评我所见的各本〈水经注〉》时，已届 88 岁高龄。段熙仲也是如此，
他于 77 岁之年接受《水经注疏》的点校任务，工作完成之日，已经
年过八旬。这些前辈学者的学术业绩和学风，都是后辈学人学习的
榜样。

　　这一时期郦学界的另外一种良好学风，是在学术讨论中坚持原则，
各抒己见，即在师生、朋友或地位悬殊的学者之间，也绝不应奉苟且。
例如熊会贞，他对其业师杨守敬的尊敬众所共知，他秉承杨氏遗志续
成《水经注疏》，确是鞠躬尽瘁。但在学术上，由于杨守敬生前未见
残宋本、大典本、明抄本，也不及汲取许多新的地学知识，熊在继事
过程中，绝不在学术上迁就师生关系，而是作了大量修改，所以学术
界认为《水经注疏》"泰半出自熊氏" ②（事详拙作《熊会贞郦学思想的
发展》一文之中）。胡适与他的学生杨联陞之间的郦学论争也是一个
很好的例子。前面已经提及，郦注卷一六《榖水注》中的"凫没鸢举"
一句，各本颇有差异，胡适认为各本均误，惟大典本作"岛没峦举"
为正。杨联陞查阅了《佩文韵府》《易林》等书，得知"凫没""鸢举"
都是古文中习用之词，立刻致函胡氏，提出了针锋相对的意见："证
据是死物，用证据者是活人，连版本也不能算绝对可靠。"（事详拙作
《评〈胡适手稿〉》）胡适毕 20 年之精力，力求否定戴书袭赵之事，但
杨联陞为《胡适手稿》作序，只说："现在把他的大批考证文字印出
来，可以让人充分评论。"绝无偏袒他老师之意。胡适与钟凤年之间
的关系，也可以说明这种事实。1947 年，胡适是身为北大校长的著名
学者，钟凤年在当时只是北平研究院史学所的一个落魄知识分子。胡
因为读到了钟所发表的几篇郦学文章，写信邀他于星期日到胡寓作客，

---

① 钟凤年：《〈水经注疏〉勘误》，《古籍论丛》，福建人民出版社 1982 年版。
② 汪辟疆：《杨守敬熊会贞传》，《汪辟疆文集》，上海古籍出版社 1988 年版。

讨论《水经注》问题，把他所搜集的各种版本让钟观看。胡适居于如此高位而对一个普通文人礼贤下士，这当然是应该称赞的。以后两人之间互通长函数次，胡虽竭力向钟表达戴震清白的观点，但钟始终坚持自己的观点，不为稍动。所以我在拙作《钟凤年与〈水经注〉》^①一文中指出，在胡、钟两人的学术争论中，"胡适无疑是个输家"。又如胡适与美国哈佛大学教授洪业（煨莲）是多年至交，他们之间的学术通信频繁，在收入《胡适手稿》的往返函札中，胡致洪函有长达一万二千言的，洪复胡函也有长达八千言的。洪对胡的尊戴非全（祖望）观点，一直持批评态度，甚至奉劝胡氏："我辈读古人书，要勿忘孟子之教，不以其文害其辞，不以其辞害其志。"（事详拙作《评〈胡适手稿〉》）

　　民国以来《水经注》研究中的主要干扰，是学者承袭了清代以来赵戴《水经注》案的争论，而且在一个时期论战激烈，影响了正常的郦学研究。除了熊会贞一人以外，几乎所有郦学家，包括日本的森鹿三在内，都被卷入这场论战。有些造诣很高的学者如孟森，他曾经发表过 9 篇郦学论文，但全部都是论战文章，实在可惜。中华人民共和国建立以后，这场论战在内地（大陆）已趋平息，但由于胡适的缘故，这种论战在港台又一度重启。详情我已在《〈水经注〉赵、戴相袭案概述》^②及《港台〈水经注〉研究概况评述》^③各文中说明。好在论战现在已经基本结束，郦学家可以不再在这个枝节问题上浪费精力，希望从此以后，《水经注》研究能够获得更大的成就。

原载《中华文史论丛》1994 年第 53 辑，第 52—74 页

收入《水经注研究四集》第 209—231 页

又收入《水经注论丛》第 331—348 页

---

①《陕西师大学报（哲学社会科学版）》1992 年第 3 期。
②《郑州大学学报（哲学社会科学版）》1986 年第 1 期。
③《史学月刊》1986 年第 1 期。

第三篇

方志学、地名学、古都学研究

绍兴修志刍议

去年 8 月中旬，我到兰州主持一个历史地理学术讨论会。参加会议的外国学者中，有日本爱知大学的秋山元秀教授。早在 5 年以前，他已在京都大学出版的《东方学报》第 52 卷发表了一篇题为《中国方志论序说》的论文，当时曾把刊物寄给了我，他是对中国地方志很有研究的日本学者之一。后来我两次去日本讲学，他都到寓所来看我，并且讨论了中国地方志的问题。这次在兰州再见，不免又旧事重提。这一次我告诉他，现在已和 5 年前的情况不同，在中国中断了半个世纪甚至更长时间的地方志修纂工作，已经在各省普遍地开展起来。我能向一位外国学者说这样的话，确实感到踌躇满志。

兰州会议以后，与会代表循河西走廊考察，直抵敦煌，往返一周，沿途经历了不少县市。每到一处，多承地方领导热情迎送。他们多半是按传统要在新修方志上领衔的父母官。这个地区在中国已经位处偏远，但是与他们谈及修志的事，他们都很重视，多数县市已经动手或者正在筹备之中，使我不胜感动。

南返以后，又看到了浙江在这方面的发展形势。除了诸暨、永康、余杭等县不断寄来他们的各种形式的方志通讯外，兰溪、象山等市县都寄来了县志打字稿以及与我讨论具体问题的信件，新昌县写信要我担任他们的修志顾问。特别令人高兴的是建德县寄来了我省建国后修纂出版的第一部县志《建德县志》。这部长达 900 余页的新志，装帧精美，印刷优良，内容丰富，虽然也还有可以商榷和提高的地方，但毕竟代表了一种新方志的水平。而且正和绍兴县在我省第一个编印出

《地名志》一样，尽管后来者往往居上，但一马当先的功劳，却是必然要载入我省的方志史中的。

从西北旅行直到南返，我常常萦萦于怀的是绍兴的方志修纂。这不仅因为绍兴是我的故乡，更因为我对绍兴的地方文献很感兴趣。在这次河西走廊的旅行中，武威古城当然是我访问的重要目标，在那里，我特别留心张澍的事迹。鲁迅因为张澍的《二酉堂丛书》的启发，才编辑了他的《会稽郡故书杂集》，而我则又因《会稽郡故书杂集》的影响，才以20多年的积累，撰述了《绍兴地方文献考录》。另外一个使我怀念故乡修志的特别重要的原因是，我当然相信在这次全国修志高潮中，绍兴必然会修成一部方志。但问题是，在我国修纂地方志的优秀传统中，绍兴在这方面是个不同凡响的地方。因此，它必须修成一部不同凡响的佳志。

绍兴在地方志修纂历史中的不同凡响之处，大概有三个方面：

第一，它具有我国最悠久的修志历史。清毕沅在乾隆《醴泉县志序》和清洪亮吉在乾隆《澄城县志序》中，不约而同地指出："一方之志，始于《越绝》。"今人朱士嘉在《宋元方志传记索引·序》中也说："《越绝书》是现存最早的方志。"我为上海古籍出版社去年出版的《点校本越绝书》（乐祖谋点校）所写的序言中也指出："其中卷二《吴地传》和卷八《地传》两篇，无疑为宋代及其以后的地方志编纂开创了范例。把这两篇作为我国最早的地方志，确是恰如其分的。"《越绝书》当然为绍兴的方志史带来了自豪。

第二，绍兴拥有数量巨大的方志类文献。在拙著《绍兴地方文献考录》中，方志类文献达到146种，其他列入图籍类和地名类的文献而具有方志性质的，还有十余种，所以总数超过160种。这恐怕是我国和我省的许多县市所无法比拟的。

第三，在至今存在的绍兴方志遗产中，有许多难得的佳志。且不必说古老的《越绝书》和我国第一种韵文地方志《山居赋》，在宋代普遍修纂地方志以后，绍兴的佳志就不胜枚举。我在本刊去年第2期中发表的《会稽二志》一文中指出："在浙江省的宋元方志中，嘉泰《会稽志》和宝庆《会稽续志》是两部极为难得的佳志，它们不仅内容丰富，体例严谨，并且风格独具，不同流俗。特别是此二志至今完整无缺，这是《临安三志》和《四明六志》均不能比拟的。"宋元以后，明朝是我国修志风气很盛、但是缺乏佳志的时代。而万历《绍兴府志》却以它的图文并茂（50 卷，图 102 幅）而鹤立鸡群；万历《会稽县志》更以名家主纂、内容精湛而成为有明一代中的杰出佳志。清代绍兴修志甚多，佳志迭出，而其中如乾隆《绍兴府志》和嘉庆《山阴县志》都曾得了桑梓名流李慈铭的称许。

绍兴在地方志修纂中具有如上所述的优秀传统，但是另一方面，绍兴却是我省地方志修纂中断最久的府县之一。最后一种府志即乾隆府志修于乾隆五十七年（1792），距今已近两个世纪。最后一种《山阴县志》即嘉庆志，修于嘉庆八年（1803），距今已有 180 余年，最后一种《会稽县志》即道光志稿，修于道光二十五年（1845），距今也已近一个半世纪。民国年间，浙江省刊行府志 2 种，县志 24 种（稿本、写抄本不计），但绍兴县在民国时代几度修志均因故中辍，这就增加了目前修志在资料搜集和衔接上的许多困难。另外，绍兴在历史上虽然拥有大量的地方文献，但近世纪以来，亡佚不少。例如明诸万里所纂《于越新编》45 卷，50 年前尚有传本，但现在早已成为佚书。清代去今虽然不远，但文献亡佚的亦属不少。对于新志的修纂，当然也是不利条件。

根据以上的分析，绍兴肩负了修纂一部优秀新志的历史使命，也具有修纂出一部优秀新志的有利条件。但在具体修纂工作中，却必然会面临不少困难。假如在这次全国修志高潮之中，绍兴只能修纂出一部一般水平的方志，那么，在这个县份历史上流传下来的如此丰富多彩的方志遗产之后，我们竟以狗尾续貂敷衍塞责，这就既对不起我们的祖先，也无颜向我们的子孙后代交代。何况在这一次全国、全省的修志高潮中，许多县、市正在多方筹划，全力以赴，争取修纂出新中国成立以来的第一部优秀方志。所以这一次的修志高潮，事实上也就是一次全国性的修志竞赛和评比，其结果必然是佳志群出，美不胜收，为我国地方志修纂史写下光辉的一页。在这样的形势下，长期以来具有修志光荣传统的绍兴，假使不能名列前茅，则地方领导和地方学术界都无法推卸应负的责任。因此，对于这一次全国性的地方志修纂，我们必须予以极大的重视。

首先，地方领导必须充分意识到，这是新中国成立以来的第一次修志，是在我国修志传统中断了很久以后修志，是盛世修志的具体体现。根据我国方志修纂的传统，各级地方领导历来就是各级方志的领衔主修者，尽管地方领导多半都不直接参与编纂，但他们却是方志成败的关键。

历来地方领导主修方志，总不外乎两种态度，一种是在这方面有抱负、有远见的，他们认识到方志的重要性，志在为地方修出一部好志，因而悉心擘画，全力以赴；另一种是感到任官一场，不留下一部方志不免有愧于心，但他们实际上并未认识到方志的重要性，只不过是随便请一二位地方上的冬烘腐儒，将前志改头换面，聊以应景而已。明代流传至今的大量篇幅短小、粗制滥造的方志，就是这类产品。绍兴由于长期来是个文物之邦，古代名贤如袁康、吴平、赵晔、贺循、陆游等人，都在这方面为后世树立了楷模，所以历史上绝大部分地方领导，都能兢兢业业，遵循前代圭臬，把修志作为他们在当地任官中的一件头等大事，为我们留下了许多篇幅浩瀚、内容丰富的佳志。他们在这方面的贡献，至今为绍兴人民所传颂。万历《绍兴府志》的主修者知府萧良幹和万历《会稽县志》的主修者知县杨维新等，都是这方面的极好例子。他们聘请当代地方上学术界名流张元忭、孙鑛、徐渭等主纂方志，结果修成了流传至今的好志。康熙年代的知府张三异、王之宾等也是如此，他们聘请当时的修志名家王嗣皋、董钦德等，先后修成了康熙十二年（1673）和二十二年（1683）的两部佳志。此外如乾隆知府李亨特、嘉庆山阴知县徐元梅等，也都在他们的任上修出了流传至今的好志。裨益乡土，厥功不小，值得后人的赞扬。

　　当然，主要的地方领导政务冗繁，除了最重要的决策如修志的指导思想、计划、经费以及主纂人（主编）的遴选等以外，不可能参加实际上的撰稿和日常领导工作。因此，领衔主修的地方主要领导者，必须要物色一位或数位踏实负责并有一定声望的助手襄助修志工作。在这方面，绍兴的修志史上也有现成的例子。著名的嘉泰《会稽志》于南宋庆元六年（1200）由知府沈作宾创修，但他随即调离，由知府赵不迹继任其事，赵不迹于嘉泰元年（1201）又他调，由知府袁说友继任修成。尽管三人都领衔主修，但实际上来去匆匆，很少有时间主持这项工作。正如清钱大昕在《十驾斋养新录》卷一四中所说："考作宾以庆元五年由淮东总领除越守，六年除两浙转运副使而不迹代之，嘉泰元年改知潭州而说友代之，盖创始于庆元庚申而蒇事于嘉泰壬戌，前后凡阅三守，而通判尚未改秩，则宿于此志诚有功矣。"钱大昕所说的"宿"，就是当年绍兴府通判长兴人施宿，他就是先后三位知府在嘉泰志修纂工作中的得力助手，是这部著名的绍兴方志的功臣。

　　其次，除了领衔主修的地方领导以外，一部方志的质量高下，取决于方志的主纂人（主编）。为此，主纂人也是方志修纂过程中的关键人物。主纂人的选择，当然是主修人的重要决策。主修人在地方学术名流中遴选一位有声望、有真才实学同时又富于事业心和号召力的学者，主持方志的编纂工作，由他负责组织一个编纂的班子，这样，方志的质量就有了保证。绍兴流传至今的著名方志，都是由一、二位学术名流主纂的，例如嘉泰《志》的陆游（他是此《志》的实际主纂人），宝庆《续志》的张淏，万历《府志》的孙鑛和张元忭，万历《会稽县志》的徐渭，康熙二十二年《府志》的董钦德，等等，都是当时当地的知名学者。在当时当地没有适当人选的时候，为了保证方志的质量和声望，明智的主修人就会设法引用"客卿"。康熙十二年修《府志》，知府张三异聘请慈溪学术界名流、方志专家王嗣槐主纂，即是一个很好的例子。总之，主纂人事关方志的质量和声望，他和领衔的主修人一样，都是一部方志得失成败的主要责任者，所以人选物色，必须十分审慎。

从眼下的情况来看，地方学术界中知名度最大的人，往往也是最忙碌的人，因此，就必须要有一个精悍的编辑班子。在这个班子之中，除了少数担任外勤、联系工作和后勤工作的人员外，必须是一个人人都能动笔写稿、审稿、改稿的人数少而效率高的组织。和主编不同，因为考虑到方志编纂的领导与修成以后的声望和影响，主编应该选择在地方学术界已经有了成就和声望的学者，但编辑班子里的人员却不同，应该不拘一格，能者入选。要这样，这个编辑班子才有生气和进取心，才能最后编纂出一部优秀的方志来。以嘉泰《会稽志》为例，施宿是绍兴府通判，实际上的主纂人陆游更是知名度很高的地方学者。但除此二人以外，编辑班子中的其他成员如李兼、韩茂卿、冯景中、陆子虡、王度、朱翯、邵持正等，都并不是很知名的人物，但是他们肯定都是有真才实学的人，这样一个编辑班子编纂出这样一部好志，这当然不是偶然的。

在主纂人（主编）的全面领导下，编辑班子（即编委会或编辑部）就是生产地方志的车间，每个编辑人员就是这个车间的工人，编辑人员如上所述当然都是能人，这中间，特别重要的是相互间的团结。修纂如此一部大书，中间总会发生许多不同意见，这些不同意见可以通过讨论解决，不能解决的，可以由主编处理，更大的问题，还可以由主编找主修者商定，决不能因此影响编辑人员之间的团结。万历《绍兴府志》的两位主纂人张元忭和孙鑛，他们一位住在山阴，一位住在余姚，共同主编一部府志，本来已经不很方便，而在人物志的编纂中，两人发生了较大的不同意见。但是意见终于通过彼此的通信得到解决，并没有影响府志的修成（事见《张阳和文选》）。这就是前贤给我们留下的好榜样。

除了上述主修、主纂两者在方志修纂中的关键作用以外，我还想就有关绍兴修志的若干内容问题发表一点管见。对于地方志的理论和编纂方法等问题，方志学界近年来已经发表了许多大块文章，我不必再作赘述，这里提出的是几个零星的具体问题。

地方志是以地方为基础的，是在一个特定空间上的一种特殊体裁的文献。绍兴地方志，顾名思义当然是以绍兴这个地方为基础的。历史上的绍兴有两种概念，一种是从 12 世纪 30 年代开始的绍兴府（前身是越州），包括山阴、会稽、余姚、上虞、萧山、诸暨、嵊县、新昌八邑，是一个同一方言系统和风俗习惯的行政区划单位，其中山阴和会稽二县共以府城为县城，关系十分密切。从若耶溪（今平水江）通过殖利门（南门），循市河出三江门（昌安门）到三江口一线，是山、会两县的县界。另一种概念是绍兴县，那是民国以后才出现的行政区划单位，包括山阴、会稽两县，大体上是东到曹娥江、西到浦阳江、南到会稽山区、北濒钱塘江的地区。以前绍兴修志，府有府志，内容包括八邑；县有县志，内容仅及一县。即关系密切的山、会二县，也是各自修志，互不相涉。但是现在行政区划改变，绍兴市辖绍兴、上虞、诸暨、嵊县、新昌五县，这当然无妨于修志。但问题是，历来作为绍兴府城和山、会二县县城以及民国以后的绍兴县城，现在却作为一个越城区，隶属于绍兴市的建置之下。这样的行政区划，当然会给修志带来一定的困难。我认为，新修的《绍兴县志》，不必受这种行政区划的约束，仍应把今越城区视作绍兴县城，作为新修县志记载的重点。

县界调整对县志修纂也会带来一些问题，对于这方面的问题，我认为既要尊重历史，也要服从现实。新修方志中记载县界调整以后的事，自然各按新界，互不相涉。方志记述旧事，我认为不必过分严格，有关县份，都可以按事实进行记载。例如在人物志中，必然会涉及出生于道墟的章学诚和出生在东关的竺可桢，两地原来都属会稽，民国后转入绍兴，但现在均已划入上虞。对于这样的人物，我认为新修的绍兴、上虞二县县志中均可记载。因为在记载时总不致仅列姓名，必有文字说明，双方均可按县境沿革说明所记人物的籍贯，不至于发生什么矛盾。又如，现在我国陶瓷学界已经基本查明，曹娥江下游及其支流小舜江一带，是我国最早的瓷器烧制发轫地，在这个地区发现的后汉龙窑，为数不少。这一发现，使这个地区一跃而成为国内外的知名地区。曹娥江两岸及小舜江下游原属会稽县，建国后划入上虞。现在，绍兴和上虞两县都发展了瓷器工业，而且都算是继承了"越窑"的传统。在两县新修县志时记载这种工业，必然都要联系到这个地区的古代窑址。我认为这种联系都是恰当的，绍兴县可以说明其地原属绍兴，上虞县可以说明其地今属上虞，各取所需，互不抵牾。

在有关这部新县志的具体内容方面，诸如篇幅大小、卷次名目、文字体例，等等，我不想发表什么意见。但是有一点却必须指出，地方志是一种综合性的地方文献，内容包括自然科学、人文科学甚至某些边缘科学。例如政治、经济、人物等志，无疑都是人文科学，但地质、地理、博物等志，却又都属自然科学。当一个主纂人，不可能样样精通。学自然科学出身的，对人文科学不免陌生；学人文科学出身的，对自然科学就是外行。例如，我们在地方志中引用历史文献，要求必须写明详细卷次篇章。对此，人文科学学者都十分容易接受，自然科学学者就不一定能够理解，这是因为他不知道不少历史文献的浩瀚篇幅，例如《太平寰宇记》有二百卷，《嘉庆重修一统志》有五百六十卷，假使不注明卷次篇章，叫读者如何进一步追索资料？同样，在编纂博物志时，无论动植物，都应该用二名法加上学名。对于自然科学者，特别是具有动植物分类学知识的人，一定认为此举非常必要，但是对于一位没有念过植物学和植物分类学的人文科学学者，面对这一大串拉丁字母，或许就以为多此一举。其实只要看一看旧方志，各种动植物在各地都有自己的称谓，有的称谓不同而实系同物，有的称谓相同而却是异种。以玉米为例，正德《颍州志》称为珍珠秫，《留青日札》称为御麦，《本草纲目》称为玉蜀黍，万历《山阴县志》称为乳粟，并且注明"俗称遇粟"，光绪《开化县志》称为苞芦，此外还有六谷、苞米等不同称谓。假使我们在植物志上一开始就标明"玉米（*Zea mays*）"，然后再加上当地的称谓、产区、产量、品种等信息，则其科学性和实用价值，都将有很大的提高。

正因为这样，所以在地方志的编辑成员中，必须注意自然科学学者和人文科学学者的比例关系。主编是自然科学学者，就特别应该加强人文科学的力量，反之，也是一样。对于若干专业性较强的资料，还必须请编辑成员以外的有关专家审定。这样才能防止出错，提高方志的质量。

最后说一下市志和县志的关系问题。按现在的行政区划，绍兴市辖五县，都是旧绍兴府属县，方言、风俗习惯等基本相同，而经济上的相互关系也很密切，所以市志当然要编。按照传统的方志级别，市志属于旧府志一级。绍兴历史上的许多佳志都出于府志一级，因此这一级的方志，在绍兴是具有优秀传统的，值得重视。不过按目前情况来说，市志还不是当务之急，首先应该全力以赴的当然是县志，市志可以先作筹备，俟各县县志定稿以后再着手编纂，这样可以节省人力物力，并且提高市志的质量。据我所知，在五个属县之中，诸暨、嵊县、新昌三县的县志修纂，已经工作有年，取得了不少成绩。诸暨县志编委会编印的《诸暨史志》，内容丰富，资料翔实，体例严谨，稿件来自全国各地，已经在全国同类刊物中获得较高声誉。嵊县也在各方面整理文献资料，并且把该县历史上的佳志，即南宋高似孙的《剡录》重新排印。新昌除了编印不定期的方志通讯外，还出了好几种资料专辑。所以市属各县的修志形势是很好的，对于来日的市志修纂，这当然是非常有利的条件。

所以本文提出的若干刍荛之见，主要是寄希望于《绍兴县志》的。最后必须指出的一点是，绍兴在历史上修纂了这许多方志，但按其名目，都是府志和山、会两县的县志。绍兴置县是民国以后的事，如前所述，民国时代绍兴没有修成县志，因此，在我所看到的海内外刊行的一切方志目录中，至今尚未出现过《绍兴县志》的著录。绍兴作为这样一个举世知名的大县，这一点实在是令人遗憾的。如今，我们要修纂的这部方志，不仅是新中国成立以来的第一部县志，同时也是有史以来的第一部《绍兴县志》，所以这确实是一件头等大事，它对于这个历史悠久、人杰地灵的著名大县的影响，将是不言而喻的。

绍兴一定要修纂出一部优秀的县志，而且也一定能够修纂出一部优秀的县志。

原载《绍兴师专学报》1987年第1期，第13—17页

收入《陈桥驿方志论集》第47—56页

又收入《吴越文化论丛》第148—158页

地理学与地方志

地理学与地方志有密切关系，这在我国已经成为一种传统观念。我国历史上大量修纂地方志始于六朝，从这个时代起，地方志就被认为是一种地理书。《隋书·经籍志》二在著录了如《洛阳记》《三巴记》《淮南记》等六朝地志 139 部后，卷末说明云："齐时，陆澄聚一百六十家之说，依其前后远近，编而为部，谓之地理书；任昉又增陆澄之书八十四家，谓之地记；陈时，顾野王抄众家之言，作《舆地志》；隋大业中，普诏天下诸郡，录其风俗、物产、地图，上于尚书。……以备地理之记焉。"

到了清初修《四库全书》时，地方志已经为数甚多。《四库全书》把地方志编入史部地理类，正式录入《四库》的，有从乾道《临安志》起的宋、元、明著名地方志 25 种及清畿辅和各省通志 14 种（地理类一），而《四库》存目的，则有明、清地方志 107 种（计地理类存目二，37 种；存目三，70 种）。由此可知，从六朝到清代，地方志都被认为是地理书，所以这种传统，在我国由来已久。

六朝地方志内容简单，一般都不分卷。但到了宋朝，地方志内容增加，志书从此分卷，各卷设有卷目，而地理开始成为卷目的名称。在现存宋代地方志中，最早以地理作卷目的，大概是嘉定《镇江志》。[①]此志卷一、卷二，卷目均作地理，卷六亦作地理，前后共有三卷。此

---

① 嘉定《镇江志》与嘉定《赤城志》均设地理卷，前者修于嘉定七年（1214），后者不记修纂年月，但卷末有嘉定癸未十一月既望郡人陈耆卿序，癸未是嘉定十六年（1223），故嘉定《镇江志》修纂在前。

后，嘉定《赤城志》设地理门三卷（卷一至卷三），咸淳《毗陵志》亦设地理三卷（卷一至卷三）。到了明、清，地方志中以地理为卷目的十分普遍，它们有的称为地理志，有的称为舆地志，其排列与宋代一样，往往置于全志之首。

如上所述，六朝地方志在后代的公私著录中都作为地理书，而宋代以后，地方志中又专设地理卷目，地理学与地理志之间的关系自不待言。而最近几年来，全国各地的新修地方志，也继承了我国旧地方志的这种传统，它们普遍以地理作为篇目或卷目，并且收入了大量的有关地理学的资料，丰富了新志的内容。

不过在这方面还有一些问题值得讨论。从宋代以至明、清，地方志中的地理志或舆地志，其内容与现代地理学有很大差别。旧志中的地理，或者把它称为古典地理学，这种地理学的概念，用《历代地理志韵编今释》卷首李鸿章序言中的一句话就可说明："夫舆地之学，乃读史第一要义。"这就说明当时的地理学，是历史学的一门辅助学科，目的是为了帮助读史。因此，它的内容是很狭窄的。如上述嘉定《镇江志》，卷一地理只有叙郡、子目两项，卷二地理也只有城池、坊巷、桥梁、津渡四项，卷六地理则仅山川一项。嘉定《赤城志》卷一地理门下有叙州、叙郡二项，卷二地理门下有城郭、乡里、坊巷三项，卷三地理门下有馆驿、桥梁、津渡三项，此外，它另设山水门，从卷十九到二十六，达八卷之多。咸淳《毗陵志》地理三卷，内容与《赤城志》相似，卷十五也另设山水一卷。说明宋代地方志的地理卷，内容无非是州郡沿革、城邑坊巷、桥梁津渡之类，甚至连山水也不在地理之内，如嘉定《剡录》、淳祐《临安志》、景定《建康志》、咸淳《临安志》等，均只设山川志，不设地理志，足见宋代方志中的地理卷，范围非常狭窄。明、清地方志中的地理志，内容较宋代有所扩充，山川湖陂之属，多已归入此志之中，但与现代地理学所涉及的领域相比，仍然不可同日而语。

和古典地理学不同，现代地理学是一门独立的、综合性的学科。

它是一门以地球表面的自然环境和人文环境的发展、变迁及其规律性为研究对象的科学。其所以称为综合性的科学，是因为它有属于自然科学体系的自然地理学和人文科学体系的人文地理学两大门类。不论是自然地理学或人文地理学，又都可以分为系统地理学和区域地理学两部分，自然地理学按系统包括气候学、地貌学、水文地理学、海洋地理学、土壤地理学、生物地理学等，按区域则是区域自然地理学。人文地理学按系统包括经济地理学、政治地理学、城市地理学、人口地理学、文化地理学、旅游地理学等，按区域则是区域人文地理学。此外，还有一门特殊的历史地理学。历史地理学与地理学的差别，主要是研究对象在时间上的不同，地理学研究现代的自然环境和人文环境，历史地理学则研究历史时期的自然环境和人文环境。

上面简单地介绍地理学的科学体系，主要是为了说明它与古典地理学的差异，目的则是为了在目前的地方志编纂中，怎样处理好地理学与地方志之间的关系。关于这方面，我在拙编《浙江地理简志》[①] 的序言中，已经有所阐述。在谈到旧地方志时，我说："在现代地理科学未获得发展的古代，地方志中记载的地理事物，只不过是许多地理现象的罗列，还谈不上对地理事物及现象进行分析。"在民国以后修纂的地方志中，我的这篇序言举了一个在这方面成绩卓著的例子："民国以后陆续修纂的地方志中，人们开始把现代地理学的研究成果编入地理志和其他有关的卷帙。民国二十二年（1933）创修到民国二十六年（1937）基本完成的《鄞县通志》，就是最好的例子。这部方志中有关地理学的内容，除了集中在舆地志中外，还分散在博物、工程各志内，资料相当丰富。它不仅记载地理，并且涉及地质，不仅对地理事物和现象作性状的描述，而且对某些部分（如气象等）作了大量的记录。此外，它摒弃了自裴秀制图六体以来流行了 1500 年之久的方格地图，而改用有经纬网络的新式实测地图，使浙江省的地方志修纂首次跳出

---

① 浙江人民出版社 1985 年版。

旧舆地学的窠臼,而步入新的地理科学的体系。"

民国的《鄞县通志》的修纂距今已有半个世纪,在这半个世纪之中,地理学又有了长足的发展,各地区都已积累了比 50 年前远为丰富的地理学研究成果。现在,怎样处理地理学与地方志的关系,如何利用各地理学研究的丰富成果,已经成为新修地方志中的重要课题之一。

如上所述,旧方志中有以地理设卷的传统,新方志中如何继承这种传统,看来值得研究。古典地理学领域狭窄,旧志在地理志或舆地志卷中,完全可以纳入当时属于地理学的一切资料。但是现代地理学领域广阔,内容繁多,新修方志如以之作为篇卷标题,其结果很可能要流于文不对题。假使勉强地把许多现代地理学的内容,塞入这个篇卷之中,则又势必影响方志的其他篇卷,有损于新志的严谨体例。现在,有的新志以"地理"作为篇卷标题,但内容其实仅涉及自然地理学的若干方面,置人文地理学于不顾,故"地理"这个标题显然不妥。有的以"自然地理"作为篇卷标题,但内容除自然地理学的若干分支如气候、地貌以外,多数均加入"地质"一篇。地质学是研究地壳组成物质的科学,它与地理学是研究对象不同的两门科学,怎能并存于"自然地理"一个标题之下?但以一个市、县的范围,地质单独列为一个篇卷,看来又无此必要。

根据上述,说明在新修地方志中,似乎没有必要在这方面因袭旧志传统,以"地理"作为篇卷标题。不设标题,并不削弱地理学与地方志的密切关系。因为有关地理学的内容,特别是人文地理学的内容,可以分别吸收到新志的许多篇卷之中。半个世纪以前的《鄞县通志》,虽然尚有舆地志之目,但是大量的地理学资料,其实已经分散在其他许多篇卷之中。现在我们更有必要采用这种方法。

怎样把自然地理学和人文地理学的资料收入新修地方志呢?首先,在自然地理学方面,由于自然环境是地方志开宗明义必须记载的内容,因此,自然地理的资料,可以相当集中地在"自然环境"的篇卷标题下收入志书。以"自然环境"作标题，也就替地质部分收入这个篇卷开了方便之门。因为一个地区的地质、地层、岩矿等内容，同样也是这个地区的自然环境的一部分。而且由于地质是一个地区自然环境的基础，因此，地质可以置于这个篇卷之首。然后再按自然地理学的体系，依次叙述气候、地貌、水文、土壤、生物等，沿海市、县，当然还应把海洋列入。至于有的新志，在气候中增入物候与灾害天气，另外又增加生态平衡、环境保护、自然保护区等内容，这些当然都可按所在市、县的具体情况而定，不必强求一致。

　　这里还有一个问题需要说明一下，在我过目的新修地方志中，其中有一部分，在动植物的记载中，没有采用二名法的表示方法。对此，有必要在这里多说几句。在动植物名称下加注拉丁文学名，这是半个世纪以前的《鄞县通志》已经采用的先进方法。为什么要用二名法？因为动植物的种类甚多，而世界上的国家、民族、地区，语言文字又很复杂，因此，在动植物名称中，同物异名的现象十分普遍。命名如不统一，人们就无法知道你所说的这种动植物究竟是什么东西。例如世界广泛栽培的马铃薯，在英文中作 potato，在法文中作 pomme de terre，在德文中作 kartoffel，在俄文中作 картофель。此物在中国，因为地区不同，也有许多不同名称，如土豆、地豆、山药蛋、洋番茄、洋芋艿等，假使不使用拉丁文二名法 *Solanum tuberosum L.* 注明，许多人就会无所适从。在我国各地的旧地方志中，动植物名称也是五花八门，存在着大量同物异名的现象。以栽培极普遍的玉米为例，此物的记载，首见于明正德《颖州志》，称为珍珠秫。以后，明田艺蘅在《留青日札》中称此物为御麦，李时珍在《本草纲目》中称为玉蜀黍。入清以后，由于播种地区扩大，别名愈益增加，如苞萝、苞谷、六谷、乳粟、芋米等，不一而足。在我所过目的一种新修地方志中，也出现过玉米、山玉米、田玉米这三个名称，这就是因为不用二名法注明 *Zea mays L.*，所以造成了很大的混乱。完整的二名法，包括首字大写的属目（*Solanum*，茄属）、首字小写的种名（*tuberosum*，具块茎的）和此学名定名人的缩写字母（大写），马铃薯和玉米均作L，指的是瑞典博物学家林奈（C. Linnaeus）。但是现在我们在使用中，常常只用由属名和种名组成的学名，省去定名人的缩写。我国土地广大，生物繁多，而方言又很复杂，各种动植物多有当地的旁名别称，若不以学名加以标准化，实在不堪设想。近年来的新修地方志中，由于有一部分不用二名法，已经出现了不少错误，上述三种玉米即是其例。还有一种新修地方志，在植物"铁杉"下说："俗称马尾松。"这也就是不用学名所造成的错误。铁杉（*Tsuge chinensis*）和马尾松（*Pinus massoniana*）完全是两种树类，怎能混为一谈。当然，也有可能在该地确把铁杉混称马尾松，但真正的马尾松在该地又称什么呢？这些问题，都要用学名才能澄清。不错，作为一种地方志，记载当地的动植物时写明当地的称谓，这是必要的，但绝不应只载土名而不载学名。我又在另一种新修地方志中看到："黄山松又叫短毛松。"其实，短毛松当然是土名，而黄山松也不是正规的名称，这种植物的学名应作台湾松（*Pinus taiwanensis*）。鉴于动植物名称的错误，在新修地方志中发现较多，所以必须引起注意。

现在再讨论一下人文地理学资料如何收入新修地方志的问题。人文地理学的分支和内容远较自然地理学广泛，在地方志中，它涉及沿革、疆域、政治、经济、文化、城镇、人口、民俗、宗教、方言等许多方面，所以在一部地方志中，大部分篇卷都和人文地理学有关。在修纂地方志的资料积累过程中，有关人文地理学的资料必然数量巨大，对于这类资料，必须进行仔细的分类，收入各有关的篇卷之中。另外，在地方志各篇卷初稿的审阅中，还有必要运用人文地理学的观点，加以补充和修饰。人文地理学不仅重视各种人文现象的发生和发展过程，而且特别重视各种人文现象的地区差异和地理分布。例如，文化教育是一种人文现象，在新修地方志的文化教育篇卷之中，当然要记载这个市、县的文化教育发展程度，必然要统计各级学校和文化机构的数字，各级学校历年来的毕业生数字，等等。但从人文地理学的角度对这个问题进行研究，就必须分析各级学校和文化机构在这个市、县内各乡的分布，各级学校历来毕业生在各乡的分布。这样就可以看到市、县内部的文化差异，从而有利于对文化后进地区的扶植。这就是文化地理，是人文地理学的一个分支。用这样的观点和方法处理地方志中的人文地理学资料，必然可以提高地方志的科学性和实用性。

我在最近一段时期读了十几部新修地方志，还有一些地方志的打字稿，看到了新修地方志在人文地理学方面的一些尚可讨论的问题，兹分述如下。

首先是地方志的建置沿革部分，这一部分的内容，其实就是历史地理学的一个分支，通常称为沿革地理。这实在是市、县地方志开宗明义的部分，关系极为重要。在我过目的新志和打印稿中，这一部分的写作水平差距很大，其中有不少错误是随意抄录旧志而造成的。以浙江为例，我看到有"夏代属扬州"的说法。这显然抄自旧志，旧志则来自《禹贡》"淮海惟扬州"一语。其实《禹贡》早已论定是战国时代的作品，《禹贡》九州，完全是一种设想。这一部分的另一种常见错误，是引书不经核对，结果是以讹传讹。由于叙述历史沿革，往往要引用古代文献，我曾经发现几种志书和书稿，它们所引用的古籍如《汉书·地理志》《元和郡县志》之类，文字和原著很有出入，甚至比原著多出一二句。说明撰写者是从旧志或其他地方文献抄来，未曾找原著核对。较原著多出一二句，当是他书引用时的按语，撰写者亦作原著抄入，以致造成错误。在新志修纂中，不管是哪一篇卷，凡是引用其他文献，不论古今，都必须与原著核对。另外，建置沿革既然属于历史人文地理范畴，所以内容还应该注意两点。第一，除了郡、县名称和隶属关系以外，地理学重视地理位置的变迁，为此，这一部分必须叙明在历史上市、县治所（即县城）的位置变迁。第二，在沿革叙述中必须涉及地名，地名往往和一地的兴废渊源或其他历史掌故有关，正确的地名解释，甚有裨于历史沿革的叙述。地名学已被认为是历史地理学的分支学科 ①，近年来发展甚速，全国各市、县，多已完成了地名志或地名录的编纂，这些成果，新修地方志应该尽量利用。

近年新修地方志，经济是其中的一个重要篇卷，这当然是正确的。人文地理学与经济有密切的关系，在所有人文地理学的分支学科中，经济地理学是最大的分支，这门科学研究生产力的地理配置。地方志对地区经济的记载，除了对整个市、县的纵向叙述外，还应具备市、县内各乡镇横向比较的资料，这种资料在阐明一定时期中市、县内部的经济发展差异方面很有价值。特别是在近年来，由于乡镇企业的发展，各市、县中心的经济比重有所下降，因此，这种资料对说明市、县内部生产力配置变迁的动向和经济差异，具有重大的意义。新修地方志在经济篇卷中大都重视统计学方法的运用，这是很好的。不少统计图表比文字更容易说明问题。假使能够把统计学方法和经济地理学的资料结合起来，也就是说，在各种统计图表的设计中，能够适当增加若干乡镇对比的资料，例如全市、县各乡镇工农业产值在国民经济总产值中的比重以及各乡镇按人口平均的国民经济总产值等图表，对于说明市、县内各地区的生产发展和人民生活水平等情况，都有重要价值。

在新修地方志中，人口都作为一个篇卷，居于方志中的重要地位。不少新志在这一部分的内容结构中，不仅从人口学的角度记载资料，同时也从人口地理学的角度记载资料，并且还把有重要意义的计划生育等内容列入此篇，成为新方志的显著特色。人口地理学是人文地理学的重要分支，地方志中用人口地理学的观点和方法记述各市、县的人口概况，可以补单纯从人口学的观点和方法记载人口概况的不足。人口地理学非常重视人口密度的区域差异，重视地区内外的人口流动，并且重视每个地区历史上的人口构成情况，除了土著人口以外，是否有外来移民，外来移民是按什么路线移入的。这些事实的调查记载，

---

① 参阅拙作《论地名学及其发展》，《中国历史地理论丛》第 1 辑，陕西人民出版社 1981 年版。

不仅充实了人口篇卷的基本资料，而且与地方志的其他部分如宗教、民俗、方言等，也都有密切的关系。

我所见到的新修地方志中，多数都已将方言列入篇卷，这也是新方志内容的一大进步。不过，不少新方志的方言部分，从整个市、县记载语言，包括语音、声调、语法甚至声母、韵母、俗语、俚语等等，但另外的一些新志，在市、县范围以内，又记载了若干个方言小区，并记载了这些方言小区的语音、声调、语法等特点。后者当然胜过前者，因为这样的记载，不仅具有语言学的内容，而且兼及方言地理学的内容。其实，在一个市、县以内，语言完全没有差异的情况是很少见的，有的甚至有极大差异。以浙江省为例，杭州市区在方言地理学中就是一个孤岛，它同周围的吴语系统的方言有极大差异，具有明显的中州语的语音和音调的特点。在杭嘉湖平原上的许多市、县境内，常常有绍兴语的方言孤岛，有时是一个村，有时是几个村。在湖州市属的偏西各县，还存在着湖南语的影响，包括方言影响和地名影响（例如这一带有不少称"冲"的村落）。在海宁市沿海的盐官镇一带，又有若干萧山语的村落。这些都是在一个不大的地区内方言差异的例子。对于市、县内部方言差异的调查和记载，涉及移民、民俗、宗教等许多方面。例如上述杭州市区的方言孤岛，显然是两宋间中原居民大量南迁的影响。杭嘉湖平原中的绍兴方言孤岛，是明、清以来绍兴人不断移民的结果。湖州市属几个县的湖南语影响，则是太平天国时代在这一带驻扎的湘军退伍后大批留居所造成。盐官镇一带的萧山语村落，实系 20 年代钱塘江南岸沙地崩坍时成批渡江北迁的萧山居民所建成。由此可以说明，在新方志的方言篇卷中，如能以方言地理学的观点重视市、县境内各地的方言差异，则在语言本身以外，还能由此解决其他许多问题。

除了以上所列举的以外，地方志的其他许多部门，如文化教育、卫生（某些地方病有很大的区域性，故地理学中有疾病地理学）、宗教、商业等，都和自然地理学及人文地理学有密切关系。陈正祥教授

在其所著《中国方志的地理学价值》^①一书中指出,中国的地方志"有
点像欧美国家的区域研究（regional study）"。他并在这句话以下作了
一条脚注:"区域研究是研究一个区域的地理、历史、文化、经济、人
口、产业、社会、宗教、民俗以及艺术等等,故在内容上颇和中国的
方志相似。"我从陈氏的这番议论中,引出了地理学方法在新志修纂
中的重要意义。在各种地理学方法中,野外实地调查具有重要的地位,
我指出:"随着方志内容的发展,方志修纂的方法也必须相应地加以改
进,而上述区域研究方法的应用,在今后的方志修纂中,越来越具有
重要的意义……尽管资料整理工作仍然必需,但实地调查工作在新的
方志修纂中将显得愈益重要。这种野外调查的方法,和上述区域研究
的方法,实际上是一致的。今后,我们的方志修纂事业的继续发展,
其生命力恐怕就在于此。"^②

　　总之,地理学和地方志的密切关系,已为地理学界和方志学界所
公认,在今后的新修地方志中,如能重视自然地理学和人文地理学的
各种观点、资料和方法,必将有助于提高志书的质量。

原载《中国地方志》1989 年第 2 期,第 45—50 页

收入《陈桥驿方志论集》第 1—10 页

---

① 香港中文大学 1965 年版。
② 史念海、曹尔琴合著《方志刍议》卷首拙序,浙江人民出版社 1986 年版。

地方志与索引

在《龙游县志》发行会上，我即席凑了一首七绝，最后一句是"余公门下青胜蓝"。因为我看过此志的电脑排字稿，发现卷末有《索引》一篇。发行会上我得到新书后，立刻翻阅卷末，则《索引》已注明页码，使用便利。我一时高兴，才说出"青胜蓝"的话。余绍宋是方志名家，民国《龙游县志》是近代名志，我未经仔细轩轾，不好随便发言。但在《索引》这一点上，新志确实胜过旧志，这是毫无疑问的。《龙游县志》的这一成绩，把新一代的方志，在学术性和实用性方面提高到一个新的层次。

十年修志，成就非凡，这是有目共睹的。我参加过多次志稿评审会，会上评议的细致、深入、坦率、热烈，每次都感人甚深，确是这次修志高潮中的极好风气。经过这样的志稿评审，志书的质量是有所保证的。但是这中间唯一美中不足的是，参加评审的人，几乎全是修志领导和市、县志的编者，现在统称修志同仁。这些人在这次修志中确实作出了重大贡献，经验非常丰富。但是他们虽然十分懂得修志的学问，却并不熟悉于用志的学问。这是因为他们大都不曾系统地用方志做过科研工作。记得去年春季河北《石家庄史志》的责任编辑与我通信，讨论若干修志问题，我的信后来被他们发表在刊物上，其中有一段说："我感觉到，这次修志高潮，确实是我国历史上所少有的，形势很好。但也存在一些问题。……对于历代，特别是近代以来的'用志大户'及其成果，修志者一方许多人知之甚少。如竺可桢先生利用大量方志写成的文章①,陈正祥先生利用大量方志撰写的专著②,不少修志者甚至都不曾去翻一下。从现在的情况看,旧方志的主要'市场'是学者从事自然科学和社会科学研究,可以举出大量成果来。新方志的主要'市场',到几百年后回过头来看,恐怕也是如此。"③我的这段话因为是作为信件随意写下的,原不料他们会加以发表,所以不够全面,因为地方志除了科学工作者研究所需外,当然也还有其他作用。但既然历来有许多学者在方志上做学问,而且做出了不少成绩,则今天的修志同仁确实有必要为这些"用户"着想。

我曾经向魏桥先生提过建议,即除了一般的志稿评审会议以外,也可以邀请一些方志的"用户",特别是"大用户"座谈一下,征求一些他们对修志的意见。把这些意见反馈到志稿评审会议中去,就可以进一步提高审稿会议的质量,也就是提高了志书的质量。找方志"大用户"到哪里找?可以查著作。譬如我就是一个"大用户",我编纂《浙江灾异简志》(浙江人民出版社 1990 年版),用了几百种方志,校勘《水经注》(《水经注研究》,天津古籍出版社 1985 年版),用了几千种方志。著作查到,人也就找到了。请这些人集中起来谈谈他们的要求,实在很有必要。

假使我应邀参加这样的会议,当然有许多话要说,但首先提出的就是索引。因为利用方志做学问,索引实在太重要了。叶绍钧先生于 30 年代编纂《十三经索引》,他的卷首《自序》中有几句话,可以说明索引的重要:"十二年(按 1923 年)春,余始业编辑。编辑者,采录注释耳,其事至委琐,大雅所不屑道,然以余临之,殊非便易。第言注释,一语弗悉其源,则摊书寻检,目光驰骋于纸面,如牧人之侦亡畜,久乃得之,甚矣其急。"

---

① 《中国近五千年来气候变迁的初步研究》,《考古学报》1972 年第 1 期。又收入《竺可桢文集》科学出版社 1979 年版。

② 如《中国方志的地理学价值》,香港中文大学 1965 年版。《中国文化地理》,三联书店 1983 年版。

③ 《石家庄史志》1991 年第 2 期。

与此同时，燕京大学哈佛燕京学社也鉴于做学问的人"如牧人之侦亡畜"的困难，于30年代初成立了一个"引得编纂处"，陆续把二十几种常用古籍编成《引得》出版。差不多同一时候，这种编纂索引的风气波及地方志，商务印书馆从1934年起陆续影印出版了七八种省志，如雍正《浙江通志》、同治《畿辅通志》、光绪《湖南通志》、民国《湖北通志》，每种一般分订32开本精装四册，而最后一册的大部分篇幅是商务编辑人员编纂的《索引》。这大概是迄今为止，地方志编纂《索引》规模最大的一次。

30年代的这股"索引热"，并不是凭空掀起的。这一方面是继承我国自己的悠久传统，另一方面也是受到西方书刊的影响。索引在我国由来已久，凡是接触过一点目录学和文献学的人，实际上都已和索引打过交道。东汉许慎撰《说文解字》，收字9353个，又重文1163个，他考究每个字的字形和偏旁，分成540个部首，以方便检索，这其实就是我国极早的索引。到了清朝编《康熙字典》，收字增加到47035个，部首则简化到214个，这就是索引的进步。图书分类方法其实也是一种索引，从西汉刘歆的"七略"（辑、六艺、诸子、诗赋、兵书、数术、方技）到唐朝的"四库"（经、史、子、集），都是为了让人在书海中检索方便。中国从三国时代起就开始编纂"类书"，"类书"的"类"，实际上具有索引的意义。

西文书籍的传入当然也在我国近代的索引编纂中发生影响。西文按字母排列，在这方面比汉字的部首方便得多，具有很大优势。西文书在卷末附加索引十分普遍，工具书不必说，即一般篇幅不大的专著，也多有索引。

著书立说，目的当然是为了让人用，所以在著作的同时，应该考虑到读者使用的便利。地方志是工具书，各行各业都要用着它，它是各种学问的源泉。举个例子，我校勘《水经注》，此书历代以来出现过大量不同版本，但后来多数亡佚。由于地方志常常引及《水经注》，所以这些已经亡佚的版本中的内容，有的就保存在各地的方志之中。

以卷十八《渭水注》中所载武功县附近的太一山温泉为例,现在流行的版本都说:"可治百病,世清则疾愈,世浊则无验。"温泉治病却与"世清""世浊"纠缠在一起,实在没有道理,一定是版本传抄中的错误。但现在的所有版本,包括权威的武英殿本及杨守敬的《水经注疏》都是这样,明知其误而无法勘正。结果是依靠地方志校正了这一处长期而广泛流行的错误,我在康熙《陇州志》卷一《方舆篇》下,查到了此志引《水经注》作:"然水清则愈,浊则无验。"说明《陇州志》所引的版本是正确的,这种版本当然早已亡佚,却被《陇州志》引存了这至关重要的一句。

从我的研究工作中再举一例。我自 50 年代起曾经研究过浙江省天然森林的破坏过程。我先从绍兴一地入手,经过室内文献查阅和野外实地考察,撰成《古代绍兴地区天然森林的破坏及其对农业的影响》一文,发表于《地理学报》1965 年第 2 期。现在我统计这篇不过 1 万字的论文的脚注,竟引用地方志达 50 次。在这个基础上,我把研究范围扩充到浙江全省,我在研究中发现,省内天然森林的破坏与人口增长和山地垦殖有决定性关系。因为从清康熙五十二年(1713)到乾隆五十六年(1791)的 78 年时间,全省人口几乎增加了 7.5 倍。这种人口的剧增,主要是因为占全省面积 70.4% 的山地丘陵在这一时期全面垦殖的缘故。之所以导致全面垦殖则是由于两种关键性的粮食作物即玉米和番薯的引入。这两种从海外引入中国的作物,它们的最早引入记录,都记载在方志之中。这就是我在《历史上浙江省的山地垦殖与山林破坏》(《中国社会科学》1983 年第 4 期)一文中所指出的,引入玉米的最早记录是 1511 年刊行的正德《颖州志》;而引入番薯的最早记录则是 1607 年刊行的万历《普陀山志》。至于这两种作物在浙江普遍种植的过程,地方志的记载也十分清楚。例如光绪《宣平县志》卷十七"苞萝"条下说:"乾隆四五十年间,安徽人来此,向土人租赁垦辟。"光绪《于潜县志》卷十八也说乾隆年间"将山租安庆人种苞萝"。这和正德《颖州志》的记载和引入浙江路线完全一致。地方志记载番薯，如光绪《平湖县志》卷八所说"今温、台人侨居海上多种"，这和万历《普陀山志》所记也恰恰符合。

正是由于上述这类例子，所以我说地方志是各种学问的来源，因而历来学者常用地方志做学问。前面已经提及的陈正祥先生曾有一段话，记述他利用地方志做学问的情形："为查阅方志，我曾遍访日本各著名大学及图书馆，像蜜蜂采蜜似的辛勤工作。中国方志数量极多，每一州县有数册或数十册，在书库用梯子爬上爬下取书，按目逐页地找寻。"① 这对我们现在的方志修纂应该是一种安慰。因为我们的工作成果对于做学问的人来说，如同蜜蜂之追求花蜜。但"按目逐页地找寻"一语，却说出了旧方志没有索引的弊病。我和陈正祥先生一样，为了诸如《水经注》的校勘和其他一些课题，不仅走遍了国内各大图书馆，并且也到日本的好多图书馆"在书库用梯子爬上爬下取书"。叶绍钧先生说他的工作："如牧人之侦亡畜，久乃得之。"但在没有索引的方志书海中搜寻资料，如同在没有灯塔的海洋中航行，往往劳碌终日，久无所获。时间和精力的浪费，实在无法计算。

附带还应提及，或许会有人作这样想，编纂索引要花很大力气，而地方志的"大用户"毕竟是少数，为这少数人花大力气是否值得？不错，"大用户"确实是少数，但是偶然需要查阅方志的人却是很多的，有了索引，这些偶然查阅的人，同样因此节省了时间。由于这类偶然的读者总数甚大，而且一部方志使用的时间很长，所以总算一下，为后人节省的时间，肯定比少数几个"大用户"多得不可计数。在这方面，不少西文专业书对我们是有所启发的。曾经在我的研究室作过进修学者的萧邦齐教授的《中国的名流和政治变迁——20世纪早期的浙江省》，全书284页，而索引达94页，占全书的33%。我的另一位美国朋友柯慎思教授的《绍兴——19世纪中国的竞争与合作》，全书315页，索引134页，占全书的42.5%。他们两位都是地道的美国人，

---

①《中国的城》，收入于《中国文化地理》。

当然知道，在美国，研究浙江和绍兴的人数是很少的。他们之所以在书末附上如此详细的索引，一方面当然是从远处着眼，虽然这类研究的圈子很小，但若把书籍的流传时间计算进去，读者还是可观的。另外，从西文书附加索引的普遍情况来看，这在西方作者或许已经是自觉的应尽义务，是作者的一种社会责任。

上面议论的是地方志的价值以及与这种价值相关的编纂索引的重要性。《龙游县志》的出版，在索引编纂上给我们的启发还有超过我上面所论述的。前面已经指出，30 年代已经开始为地方志编纂索引，此后多有续编。但所有这类地方志的索引，都是后人为前志编纂的索引，所以虽然有的规模甚大，但技术上困难较小。以 30 年代影印本雍正《浙江通志》为例，全书有 280 卷，尽管在影印时把原书两页上下并排，合成一页，但总页数仍近 4000，这样一部大书之中，涉及许多页码的词汇甚为常见，如"新塘"涉及 27 个页码，"长塘"涉及 17 个页码，"王氏二节"和"东山"等，均涉及 15 个页码。工作的艰巨繁琐自不待言。但编纂者因有原书在手，页码分明，可以仔细区分，从容就事。而《龙游县志》却不同，由于志书与索引同时出版，而在它的《分类索引》中，不少词汇及页码也很频繁，如"余绍宋"涉及 22 个页码，"衢江"涉及 17 个页码等，不胜枚举。所以工作过程的紧张复杂可以想见。必须要编纂者、出版社和印刷厂的通力合作，才能顺利完成。对于新修方志编纂索引的工作，多年来推动较为不易，除了认识上的问题以外，在技术上视为畏途，也有以致之。《龙游县志》在这方面取得的成就，对方志界来说，具有重要的现实意义。由于种种原因而在索引问题上迟疑不前的各地市、县志及其他志书的修纂者，《龙游县志》的出版，有助于他们增加这项工作的信心。

在决定编纂索引以后，当然要选择采用什么方式方法。前面已经指出，由于我们的文字和西方不同，工作确实比他们要困难得多。这种困难从许慎编《说文解字》起直到现在，可以说尚未完全解决。30 年代商务印书馆为地方志编纂索引，采用四角号码方法。哈佛燕京学社所编纂的不少"引得"，则采用了一套他们自己创造的"中国字庋撷"法①。对我来说，这两种方法都很不熟练，但都照用不误。因为无论如何，总比陈正祥先生所说的"按目逐页地找寻"要便利得多。何况我们还有各种相互补充的方法，以帮助对某一种方法不熟练的使用者。例如《中国地方志联合目录》的索引是用四角号码编制的，但它在最后附上一张《笔画索引与四角号码对照表》，不熟悉四角号码的人就可用此表进行检索。今后在大家编纂的过程中，一定还会有新的创造和进步。例如《龙游县志》的"索引"，包括大事、机关团体与单位、人物、事物、专题目录五部分，但其中大事和专题目录都没有以笔画为序。我们希望今后的索引把一切词汇都纳入"以笔画为序"的范围之内，因为这是最便于检索的方法。此外，从索引的数量来说，《龙游县志·索引》占全志页数的7%。从《龙游县志》而论，这已是一个不小的成绩，但是今后我们还希望增加。我们当然不能把地方志索引与西文书索引相比，但同类书籍的情况我不妨指出一下，30年代商务影印的省志，各志索引的数量大致相似，以雍正《浙江通志》为例，索引占全志页数的15.9%。80年代出版的《中国地方志联合目录》，这是修志同仁最熟悉的方志工具书，索引占全书页数的11.5%。

最后谈一下这几年陆续出版而未编索引的新志如何补编索引的问题。不久以前，慈溪市志办公室编印一种《光绪慈溪县志列传人名索引》。此事给人一种启发，旧志既可补编，新志当然更可补编，而且很有必要。不过，我并不主张大家立刻动手编纂，因为志书既已出版，在这件工作上它已和旧志一样，已经不存在迫切的时间性，可以从容计议，务使补编的索引能够尽善尽美。有许多可以考虑的方法，例如，把一个市、县的新志，和这个市、县比较流行的旧志合起来，编纂一

---

① 此法系把汉字按结构分成"中、国、字、庋、撷"五类，编列号码进行查索。但他们所出版的各种《引得》卷首《叙例》中指出："中国字庋撷虽甚便利，然用本《引得》者，未必皆能娴熟其法。爰取《引得》中目之首一字，别为《笔画检字》及《拼音检字》，以为检查之助。"

种该市、县几种志书的索引。另外也可以考虑以省辖市或地区为中心，把市、区新志和市、区所属各市县新志联合编纂索引，并且也可以把市、区内比较流行的旧志编纂在内。当然还可作其他种种考虑。至于补编索引应具备哪些内容，这就更兹事体大，需要慎重研究。

希望地方志都能编纂一种内容完备、使用便利的索引，进一步提高地方志的学术价值和实用价值。

原载《浙江方志》1992 年第 3 期，第 22—25 页

《中国地方志》1992 年第 5 期转载，第 42—45 页

收入《陈桥驿方志论集》第 21—28 页

北美汉学家论中国方志

　　我去年曾花半年时间在北美加拿大和美国访问讲学，与当地的不少汉学家和收藏汉籍的图书馆有过较多的接触。汉学，或者说中国学（Sinology），目前在北美是一门相当流行的学问，在西欧也是一样。尽管与以前西欧伯希和（P. Pelliot）、沙畹（E. Chavannes）、李约瑟（J. Needham）以及美国的费正清（J. K. Fairbank）、卜弼德（P. A. Boodberg）等著名汉学家相比，眼下的欧美汉学家在研究成果和知名度方面都还逊于昔日，但是随着中国的强大和由于改革开放所促使的彼此间学术交流的频繁，北美的汉学家队伍仍然相当壮大，研究成果也不断增加。以老一辈汉学家施坚雅（G. W. Skinner）为首的学者，包括萧邦齐（R. K. Schoppa）、柯慎思（J. H. Cole）等，都在汉学研究上作出不少成绩。此外还有一批美籍华人汉学家，已故的老一辈学者如洪业（煨莲）、杨联陞等固然著述甚丰，而当今一辈如何炳棣、唐德刚、张春树、马润潮等，也多有汉学著作问世。这中间，特别是公私各方对汉籍的收藏，包括中国方志在内，数量之多，较之以前已不可同日而语。根据不久前的统计，北美现有东亚图书馆93所，其中89所在美国，3所在加拿大，1所在墨西哥。它们收藏的东亚图书虽然包括汉、日、韩、蒙、藏等文（总数约达270万种），但其中汉籍要占60%，这中间包括大量方志，而且有一部分是近年出版的新志。由于我在《中国方志资源国际普查刍议》（以下简称《方志资源》）一文中对中国方志在北美的收藏情况已有较详记述，所以这里我只根据回忆，略述北美汉学家对中国方志的一些议论和看法。我之所以首先提及汉学和汉学家，这是因为就我所见，中国方志在国外的主要用户就是汉学家。这其实在国内也一样，"存史、资治、教化"的话是大家熟知的，但这是一种宏观概念，而实实在在的用户，在国内主要也是那些利用方志埋头做学问的人。

总的说来，中国方志在北美，不论是旧志和新志，都受到当地汉学家的欢迎和重视。这种情况，大概可以用四句话概括，即：收藏丰富，流行广泛，利用普遍，评价较高。当然，由于我自己不是一个方志学家，只不过是方志的较大用户，我在那里的讲学内容，也不过是涉及方志。我所概括的这四句话，主要是每次讲学后的座谈会中以及平时的交往中所论及的，所以这种概括未必全面适当。此外，他们对中国方志，主要是近年出版的新志，也有一些意见。我都就当时见闻，作如下的简述。

首先是我国方志在这个地区的收藏丰富，不必说像国会图书馆、哈佛燕京学社、芝加哥大学远东图书馆、哥伦比亚大学东亚图书馆等收藏量达数千种的大户，收藏千种上下以至数百种的小户，更是比比皆是。我在斯坦福大学胡佛研究所看到一份汉籍藏书资料，发现南美洲北边的一个土地面积只有 5000 平方公里的小小岛国特立尼达和多巴哥，在它的中央图书馆（在首都西班牙港），竟也藏有古代汉籍8000 种，其中包括明刊本方志。有关这方面的事，由于我已撰有《方志资源》一文，这里就不再赘述了。

第二是流行广泛。在北美，由于图书馆藏书利用便利，加上复制简捷和电脑使用的普及，所以中国方志在汉学界的流行极为广泛。凡是我所接触的汉学家，他们个人都无不收藏了数量不等的方志，不过他们除了间或购买或中国同行所馈赠的近年新版方志外，一般都是从图书馆复制的胶卷，在家里编号收藏，近年来则更广泛地利用电脑贮存。举个例子，民国《鄞县通志》是备受国外汉学家推崇的中国方志。此志篇幅达 550 万字，1985 年就由当时斯坦福大学著名汉学家施坚雅委托我推介去美的研究生乐祖谋君全部贮入电脑（并包括其他几种方志），这个软盘现在不仅流行北美，而且一直到了日本，我的好几位日本朋友，也利用它从事汉学研究。

第三是利用普遍。汉学研究的领域很大，课题甚多，当然并非单靠方志可以解决。但是现在看来，方志显然是他们研究工作中最普遍利用的重要工具。不少汉学家通过大量中国方志，获得了出色的汉学研究成果。例如施坚雅主编的中国历史城市名著《中华帝国晚期的城市》（*The City in Late Imperial China*）[1] 一书中，就引及了几百种方志。萧邦齐所著的《中国的名流和政治变迁——20 世纪早期的浙江省》（*Chinese Elites and Political Change-Zhejiang Province in the Early Twentieth Century*）[2] 一书中，即引用了各种省志 4 种，府县志 30 种，乡镇志 12 种。柯慎思所著的《绍兴——中国在 19 世纪的竞争与合作》（*Shaohsing-Competition and Cooperation in Nineteenth Century China*）[3] 一书，也引及省志 1 种，府县志 10 种，乡镇志 2 种。这些都足以说明方志在外国汉学家的汉学研究中的普遍意义。

第四是外国汉学家对中国方志在学术价值和实用价值等方面，都有很高的评价。关于这个问题，在上述收藏、流行、利用等方面，外国汉学家已经在事实上作出了他们对方志的评价。特别是去年我在美国听到几位汉学家不约而同地对中国历代积累的大量方志使用"资源"这个词汇。当时我确实感到不胜欣喜与自豪。也正因为如此，所以我才在美国用"方志资源"这个词汇撰写论文。后来我曾反复思考，《中国地方志联合目录》中著录的 8000 多种方志，的确是我们的一宗重要的文化资源，北美汉学家提出的这个词汇，实在是对中国方志的恰如其分的评价。而近年来我们在全国范围内掀起的修志高潮，正在为我国的这一宝贵的文化资源锦上添花。

北美汉学家在议论中提及一些对中国方志的意见和希望，而且主

---

① Stanford University Press，1977.

② Harvard University Press，1982.

③ The University Of Arizona Press，1986.

要是针对近年出版的新方志而言。尽管我们之间国情不同，观点有别，但他们的意见仍然不无参考价值，所以我也根据回忆所及，作简略的归纳。

最重要的意见是希望我们的新志能够尽可能扩大规模增加资料。在这方面，他们常常举民国《鄞县通志》为例。这种希望对于外国汉学家来说是可以理解的，也是殷切的。因为他们利用方志从事各种课题的汉学研究，当然希望方志能提供更多的资料。在这方面，我往年也曾经选择中国的《慈溪县志》和日本的《广岛新史》这两种现代方志作了比较。①《慈溪县志》对其全境每 1 平方公里土地只有 0.13 万字的记述，而《广岛新史》对其全境每 1 平方公里土地有 11.8 万字的记述。从这个对比来说，我国的某些市县志，内容或许尚可适当扩充增加。现在看来，这方面的情况正在改变。不少新修方志的篇幅内容已较初期充实完备。以浙江省宁波为例，最近出版的《宁波市志》达570 万字，已经超过了民国《鄞县通志》。当然，方志内容的扩充增加，以及扩充增加到什么程度，这些都应根据各地的具体情况加以研究。我个人认为外国汉学家在这方面的意见和希望是有一定道理的。特别是我在那里看到了几种新志，篇目具备而内容确实单薄，与一般的工作报告类似，当然不能满足研究工作的需要。所以希望能对这方面的意见，作一点实事求是的考虑。

第二是对于新志内容的科学性问题。近年新修方志的内容，与旧志当然有很大区别，一般都包括地质、自然地理等，有的新志用拉丁文"二名法"注记动植物，有的新志从工程技术角度记载农田水利工程，有的新志记载地方经济发展，采用许多统计图表，有关这些方面，在加拿大和美国都有汉学家称赞，当然使我高兴。在这里我必须提及的是，十年以前，有一位美国汉学家，正是因为民国《鄞县通志》用拉丁文"二名法"记叙动植物而他当时看到的新版方志却仍用旧法，

---

① 《中日两国地方志的比较研究——中国慈溪市与日本广岛市的地方志修纂》，慈溪市地方志编委会办公室，1993 年。

因而当面向我提出："新方志比旧方志倒退了半个世纪。"这句话，我在浙江省的多次方志评审会上提过，因为这是很尖锐的批评。而去年我听到不少称赞新志内容科学性的话，当然是因为我们在这方面确有进步的缘故。为此，这方面我们还得不断提高，精益求精。

第三种意见涉及新修方志的索引，这或许是我去年在国外听到的对于新志的最尖锐的意见。尽管当加拿大的某些汉学家首先提出这种意见时，我曾即席说明，这个问题正在改进。我举浙江省为例，大部分新出版的市县志都已经编制了索引。但后来到美国，仍有人提出这个问题，而且言语相当刺耳，值得我们注意。对于索引的问题，我过去曾在《浙江方志》写过文章，而且《中国地方志》随即转载[1]，说明我们的方志领导是重视的。我在浙江省的某次方志评审会上，还当众宣读我为一本当时刚出版的工具书卷首所写序言中引用的一句外国学者的话："检索工具没有索引很快就会成为一堆废纸。"[2] 所以从浙江省来说，后期出版的市县志和现在正在修纂的省志，对此都已较为重视。希望全国修志同仁正视这个问题，不要使辛苦多年的成果，很快就"成为一堆废纸"。

北美汉学家提及的有关方志的最后一个问题，是他们获得大陆方志十分困难。对于旧志，《联合目录》著录不存于北美而大陆仅有的，他们除了在大陆有同行朋友可以委托查抄以外别无他法，不像北美各图书馆那样存在馆际互借的便利。他们之中也有曾经到中国进行研究的，但是要在图书馆阅读比较稀见的版本，也经常遇到困难。对于新志，尽管这是有国际标准书号而由中国国际图书公司经销的，但是他们在北美也颇难买到。这个问题比较复杂，而且不是方志本身的问题，但是对于相互间的学术交流却有很大影响。特别是像我这样曾经很顺利地从美国引回过两种国内不存的方志孤本的人，对于他们提出的这

① 《地方志与索引》，原载《浙江方志》1992 年第 3 期，转载于《中国地方志》1992年第 5 期。

② 陈田耕：《地理文献检索与利用》，西安地图出版社 1992 年版。

类问题，就更感到于心不安。我在《方志资源》一文中也提及此事，这里不再赘述。

　　总的说来，去年我在北美接触的外国汉学家，在论及中国方志时，不论是旧志或新志，他们的意见，从主流来说都是非常肯定的，我当时就很受鼓舞，所以在回国以前就写成了上述《方志资源》一文，建议把流散在世界各地的中国方志作一次普查，以增订《中国地方志联合目录》。现在受方志界领导之嘱，把北美汉学家对中国方志的一些议论，就回忆所及，草就此篇，以供方志界同仁的参考。

原载《中国地方志》1996 年第 3—4 期合刊，第 65—67 页

收入《陈桥驿方志论集》第 176—181 页

论地名学及其发展

地名学一词，英语作 toponymy（或 toponomy），法语作 topo-nymie，德语作 toponomastik，俄语作 Топонимика，其语源都来自希腊语，由 Τοπos（意即地方）与 ονομα（意即名称）二词组合而成。所以《克莱因语源综合辞典》根据此词的语源，概括其定义为"地名的研究"。[1]《新英国百科全书》[2] 及德国《布罗克豪斯百科全书》[3] 的说法与《克莱因语源综合辞典》完全相同。《牛津大辞典》对于地名学一词的解释是："研究一个国家或一个地区的地名的学科。"[4] 国外的另外一些辞书对地名学的解释偏重于语言学的意义。《拉鲁斯大百科全书》提到："地名学要求语言学家追溯得更远一些。诚然，大多数地方名称一般不靠现代口语来解释。因此，很多法国区域地名远溯于已经消失的语言，人们不知其由来，不然，亦非直接地可以理解，如高卢的古塞尔特语，甚至，塞尔特人到达前的高卢口语。"[5]《韦氏大辞典》认为地名学"是一个地区或一种语言的地名，特别是对它们进行语源学的研究"。[6]《苏联大百科全书》认为："既然在某种程度上地名学是语言中词汇的一部分，那么，研究地名称谓的学科——地名学，首先就是

---

① Klein's Comprehensive Etymological Dictionary of The English Language. P, 772, toponymies. Elsevier PublishingCo., Amsterdam, 1971.

② The New Encyclopedia Britannica in 30 volumes. 1974. Vol.X.P.49. toponymy.

③ Brockhaus Enzyklopadie in Zwanzig bunden. 1973. 18. P.765. toponomastik

④ The Oxford English Dictionary. Vol. XI. P. 154. toponymy.

⑤ La Grande Encyclop'edie Librairie Larousse. 1974.T.14.P. 8781—8782. toponymie.

⑥ Webster's Third New International Dictionary, P.2411. toponomy.

语言学的学科。"①

上面列举若干外国辞书中对地名学一词的解释,只是为了让我们了解一下这门学科在国外流行的看法。实际上,世界上对地名学研究渊源最久、成果最丰富的是我们中国。尽管地名学在学科上的定义各方看法并不一致,但是它以地名特别是历史地名为研究对象,这是没有疑问的。我国幅员广大,历史悠久,几千年来所累积的历史地名浩如瀚海,是世界上任何国家所望尘莫及的。

只要稍稍统计一下古代地理著作中出现的地名,就会发现我国的历史地名数量之多是惊人的。从南北朝以前的几种重要的地理著作来看,《禹贡》记载的地名约 130 处,《山海经》记载的地名约为《禹贡》的 10 倍,《汉书·地理志》涉及的地名超过 4500 处。这只是几种早期的地理著作。在南北朝时期中完成的几种正史地理志中,涉及地名的数量就进一步增加了。《后汉书·郡国志》超过 4000 处,《宋书·州郡志》超过 2000 处,《南齐书·州郡志》超过 2000 处,《魏书·地形志》更多,超过 6000 处。在这一时期的所有地理著作中,记载地名最多的是《水经注》,全书记载的各类地名,达 2 万处左右。

以上所举的仅仅是南北朝以前的几种地理著作中的地名,数量就已经十分可观。再以我国拥有的地方志为例。宋代以来的地方志总数超过 7000 种、10 万卷。② 从低估计,平均每 1 卷涉及地名 50 处,则单单地方志一项,涉及地名就达 500 万处以上。在我国整个历史时期的一切著作之中,地名更是一个难以估计的数字。如此巨量的地名,对我国的地名学研究提出了艰巨的任务,但同时也为我国的地名学研究开拓了广阔的前途。

地名学在我国源远流长。早在战国就已经流传而于西汉成书的《穀梁传》中,就提出了为后世广泛使用的地方命名的原则之一"水

---

① Вольшая Советская Энциклопедия.1958.T42, CTP.663, топонимика.
② 据朱士嘉《中国地方志综录》,商务印书馆。

北为阳，山南为阳"。^①我国的第一部具有地名学研究内容的著作是《汉书·地理志》（以下简称《汉志》），在此书记载的 4500 多处地名中，曾对其中的 40 余处作了渊源的解释，成为我国地名学研究的嚆矢。举下列几个例子：

郡县	地名	渊源解释
京兆尹	华阴	太华山在南。
京兆尹	霸水	古曰兹水，秦穆公更名以章霸功，视子孙。
汝南郡	上蔡	故蔡国。
益州郡	叶榆	叶榆泽在东。
金城郡	河关	河水行塞外，东北入塞内。
敦煌郡、敦煌县	瓜州	地生美瓜。

《汉志》以后，我国的地名学研究开始发展起来，在后汉一代中，对地名渊源进行研究的不乏其人，而其中最著名的是应劭。应劭的著作，据记载有《集解汉书》《十三州志》《地理风俗记》等多种，其中就包括大量的地名渊源的研究。在《集解汉书》中，他对《汉志》地名作渊源解释的近 160 条。此外，《地理风俗记》（据《水经注》所引）中有关地名渊源解释的有 27 条，《十三州志》中有 1 条。除了其中互相重复的以外，为应劭所解释的地名渊源达 180 条左右，为后世的地名学研究作出了重要的贡献。应劭解释地名渊源的方法和内容，绝大部分还没有超过《汉志》的范围，但其中也有一些比《汉志》有了显著的进步，例如《汉志》辽东郡险渎，应劭云："朝鲜王满都也，依水险，故曰险渎。"这条解释，从地名渊源说明了这个城市的政治地位和地理形势。又如《汉志》京兆尹新丰，应劭云："太上皇思东归，于是高祖改筑城市街里以象丰，徙丰民以实之，故号新丰。"这条解释，从地名渊源说明了这个城市建立的历史经过。再如《汉志》广平国斥章，应劭云："漳水出治北入河。其国斥卤，故曰斥章。"这条解释用自然地理现象来说明城市之所以命名。

————————
①《穀梁传》僖二十八年。

　　汉代的另一种有丰富的地名学研究内容的著作是《越绝书》。此书卷二《吴地传》与卷八《地传》中，记载了古代吴越地区的许多地名，其中有地名渊源解释的达 30 余处。《越绝书》不仅解释地名，而且还总结地名命名的规律性。卷八《地传》练塘条云："练塘者，句践时采锡山为炭，称炭聚，载从炭渎至练塘，各因事名之，去县五十里。"这里，《越绝书》指出练塘、锡山、炭聚、炭渎等地名，都是"因事名之"。"因事名之"，这是我国古代地方命名中广泛使用的原则。《绝越书》解释地名渊源，在内容上也有超过《汉志》和应劭等之处的。例如卷八《地记》朱余条云："朱余者，越盐官也。越人谓盐曰余，去县三十五里。"在越部族的语言中，"盐"称为"余"，这就是《拉鲁斯大百科全书》所说的："已经消失的语言。"而这种已经消失的语言，借《越绝书》的地名学研究得以保存。

　　汉代以后，地理书中解释地名渊源之风顿开。诸如魏的如淳、孟康，吴的韦昭等，都对《汉志》地名作了解释。而在晋一代，许多地理著作，如《太康地记》、王隐的《晋书地道记》、袁山松的《郡国志》、乐资的《九州要记》、张勃的《吴地志》，等等，都有大量的地名渊源的解释。可惜这些著作大多亡佚，我们只能在后人的引述中窥其一斑。晋代地理著作至今尚完整保存下来的还有常璩的《华阳国志》，在这部著作中，解释地名渊源的达 20 余处。

　　在晋代的有关地名学的著作中，特别值得提出的是京相璠的《春秋土地名》。这是我国的第一部地名辞典，在这部辞典的释文中，有不少是解释地名渊源的。可惜这部辞典已经亡佚，我们只能从杜预的《春秋释例》和《水经注》等书所引及的中间看到一点。《春秋土地名》解释《春秋》地名渊源，简洁明白。兹从《水经注》所引，举二例如下：

　　郱鄗：郱，山名；鄗，地邑也。（《穀水注》引）
　　华泉：华不注山下泉水也。（《济水注》引）

东晋之初，另一位对地名渊源研究很有贡献的人物是郭璞。他是一位地理学家，曾经做了许多地理和地名工作，体会到历史地名的难处。他说："凡山川或有同名而异实，或同实而异名，或一实而数名，似是而非，似非而是，且历代久远，古今变异，语有楚夏，名号不同，未得详也。"[①]所以他重视地名渊源的研究工作。他的研究成果主要保存在他所注的《尔雅·释水》之中。下面举的是黄河下游所谓九河中的两个例子。

　　马颊：河势上广下狭，状如马颊。
　　钩盘：水曲如钩，流盘桓也。

晋代以后，地名渊源的解释在南北朝的地理著作中更为普遍。诸如北魏阚骃的《十三州志》，宋盛弘之的《荆州记》，庚仲雍的《湘州记》，刘道真的《钱唐记》，宋、齐间刘澄之的《永初山川记》和《荆州记》，陈顾野王的《舆地志》等许多著作中，地名渊源的解释常常占了颇大的篇幅。在这个时期的所有著作中，地名学研究成果最丰富的无疑是《水经注》。全注对地名作渊源解释的达 2300 余处，又《水经注》佚文中对地名作渊源解释的也达 50 余处[②]，总共约有 2400 处之多。这是《水经注》以前的一切著作所不可比拟的。

《水经注》不仅解释地名，而且还总结了一整套地方命名的规律。卷二《河水》经"又东入塞，过敦煌、酒泉、张掖郡南"注云：

　　凡郡，或以列国，陈、鲁、齐、吴是也；或以旧邑，长沙、丹阳是也；或以山陵，太山、山阳是也；或以川原，西河、河东是也；或以所出，金城城下得金，酒泉泉味如酒，豫章樟树生庭，雁门雁之所育是也；或以号令，禹合诸侯，大计东冶之山，因名会稽是也。

---

① 《山海经·海内东经》"注渤海入齐琅槐东北"郭注。
② 陈桥驿辑：《水经注佚文》（稿本）。

说明到了《水经注》的时代，地名渊源的研究已经趋于成熟。的确，在上述约 2400 处地名中，其渊源解释远比以前的著作丰富多彩。兹将 2400 处地名稍加归纳，按其渊源性质，分成 24 类，表列如下：

地名类别	地名举例	地名渊源举例
人物地名	项羽堆（《济水注》） 白起台（《沁水注》） 石勒城（《汾水注》） 子胥渎（《沔水注》）	"……羽还广武，为高坛，置太公其上，曰：汉不下，吾烹之。高祖不听，将害之。项伯曰：为天下者不顾家，但益怨耳。羽从之。今名其坛曰项羽堆。"（卷七《济水注》）
史迹地名	黄巾固（《济水注》） 薄客津（《浊漳水注》） 磨笄山（《㶟水注》） 万人散（《渠水注》）	"东郡太守翟义兴兵讨莽，莽遣奋威将军孙建击之于圉北。义师大败，尸积万数，血流溢道，号其处为万人散。"（卷二十二《渠水注》）
故国地名	胡城（《颍水注》） 上庸郡（《沔水注》） 鄡聚（《洧水注》） 叶榆县（《叶榆河注》）	"颍水又东南流迳胡城东，故胡子国也。"（卷二十二《颍水注》）
部族地名	倭城（《大辽水注》） 平襄县（《渭水注》） 僰道县（《江水注》） 文狼究（《温水注》）	"（僰道）县，本僰人居之。"（卷三十三《江水注》）
方言地名	半达钵愁（《河水注》） 唐述山（《河水注》） 可石孤城（《河水注》） 侯莫干城（《汾水注》）	"菩萨于瓶沙随楼那果园中住一日，日暮便去半达钵愁宿。半达，晋言白也；钵愁，晋言山也。"（卷一《河水注》）
动物地名	雁门（《河水注》） 神蛇戍（《漾水注》） 猪兰桥（《沔水注》） 吊鸟山（《叶榆河注》）	"众鸟千百为群，其会鸣呼啁哳，每岁七八月至，十六七日则止。一岁六至。……俗言凤凰死于此山，故众鸟来吊。"（卷三十七《叶榆河注》）
植物地名	榆林塞（《河水注》） 蘽桑河（《㶟水注》） 香陉山（《鲍邱水注》） 菊水（《湍水注》）	"（菊）水出西北石涧山芳菊溪，……源旁悉生菊草，潭涧滋液，极成甘美。"（卷二十九《湍水注》）

矿物地名	仓谷（《清水注》） 玉石山（《圣水注》） 北井县（《江水注》） 锡方（《湘水注》）	"其山多锡，亦谓之锡方矣。"（卷三十八《湘水注》）
地形地名	平原郡（《河水注》） 平皋城（《济水注》） 一合坞（《洛水注》） 高平山（《泗水注》）	"原，博平也，故曰平原矣。"（卷五《河水注》）
土壤地名	沙州（《河水注》） 斥漳（《浊漳水注》）	"其国斥卤，故曰斥漳。"（卷十《浊漳水注》）
天候地名	风山（《河水注》） 风穴（《瀍水注》） 伏凌山（《鲍邱水注》） 风井山（《夷水注》）	"（伏凌山）甚高峻，岩障寒深，阴崖积雪，凝冰夏结，事同《离骚》峨峨之咏，故世人因以名山也。"（卷十四《鲍邱水注》）
色泽地名	白水（《漾水注》） 墨山（《丹水注》） 白盐崖（《江水注》） 赤濑（《浙江水注》）	"白水西北出于临洮县西南西倾山，水色白浊。"（卷二十《漾水注》）
音响地名	叒叒水（《沁水注》） 岚谷（《沔水注》） 石钟山（《水经注》佚文）	"又南与叒叒水合，水出东北巨骏山，乘高泻浪，触石流响。世人因声以纳称。"（卷九《沁水注》）
方位地名	河北县（《河水注》） 南鄨（《洛水注》） 丙穴（《沔水注》） 北井（《江水注》）	"穴口向丙，故口丙穴。"（卷二十七《沔水注》）
阴阳地名	淇阳城（《淇水注》） 蒙阴水（《沂水注》） 朝阳县（《白水注》） 营阳郡（《湘水注》）	"（营阳郡）在营水之阳，故以名郡矣。"（卷三十八《湘水注》）
形象地名	灵鹫山（《河水注》） 鸡翅洪（《洹水注》） 明月池（《沔水注》） 石匮山（《浙江水注》）	"池东有明月池，状如偃月。"（卷二十七《沔水注》）

比喻地名	剑阁（《漾水注》） 黄金戍（《沔水注》） 铁城（《沔水注》） 腾沸山（《淯水注》）	"连山绝险，飞阁通衢，故谓之剑阁。"（卷二十《漾水注》）
相关地名	金城河（《河水注》） 安民亭（《济水注》） 马溺水（《滱水注》） 春陵乡（《湘水注》）	"河至金城县，谓之金城河，随地为名也。"（卷二《河水注》）
对称地名	北舆县（《河水注》） 内黄县（《淇水注》） 小成固（《沔水注》） 南新市（《溳水注》）	"又西屈迳北舆县故城南。按《地理志》，五原有南舆县，王莽之南利也，故此加北。"（卷三《河水注》）
数字地名	四渎（《河水注》） 十二嶕（《淇水注》） 九渡水（《澧水注》） 五岭（《湘水注》）	"（九渡）水自下历溪曲折，逶迤倾注。行者间关，每所褰涉，山水之号，盖亦因事生焉。"（卷三十七《澧水注》）
词义地名	景山（《济水注》） 鲸滩（《沔水注》） 栋山（《渐江水注》） 敦煌（《水经注》佚文）	"应劭《地理风俗记》曰：敦煌，敦，大也；煌，盛也。"（《水经注》佚文）
复合地名	郏鄏（《谷水注》） 牂柯水（《温水注》） 赣县（《赣水注》）	"东迳牂柯郡且兰县，谓之牂柯水。……牂、柯，亦江中两山名也。"（卷三十六《温水注》）
神话地名	马邑（《㶟水注》） 陈宝鸡鸣祠（《渭水注》） 逃石（《溱水注》） 怪山（《渐江水注》）	"本琅琊郡之东武县山也，飞来徙此，压杀数百家。《吴越春秋》称怪山者，东武海中山也。一名自来山。百姓怪之，号曰怪山。"（卷四十《渐江水注》）
传讹地名	寒号城（《圣水注》） 树亭川（《渭水注》） 寡妇水（《汝水注》） 千令洲（《沔水注》）	"迳贾复城北，复南。击郾所筑也。俗语讹谬，谓之寡妇城，水曰寡妇水。"（卷二十一《汝水注》）

　　《水经注》以后，地名渊源的研究，几乎成为我国一切地理著作中的必有项目。正如沿革地理的研究为我国历史地理学奠定了基础一样，地名渊源的研究就为我国的地名学奠定了基础。

应该指出，沿革地理仅仅是历史地理学研究中的一个方面，地名渊源的研究，也仅仅是地名学研究中的一个方面。现在看来，在整个地名学领域中，还有比地名渊源远为广泛和重要的内容。因为地名渊源只能反映地名的原始概况，这是地名的静态研究；而现在我们需要更进一步地了解地名的发展和变迁，进行地名的动态研究。历史地理学发展的结果，已使历史自然地理与历史人文地理研究，基本上取代了沿革地理的研究。可以预料，地名学发展的结果，必然也将是地名的动态研究取代地名的静态研究。当然，从现状来看，历史地理学的这种发展方向已经完全肯定，而地名学的这种发展方向还有待我们作进一步的努力。

顺便说明，在我国古代的地名研究中，并非完全不涉及地名的变迁。例如《水经·渭水注》记载的华阴县："《春秋》之阴晋也。秦惠文王五年，改曰宁秦；汉高帝八年，更名华阴。王莽之华坛也。"这里，注文说明了华阴县 500 多年的地名变迁。但这种变迁仅仅是沿革的变迁，并不涉及自然面貌和社会经济等的变迁。因此，我国古代地名学中对于地名沿革的研究，实际上仍然是我国古代历史地理学中沿革地理的一部分。而我们今日所要求的地名动态的研究，乃是随着地名变迁而反映的自然环境和社会经济的变迁。事实上，如应劭所解释的斥章，"其国斥卤"，正确地反映了这个地区古代土壤盐碱化的情况。郭璞所解释的钩盘，"水曲如钩，流盘桓也"，也如实地反映了古代黄河三角洲水道交错的自然面貌。这些地名解释，都已经摆脱了沿革地理的窠臼。像这样一类的地名渊源解释，是我们研究地名动态的重要基础。

以《春秋》《职方》《竹书纪年》《尔雅》《汉书·地理志》等著作中都有记载的圃田泽为例，尽管各书记载不全相同，但是从地名反映的情况来看，直到后汉，作为一个大型湖泊的圃田泽一直存在。但是在《水经·渠水注》中，这个地区却出现了大渐、小渐、大灰、小灰等 24 浦的名称，实际上就是 24 个分散的小湖泊。《渠水注》说，这些湖泊之间，"中有沙冈"，"津流径通，渊潭相接"。从圃田泽地名的这种演变中，我们知道在北魏，湖盆已经淤浅，湖泊开始湮废。《渐江水注》中记载的一处称为苏姥布的地名的注文说："水悬百余丈，濑势飞注，状如瀑布。"分明是一处落差很大的瀑布。但这个地名到了明代末叶已经称为苏姥滩 [①]，说明时隔千余年，瀑布已经成为急滩，这样的地名变迁，就为我们计算河流的向源侵蚀的速度，提供了依据。

　　再举一个例子。《水经·沔水注》记载盐官县云："故司盐都尉城，吴王濞煮海为盐于此县也。"从这个地名的渊源中，我们知道这个地区在汉初就已经发展了盐业生产。三国吴置盐官县，历晋至宋，盐官县县名一直不变。《元丰九域志》卷五记载，盐官县有"六乡，长安一镇，一盐监"，说明直到北宋，这里仍有盐场存在。盐业生产是一种海涂作业，因此，地名的稳定，既反映了盐业生产的稳定，也反映了这个地区海涂的稳定。但元天历二年（1329），地名改为海宁州，把地名改为海宁，很可能就是海不宁的反映。而事实恰恰就是如此，据《宋史·五行志》记载，早在南宋嘉定十二年（1219），"盐官县海失故道，潮汐冲平野三十余里，至是侵县治"，说明由于钱塘江河口的北移，盐官县南的海涂从南宋起已经开始坍陷。海涂既然不存，盐业生产无从继续，盐官这个县名也就相应发生改变。与盐官县海涂坍陷的同时，隔江相望的萧山县北部，却淤出了一片 600 平方公里的涨沙，称为南沙。既然位于萧山县北，地名又何以不称北沙而称南沙？这是因为这片沙涂在钱塘江河口北移以前，原是盐官县的南沙，历时已久。河口北移以后，虽和盐官县隔离，人们在习惯上仍然称它为南沙。从上述盐官、海宁、南沙这些地名的形成、发展和变迁中，不仅反映了这个地区历史上盐业生产的兴衰，而且也反映了钱塘江河口的摆动过程。由此可见，历史地名的动态研究，在很大程度上就是历史自然地理与历史人文地理的研究。

---

　　①《天启衢州府志》卷一，"苏姥布，即城北之苏姥滩"。

在阐述了地名学及其在我国的发展以后，最后我想把我的看法归纳为下列三点：

第一，地名学以地名，主要是以历史地名为研究对象，因为即使是现代流行的地名，绝大部分也是历史上遗留下来的。这也就是《拉鲁斯大百科全书》所说的："大多数地方名称一般不靠现代口语来解释。"单单从这一点来说，地名学与历史地理学的关系已经不言而喻了。

第二，地名学的研究成果可以为包括语言学在内的许多学科所利用，虽然我们不能苟同所谓地名学"首先就是语言学的学科"的说法。暂且不谈地名的动态研究，即使只从传统的地名渊源的研究来看，在前面所列《水经注》解释的24类地名渊源中，除了方言地名、词义地名可以直接为语言学服务外，所有各类，首先都是为历史地理学服务的。至于地名的动态研究，则无论在方法上和内容上，与历史地理学都是一致的。因此，我们认为，地名学按其科学属性来说，无疑是历史地理学的分支学科。

第三，我国具有悠久的地名渊源研究的传统，这种研究为地名学累积了丰富的资料，建立了巩固的基础。至今，在地名学领域中进行这方面的研究也仍然不无价值。但是科学毕竟是不断发展的。时至今日，在地名学研究中假使仍然强调"特别是对它们进行语源学的研究"，这就未免故步自封了；因为既然地名学是历史地理学的分支学科，而今天历史地理学已经摆脱了沿革地理的窠臼，步入了现代科学的行列，则地名学必然也要有一个新的飞跃。如何改变长期以来对地名的静态研究，转而进行对地名的动态研究；如何改变长期以来对地名的沿革变迁的研究，转而进行对地名的发展变迁及其所反映的历史自然地理和历史人文地理的研究，是摆在历史地理学工作者和地名学工作者面前的重大任务，也是地名学步入现代科学行列的必由途径。

原载《中国历史地理论丛（第一辑）》，

陕西人民出版社1981年版，第151—163页

论浙江省的方言地名

目前，地名普查、地名志和地名词典编纂工作正在进行。认真研究和正确阐明地名的来源，是一项不可或缺的、十分有意义的工作，这也是历史地理科学工作者义不容辞的责任。我们高兴地看到，一些有志于此的同志正在进行有益的探索。然而，不能不指出，在探讨浙江省地名来源的文章中，存在着不少牵强附会的解释。究其原因，就在于往往忽视了浙江省的地名很多来源于古代吴越方言。如果搬用汉语来穿凿附会、以讹传讹地解释方言地名，便难免闹出笑话。因此，加强方言地名的研究，实在是解开浙江地名渊源的一把钥匙。

一

不加分析地沿袭古人之见，往往造成今人的谬误。我们发现至今有的文章对地名渊源的解释，都是从古书——主要是古代方志中照抄而来，其错误也实在是"古已有之"。但若将这些错误完全归咎于古人，却也并不公道。因为在古人的见解中，也不乏真知灼见。如唐朝颜师古注"句吴"说："夷俗语之发声也，犹越为于越也。"[①] 宋朝刘昌诗说："于、於，皆越人夷语之发声，犹吴人之言句吴耳。"[②] 晚清的李慈铭说得更为清楚，他说："盖余姚如余暨、余杭之比，皆越之方言，犹称于越、句吴也，姚、暨、虞、剡、亦不过以方言名县，其义无得

①《汉书·地理志》颜师古注。
②《芦浦笔记》卷四（《知不足斋丛书》本）。

而详。"① 既然古人中的一些有识之士已经正确地解释了这类地名，我们不应该至今还要以讹传讹了。

李慈铭提出，这些地名"皆越之方言"。为此，首先对"方言"这个概念有必要稍加探讨。方言，顾名思义是地方的语言。在中国，方言一词可能与《方言》这本书名有关。传为汉扬雄所撰的《方言》（全称应该是《輶轩使者绝代语释别国方言》）一书，确实颇为详尽地记载了当时的地方语言，但可惜其中没有有关地名的卷帙②，否则，此书对于方言地名的研究必将大有裨益。

在西方，方言一词在语源上是由希腊文 dia（联系）和 legein（语言）二词构成，英语叫 dialect。《韦氏大字典》释 dialect 作："为一群人所使用的一种语言，它和另一群人所使用的语言在词汇、语法或语音特点上具有区别。"③《韦氏美国语新世界字典》则释作："语言的地方特点的总和。"④ 把两种韦氏字典的解释合在一起，"方言"一词的科学涵义大概已经包罗尽致了。

既然一种方言与另一种方言之间具有词汇、语法或语音的差异，因此，仅将语音上的某些区别作为不同方言的指标，这不仅是不妥当的，同时也是很困难的。因为语音的差异有时很大，有时也可能极微。以绍兴市的旧县山阴和会稽为例。山、会两县，在绍兴府城之内，虽然仅仅隔了一条宽不过三四米的小河，但某些词语的读音却是不同的。联系到地名来说，旧山阴县西南部有个村子（今属萧山县），在 30 年代曾经编印过一部村志（见洪焕椿《浙江地方志考录》第 300 页），叫富家墩；而旧会稽县有个集镇，在著名的宋六陵附近，叫富盛。但就是这同一个"富"字，山阴人读作"fu"，而会稽人却读作"hu"。能不能说，山阴人的话叫山阴方言，会稽人的话叫会稽方言呢？当然

---

① 《息荼庵日记》，同治八年七月十三日（《越缦堂日记》2 函 11 册）。

② 可能因扬雄撰此书未完，也可能因此书缺佚（此书原有 15 卷，今只存 13 卷）。

③ Webster's Third New International Dictionary，p.622.

④ Webster's New World Dictionary of the American Language，p.389.

不能。这说明在同一城市之内，语音也会存在差异，所以用语音作为区别方言的单一指标，其尺度是很难掌握的。

怎样的地名才是方言地名？方言地名当然要从属于方言。但如上所述，构成方言的指标是综合性的，因此，要十分严格地区别方言地名，可能存在一些困难。然而有一条却是十分明确的：地名具有地域性，因此所谓方言地名，必然是该种方言流行或曾经流行的地区的地名。例如客家话流行的地区，必然有许多客家话的方言地名。但是用客家话说"北京""上海"等地名，尽管与普通话有很大差别，它们却绝不是客家人的方言地名。正如我们说英国的牛津、剑桥，说美国的旧金山、费城等，英美人是根本听不懂的，但它们也绝不是我们的方言地名。

就历史地名而言，《水经注》就记载了不少方言地名[①]。例如《河水注》的半达钵愁，就是一个典型的方言地名。《水经注》释之作："半达，晋言白也；钵愁，晋言山也。"所以这个地名按汉语意译就是白山。至今，我们还可以按语音和地名的所在地区，查明它即是梵语 Punda Vasu 的音译。古代梵语方言地名，在《水经注》中还不止白山一例，卷一《河水注》中的"中国"，也正是一个同类方言地名。"中国"为什么成为梵语的方言地名？因为这个"中国"，并非我们中国，我们中国在梵语中叫"支那"（古书中也译作"脂那""震旦"或"真旦"等）。《河水注》说："自河以西，天竺诸国；自是以南，皆为中国。"这里的"河"，是指印度河，"中国"则是指古代北印度地区的国家。这个"中国"，梵语读作 madhyadêsà，madhya 即恒河中游一带地区，在梵语中是中间的意思；dêsà 则是国家，madhyadêsà 就是"中间的国家"。

除了梵语系统的方言地名，《水经注》中也还有其他语言的方言地名。例如卷二《河水注》引释氏《西域记》："牢兰海东伏流龙沙堆，

---

① 详见拙著《水经注与地名学》，《地名知识》1979 年第 3、4 期。

在屯皇东南四百里阿步干鲜卑山。"清全祖望考证说："阿步干，鲜卑语也，慕容廆思其兄土谷浑，因作《阿干之歌》。盖胡俗称其兄曰阿步干，阿干者，阿步干之省也。今兰州阿干山谷，阿干河，阿干城，阿干堡，金人置阿干县，皆以阿干之歌得名。"① 由此可见，在这许多称为阿步干或阿干的地名中，所谓"阿步干"或"阿干"，原来就是古代鲜卑语中的"兄"的意思。

是不是所有方言地名都能查得出它们所属的方言系统，查得出它们在汉语上是什么意义呢？这当然是不可能的。在《水经注》记载的方言地名中，就有许多是无法查明其渊源的。例如卷三《河水注》记载的骨律镇城，注文说："河水又北薄骨律镇城，在河渚上，赫连果城也……但语出戎方，不究城名。"这里所说的赫连，即十六国时期夏的建立者赫连勃勃（407—425 年在位），属于匈奴族的铁弗部。则骨律镇城当是匈奴语的方言地名，但究竟是什么意思，在 6 世纪初的郦道元也已经无法解释，仅知"语出戎方"而已。

法国《拉鲁斯大百科全书》在地名学一条下说："地名学要求语言学家追溯得更远一些。诚然，大多数地方名称一般不靠现代口语来解释。因此，很多法国区域地名远溯于已经消失的语言，人们不知其由来……"② 像上面列举的骨律镇城，就是《拉鲁斯大百科全书》所说的"已经消失的语言"。这样的方言地名，公元 6 世纪初就已经无法根究，今天，我们自然更"不知其由来"了。

《拉鲁斯大百科全书》所说的这段话，对于浙江省的方言地名来说，恰恰也是符合的。浙江省现存的方言地名和历史上曾经使用过的方言地名，也都要"远溯于已经消失的语言"，而且我们也同样"不知其由来"了。浙江省（其实还可以包括今江苏、安徽和江西的部分地区）的方言地名，就是古代的越语地名和吴语地名，或者也可以称为吴越语地名。

---

① （清）赵一清《水经注笺刊误》卷一。

② *La Grande Encyclopedie Librairie Larouse*，T.14，pp.8781-8782.

二

　　众所周知，于越和句吴是古代活动在东南沿海地区的两个著名的部族，它们之间曾有过一段互相攻伐、复仇称霸的战争历史，最后于越在其雄才大略的领袖句践领导下，终于并吞了句吴，并称霸中原达五代之久。直到越王无疆为楚所败，土地被楚兼并为止[①]，这才结束了这两个部族载入史册的一段轰轰烈烈的历史。

　　从历史上看，句吴和于越很可能是同一原始部族中的两个分支，在部族繁衍发展的过程中，由于居地分散和某些其他条件的不同，才逐渐造成了部族间的若干差异。但他们在语言和风俗习惯等方面，基本上仍然是近似的。《越绝书》卷六说："吴越为邻，同俗并土。"卷七又说："吴越二邦，同气共俗。"《吕氏春秋·知化篇》说得更为明白："吴之与越也，接土邻境，壤交通属，习俗同，言语通。"可见它们之间共同之处很多，所以谭其骧教授认为，吴和越是语系相同的一族两国。[②]

　　尽管这两个部族的语言早已泯灭，但从现在尚存的人名和地名之中，可以发现它们在语音上是有许多相同之处的。例如句吴之"句"，与于越句践、句无、句章、甬句东之"句"；句吴国都姑苏之"姑"，与于越姑蔑之"姑"；句吴地名无锡、无湖之"无"，与于越人名无余、地名句无之"无"。例子甚多，不胜枚举。可惜人名与地名都是专门名词，我们很难获悉它们的意义。幸亏后汉时的袁康和吴平这两个会稽人，他们把战国以来流传的于越记载收集起来，写成《越绝书》一书。此书不仅为我们保存了吴、越两族的许多社会和历史情况，而且还为我们保留了于越语言中的两个普通名词。其中一个是汉语中的"盐"，越语称为"余"。《越绝书》卷八说："朱余者，越盐官也，越人谓盐曰余，去县三十五里。"另一个是汉语中的"船"，越语称为"须

---

①《越绝书》卷八。

②邹逸麟：《谭其骧论地名学》，《地名知识》1982 年第 2 期。

虑"。《越绝书》卷三说："越人谓船为须虑。"这两个词汇中特别是
"余"字，由于在地名中大量出现，所以对解释当时的地名，有很大
意义。

　　据史籍记载，吴、越曾分别以今江苏南部的苏州和浙江东部的绍
兴为其部族中心。至于这两个部族的交界线应划在何处，历来是有争
议的①，但今浙江省的全部版图当时都在两族的活动范围之内，这一点
却是可以确定无疑的。秦始皇统一中国以后，建立了郡县行政制度，
在今苏南、皖南、赣东和浙江的大部地区，设置了会稽郡。全郡分为
20多个县，虽然其中有些县名颇有争论，但多数是可以肯定的。在今
浙江省境内的，有乌程、由拳、海盐、余杭、钱唐、山阴、上虞、余
姚、句章、鄞、诸暨、乌伤、大末等。在这些地名中，绝大部分都是
由于越地名沿袭而来，只有少数才是秦更改的汉语地名。更改过的汉
语地名是容易识别的，例如海盐，既然"越人谓盐曰余"，"盐"当然
是汉字，所以这显然是个汉语地名。又如山阴，据《榖梁传·僖二十
八》："水北为阳，山南为阳。"地名按方位而区分阴阳，这是汉人的
命名原则，则会稽山北的山阴，当然也是汉语地名。《越绝书》卷八
记载"秦始皇帝以其三十七年……更名大越曰山阴"，说明这个地名
从越语改为汉语还是有案可查的。

　　除了海盐与山阴，上述其余地名大概都是越语地名，也就是我们
所说的方言地名了。它们有不少一直沿用到今天，在县名中，像余杭、
余姚、上虞、鄞等均是其例。此外如绍兴简称越，宁波简称甬，这类
简称，也都是方言地名。在小地名中，方言地名仍然保留的如嘉兴的
语儿，绍兴的朱储等，恐怕为数更为不少。另外，有的县名虽已更
改，但原来的方言地名却仍然保留在当地的其他自然地理实体中。例
如钱塘（唐）县虽然早已不存，但地名仍然保留在全省第一大河钱塘

――――――――――

　　① 有两种说法，一种以《国语·越语》为代表，认为国界在今嘉兴一带，附和的有
《越绝书》《吴越春秋》等；另一种以汉王充为代表，认为吴越以钱塘江为界（《论衡·书
虚篇》），附和的有明徐渭等。

（唐）江的江名之中。剡县的改名比钱塘（唐）县更早 1000 年，但地名仍然保留在附近的河流剡溪之中。不仅对于自然地理实体，方言地名在人文地理方面的影响也是非常深刻的。例如，30 年代建成而至今仍为全省第一的大桥，就叫钱江大桥，而钱江即钱塘（唐）江这个方言地名的简称。这样一座现代化的大桥，其名称却仍然和几千年以前的"已经消失了的语言"结合在一起。在嵊县，尽管钱武肃王在公元 10 世纪就嫌"双火一刀"的"剡"字字形不吉而改掉了它。但人们却至今仍视这个"剡"字为古色古香，把它冠之于许多人文地理实体乃至人工建筑物的名称之上。

由此看来，浙江省的方言地名尽管由来久远，是"已经消失了的语言"，但却有很强的生命力，已经渗透到全省的自然地理、人文地理和其他许多方面。正因为此，我们就更有必要趁目前地名普查、地名志和地名词典编纂的机会，把浙江省各类地名中历史最悠久、解释最困难的方言地名整理一下。首先当然是把方言地名从其他地名中区别开来，至于渊源推究的问题，就应当本着"知之谓知之，不知谓不知"的精神，不必急于勉强解释，反致弄巧成拙。对于那些长期以来以讹传讹，牵强附会的歪曲，现在应该加以澄清，不要再继续自欺欺人，贻误后学了。

三

浙江省有些讹传已久而比较重要的方言地名，有必要加以澄清。

1. 杭州

这个地名，自从隋文帝杨坚于公元 589 年第一次使用以来，至今一直沿用，已经超过了 12 个世纪。杭州地处钱塘江和大运河之交，具有航运之利，人们常常按汉字"航""杭"字义相通，把杭州与航运联系起来。这种附会，由来已久，到明朝的田汝成而集其大成。他

在《西湖游览志余》卷一《帝王都会》的标题下说：

> 杭州之名，相传神禹治水，会诸侯于会稽，至此舍杭登陆，因名禹杭。至少康，封庶子无余于越，以主禹祀，又名余杭。秦置余杭县，隋置杭州。窃谓当神禹治水时，吴越之区，皆怀山襄陵之势，纵有平陆，非浮桥缘延，不可径渡，不得于此顾云舍杭登陆也。《说文》：杭者，方舟也；方舟者，并舟也。《礼》：大夫，方舟；士，特舟。所谓方舟，殆今浮桥是也。盖神禹至此，溪壑萦回，造杭以渡，越人思之，且传其制，遂名禹杭耳。

按《诗·卫风·河广》："谁谓河广，一苇杭之。""杭""航"两字在古汉语中确是相通的。至于田汝成引《说文》"杭者，方舟也"，按《说文》卷八下，此字应作"斻"字，《说文》说："斻，方舟也，从方，亢声。"就算"斻"与"杭"也通用吧，但《说文》是解释汉字的辞书，而《诗经》的《国风》则是汉人的民歌，怎么能和于越部族居住地区的地名牵连在一起呢？而且必须指出，隋文帝把南朝陈所置的钱唐郡改为杭州时，州治设在余杭县，说明这个"杭"字，是从余杭县而来的。也说明建州之初，在地区上和今杭州也绝无关系，只是两年以后（591），才把州治移到凤凰山下的柳浦，即今江干一带。所以，杭州得名于余杭，也正和越州得名于大越一样。[①]虽然"杭"字也和"越"字一样，其意义如李慈铭所说"无得而详"，但它们都是由古代越语构成的方言地名这一点，却是不必怀疑的。

2."三余"

《水经·渐江水注》："天子当兴东南三余之间。"何焯校本中何注说："三余，余暨、余杭、余姚也。"这三余之中，余暨县的正式建置，见于《汉书·地理志》，三国吴改为永兴，唐天宝初又改为萧山。尽

---

①《越绝书》卷八："更名大越曰山阴。"说明在秦改名山阴以前，这里名为大越。

管余暨不列入秦会稽郡县名之中，但"余"字与"暨"字，都是于越地名中使用的词汇，所以它是方言地名不必置疑。至于余杭和余姚，则至今仍然沿用。前面已经引及《越绝书》所说的"朱余者，越盐官也"。因为越语中称盐为余，所以盐场所在的地名叫朱余。同样，"三余"在地理位置上都濒临沿海，而余姚长期来是全省最大的盐场所在（解放后盐场才划入慈溪县），则三余在于越时代与制盐业的密切关系是完全可以肯定的。当然，三个地名中的"暨""杭""姚"三字，在越语中的意义不得而知；但既然"余"字的意义在越语中已经可以解释，则把虞舜、夏禹等汉族地区的传说人物拿到于越地区生搬硬套，其荒诞无稽就可想而知了。

3. 钱唐（塘）、钱唐（塘）江

钱唐是秦会稽郡所置县名，其义无法解释，显然也是于越遗留下来的地名。"唐"字后来改作"塘"字，大概始于唐代，这是因为县名与国号相同的缘故。《水经·浙江水注》曾引南朝宋钱唐县令刘道真所撰的《钱唐记》一书，记载了一个修筑防海大塘的传说："防海大塘在县东一里许，郡议曹华信家议立此塘以防海水，始开募有能致一斛土者，即与钱一千，旬月之间，来者云集，塘未成而不复取，于是载土石者皆弃而去，塘以之成，故改名钱塘焉。"这个传说对于说明我国海塘建筑的最早年代，当然是十分可贵的资料。但故事本身却是牵强附会的，有识之士也早已指出这种"千钱诳众之陋"是不可置信的。① 若以这样的"钱塘"来解释钱塘县名和钱塘江名，那当然就更为荒唐可笑了。

再说钱唐（塘）江。这条河流最早见于《山海经·海内东经》："浙江出三天子都。"但比《山海经》晚出的《说文解字》中，却出现了浙江和渐江两个地名。《说文解字》的作者许慎，自己也没有搞清

---

① 《水经注》全祖望五校抄本（天津市人民图书馆藏）施廷枢注。

楚，浙江和渐江，原来就是同一条河流。① 在古籍中，像《史记》《越绝书》《吴越春秋》《论衡》等书，都只有浙江，没有渐江。唯有《汉书·地理志》和《水经》作渐江，但《水经》晚于《说文》，它显然是从《说文》抄来的。有人认为"浙""渐"两字字形相近，"渐"字是"浙"字之误，看来也有可能。"浙"字按字义不可解释，大概也是方言地名。至于钱唐江一名，其出现比浙江要晚得多。王充在《论衡·书虚篇》中说："有丹徒大江，有钱唐浙江。"又说："钱唐之江，两国界也。"说明在后汉时代，浙江还没有钱唐江这样一个别名。王充所说的"钱唐浙江"和"钱唐之江"，其中的"钱唐"二字，都是指的县名。而后来的钱唐江一名，开始可能就是"钱唐浙江"或"钱唐之江"的省略，以后逐渐成为一个固定的地名，最后甚至取代了浙江。不过钱唐江因河流流经钱唐县而得名，这是毫无疑问的。因此，它是一个相关地名。由于与它相关的钱唐县本身是一个方言地名，所以钱唐江同时也是方言地名。

以上所举各例，都是省内的大地名。其实，除了这些众所周知的大地名以外，于越时代遗留下来的小地名，为数必很可观。由于小地名没有全省意义，不易受人注意。特别是由于大地名的流传依靠文字记载，地名一旦写成文字，就容易固定少变。但小地名则不然，它们常通过世世代代的口传而遗留下来。在口传的过程中，后来迁入的汉族，就不免要以自己语言中的音义，和原来的越语地名相混淆，从而使这些方言地名发生汉化或半汉化的变迁。仍以朱余为例。因为朱余是个小地名，《越绝书》以后就不再见于记载。到了宋代，由于沿海建筑堤塘和斗门，这个于越时代的盐场又在记载中出现，但"朱余"已经成为"朱储"。② 直到今天，朱储村仍然存在，其盐灶遗迹，也

---

① 《说文解字》卷十一上："渐水出丹阳黟南蛮中，东入海，从水，斩声。"同卷："江水东至会稽山阴为浙江、从水，折声。"按：江水即指长江，长江根本不到会稽山阴，故说明许慎对此亦甚模糊。

② 见（宋）赵宗万《修朱储斗门记》（杜春生《越中金石记》卷三）。

仍为老一辈人所熟悉。越语的"余"，变为汉语的"储"。这就是许许多多方言小地名改变的例子。谭其骧教授认为："今江浙地方多以句、于、姑、余、无、乌等为地名，与古代吴越语的发语音有关。"[①] 为此，浙江省内与这些字音相近的小地名，若能追本溯源，可能都会找出它们与越语地名之间的关系。当然，这项工作是很细致复杂的，需要在今后地名学的研究中逐步进行。

综上所述，对于浙江省的方言地名，我们要做的工作，首先是把它们和其他地名加以区别，不要再按汉字望文生义，作荒诞不经的解释。由于我们对古代越语的研究还很不够，目前要对这些地名进一步作渊源的解释，还具有很大困难。当然，这并不意味着对浙江省方言地名的研究就到此为止。因为随着科学技术的发展，地名学的研究方法，必然也会获得除了文献资料以外的崭新途径。例如，于越部族是在秦统一中国以后开始从这个地区迁移流散的。对于这个部族从秦以后迁移流散的路径，历史上记载颇多，我们并非茫然无知。例如明焦竑解释"三越"说："此即谓东越、南越、闽越也。东越一名东瓯，今温州；南越始皇所灭，今广州；闽越今福州。皆句践之裔。"[②] 明欧大任在《百越先贤志白序》中说："译叮宋旧壤湘漓而南，故西越也，群柯西下邕容绥建，故骆越也。"在上述东越、南越、闽越、西越、骆越等地区，目前存在的少数民族为数也颇不少，语言学家仍有可能从这些少数民族的语言和方言地名中，寻求古代越语的蛛丝马迹。当然，这样的研究并非轻而易举，必须集中历史学、地理学、民族学、语言学等各方面的力量，才能获得研究成果。

原载《浙江学刊》1983 年第 5 期，第 56—61 页

---

①邹逸麟：《谭其骧论地名学》。
②《焦氏笔乘续集》卷三。

中国古代的地名研究

中国土地广袤，历史悠久，从甲骨文时代开始，就有了用文字记载的地名。几千年来，我们积累的各种地名，是一个无法估计的巨大数字。巨量的地名，假使没有历代以来古人的整理，这对后代将是一个沉重的负担。所幸的是，中国从先秦起，就有研究地名的传统，这种传统一直延续下来，所以虽然随着朝代的嬗递和领域的扩大，地名数量日益增加，但是由于先秦以来的地名研究传统，使后代对不断增加的地名，进行不断地研究整理，从而获得了举世罕匹的成果。

先秦以来中国的地名研究，主要有三个方面的内容，第一是地名的地理位置研究，第二是地名的沿革变迁研究，第三是地名的渊源来历研究。从先秦文献到两汉文献，记载了这三个方面地名研究的大量成果。这些文献，不仅为后代的地名研究奠立了基础，而且也为后代的地名研究创造了一种典范，赋予了一项责任，让后代学者明白，地名在政治、经济、文化诸方面的重要意义。对于不断增加的地名，假使不及时研究整理，其后果是很严重的。

现在将上述三个方面的研究作一简要的阐述。

首先是地名的地理位置研究，也就是把每一个地名进行定位。这是古代地名研究中最重要的课题，其所获得的成果也最为丰富。对于后代来说，古人在这方面的研究成果，实在至关重要。可以设想一下，假使历史上遗留下来的千千万万地名，都没有地理位置的考证和记录，那么，面对这一大批无法落实的地名，我们将会束手无策。不仅是对于地名学研究，对于其他许多学科的研究和实际工作，都会面临极大的困难。当然，每个地名的出现，原来都是有地理位置的。但是古代不可能像现代一样地用有经纬网格的地图落实这些地名的精确位置。即使有地图 ①，当时的粗略示意图，估计也收容不了这许多地名。所以我们必须利用文献。正是由于这些古老的文献，使这一大批距离我们最邈远的先秦地名免于流离失所。现在我们尚可披检的有关地名的先秦文献，主要有《诗经》、《尚书·禹贡》、《周礼·职方》、《山海经》、古本《竹书纪年》、《穆天子传》、《吕氏春秋》、《越绝书》 ② 等。在两汉，主要有《史记》、《汉书》、《说文解字》、《尔雅》等。这些文献为我们积累了古人研究地名的地理位置的大量成果。古人采用各种方法让地名定位，其中用自然地理实体如山岳、河川、海洋等以确定区域、城邑等地理位置，是先秦文献中常用的定位方法，而《禹贡》是这方面很杰出的一种。《禹贡》是战国人假托夏禹治水神话的作品。虽然所谓"九州"绝非夏时疆域，但作者以自然地理实体来确定每一州的地理位置，这是"九州"之名能够长期流传的重要原因。例如"济、河惟兖州"，"海、岱惟青州"，"海、岱及淮惟徐州"等，兖州、青州、徐州等州名，就这样以海、泰山（岱）、济水、黄河等自然地理实体作了定位。《职方》把黄河作为豫、兖、冀三州的定位依据，即"河南曰豫州"，"河东曰兖州"，"河内曰冀州"。《吕氏春秋》对"九州"的定位，比《职方》又进一步，它不仅依据黄河，而且还依据济水和汉水，即"河、汉之间为豫州"，"两河之间为冀州"，"河、济之间为兖州"。用河流为"九州"定位的研究到汉代的《尔雅》就更趋完善，它不仅扩大了对黄河、济水的定位依据，并且涉及汉水和长江，即

---

　　①《汉书·地理志》在琅邪郡长广县及代郡班氏县下，曾经两次引及《秦地图》。姚振宗《汉书艺文志拾补》卷五引及《汉舆地图》及王莽纂《地理图簿》。顾櫰三《补后汉书艺文志》卷五引及《司空郡国舆地图》。侯康《补汉书艺文志》卷三引及张衡《地形图》一卷。均为先秦及两汉地图，上述诸图均已亡佚。

　　②《越绝书》旧题会稽袁康撰，同郡吴平定。袁、吴均东汉初人。但历来学者考证，此书实为先秦文献，经康、吴平辑录而流传。参见陈桥驿《关于〈越绝书〉及其作者》（《杭州大学学报》1979 年第 4 期）及上海古籍出版社 1985 年出版点校本《越绝书》卷首陈桥驿序。两文均收入陈桥驿著《吴越文化论丛》，中华书局 1999 年版。

"河西曰雍州"，"汉南曰荆州"，"济东曰徐州"，"江南曰扬州"。

　　"九州"在当时其实是并不存在的地理区域，其地名属于虚构。既然虚构的地名可以用自然地理实体定位，那么，实际存在的地名，当然更可以借助于自然地理实体以确定它们的具体地理位置。《史记·货殖列传》记载中国第一批出现的都会，就常用这种定位方法："邯郸，亦漳、河之间一都会也"，"燕，亦勃、碣之间一都会也"，"临淄，亦海、岱之间一都会也"。司马迁就这样用漳水、黄河、勃海、碣石山、泰山等自然地理实体为一批古代都会确定了地理位置。从《禹贡》到《史记》，先秦和两汉的文献，在它们对地名的研究中确立了以自然地理实体为地名定位的典范。

　　如上所述，"九州"是虚构的地名，但自然地理实体却是稳定少变的，所以"九州"虽然虚构，由于为它们定位的自然地理实体的稳定性，它们也因此长期地稳定下来。既然"九州"地名获得稳定，它们就反过来成为各种自然地理实体如山岳、河川、湖泊之类的定位依据。早在先秦，《职方》就采用了这种定位方法，其所记叙的"扬州"："其山镇曰会稽，其泽薮曰具区，其川三江，其浸五湖"，它记叙的"兖州"："其山镇曰岱山，其泽薮曰大野，其川河、济，其浸卢、庐。"各种自然地理实体如会稽山、具区（太湖）、泰山、大野泽等，都按"九州"的境域各得其所。既然像"九州"这样的虚构地名可以把许多山岳、河川收归己有，则确实存在的区域地名，当然可将这个区域内的一切自然地理实体以它们的名称进行定位。例如《汉书·地理志》颍川郡阳城县："阳城山，洧水所出"，常山郡石邑县："井陉山在西，绵水所出。"这样，汉代全国的大量山名、水名，都同阳城山、洧水、井陉山、绵水一样，以当时实际存在的郡县确定了地理位置。与《汉书》同时的《说文解字》也采用这种方法让自然地理实体定位，例如"葛峄山，在东海下邳"，"巀嶭山，在冯翊池阳"等[1]，不胜枚举。《汉

---

[1]《说文解字》卷九下《山部》。

书》和《说文》为以后一切正史、全国总志、地方志等作出了范例。全国多多少少山水陂湖井泉，都为相关的州、郡、国（郡国、侯国）、府、县、邑确定了它们的地理位置。此外，从《汉书·地理志》以来，中国历史上多多少少州、郡、国（郡国、侯国）、府、县、邑，都按《汉志》采用的方法，以辖属关系，确定了它们的地理位置。

　　除了上述利用自然地理实体和各级行政区划作为地名定位的依据外，古人也采用计算几个地名之间的里程来确定这几个地名的地理位置，《山海经》和《穆天子传》都是这样。《南山经》说："南山经之首曰䧿山，其首曰招摇之山。"从此，分别以里程列举了堂庭之山、猿翼之山、杻阳之山、柢山、亶爰之山、基山、青丘之山、箕尾之山共十座山名，最后把各山之间的里程总和作为这种地名定位的总结："凡䧿山自招摇之山以至箕尾之山，凡十山，二千九百五十里。"《穆天子传》中出现的许多地名也都是用里程定位的。例如此书卷四："自阳纡西至于西夏氏，二千又五百里"，"自西夏至于珠余氏及河首，千又五百里"。当然，这些先秦文献所提出的里程数字，如我在拙著《郦道元评传》[1]中所说，"其间包括了大量的假设和想象"，是并不可信的。在先秦文献中，用里程作为地名定位依据的唯一可信的著作是《越绝书》，此书卷二《吴地传》与卷八《地传》两篇，如前人所论，具有地方志的性质[2]，其所记叙的是今苏州和绍兴两个小地区，诸如"虎丘北莫格冢，古贤者避世冢，去县二十里"（卷二），"浦阳者，句践军败失众溃于此，去县五十里"（卷八）。例子甚多，不胜枚举，都是比较可靠的。不过，即使是《山海经》和《穆天子传》那种明显虚构的里程，但其方法还是值得称许的，因为这是一种计量的方法，用以作为地名定位，具有更大的精确性。这种方法对后世的地名定位研究有很大影响。六朝以降，中国的大量地理书，常用里程数字为地名定位。

---

[1] 南京大学出版社 1994 年版。
[2] 清毕沅乾隆《醴泉县志序》："一方之志，始于《越绝》。"朱士嘉《宋元方志传记序》："《越绝书》是现存最早的地方志。"

由于这一时期的地理书和以往不同，都是有直接或间接的实践基础的，因此这些文献所提出的里程数字都是比较可靠的。在没有经纬网格地图以前的很长一段时间里，依靠里程数字的方法，让大量历史地名获得相对准确的地理位置。

中国古代的地名定位，还有一种在世界地名学史中唯我独有的地名定位方法，即是以山岳或河川的相关位置，作为与之紧邻的城邑的定位依据，即《穀梁》僖公二十八年所载的："水北为阳，山南为阳。"这就是中国地名中至今大量存在的所谓"阴阳地名"，地名本身就表示了它的地理位置。既然《穀梁传》记载了这种地名的命名方法，说明由来已久。在最古老的先秦文献之一《诗经》上，这种地名就常有出现，如"在南山之阳"（《召南·殷其雷》），"我送舅氏，曰至渭阳"（《秦风·渭阳》），"居岐之阳"（《大雅·皇矣》），等等。《穆天子传》也是这样，如卷一"北循虖沱之阳"，卷二"赤水之阳"，等等。这种以山南水北为阳，山北水南为阴的地名定位方法，后来就广泛应用，甚至用于城邑以外的区域地名，如《史记·货殖列传》"泰山之阳则鲁，其阴则齐"。当然，在数量巨大的历史地名中，这类地名毕竟还是少数。

除了用"阴""阳"表示地理位置命名外，其他还有不少经常用于表示地名位置的词汇，例如《诗·周南·汝墳》："遵彼汝墳"，《诗·卫风·淇奥》："瞻彼淇奥"，《诗·王风·葛藟》："在河之浒"，《穆天子传》卷四："黑水之阿"，"阳纡之东尾"等。这里的"墳""奥""浒""阿""东尾"等，都代表一定的地理位置[1]，常常用以确定地名的定位。至于东南西北、上下左右等方位词，在古代地名上更为习用，不必赘述。

中国古代地名研究的第二个方面，是各种地名，特别是政区地名的沿革变迁。这是一个相当复杂的问题，沿革变迁造成大量的一地多

---

[1] 据《十三经注疏》，"墳"，涯也；"浒"，同涯；"奥"，隈也。据《康熙字典》引《玉篇》："阿"，水岸也。

名，假使不及时系统整理，就会使后代人面对大量存在的异名同地、异地同名等情况茫然无措。通常认为沿革变迁的研究即所谓历史沿革地理始于《汉书·地理志》，其实，在《汉志》以前，先秦文献中已经注意到地名的沿革变迁而加以记载。例如古本《竹书纪年》魏今王下："二月，城阳、向，更名阳为河雍，向为高平。"正是由于地名变迁在先秦早已开始，所以《汉书·地理志》才有必要加以整理研究。与《汉志》一样，《说文解字》在这方面也有所注意。例如此书卷六下《邑部》："邶，故商邑"，"邠，周太王国"，"邹，鲁县，古邾国"等，都记及了这些地名的沿革变化。当然，《汉志》在这方面的贡献是前无古人的。全书收录了一千多个县邑地名，其中凡是因沿革嬗递而涉及地名变迁的，它都把这个地名从其原始一直记载到班固编纂此书以前，即王莽改易的地名为止。例如京兆尹华阴县："故阴晋，秦惠文王五年，更名宁秦，高帝八年，更名华阴，太华山在南，有祠，豫州山，集灵宫，武帝起，莽曰华坛也。"这样一条寥寥 40 余字的解释，实在是中国古代地名研究的杰出成果。它以著名的西岳华山将华阴县作了定位。特别重要的当然是对华阴县的沿革变迁和盘托出，从其原始地名阴晋，直到王莽改易的华坛。在这 500 多年之中，一个县邑的地名变迁，让后人一目了然。所以对于中国这个历史悠久、王朝嬗递、更迭频仍的国家，《汉志》确实在地名的沿革变迁研究整理中，为后代作出了重要的典范。从此以后，历代正史地理志和全国总志，如《元和郡县志》《太平寰宇记》《元丰九域志》等，都把地名的沿革变迁作为重要内容。清李兆洛汇集历代正史地理志的州、郡、国（郡国、侯国）、县各级地名，按韵目编辑成《历代地理志韵编今释》一书，总结了清代以前政区地名的沿革变迁，成为一种研究地名变迁的重要文献。此书之所以获得重要成就，追本溯源，仍然应该归功于《汉书·地理志》的发端。

除了政区地名的沿革变迁以外，《汉书·地理志》也记及各种自然地理实体的地名变迁。例如右扶风武功县下："太壹山，《古文》以为终南；垂山，《古文》以为敦物。皆在县东。"这条文字说明，《古文尚书》记载的终南山和敦物山，在汉代已改名为太壹山和垂山。《汉志》对于自然地理实体地名变迁的记载，对后代也是一种重要的启发；因为在历史上，这类地名的改变也是相当频繁的，所以在后代的文献中也同样重视这类地名的研究整理。北魏的《水经注》就是非常成功的例子，我在拙著《〈水经注〉记载的一地多名》[①]一文中，曾经举过一些河川、山岳地名的例子。此书卷二十六《巨洋水》经"巨洋水出朱虚县泰山，北过其县西"注："巨洋水，即《国语》所谓具水矣，袁宏之谓之巨昧，王韶之以为巨蔑，亦或曰胸淰，皆一水也"。一条小小的巨洋水，却是一水五名。卷十八《渭水》经"又东过武功县北"注："《地理志》曰县有太一山，《古文》以为终南，杜预以为中南也，亦曰太白山。"这里，《水经注》所说的《地理志》即是《汉志》，前面提及，在《汉志》中，此山仅举及一个别名，而其实，此山到南北朝已是一山四名。《水经注》记载的自然地理实体地名的变迁，显然是继承了《汉志》的传统。

　　中国古代地名研究的第三个方面是关于地名渊源来历的研究。前面已经提及《穀梁》僖公二十八年"水北为阳，山南为阳"的地名命名方法，这既是古代地名定位的方法之一，同时也为历史上存在的许多"阴阳地名"说明了渊源来历。在现存的先秦文献中，《越绝书》在这方面是很有价值的。此书卷二《吴地传》和卷八《地传》中，曾对三十几处地名的渊源来历作了解释，例如《地传》练塘条："练塘者，句践采锡山为炭，称炭聚，载从炭渎至练塘，各因事名之，去县五十里。"这里，除了以比较可靠的里程为这些地名定位以外，并对锡山、炭聚、炭渎、练塘四个地名，按"各因事名之"的命名方法，说清了它们的渊源来历。又如"朱余"条："朱余者，越盐官也，越人谓盐曰余，去县三十五里。"这一条，短短十余字，除了"去县三

----

　　① 原载《地名知识》1981 年第 2 期，收入于《水经注研究》，天津古籍出版社 1985 年版。

十五里"的里程数字为"朱余"确定了地理位置以外,并且说明了这个地名的渊源来历,是因为这里为古代越国的盐官所在。十分难得的是,在"朱余"的地名解释中,为后代保存了一种稀罕的古代语言知识:越语"余"就是汉语"盐";让后世研究越国地名可以举一反三,如余姚、余杭、余暨(今萧山)等濒海的古代越语地名,它们都和盐有关。

《汉书·地理志》在这方面也有很好的例子,在前面京兆尹华阴县条下,就按"山南水北"之例说明了华阴县的地名渊源。京兆尹的另一地名霸水条:"古曰兹水,秦穆公更名以章霸功,视子孙。"金城郡的河关县条:"河水行塞外,东北入塞内。"敦煌郡、敦煌县的瓜州条:"地生美瓜。"这样解释地名渊源,文字简单,寓意明了。当然,在《汉志》的全部四千多处地名中,对渊源来历作出解释的不过四十多处,说明当时地名研究的重点还在于地名的定位和沿革变迁方面,对渊源来历还不十分重视。不过在《汉志》以后,这方面的研究开始有所发展,应劭在其所撰《集解汉书》《十三州记》《地理风俗记》等著作中,收录了这方面的许多研究成果。在《集解汉书》中,他对《汉书·地理志》所载地名中的约160条作出了渊源来历的解释,而《地理风俗记》和《十三州记》中,据《水经注》所引及的(因为此两书都已亡佚)近30条。应劭解释的地名,其中有些是很有价值的,例如《汉志》辽东郡险渎:"朝鲜王满都也,依水险,故曰险渎。"这种解释,从地名渊源说明了这个城市的政治地位和地理形势。又如《汉志》广平国斥漳县:"漳水出治北入河,其国斥卤,故曰斥漳。"从这条解释中可以见到黄淮平原在两汉时还存在许多沼泽地的情况。当然,在应劭解释的地名渊源中,也有一些是望文生义、牵强附会的。我在本刊1998年第3期发表的《论中国的非汉语地名》一文中曾举他所解释的敦煌为例:"敦,大也;煌,盛也。"这就是一个把非汉语地名按汉字望文生义的错误。但应该说,他所解释的地名,大部分还是正确的,在两汉解释地名的风气初开之时,他的著述,对后人具有启发的意义。

东汉以后，地名研究中对于地名渊源来历的解释获得学者的进一步重视，于是，解释地名的著作纷纷问世，其中特别值得称道的是东晋初期的地理学家和地名学家郭璞，他为多种古代地理书作注，撰有《山海经注》《穆天子传注》《尔雅注》等书，其中大量内容就是注释地名，特别是地名的渊源来历。他在《山海经·海内东经》"注渤海入齐琅槐东北"下注云："凡山川或有同名而异实，或同实而异名，或一实而数名，似是而非，似非而是，且历代久远，古今变异，语有楚夏，名号不同，未得详也。"不是对地名的渊源来历作过悉心的研究，是说不出这番道理来的。他为《尔雅·释水》中的不少地名作注，其中就有杰出的例子，如：

马颊：河势上广下狭，状如马颊。

钩盘：水曲如钩，流盘桓也。

上列马颊和钩盘，是《尔雅·释水》对《禹贡·兖州》"九河既道"的解释。《禹贡》记及的"九河""三江""九江"三个数词地名，"九"和"三"其实是多数的意思，并非实数，但《尔雅》和其他一些古籍，认为"九河"就是9条河流，并且提出了9条河流的名称，马颊和钩盘就是其中的两条。而郭璞则用河口三角洲的自然景观解释了这两条河流的地名渊源，其实正是《禹贡》的原意。

以上是中国古代地名研究的三个方面，从先秦到两汉，在这三方面的研究都已奠定了基础，涌现了不少研究成果。两汉以后，地名研究的风气大开，承先秦、两汉的余泽，研究成果有了进一步的提高，专业化的地名研究著述开始问世，晋杜预的《春秋地名》[①]和京相璠的《春秋土地名》[②]，都是这方面的例子。而北魏郦道元所撰的《水经注》，

---

① 《微波榭丛书》辑本，作一卷。《水经注》引此作《春秋释地》。
② 此书辑本甚多，如《汉魏遗书钞》《汉唐地理书钞》《问经堂丛书》《汉学堂丛书》等，均作一卷。

是熔上述三个方面的地名研究于一炉的杰出典范，所以刘盛佳教授称道此书是"我国古代地名学的杰作"[①]。此书收录的各类地名，为数约在两万上下，不啻是一部从先秦到北魏的地名词典。从上述三个方面来说，此书确是面面俱到，前无古人。例如在地名的定位方面，此书查清了许多《汉书·地理志》和其他文献所遗漏的地名，并且考实了它们的地理位置。像卷二十二《渠水注》的淮阳郡，卷二十九《沔水注》的牛渚、姑孰二县，卷十四《浿水注》的临浿县，卷三十二《决水注》和卷四十《禹贡山水泽地所在》的金兰县等，都是两《汉志》[②]失载的郡县地名。卷三十五《江水注》的沌阳县，卷三十六《沫水注》的护尤县，卷三十七《澧水注》的溧阳县，卷三十九《赣水注》的豫宁县等，都是《晋书·地理志》[③]失载的晋建县名。《水经注》都一一加以补正定位。例如它对两《汉志》失载的牛渚、姑孰两县的考证："《经》所谓石城县者，即宣城郡之石城县也。牛渚在姑孰、乌江两县界中，于石城东北减五百许里，安得迳牛渚而方属石城也。"这里，郦道元正面纠正的是《水经》"又东过牛渚县南，又东至石城县"的地理位置之误，而实际上，他不仅补充了牛渚、姑孰这两个两《汉志》失载的县名，并且用"于石城东北减五百许里"的方位和里程数字为这两个失载县名确定了地理位置。《水经注》所补正的其他地名大率类此，不再赘举。

在地名的沿革变迁研究中，《水经注》也补充了《汉书·地理志》的不少遗缺。例如《汉志》在沛郡相县下只有一句话："莽曰吾符亭。"其实，相县从先秦到王莽，沿革变迁相当复杂，为《汉志》所失记。《水经注》卷二十四《睢水注》为此作了全面的补充："相县，故宋地也；秦始皇二十三年，以为泗水郡；汉高帝四年，改曰沛郡，治此；

[①]《华中师院学报》1983 年第 1 期。

[②] 指《汉书·地理志》及《续汉书·郡国志》。

[③] 今本《晋书》为唐初所修纂，郦道元所不及见。但《水经注》引及南朝齐臧荣绪《晋书》以及晋干宝《晋纪》、晋荀绰《晋后略》等。

汉武帝元狩六年，封南越桂林监居翁为侯国，曰湘成也；王莽更名，郡曰吾符，县曰吾符亭。"

从上述《汉志》的相县一条中，可以看到《水经注》在地名研究中所下的功夫，它不仅从先秦到西汉已经三易其名，而且还曾在汉武帝时代成为侯国。在这方面，清代史学家钱大昕曾经指出："汉初功臣侯者四百余人，其封邑所在，班孟坚已不能言之，郦道元注《水经》，始考得十之六七。"[1] 班固距汉初不过 200 余年，而郦道元距汉初达 700 余年，但他在汉初侯国的沿革变迁研究中远远超过班固，充分说明了《水经注》在这方面的卓越贡献。

在地名渊源来历的研究中，《水经注》的成就更远胜前代。全书所解释的地名为数达 2400 余处之多[2]，不仅解释了大量汉语地名，并且解释了不少非汉语地名。[3] 我在拙著《论地名学及其发展》[4] 一文中，曾经把《水经注》所解释的地名，按其渊源来历的性质分成二十四类，列表举例，这里不再赘述。

在《水经注》以后的 1400 多年中，中国的地名研究，主要仍然集中在上述三个方面，已经积累了十分可观的成果，为我们今天的地名研究建立了雄厚的基础。缅怀占人的辛勤研究，今天的地名工作者，有责任加倍努力，继续发掘和整理前代的研究成果，促进当代地名研究的繁荣发展。

原载《中国地名》2000 年第 5 期，第 4—6 页；第 6 期，第 4—6 页

---

[1]《潜研堂答问》卷九。

[2] 今本《水经注》中解释地名渊源来历达 2300 余处，据可以查得的《水经注》佚文中，尚有解释渊源来历的 50 余处，共达 2400 余处。

[3]《中国地名》1998 年第 3 期。

[4]《中国历史地理论丛》第 1 辑，陕西人民出版社 1981 年版。

中国的古都研究

　　自从 80 年代初期以来，中国开展了对历史上的古都的学术研究。这种研究，在最近十年间有了很大发展。所谓古都，是指历史上曾经有一个独立政权建都的城市。所以古都研究是建立在城市研究的基础上的，它是城市研究的延续。由于历史上的城市，除了极少数完全新建的以外，一般都是从聚落发展而形成的，因此，城市研究的基础是聚落研究。所以推本溯源，古都研究是从聚落研究开始的。

　　举一个例子，在中国北部黄河、淮河、海河诸平原上，古人常常借崛起于冲积层上的丘阜建立聚落。这是因为在古代，这些平原多半是斥卤的，聚落建在丘阜之间，丘阜的泉源可充饮水，丘阜的树木可作燃料，附近河流泛滥之时，丘阜因其地势，可以免受洪水之灾。丘阜的南坡向阳，冬季有较好的小气候条件，而丘阜本身又是一个制高点，有利于攻守。所以在大平原上，丘阜具有建立聚落的理想条件。这些建立在丘阜间的聚落，常常以丘阜为名。在一定的条件下，这些聚落扩大而成为城邑，这些城邑仍常常以丘阜为名。在《汉书·地理志》中，华北平原以"丘"为名的县如雍丘、封丘、重丘等，超过 20 处，可以为证。

　　《水经注》卷十三《漯水》经"过广阳蓟县北"注云："昔周武王封尧后于蓟。今城内西北隅有蓟丘，因丘以名邑也，犹鲁之曲阜、齐之营丘矣。"《水经注》记载的蓟丘，1974 年已经在今北京西南部宣武门附近发现，发掘出了城墙遗址，蓟丘当然已经夷平了。从建于蓟丘的一个聚落发展到蓟城，蓟城后来又不断扩大，到春秋（公元前 5 世纪）时代，就成为燕国国都；战国末年（公元前 3 世纪）秦并燕后，一直是州、郡一级的城市，公元 10 世纪，契丹人建立了辽，以此为陪都，称为南京，地位有了提高。女真族的金在此建都，称为中都。到了 13 世纪，蒙古人建立了元，以此为大都，这是北京成为全国性首都之始。此后明、清两代都在此建都。这就是北京从一个古代聚落发展成为一座古代城市，从一座古代城市发展成为一般古都和大古都的过程。所以前面指出，古都研究是城市研究的延续，而城市研究的基础则是聚落研究。

中国由于历史悠久，国土辽阔，几千年来，朝代更迭，列国消长，变化十分频繁，所以古都很多。仅仅记载在公元 6 世纪初成书的《水经注》中的古都，为数就有 180 余处之多。从《水经注》时代的北魏到清朝，又经过了 10 多个世纪，其间增加的古都又很不少。所以中国的古都研究，其对象是一大批古都，研究内容是很丰富的。

为了开展古都研究，首先得有一个古都的定义。因为中国的古代城市很多，历史又很复杂。究竟哪些是古都，哪些不是古都，必须有一个统一的标准。我们决定古都的条件，主要有两条：第一，这个城市，在历史上曾经成为一个独立政权的首都，却并不计较这个独立政权的辖境大小和时间长短。例如，五代的闽，建都长乐府（今福州），只有 37 年；五代的南汉，建都兴王府（今广州），只有 55 年。但福州和广州均可作为古都。第二，可以称为古都的现代城市，在地理位置上必须和当年的古都重合，或部分重合。例如，公元前 3000 年的巴比伦国都巴比伦城（Babylon），经常被误作建于公元 762 年的今伊拉克首都巴格达（Baghdad）的前身，其实，前者位于幼发拉底河沿岸，后者位于底格里斯河沿岸，两者相去甚远，不能混为一谈。正如建立于公元 7 世纪的福斯塔特（Foustat）和建立于公元 10 世纪的开罗（Cairo）不能混淆（前者的废墟在后者的南郊）一样。以中国的著名古都为例，现代的西安，它的地理位置在周丰镐以东，秦咸阳、汉长安以南，都不重合，但它和隋、唐长安是重合的，所以西安当然是古都。现代洛阳也是如此，周所建的王城在今城以西，汉、魏故城在今城以东，都不重合，但隋、唐故城和今城重合，所以洛阳也是古都。

这里还必须把古都与废墟两个概念区别开来。中国历史上曾为某一个独立政权建都的城邑很多，但其中有不少至今已是一片废墟。例如在中国古代称为"上京"的故都就有两处，公元 7 世纪末到 10 世纪初的渤海国都和公元 10 世纪前期的契丹国都均称上京，前者在今黑龙江省宁安县西南，后者在今辽宁省巴林左旗南，现在都是一片废墟。我们只能称它们为"渤海废墟""契丹废墟"，不能称它们为古都。今陕西省靖边县北的白城附近，是公元 5 世纪初匈奴的一支赫连勃勃的国都所在；他建立了"夏"，以十万人"蒸土筑城"，取"统一天下，君临万邦"之义，名其国都为"统万城"，但其实建都仅 12 年，到公元 426 年即被北魏所灭。此城原来规模甚大，但现在也只剩一片废墟，不能称为古都。

凡符合前面的两个条件而可称为古都的城市，中间也有许多区别，有的是大古都，有的是一般古都。我国国务院在 80 年代先后公布了两批"历史文化名城"，第一批 24 座，第二批 38 座，共 62 座。在这 62 座之中，有不少就是大古都和一般古都。我在 1986 年主编出版了一本《中国历史名城》（中国青年出版社出版），选入了历史上著名而当前仍然存在的名城 50 座，这中间也包括不少大古都和一般古都。

中国的古都研究，首先面临的重要问题之一，是要确定哪些是大古都，哪些是一般古都。70 年代台北学生书局出版王恢先生的《中国历史地理》上、下两册，上册的副标题是《中国五大古都》。王恢先生的"五大古都"，指西安、洛阳、开封、南京、北京。1983 年，我主编出版了《中国六大古都》（中国青年出版社），即在王恢先生的"五大古都"以外加上杭州。王恢先生不把杭州作为大古都，当然有他的道理。杭州建都时间较短，吴越 80 余年，南宋 150 余年，吴越是个地方政权，南宋虽然是传统的全国性王朝，但毕竟偏安江南。或许由于这些原因，他才把杭州排除于大古都之外。不过我在杭执教 40

年，深知这个城市应该列入大古都是毋庸置疑的。因为在中国历史上，南宋和东晋一样，尽管实际上没有统辖华北，但中国人在传统上都把它作为全国性的王朝。何况杭州是一个国际著名的城市，由于西湖胜景，早已使它成为一个举世闻名的旅游城市。把这个城市归于大古都之列，是不会受到非议的。结果，我主编这本书各方反映良好，原来提出"中国五大古都"的台湾，也赞成了"中国六大古都"的提法，规模甚大的台北锦绣出版企业，以《中国六大古都》为母本，配上大量彩色照片，于1989年出版了《雄都耀光华——中国六大古都》这样一种图文并茂的巨册，此书不仅请我审稿，卷首还由我写了序言。

既然在古都中出现了"大古都"的概念，我们就有必要为"大古都"确定一些条件。要怎样的城市，才能称为大古都？当然，首先要符合一般古都的条件，另外还要符合作为大古都的特殊条件。什么是大古都的特殊条件，具体地说，大古都必须曾经是中国传统王朝的都城。上起夏、商、周、秦、汉、晋，下至隋、唐、宋、元、明、清，都是中国历史上公认的传统王朝。这中间，晋室曾经东渡，但西晋、东晋，原是一晋；宋朝虽然南迁，但北宋、南宋，都属一宋。除了上述中国历史上众所公认的传统王朝以外，历史上出现过的其他割据政权，如春秋各霸，战国列雄，此外如五胡十六国、五代十国等，都只能算是地方政权，有别于传统王朝。

中国学术界也赞成"中国六大古都"的提法，从而促成了全国几个电视台决定联合拍摄一部《中国六大古都》的电视系列片，作为对中华人民共和国成立40周年的献礼。电视片聘请了侯仁之教授、史念海教授和我三位顾问，于1988年接连在南京、洛阳等古都开会，商讨此片的内容。在这过程中，河南省安阳市提出了申请，他们认为，安阳市也有条件进入全国大古都之列。的确，安阳是中国的古都，商代后期（公元前14世纪），盘庚从奄（今山东曲阜附近）迁到殷（今安阳），在此经历了12个君王，建都273年，所以作为全国的大古都，它是很有条件的。在以前，安阳没有列入大古都，或许是某些原因所造成。例如，殷的故都在今安阳以西，长期来被称为"殷墟"，人们往往把它作为废墟。但实际上，"殷墟"和安阳市区早已连成一片，这里建成了一座"殷墟博物苑"，许多古迹都已经复原，成为安阳市区的一个重要组成部分。另外，历史上曾在十六国时期建都的邺城，位于安阳以北，已于1953年划入河北省，使这个古都地区，分属河南、河北两省管辖。但其实，行政区划是后来的人为变化，并不涉及古代建都的事实。而何况殷墟作为一个早期传统王朝的首都达270余年，即使不再考虑邺城，也已经具备作为大古都的称号了。特别需要指出的，这个过程也应该包括我的失误在内。我当年把"五大古都"改作"六大古都"，只是看到了我身旁的杭州，没有从全国作通盘的考虑，就匆匆组织《中国六大古都》一书的编写出版。总之，由于这些原因，以致在一段时期中把安阳排斥在大古都以外。安阳市正式提出了这种申请以后，参加拍摄《中国六大古都》电视片的北京、陕西、河南、江苏、浙江五个电视台的台长和编辑，此片的顾问史念海教授和我，于1988年10月在安阳举行会议，对安阳的古迹再作了一番考察，经过认真的讨论，并且充分考虑了谭其骧教授的意见。谭先生早在1987年就已经指出："安阳是中国最重要的古都之一，是中原王朝的七大古都之一。"（载《安阳古都研究》卷首题词）大家一致认为，安阳可以进入中国大古都之列。于是，电视系列片改为《中国七大古都》，经过几个电视台的加紧工作，于1989年秋拍摄完成，在这年10月由上述几个电视台同时播出，获得了观众的赞赏，电视片并且随即流传到国外，受到国际上的好评。

与电视片《中国七大古都》相配合，河北美术出版社从电视片拍摄之初，就开始了大型照片画册《中国七大古都》的编辑工作，摄影工作者奔走于七大古都之间，辛苦数年，终于在1991年出版了中、英文两种版本的画册，大八开本，362页，有精美照片580幅，我为此书写了序言。此书在国际上产生了很大影响。但美中不足的是，由于定价过高（每册人民币300元），在国内难以普及。

我曾主编《中国六大古都》，电视片完成后，在各方的敦促下，我又着手主编《中国七大古都》一书，承侯仁之、史念海诸名家同意为北京、西安等古都撰稿，谭其骧先生又欣然应允为此书作序，增加了我主编此书的信心。此书终于在 1991 年冬出版，并在北京举行了首发式。我在书末撰写了长篇《后记》，阐明了七大古都的始末。谭其骧先生在《序言》中不仅论证了"大古都"的条件，还为七大古都排列了等级。《序言》说：

都城是一个政权的政治中心。一个古都应否列为"大古都"之一，主要得看以此城为都时政权地有多大，历时有多久。以此为标准，衡量历代古都，则无疑此七大古都所统治的地域最广大，历年最悠久。这七大古都在历史上的重要性又有差别，西安、北京、洛阳应列第一等，南京、开封属于第二等，安阳、杭州属于第三等。

现在略述七大古都概况如下：

七大古都之中，时代最早的是安阳。早在公元前 14 世纪的商王朝后期，这个坐落在洹水之滨的古城殷，就成为商王朝的首都，现在已经在洹水以南的宫殿区发现了 53 座王宫基址和许多殉葬的人畜及随葬物。在洹水以北的王陵区已发现了 11 座殷帝王的大墓。殷商使用的甲骨文，刻在龟甲和牛的肩胛骨上，是世界最早的象形文字之一，对于甲骨文的研究发掘，至今已经 80 多年，共得甲骨文 16 万余片，发现文字 4500 余个，已经解认的有 1700 余个。殷商的青铜器制作已有高度技术，1939 年发现的"司母戊鼎"（编者注：本文写作时称"司母戊鼎"，现称"后母戊鼎"），重达 875 公斤，是同一时期世界上最大的青铜器。殷商在安阳建都 273 年，以后在十六国时期和南北朝时期，后赵、前燕、东魏、北齐等政权，又在安阳以北的邺城先后建都达 80 年左右。

比安阳后起的古都是西安。西安是七大古都中的佼佼者，自从西周和秦在此建都后，许多王朝都建都于此，延续 1100 余年，是中国建都时间最长的古都。西安之所以能够长期成为著名的古都，与它特别优越的自然条件很有关系。它位于陕北高原和秦岭之间的关中平原，三面环山，而东面通向黄河的一方，也有险峻的潼关可资守备。关中平原通常称为"八百里秦川"，是一片富庶的沃土，泾、渭两水加上它们的支流，形成"八水绕长安"的灌溉网和水运网。在西安建都的历史上，特别是汉、唐两朝，这是中国历史上国势最盛、版图最大的两个王朝。现在的西安，就在唐朝都城的基址上，城内还保留着大、小雁塔，兴庆宫等许多唐代古迹。至于秦汉古迹，如分布在郊外的秦始皇陵、兵马俑、茂陵（汉武帝陵）、昭陵（唐太宗陵），等等，也都举世闻名。西安的城墙建于明朝初年，全长 11 公里，80 年代已经修理一新，是中国现存的唯一完整的大型古代城垣。假如说，北京是中华帝国晚期最大的古都，那么，西安是中华帝国早期最大的古都。

洛阳从东周开始建都，以后历东汉、西晋等王朝，成为九朝名都，历时逾 800 年，建都时间仅次于西安。洛阳的地理形势非常优越，它北依邙山，南临伊阙，东扼虎牢，西控函谷，而伊、洛、瀍、涧四水流贯其间。《尚书》的《洛诰》和《召诰》两篇，清楚地记载了公元前 11 世纪经过占卜、选址、勘测、设计的过程，这是世界上有历史记载的经过城市规划而兴建的最早城市。至今遗留的古迹极多，其中如中国最早的佛教寺院白马寺和北魏始营的龙门石窟（有石像 10 万余尊）等，都是举世闻名的无价之宝。

开封是黄河流域后起的古都，它位于黄河与淮河两条大河之间，鸿沟水系特别是其中的汴河，使它成为一个中原的交通枢纽。开封在战国时代就是一座名城，唐末以后，五代政权曾先后在此建都，但直到北宋定鼎，它才成为一个全国性传统王朝的首都。当然，作为一个传统王朝，北宋的国势和版图都无法与汉、唐相比，但是开封由于在交通地位上的冲要，所以十分繁华，至今尚存的北宋艺术珍品《清明上河图》，是当时首都繁华的生动写照。

南京是江南的重要古都，它地理位置冲要，自然条件优越，相传诸葛亮曾评价这个都城："钟阜龙蟠，石头虎踞，真乃帝王之室也。"浩渺的长江流过它的西北，而风光绮丽的秦淮河穿城而过，具有刚柔相济的形势。自从三国吴在此建都以来，历东晋和南朝的宋、齐、梁、陈，即中国历史上的所谓六朝。六代豪华，把这座古都建设得气度非凡。明初，一个强大的传统王朝在此建都，南京开始成为全世界的伟大都城。正如美国著名汉学家施坚雅（G. W. Skinner）在其主编的名著《中华帝国晚期的城市》（*The City in Late Imperial China*）第一编的导言中所说："南京在明太祖改建后的十年左右，赶上开罗成为世界最大城市。"

杭州是七大古都中建都时间最短的都城，南宋又是一个偏安一隅的小朝廷。但是如前面指出的，它毕竟是我国的传统王朝，而且位于丝绸之府、鱼米之乡的富庶地区，钱塘江和大运河又奠定了它在国内、国际交通上的重要地位。杭州在南宋末叶，人口超过百万，它不仅是当时全国政治、经济和文化的中心，而且也是全国第一大城市，曾被马可·波罗称誉为"世界最名贵富丽之城"。特别是西湖胜景，使它成为七大古都中的花园都城，在这一点上，它是中国其他古都所无与伦比的。

七大古都中建都最晚的是北京。它位于北京小平原、南方大平原和北方山地之间的重要地理位置上，自古就是一座历史名城。不过，作为全国性的都城，要从 13 世纪后期的元朝才正式开始。经过元、明、清 600 余年，特别是明、清两代的经营，把它兴建成一座红墙黄瓦、金碧辉煌的宫殿都城，使它成为人类历史上所有古都中的巨人。施坚雅在《中华帝国晚期的城市》中指出：北京在 15 世纪某一时期取代南京后，"除了十七世纪短时间内亚格拉（Agra）、君士坦丁堡（Constantinpole）和德里（Delhi）曾向它的居首地位挑战外，北京一直是世界上最大的城市，直到 1800 年前后才被伦敦超过。"所以这个在中国后起的古都，曾经在漫长的三个多世纪中，雄踞全世界最大都城的地位，真是后来居上。

中国的古都很多，我们正在有计划地进行研究。自从 1983 年中国古都学会成立以来，在学会会长、著名学者史念海教授的领导之下，全国古都研究者已经组织起来，从事古都的各种研究。学会每年在一个古都举行一次学术讨论会，从 1983 年在西安举行学会成立大会和第一次学术讨论会以后，已经先后在南京、洛阳、杭州、开封、安阳、北京这七大古都举行了这样的会议，并且也在一般古都如江陵、银川、太原等地举行了这样的会议。在学会擘画创导之下，古都研究蔚然成风，公开发表的研究成果日益增加，"古都学"这门新兴的学问也正在逐渐成熟之中，中国的古都研究具有广阔的前途。

附记：

我承日本广岛大学之聘，于 1989 年在广岛与九州的福冈、佐贺等地讲学。此文是我在广岛修道大学讲学时的讲稿之一。现在根据最近几年来中国古都研究发展的现状加以补充修改，发表如上。

原载《杭州师范学院学报》1994 年第 1 期，第 1—4 页

聚落·集镇·城市·古都

在现代人文地理学领域中，有一门分支学科称为聚落地理学，它研究聚落的形成、发展、地理分布及其规律。我曾经花几年时间考察了浙江省绍兴地区的聚落概况，并在《地理学报》1980年第1期发表了《历史时期绍兴地区聚落的形成与发展》一文，受到了国际学术界的注意。1983年秋，我在日本关西大学研究生院任教，曾就有关这方面的问题举行过一次公开演讲会，国际著名的聚落地理学家、广岛大学教授米仓二郎的高足堤正信副教授，特地从广岛赶到大阪听讲，并向我提出要求，希望到我的研究室进行聚落地理学和历史地理学的进修。在经过各种审批手续以后，终于在1985年率眷来到我的研究室。这说明，聚落地理学在地理学领域中，是一门具有影响而受人重视的学科。

聚落是什么？在中国古籍中，此词最早出现于《后汉书·南蛮西南夷传·赞》："参差聚落，纡余岐道。"《史记·五帝本纪》："一年而所居成聚。"这个"聚"，实际上也就是聚落。此句下《正义》云："聚谓村落也。"《水经·穀水》经"又东过河南县北，东南入于洛"注："自东数十里无村落。"所以聚落也就是村落。唐慧琳《一切经音义》卷十三村墟下云："聚落"也，则聚落又可称村墟。又唐玄应《一切经音义》卷七又称为"墟聚"。由此可知，聚落在我国古籍中常常又称村落、村墟、墟聚等等，它其实就是现在常称的居民点。这里当然还应该说明，聚落是最原始的居民点，也是最基本的居民点。

人类在全新世以后就出现了有组织的生产活动。和这种有组织的生产活动相适应，他们的居住地，从洞穴到屋舍，也是聚集在一起的。这从半坡、二里头、河姆渡、良渚等遗址中，都已经得到了证明。

聚落既然是一种最原始的居民点，也就是说，它是在一片空白的土地上建立起来的，因此，聚落的选址，在地理上大有讲究。以华北大平原为例，原始聚落的建立往往依附崛起于冲积层上的孤丘。因为孤丘在地形上高燥，可以避免洪涝，山上的树木可供燃料，泉水可作饮水，孤丘南坡挡风向阳，具有较为温暖的小气候条件，而孤丘本身是一个制高点，在军事上也处于有利于守御的地位。所以直到《汉书·地理志》的记载中，称"丘"的县名就有顿丘、雍丘、封丘、平丘、重丘、乘丘等二十余处。这些县邑，都由聚落发展而来，下面将再提及。

由于聚落是原始的、基本的居民点，为此，它另外还具有三个明显的特点。第一是数量甚大，历史上出现的各种聚落的总数，现在实在很难估计。第二是规模较小，特别是早期的聚落，其中有的还可以从它们的名称中看出来，例如在杭州北郊，有一个生产著名的"西湖藕粉"的聚落，名叫"三家村"。这个聚落现在当然已经很大，但从其村名可见，聚落初建时只有三家。第三是聚落在其发展过程中的不稳定性。历史时期的不少聚落，由于水火兵燹，遭到夷毁消失。而新的聚落随着土地的开拓、生产的发展、人口的增加，又不断涌现。另外，不少聚落，由于规模增大，发展成为集镇、城市甚至古都，改变了聚落的性质。从这个特点可见，聚落是大部分集镇、城市甚至古都的基础。从地理学研究的角度说，聚落地理学是城市地理学的基础。这也就说明了聚落和聚落地理研究的重要意义。

聚落在其发展的过程中，在特殊的历史和地理条件下，其中有一部分成为集镇。不过应该说明，在聚落发展历史中，这是比较晚近的过程。"镇"，在当前的行政区划中已经成为县以下的一级建置。但在历史上，它纯属军事概念。《说文》卷十四上云："镇，博压也。从金，真声。"以北魏为例，为了防御其北方柔然族（亦称蠕蠕族）的侵扰，据《北史·蠕蠕列传》所记，北魏在今内蒙古一带，设置了武川、抚冥、怀朔、怀荒、柔玄、御夷六镇，史称北魏六镇。关于六镇镇名，也有加入沃野、高平、薄骨律的，我已撰有《六镇与水经注的记载》（《水经注研究》，天津古籍出版社 1985 年出版）一文，这里不再详述。北魏六镇，实际上就是六处由部队戍守的要塞，与宋代以后的集镇和现行的镇，绝非相同事物。

按照美国著名汉学家施坚雅（G. W. Skinner）在其主编的《中华帝国晚期的城市》（*The City in Late Imperial China*）一书的导言中的意见，集镇作为一种工商业发达的大型聚落，这是从唐朝后期起发生了所谓"中世纪城市革命"以后的事。施坚雅所归纳的这种市场与城市化的革命，大概具有下列五种现象，即：一、放松了每县一市，市须设立在县城的规定；二、官市组织衰落，终至瓦解；三、坊市制度消灭，而代之以自由得多的街道规划，可以在城内或四郊各处进行交易买卖；四、某些城市迅速扩大，城郊商业蓬勃发展；五、出现了具有重要经济意义的大批中小城镇。施坚雅的研究基本上反映了集镇出现的客观事实。例如，我们习惯上所称的全国四大镇，即朱仙镇、汉口镇、景德镇、佛山镇，其实即是明、清两代的工商业集镇，它们即是这一时期随着工商业的发展而出现的。

由于集镇是工商业发展的产物，因此，它们的兴起与分布，在全国各地具有很大的不平衡性。在某些地区，由于工商业发展的滞缓和其他一些原因，聚落发展成为集镇的不多；而另外一些地区，由于工商业的发达，特别是从明代出现的资本主义的萌芽，许多聚落先后发展成为集镇。在这方面，长江三角洲特别是太湖流域，即施坚雅所称的"江南金三角"，称得上是一个突出的例子。这一带由于平原连绵，土地肥沃，农业和手工业发达，水上交通便利，加上地濒沿海，与外洋多有贸易关系，商品经济发展很快，早从南宋以至元、明、清，集镇如雨后春笋般地出现。我在为陈学文先生所著《嘉兴府城镇经济史料汇编》一书所作的序言中曾说：

　　自从"中世纪城市革命"以来，正是这个太湖流域，由于自然条件和人文条件的优越，随着农业生产力的迅速提高和手工业的全面发展，使它在短时期中，出现了许多经济繁荣、交通便利、人口稠密、文化发达的中小城镇，它们正像镶嵌在这片富庶肥沃的土地上的颗颗明珠，成为这个地区历史时期人类社会进步发展的标志。

　　我国现行行政区划中的所谓"建制镇"，就是从原有集镇的基础上设置的，而且，现在的许多建制镇，特别是镇的中心聚落，往往即是过去的集镇所在。由于乡镇企业的出现，集镇的工商业飞速发展，它们在经济意义上较之以往显得更为重要。

　　上面已经提及，聚落发展成为集镇的过程，在我国历史上出现较晚。但从聚落发展成为城市的过程，则显然要早得多。这里，首先当然要说明城市的概念。什么是城市？大型聚落与城市有什么区别？对于这个问题，学术界长期以来存在不同意见。日本学者狩野千秋在其所著《马雅的神殿城市》（载《巨大遗迹》，日本每日新闻出版社1976年出版）一文中，综合以往西欧考古学家和历史学家的意见，把古代城市形成的条件，归纳为如下的七个方面：一、最原始的国家组织与王权的确立；二、稠密的人口；三、社会阶级的分化和职业的专业化；四、巨大的纪念性建筑物的建造；五、文字、金属器的发明与科学技术的发达；六、由于剩余物质的生产而出现了有余暇从事知识性的活动；七、工商业和贸易组织的发达。

　　狩野千秋的说法当然是古代城市出现的一般原则，对于中国来说，还必须把作为城市这个词汇的"城"加以考虑。在施坚雅主编的《中华帝国晚期的城市》中，收有一篇由夏威夷大学教授章生道所写的《有城墙的都城的形态》（*The Morphology of Walled Capitals*），详细地论述了"城"与中国城市形成的关系。中国历史上建城的时代，据现代考古学的研究成果可以上溯到夏商，而全国县一级政府驻地的普遍建城则始于汉初。《水经·河水注》云："汉高帝六年，令天下县邑城。""县城"这个词汇，大概就始于此时。现代城市有许多计量指标，狩野千秋总结的七条，却没有一条是可以计量的，这是大部分历史城市都存在的困难。当然，对于某些特别著名的古代城市，人们也研究过若干可以计量的指标，例如人口，如施坚雅所研究的：八世纪的长安（今西安），人口达一百万；北宋的东京（今开封），人口为八十五万；南宋的临安（今杭州），在其最后年代，人口达一百二十万。但由于历史城市的数量甚大，要把每一个历史城市都作这样的研究，显然是十分困难的。于是，我国学术界就出现了一种不得已的确定历史城市的标准，即是所谓行政标准。即凡是历史上是县一级政府驻地的城邑，就作为历史城市。《汉书·地理志》所载全国县以及与县同级的道和侯国，共有 1857 处，则我国的历史城市，拥有十分庞大的数量。一般而论，这种标准或许可作权宜措施，但其实存在不小的偏差。例如，40 年代初期，我曾到江西省东部的一些地方居住过。在那里，浙赣铁路线上有一个很小的县份横峰县，当地民谚说："小小横峰县，两家豆腐店，堂上打屁股，四门都听见。"这个民谚显然是从清代流传下来的。像横峰县这样一个弹丸小邑可以称为历史城市，而附近存在着全国四大镇的景德镇和江西四大镇的河口镇，却因没有一个县政府而只能称为历史集镇，这当然是很不合理的。其实，像横峰县这样的例子在全国并不罕见，清佟世恩所撰的《鲊话》一书中描述的清广东恩平县的情况就更为突出，此县县城甚小，周围只有六百四十步，仅存两个城门，城内除县衙和学宫两座砖木建筑外，其余悉是草舍。就是因为有了一栋县衙，恩平就算一个历史城市。这就是这种行政标准所存在的明显缺陷。不过，在统计资料十分缺乏的古代，要在数量庞大的县邑之中区别哪些是历史城市，而哪些不是历史城市，现在看来，这是很难做到的。

中国的历史城市，在早期，大概都是由大型聚落发展而成的。到了宋代以后，由于集镇出现，则在大型聚落发展成为城市的过程中，几乎无不经过集镇这种形式。以我在前面提到的所谓"江南金三角"为例，我为新修浙江《平湖县志》（上海人民出版社 1993 年出版）所写的序言中，曾经提及这个地区在明代由集镇成为城市的情况：

> 在上述这一时期发展起来的许多经济繁荣、交通便利的集镇之中，有若干条件特别优越的佼佼者，结果就成为新建县份的县治。这个地区在宣德五年三月同时出现的四个新建县份之中，除了秀水是一府两县、县治设在嘉兴府城内以外，其余三县，都是建县治于集镇之上，嘉善县治建于魏塘镇，桐乡县治建于凤鸣市，而平湖县治建于当湖镇。

从《清史稿·地理志》记载的全国县一级城市来看，在南宋以后，特别是明、清两代，新建县份多数均在经济发达地区。而我国的大部分县治均建置于宋以前，所以这些由集镇而上升为县治的城市，按照上述所谓行政标准计算，总数不过 10% 稍多。由此可知，我国历史上的绝大部分城市，都是由聚落扩大而形成的，它们从聚落直接成为城市，没有集镇的过渡。

最后谈谈古都。中国是历史悠久的大国，几千年来，朝代更迭，列国消长，变化十分频繁，所以古都很多。仅仅记载于公元 6 世纪初成书的《水经注》中的古都，为数就有 180 余处。从北魏到清末，又经过了十多个世纪，其间增加的古都更为不少。所以中国无疑是全世界古都最多的国家。

中国的古都，其出现时代，大都比较古老，一般都是经过小聚落、大聚落、城市的发展过程。以北京为例，《水经注》卷十三《㶟水》经"过广阳蓟县北"注云：

> 昔周武王封尧后于蓟，今城内西北隅有蓟丘，因丘以名邑也，犹鲁之曲阜、齐之营丘矣。

《水经注》记载的蓟丘，1974 年已经在今北京西南部宣武门附近发现，发掘出了城墙遗址，蓟丘当然夷平了。从建于蓟丘的一个聚落发展到蓟城，蓟城后来又不断扩大，到春秋（公元前 5 世纪）时代，就成为燕国之都；战国末年（公元前 3 世纪）秦并燕后，一直是州、郡一级的城市。公元 10 世纪，契丹人建立了辽，以此为陪都，称为南京，地位有了提高。女真族的金在此建都，称为中都。到了公元 13 世纪，蒙古人建立了元，以此为大都，这是北京从一个一般古都成为全国性首都之始。此后明、清两代都在此建都。这就是北京从一个依附孤丘而建的古代聚落发展成为一座古都和大古都的过程。所以从学术上说，古都研究是城市研究的延续，而城市研究的基础则是聚落研究。

当然，在古都的形成中，特殊的例子是存在的，这中间，最显著的例子是洛阳。据《尚书》中《召诰》《洛诰》两篇的记载，洛阳是在周成王五年，经过占卜和绘图设计，在涧水东、瀍水西新建起来的一座都城。这里当然没有城市，现在也无法证明附近是否已有聚落存在。像洛阳这样的完全新建的都城，在世界现代都城中，也只有澳大利亚的堪培拉和巴西的巴西利亚等差可相比，在中国则尚无这样的例子。

在约略论述了古都的形成以后，现在必须对古都下一个定义。既然除了像洛阳这样的个别例子外，中国的古都，都是由古代城市发展而成的；中国的古代城市很多，历史又很复杂，究竟哪些是古都，哪些不是古都，必须有一个统一的标准。我认为决定古都的条件，主要有两条：第一，这个城市，在历史上曾经成为一个独立政权的首都，却并不计较这个独立政权的辖境大小和时间长短。例如，五代的闽，建都长乐府（今福州），只有 37 年；五代的南汉，建都兴王府（今广州），只有 55 年。但福州和广州均可作为古都。第二，可以称为古都的现代城市，在地理位置上必须和当年的古都重合，或部分重合。例如，公元前 3000 年的巴比伦国都巴比伦城（Babylon），经常被误作建于公元 762 年的今伊拉克首都巴格达（Baghdad）的前身。其实，前者位于幼发拉底河沿岸，后者位于底格里斯河沿岸，两者相去甚远，不能混为一谈。正如建立于公元 7 世纪的福斯塔特（Foustat）和建立于公元 10 世纪的开罗（Cairo）不能混淆（前者的废墟在后者的南郊）一样。以中国的著名古都为例，现代的西安，它的地理位置在周丰镐以东、秦成阳、汉长安以南，都不重合；但它和隋、唐长安是重合的，所以西安当然是古都。现代的洛阳也是如此，周所建的王城在今城以西，汉、魏故城在今城以东，都不重合，但隋、唐故城和今城重合，所以洛阳也是古都。

这里还必须把古都与废墟这两个概念区别开来。中国历史上曾为某一个独立政权建都的城邑很多，但其中有不少至今已是一片废墟。例如在中国古代称为"上京"的故都就有两处，7 世纪末到 10 世纪初的渤海国都和 10 世纪前期的契丹国都均称上京，前者在今黑龙江省宁安县西南，后者在今辽宁省巴林左旗南，现在都是一片废墟。我们只能称它们为"渤海废墟""契丹废墟"，不能称它们为古都。今陕西省靖边县北的白城附近，是公元 5 世纪初匈奴的一支赫连勃勃的国都所在；他建立了"夏"，以十万人"蒸土筑城"，取"统一天下，君临万邦"之义，名其国都为"统万城"。但其实建都仅 12 年，到公元426 年即被北魏所灭。此城原来规模甚大，但现在也只剩一片废墟，不能称为古都。

在前面以北京为例论述古都形成的过程时，已经涉及了"大古都"的概念，所以本文最后还应说明关于"大古都"的问题。"大古都"是什么？简单地说，由于如前所述中国拥有大量古都，其中必有若干特别重要、特别突出的，对于这些少数的例子，我们就冠以"大"字，称为"大古都"，以有别于一般古都。我于 1983 年主编出版了《中国六大古都》，又于 1991 年主编出版了《中国七大古都》。从"六大"到"七大"的渊源来历，我已在《中国七大古都·后记》中详述，这里不必再提。不过，既然在古都中出现了"大古都"，我们就有必要为"大古都"确定一些条件。怎样的城市，才能称为"大古都"？当然，首先要符合一般古都的条件，另外还要符合作为"大古都"的特殊条件。什么是"大古都"的特殊条件？具体地说，"大古都"必须曾经是中国传统王朝的都城，上起夏、商、周、秦、汉、晋，下至隋、唐、宋、元、明、清，都是中国历史上公认的传统王朝。这中间，晋室曾经东渡，但西晋、东晋，原是一晋；宋朝虽然南迁，但北宋、南宋，都属一宋。除了上述中国历史上众所公认的传统王朝以外，历史上出现过的其他割据政权，如春秋各霸、战国列雄，此外如五胡十六国、五代十国等，都只能算是地方政权，有别于传统王朝。

中国的古都很多，它们之间，在建都年代的久暂，辖境范围的大小，国势的强弱等方面，都有很大的差距。同样，在"七大古都"之间，差距也是不小的。为此，我就把谭其骧先生为《中国七大古都》所作的序言中的一段话，作为本文的结尾：

这七大古都在历史上的重要性又有差别，西安、北京、洛阳应列第一等，南京、开封属于第二等，安阳、杭州属于第三等。

1994 年 6 月于杭州大学历史地理研究中心

原载《河洛史志》1994 年第 3 期，第 1—5 页

第四篇

其他

历史自然地理学的研究对象与研究方法

——《中国自然地理·历史自然地理》总论

历史自然地理学是一门自然科学，它研究历史时期地理壳或地理环境（或其组成部分）的结构、动态和发展变化的规律。必须指出，这里的所谓历史时期，是指人类的社会生产活动有了发展，特别是农业生产活动开始出现以后的时期。因为从这个时期起，人类活动对于地理环境的影响，在程度上和范围上都和这以前大不相同。地理环境的发展变迁从此空前加速和扩大，对于现代自然地理面貌的形成具有重要的意义。而历史自然地理学，即是指的这一特定时期的自然地理学。由此可知，历史自然地理学的研究对象，在空间上和现代自然地理学并无二致，而在时间上则介于古地理学和现代自然地理学之间，具有承前启后的地位。

既然历史自然地理学和自然地理学具有一致的研究对象，所以它们研究的目的实际上也是共同的。两者都是通过对不同时期的地理环境的研究以掌握地理环境发展变化的规律，从而为人类合理地利用自然和改造自然取得依据。例如对历史时期气候变迁规律的研究，和今天的中长期天气预报以及灾害性天气周期的预测等，都有重要关系；研究历史时期植被变迁的过程，对今天安排农、林、牧三者的合理布局具有参考价值；研究历史时期海岸变迁的趋向，对于今后从事港口建设和进行海涂围垦等都将有所裨益；对于历史时期沙漠、河流等变迁规律的研究，对指导今后的治沙、治水等工作，都能提供科学的依据。诸如此等，是历史自然地理学研究的实践意义。

恩格斯在论述自然科学发展的方向时曾经指出："如果地球是某种逐渐生成的东西，那么它现在的地质的、地理的、气候的状况，它的植物和动物，也一定是某种逐渐生成的东西，它一定不仅有在空间中互相邻近的历史，而且还有在时间上前后相继的历史。如果立即沿着这个方向坚决地继续研究下去，那么自然科学现在就会进步得多。"[1] 毛泽东同志也指出："不但要懂得中国的今天，还要懂得中国的昨天和前天。"[2] 对于我国地理环境的"昨天和前天"，即我国地理环境的"前后相继的历史"的研究，正是历史自然地理学研究的重要任务之一。只有通过这种研究，才能更全面，更深刻地认识今天的自然地理面貌，也才能更有效地探索人类利用自然和改造自然的合理途径。这就是历史自然地理学的理论意义。

地理环境在历史时期是不断发展变化的。作为自然科学的历史自然地理学，不仅要揭示这种变迁的现象和过程，同时要分析这种变迁的原因和动力。这样才能掌握历史时期地理环境变迁的规律。自然界本身就是相互联系，不断运动、发展、变化的。因此，在研究我国历史时期地理环境的发展变化时，必须充分估计到自然界本身的这种力量。但是应该指出，随着人类社会的发展，生产斗争和阶级斗争日益深刻地影响着周围的自然界，人类对自然界的利用和改造，愈来愈广泛地改变了自然界的面貌，人类活动成为地理环境变迁的主导力量。我国历史时期地理环境各组成部分的发展变迁就是如此。以气候的变迁为例，这是地理环境中受人类活动影响最微小的部分，但它毕竟仍然受着人类活动的深刻影响。正如贵阳地球化学研究所指出的："2500—3000 年以来，大规模的人为活动日益深刻地影响和改变着自

---

[1] 恩格斯：《自然辩证法》，《马克思恩格斯全集（第 20 卷）》，第 376 页，人民出版社 1971 年版。

[2] 毛泽东：《改造我们的学习》，《毛泽东选集（第 3 卷）》，第 801 页，人民出版社 1958 年版。

然环境，因而使地质记录所反映的气候波动与实际的气候波动有某些出入。"① 事实上，植被的改变、水体的缩减、沙漠的扩展，等等，对气候特别是小气候，无疑产生了非常深刻的影响。又如河流的侵蚀、堆积和海岸的淤涨，本来只是整个地质循环中的一段过程，是纯粹的自然现象。但是自从人类的社会性生产活动发展以来，天然植被随着农牧业的扩大而大量破坏，土壤流失空前增加，人类活动所造成的这种变迁，其速度和规模，较之自然界的地质循环大得不可比拟。这在本书有关黄河和渤海湾海岸变迁等章节中，都有大量事实可以证明。

　　历史自然地理学所研究的地理环境各组成部分的变迁，并不彼此孤立，而是相互联系和不断运动发展的。气候的变迁牵涉植被的变迁，植被的变迁影响河流的变迁，而河流的变迁又涉及沙漠、海岸等的变迁。这中间有着错综复杂的关系。同时，自然界在历史年代中的变迁，和它们在地质年代中的变迁迥然不同。如上所述，这种变迁主要是由社会生产力和生产关系所推动。例如，天然植被的改变是由于人们的垦殖或战争的破坏；河流的改道是由于人们治水的成功或失败。地理环境的诸如此类的变迁，实际上也是整个社会发展中的一个方面。由此可见，历史自然地理学所研究的这种地理环境的变迁，既涉及地理环境各组成部分的关系，又从属于历史发展的客观规律。所以必须掌握辩证唯物主义和历史唯物主义的观点，才能使我们的研究沿着正确的道路前进。

　　由于历史自然地理学是研究历史时期的自然地理，因此，自然地理学的研究方法，诸如实验、分析、野外考察，等等，也都适用于历史自然地理学的研究。特别是野外考察的方法，由于它可以从现场观察地理事物变迁的遗迹，从而探索变迁的原因和过程，更具有重要性。部门自然地理学的各个学科，如地貌学、气候学、陆地水文学、土壤、植物、动物地理学等，也都和历史自然地理学的研究有密切关系。此外，人类社会形成于全新世，从此人类活动对地理环境开始有了显著

---

① 中国科学院贵阳地球化学研究所第四纪孢粉组和 C-14 组：《辽宁省南部一万年来自然环境的演变》，《中国科学》1977 年第 6 期。

的影响，因此，第四纪地质学和考古学的成果，对于这个时期的历史
自然地理的研究也具有重要的意义。

　　除了上述和现代自然地理学共同的研究方法以外，历史自然地理
学还有其独特的研究方法，即历史文献分析的研究方法。自从文字在
历史上出现以后，环绕人类社会的自然界，诸如气候、植被、海岸、
沙漠、河流，等等，其变迁过程常常有直接或间接的文字记载，这些
文字记载，都是历史自然地理学的宝贵资料。通过对于这些历史文献
的搜集、整理和科学分析（当然不是烦琐的考证），从而得出正确的结
论，是历史自然地理学研究的重要方法之一。上述自然地理学的一般研
究方法和历史文献分析的研究方法，在本书各章节中都有普遍的应用；
而第四纪地质学、考古学等学科的研究成果，本书也广泛地加以引证。

　　特别应该提出的是与本学科有关的一些新的科学技术方法，如孢
粉分析、沉积物分析和 C-14 测定年代的方法，等等。以 C-14 测定年
代的方法为例，虽然这种方法在我国开始应用不久，但是自从 1972
年公布第一批测定年代以来，至今陆续公布的测定年代已达 134 项[①]。
这些成果，对历史时期气候、植被、水系等变迁的研究，都有重要的
价值，我们已经加以应用。此外如卫星照片和航空照片的判读等，对
指导野外考察和室内分析工作，也都有重大的意义。

　　在我国历史时期中，地理环境的发展变化是十分复杂的。本书就
气候、植被、海岸、沙漠、河流等方面作了初步的探讨。从气候的变
迁来说，根据孢粉分析和 C-14 年代的测定，我国的广大地区，在五
六千年以前曾具一种温暖湿润的气候；根据大量考古学资料和历史资
料的分析，从 3000 年前开始出现了气温的下降趋势，这种趋势一直
延续到现代，而其间又穿插着若干次以世纪为期的气温回升和复降。
气候变迁的具体过程是曲折复杂的。历史时期我国植被的变迁过程也
十分复杂。虽然变迁的总的趋势是栽培植被的逐渐扩展和天然植被的

----

① 夏鼐：《碳 -14 测定年代和中国史前考古学》，《考古》1977 年第 4 期，第 217—
232 页。

不断缩减，但是由于我国幅员广大，历史悠久，各地区人为活动对植被的影响在时间上和程度上互不相同。因此从全国来说，这种变迁存在着极大的区域差异。而这种差异又牵涉到地理环境的其他组成部分如沙漠、海岸、河流，等等，使这些部分的变迁直接或间接地蒙受植被变迁的影响，从而反映了各地区互不相同的自然景观和人为景观。我国的海岸在历史时期也不断发生变迁，例如渤海湾的海岸和苏北海岸的变迁程度都相当剧烈，而这种变迁是在黄河的深刻影响下发生的。黄河的巨大输沙量供给河口三角洲和邻近海岸的塑造以极为丰富的物质，因此，黄河河口三角洲海岸向外淤涨十分迅速。但一旦黄河改道，泥沙来源中断，在波浪的作用下，这里又转化为侵蚀性海岸而逐渐退缩。与此同时，又在新的河口淤涨新的三角洲海岸。这种沧海桑田的变迁，对地理环境特别是沿海地带地理环境的影响，无疑是十分重大的。和沿海的地理环境变迁一样，在历史时期我国内陆的沙漠也在不断地变迁和发展之中。荒漠草原和草原带的沙漠如科尔沁沙地和毛乌素沙地等，在古代本来都是草原，由于垦牧过度才逐渐沙漠化，并不断地扩大。荒漠地带的沙漠也是如此。例如塔克拉玛干沙漠，尽管它在地质年代已经存在，但历史时期以来，沙漠内部和外缘的变迁都很复杂。见诸汉唐记载的绿洲和城邑，有许多都已经为沙漠所掩埋；而著名的"丝绸之路"的不少段落，也已经深陷于沙漠之中。在我国历史时期地理环境的变迁中，河湖的变迁十分强烈并具有深刻的影响，黄河就是最突出的例子。据记载，黄河在历史时期决溢达 1500 多次，重大的改道就有 6 次；洪水波及的范围，北遍冀鲁，南及苏皖，纵横达 25 万平方公里。由于黄河的频繁改道和决溢，今黄淮平原的水系受到严重的破坏和干扰，古代中原地区许多流量充沛、航运畅通的河流和星罗棋布的湖泊，大多因之淤浅，或者涨为平陆，甚至成为沙丘和沙岗，其影响的深刻和广泛不言而喻。

　　这里还必须指出，历史时期我国地理环境的变迁，其过程并不是一种直线发展的简单形式，它们有时表现得十分曲折，甚至发生反复交替、错综复杂的情况。以华北平原中南部的植被变迁为例,早在战国时代,这里的天然植被已经基本上为栽培植被所取代。但是此后情况就一再反复,从东汉末年到南北朝之间,由于战乱和自然灾害,栽培植被又大片转变为次生草地和灌木丛。隋唐以后,栽培植被开始有所增加,但北宋末叶以后,战乱再次使土地荒芜,栽培植被锐减。直到清初以后,栽培植被才又基本取代了次生的天然植被。渤海湾的海岸变迁也是如此。由于黄河的泥沙堆积,三角洲海岸在历史时期不断向外淤涨,但这种淤涨也不是直线发展的,因为黄河尾闾水道的摆荡不定,海岸就出现了一时淤涨,一时退缩,一地淤涨,一地退缩的错综复杂的情况。虽然渤海湾海岸在历史时期曾经有了很大的淤涨,但6世纪时尚位于黄河河口的皮丘坑,现在却已沦于羊角沟海岸以外的海洋之中,足见变迁是很复杂的。历史自然地理学的研究,必须在这种错综复杂的现象之中,进行细致的探索和科学的分析,才能获得正确的结论,从而掌握历史时期地理环境发展变迁的客观规律。

如上所述,在我国历史时期中,人类活动已经使地理环境发生了极大的变迁。我们的祖先通过披荆斩棘的长期劳动,把榛莽洪荒的自然界,改变得愈来愈适宜于人们的繁衍生息。因此,历史时期地理环境的变迁,按其主流来说,乃是人类利用自然和改造自然的巨大成果。人们驱逐禽兽,砍伐原始植被,发展了农牧业;人们排干沼泽,建筑堤防,使土地可以耕种而河流便于通航。凡此种种,都是历史时期地理环境变迁中的积极成果。当然,人们对于自然发展规律的认识和掌握,并不是轻而易举的。古代人们对于自然界认识的片面性和局限性,加上社会制度的原因,以致他们利用自然和改造自然的工作,并不都能获得成功,常常顾此失彼,甚至遗患后世。这就是历史时期地理环境变迁中的许多消极后果。仅仅天然植被过度砍伐这一事实,就产生了水土流失、沙漠扩大、河流淤塞、水旱增加等许多后患。所有这些,在本书有关章节中都有所论述。正如恩格斯所指出的:"但是我们不要过分陶醉于我们对自然界的胜利。对于我们的每一次胜利,自然界都报复了我们。每一次的这种胜利，第一步我们确实达到预期的结果，但第二步和第三步却有了完全不同的意想不到的结果，常常正好把那第一个结果的意义又取消了。"[1] 为此，历史自然地理学的研究，不仅要总结历史时期地理环境变迁中的积极成就，同时更要总结这个过程中的消极后果，从而掌握历史时期地理环境发展变迁的正确规律，为社会主义建设和四个现代化服务。

我国有广大的领土和悠久的历史，在漫长的历史时期中，在这样辽阔的土地上，地理环境的变迁和发展是十分复杂多样的，这就对我们的历史自然地理研究提出了大量的任务和提供了广阔的课题。我国所拥有的历史文献，从先秦以至晚清，其数量浩如瀚海，为世界任何国家所不及。其中也包括大量的历史地理文献，从战国时代的《山海经》《禹贡》和公元1世纪的《汉书·地理志》以来，有众多的专著和其他记载，为我国各地的区划沿革、河川水利、土壤生物、气象气候、农工生产等提供了直接或间接的资料。仅仅是宋元以来的地方志一项，按1958年的统计[2]，为数就超过7000种、10万卷。同时还要指出，在我国古代的地理研究中，历史地理学包括历史自然地理学的研究有着悠久的渊源。不少古代地理名著如《汉书·地理志》和《水经注》等，同时也是历史地理名著。所有这些都说明，历史自然地理学的研究在我国是具备了优越条件的。我们不仅有十分浩瀚的历史文献，并且还有非常古老的研究传统，这是世界上任何国家所无法比拟的。由此可见，历史自然地理学在我国有着极为广阔的发展前途。

作为全书的开头，我们在此说明了如上的一些意见。至于有关我国历史时期地理环境变迁的具体过程及其规律性的探讨，将在以下各章节中分别叙述。前面已经提及，历史地理学的研究在我国有悠久的传统，但是作为现代科学的历史自然地理学，毕竟还是很年轻的。我

---

[1] 《自然辩证法》，《马克思恩格斯全集（第20卷）》，第519页，人民出版社1971年版。

[2] 朱士嘉：《中国地方志综录》，商务印书馆1958年版。

们在这个领域中所做的工作还不很多，积累的资料也比较少，本书各章节所论述的，只涉及自然地理中的若干要素。对于自然地理中其他一些要素如地貌、地下水、土壤、动物等在我国历史时期的发展和变迁，我们的研究工作还很不够，没有充分的资料可供探讨，只好暂付阙如。在本书已经论述的各自然地理要素中，由于研究工作的发展不平衡，获得的成果彼此很有差距，因此，本书各章节的论述，在涉及问题的深度和广度以至文字体例等方面，也并不完全一致。毫无疑问，本书还存在许多缺点和错误，欢迎批评指正。

原载《中国自然地理·历史自然地理》，科学出版社 1982 年版，第 1—5 页

学论与官论

——关于历史地理学的学科属性

首先解释一下本文题目："学"，泛指学术界，"官"，指领导层，或者说学术界的领导层。"学论"，指学术界的讨论，如举行一次学术讨论会，发表论文，出版专著，对某一种学问交流不同的意见等等。当然，"学论"一般都不是定论，学术界要论定一种学问，往往需要很长的时间或几代人的琢磨，例如《禹贡》一书成于战国后期，学术界现在已经基本论定，这是经过多少年代、许多学者研究而获得的成果。而且即使如此，至今还有人发表不同的意见。但"官论"与"学论"不同，它具有权威性，可以一锤定音。它不是讨论，而是论定。"官论"的表达方式也绝不像"学论"那样地需要在学术讨论会上唇枪舌剑，也不必爬格子写大块文章。"官论"一般通过权威官员的一次讲话，或者是通过权威媒体的一篇社论或评论员文章，也可能下达一个所谓"红头文件"。在非常年代里，还有"一句顶一万句"的"最高指示"等等。它没有"学论"所常用的诸如"商榷""请教""抛砖引玉"等之类的套语，而是要大家一起"学习""吃透""执行"。

为什么要在这篇拙文中谈及这一段？这是因为接着要讨论的关于历史地理学的学科属性问题，就牵涉到"学论"和"官论"的事。

历史地理学是一门学科，它是历史学，抑是地理学？是人文科学，抑是自然科学？这些年来，曾经出现过许多议论。当然，所有议论都属于"学论"，不是"官论"。

　　众所周知，现在的中国历史地理学肇始于《汉书·地理志》，即所谓沿革地理，所以长期以来，它是历史学的一个组成部分。这种传统的影响，并且及于国外，布朗在其所著《美国历史地理》一书的序言中说："许久以来，历史地理一直被称为沿革地理。"①50年代的《苏联大百科全书》，在"历史地理学"条目下，也说它是"历史学的辅助学科"。②

　　其实，在中国的长期传统中，不仅沿革地理属于历史学，即地理学本身，也是历史学的一个组成部分。在从《史记》到《明史》的二十四史中，包含《地理志》（或《郡国志》《州郡志》《地形志》等）的占了16部。而一切有关地理的著作，从《隋书·经籍志》起，直到《四库总目提要》，都著录于史部之下。清同治十年（1871），李鸿章为李兆洛所编的《历代地理志韵编今释》③作序，他仍然说："夫舆地之学，为读史第一要义。"当时，李鸿章显然已经略悉西方传入的地学梗概，获睹几种新法测绘的地图，并且也发现了诸如《汉书·地理志》和《水经注》等在地理方面的若干错误。④尽管他说出了从未有人说过的"第一要义"的话，却因囿于长期的传统，他仍把"舆地之学"作为史学的一个部分。

　　李鸿章的"第一要义"以后不过20多年，地理终于与历史学分家，作为一门在高等学府开设的独立课程。光绪二十五年（1899），湖广总督张之洞聘请杨守敬和邹代钧到武昌："守敬治旧地理，邹代钧治新地理，分教两湖书院。"⑤同年张相文"到（上海）南洋公学任教，

---

　　① Ralph H. Brown, *Historical Geography of United States*, Harcourt, Brace and Company, New York, 1948.

　　② 50年代的《苏联大百科全书》出过几版，历史地理学条均为雅尊斯基所撰。侯仁之先生在其《历史地理学概述》（《历史地理学四论》，中国科学技术出版社1994年版）一文中说："雅尊斯基始终主张历史地理学乃是历史学的辅助学科。直到1979年，伊萨钦科在所著《今日地理学》一书中仍持这种观点。"

　　③ 商务印书馆《万有文库》本。

　　④ 李鸿章在"序"中说："昔在孟坚，有丹阳楚都之误；《山经》《水注》，沿庐江彭泽西之讹。"

　　⑤ 吴天任：《杨惺吾先生年谱》，台北艺文印书馆1974年版。

讲授中国地理"。① 说明到了清代末叶，在几所高等学府中，已经开设了旧（历史）地理、新地理、中国地理等几门课程。

民国以后，东南大学（前身为南京高等师范学校）于 1921 年首先创立了以竺可桢为系主任的地理系，北平师范大学（前身为北京高等师范学堂）于 1928 年创立了以王谟为系主任的地理系，接着，清华大学、中山大学、金陵女子大学也都先后创立了地理系。地理学作为一门自然科学在我国大学的理学院纷纷建立。②

在地理学属于历史学的时代，沿革地理当然是历史学的一部分。后来，地理学从历史学中脱颖而出，而此后不久，沿革地理一名又为历史地理所取代。最早把沿革地理易名为历史地理的是顾颉刚先生。他于 30 年代初创办"禹贡学会"，1934 年起出版《禹贡》半月刊。这种刊物的一、二两卷，封面上的英文名为 *The Evolution of Chinese Geography*，但从第三卷（1935）起，英文名易为 *The Chinese Historical Geography*。历史地理一名从此出现。不过在当时，虽然史地已经分家，但人们还没有虑及历史地理的学科属性。

从 50 年代起，中国的历史地理学研究，在谭其骧、侯仁之、史念海等几位前辈的倡导之下，获得了前所未有的发展。于是，关于这门学科的属性问题，也进入了学者们讨论的议程，而首先提出历史地理学属于地理学的是侯仁之先生。他于 1962 年撰文说：

> 历史地理学是现代地理学的一个组成部分，其主要研究对象是人类历史时期地理环境的变化，这种变化主要是由于人的活动和影响而产生的。③

---

① 张天麟：《20 世纪我国的第一位地理学家——张相文》，吴传钧、施雅风主编《中国地理学 90 年发展回忆录》，学苑出版社 1999 年版。

②《20 世纪中国地理学发展大事记》，《中国地理学 90 年发展回忆录》。

③ 原载《历史地理学刍议》，《北京大学学报（自然科学版）》1962 年第 1 期。收入于侯氏《历史地理学的理论与实践》，上海人民出版社 1979 年版。

　　1982 年 8 月，中国历史地理学在上海举行第一次国际学术讨论会，谭其骧先生以《在历史地理研究中如何正确对待历史文献资料》为题，作了大会发言。我因当时出访美国和巴西而没有与会亲聆，但他的发言不久就正式发表。

　　历史地理学的研究对象是历史时期的地理，这已为当前所有历史地理学工作者所一致公认。……所以历史地理学就其学科性质而言，它是一门地理科学，是地理学的一个组成部分。[1]

　　史念海先生对于这个问题的意见，见诸正式文献是他于 1991 年出版的《中国历史地理纲要》。他说：

　　中国历史地理学应该是属于地理学的范畴，可以作为历史学的辅助学科。[2]

　　谭其骧先生在 1982 年的发言中还有一段话说得非常肯定：

　　旧时代把历史地理学看成是历史学的一门辅助学科，前一个时期有人把历史地理学看成是历史学与地理学之间的边缘学科，这些看法目前至少在我国国内已基本上销声匿迹了。

　　谭其骧先生在国际学术会议上发表有关历史地理学学科属性讲话的次年，1983 年夏，中国历史地理学最早的两位博士葛剑雄、周振鹤两先生，在上海复旦大学进行博士学位的论文答辩。时隔十多年，葛、周两位现在都已成为著名教授，但我仍能清楚地回忆当时的情况。除了谭其骧先生是博士生的指导教师以外，教育部批准了一个七人答辩

----

[1]《学术月刊》1982 年第 11 期，收入于谭氏《长水集续编》，人民出版社 1994 年版。
[2]《中国历史地理纲要》（上册），山西人民出版社 1991 年版。

委员会，两天的答辩隆重而认真，谷超豪副校长一直在座。理科副校长的坐镇，我当时以为是一种兆头，即谭先生一年前在国际学术会议上关于历史地理学学科属性的讲话已经兑现。既然历史地理学是地理学的一个组成部分，则它和地理学一样属于自然科学，在学校的院系编制中，相应地归入理科。

但事情的结果和我当时的设想并不一样，答辩以后，我随即应日本关西大学研究生院之聘东渡讲学，返国后又应约到兰州大学讲课。记得是初冬的某一天，兰州大学的一位朋友拿了《光明日报》来告诉我："我国最早的两位历史地理学博士已经批准见报——史学博士。"此时，我才回顾了上头批准的这个七人答辩委员会的成员结构：侯仁之、史念海、杨向奎、吴泽、杨宽、程应镠、陈桥驿。其中五人出自历史系所，只有两人出自地理系。我才理解到，理科副校长的莅临属于偶合，而史学博士的事，大概是事前就规定了的。谭其骧先生在国际学术会议上的发言属于"学论"，而史学博士则属于"官论"。当然，这仅仅是我的一种猜测。关于历史地理学的学科属性问题，仍然使我感到难以捉摸。

1985年，我接谭其骧先生的班，担任了中国地理学会历史地理专业委员会主任。前后十多年，不久以前才卸任。中国地理学会是全国科协领导的、挂靠在中国科学院地理研究所的自然科学学会，这是明确的。我本人是一位地理系的教授，是以地理学者的身份担任这种学会职务的。在这十多年中，每隔二三年举行一次的历史地理学国际学术讨论会，都是在中国地理学会的领导下，由我组织主持的，我曾经邀请过一些国际著名的地理学家（当然也有历史学家）出席会议，在我的思想上，我当然认为这是属于地理学的学术会议。但是在另一方面，这十多年之中，我又多次应复旦大学、陕西师范大学等校之邀，担任他们的历史地理学博士答辩工作，又多次出任答辩会的主席。这些年中，由我宣读评语和答辩结果而以后被授予史学博士的学者，不会少于十位。如上所述，我一面负责属于自然科学学会的历史地理学工作，一面又承担史学博士的答辩工作，虽然身不由己，但思想上常常感到矛盾。我在大学地理系执教已近五十年，而且至今仍然在职，却因我所从事的这门学科的属性问题而感到惶惑，我算是一个地理学者还是历史学者？

今年，由于我几次收到关于历史地理学博士生导师和硕士生导师的《同行专家通讯评议函》，这门学科的"官论"就让我进一步明确。这种《评议函》有的发自省区教委，有的发自大学的研究生院，函内除了被评议者的详细学术资料外，还有一张供同行专家画圈的选票。选票的格式是相同的："一级学科，历史学；二级学科，历史地理学。"至此，我才明确，历史地理学已被论定为历史学的二级学科。我虽然还不知道这种"官论"来自哪个部门，但这个部门显然是权威的。

今年8月，我到昆明出席了由复旦大学和云南大学主持的"2000年中国历史地理国际学术讨论会"，听了葛剑雄教授题为《面向新世纪的中国历史地理学》的学术报告。这个报告是内容精彩和牵涉广泛的，但我只就报告中涉及历史地理学学科属性的部分加以论叙。他说：历来对于历史地理学学科属性有三种说法：第一，属于地理学；第二，属于边缘学科[①] 或独立学科[②]；第三，属于历史学。他又说：据他所知，历史地理学界多数人都赞成第一种意见，历史地理学的学科属性是毫无疑义的。但是他又说："近年来，国务院学位委员会和教育部对于学位授予点的划分，使历史地理学学科属性的讨论又增加了复杂性。因为根据修改后的学科分类，在历史学的一级学科下，有历史地理作为二级学科，但地理学的一级学科下，只有人文地理作为二级学科，而没有历史地理。"[③] 我终于知道，这种"官论"出自国务院学位委员会和教育部，这当然是权威的"官论"。

[①] "边缘学科"之说，见于《辞海》，上海辞书出版社1979年版。

[②] "独立学科"的说法，我在为张步天《中国历史地理》（上、下两册，湖南大学出版社1987年出版）所写的序言中曾经提及："历史地理学和地理学一样，也是一门性质特殊的科学。它所研究的对象和任务，除了时间上的差别以外，和地理学完全相同……它既研究历史时期的自然地理，也研究历史时期的人文地理，所以也是一门综合科学。"

[③] 用引号的这一段，是我听了葛先生的报告以后，借用他的发言稿抄录的。但发言稿不是正式发表的文献，抄录中如有讹误，由我负责。

　　"官论"是古今中外都存在的，它不仅是权威的，而且是必要的。为人民所拥护的"官论"，往往就是民意的反映。特别是有关学术的"官论"，在发布之前，必然要对"学论"作一番研究。葛剑雄教授在昆明国际学术会议中的报告说：据他所知，历史地理学界的多数人都赞成历史地理学属于地理学的意见。其实，这种意见是由我国历史地理学的三位前辈学者所提出的。是不是这三位学者当年提出的这种意见在后来又有了修改呢？现在，谭其骧先生已经故世而史念海先生又罹病在身，无可查核，但我与这两位前辈过从甚密，从来未闻他们修改过自己的意见。特别是当前健在的侯仁之先生。他以中国科学院院士的身份，于1994年年底在《院士文库》中出版了《历史地理学四论》一书①，并承他于1995年签名赠我。在他亲自签名的扉页中写道："旧作四篇，合订一册，附以例证，权作说明。故请桥驿同志批评指教。仁之敬赠。1995年3月10日，北京大学。"他的谦逊言辞中有"故请"二字。因为他知道，这4篇文章我都曾拜读过，并且还就这些文章往返过信件。之所以要"故请"，是因为他在"合订一册"时"附以例证"，而其实在文字上也作过少量修改。我重新读了侯先生的这些文章，他的"例证"，除了增强了论文的说服力以外，绝未改变他论文的原有观点。"旧作四篇"之中的第一篇即是发表于1962年的《历史地理学刍议》。收入于此书的这篇论文，观点绝未改变，但文章的结构和文字稍有变易。全文的第一句话，与当年发表于《北京大学学报》的已经不同，这句话是："历史地理学是现代地理学的一个组成部分，这是无可置疑的。"以这样的话冠于全文之首，说明时隔三十多年，侯先生对于历史地理学学科属性的观点，不仅毫无改变，而且在论文集中特别加以强调。

　　历史地理学是历史学抑是地理学？对于这个问题，"学论"与"官论"的观点已经完全清楚。在"学论"方面，三位权威的前辈学者都

---

　　① 中国科学技术出版社1994年版。

肯定历史地理学是地理学而不是历史学，葛剑雄先生最近的学术报告中也指出历史地理学界的多数人都赞成历史地理学属于地理学。当然，如前面所说的，"学论"只是学者们的讨论。在"官论"方面，现在已经明确了历史地理学是一级学科历史学的二级学科，当然属于历史学。也就是说，这门学科，从其学科属性来说，现在又回到两千年前《汉书·地理志》的所谓沿革地理的位置上。当然，如前所说，"官论"是权威的。

　　关于历史地理学学科属性的问题，这五十年来讨论热烈，现在因为有了"官论"，所以情况已经清楚。留下来的问题只有一个，即"官论"在下达以前，有没有对"学论"作过一番考虑。

原载《学术界》2001 年第 2 期，第 148—153 页

论"徐学"研究及其发展

1983 年春，全国纪念徐霞客诞辰 400 周年筹委会在无锡举行，我忝为委员之一，出席了这个会议。我在这次会议的发言中，首先使用了"徐学"这个词汇。我记得，在这以前，似乎还没有人使用过这个词汇。1986 年 1 月，徐霞客的故乡，江苏省江阴市各界举行徐霞客诞辰 400 周年纪念会，我承邀与会，在参观徐氏故居时，忽然遇到了一个要参观者题词的节目，我毫无准备，即席凑了一首五言律诗："郦学与徐学，渊源称悠久。郦将十五纪，徐届四百周。前贤述山水，后儒记卧游。两书相辉映，河山特锦绣。"这是我又一次在徐霞客的故乡使用"徐学"这个词汇，并且把它与"郦学"联系起来。

大凡一门学问的形成，总是经过许许多多人前后相继的研究，发表过许许多多的论文和专著，于是学问就趋于成熟。从人文科学的领域来说，近年来陆续发展、不断壮大的学科如地名学、丝路学①、敦煌学等，无不如此。以一本书为基础而形成一门学问的，例子不多，其中最著名的就是以《水经注》为基础的"郦学"和以《红楼梦》为基础的"红学"。对于"红学"，我一窍不通，毫无发言权；对于"郦学"，多少作过一点研究，1983 年我在筹委会上建议开展"徐学"研究，其实是从我历来从事"郦学"研究的基础上提出来的。因为我觉得徐霞客的著作，虽然主要就是他的《游记》一种，在我国，历代以

---

① 《陈桥驿教授的开幕词》（载《西北史地》1986 年第 4 期。按：指当年在兰州举行的国际历史地理学术讨论会）："对于丝绸之路的研究，这是许多门学科的共同成就，它可以单独形成一门'丝路学'的学问，这门学问，有远大的发展前途。"

来，游记之多，真是车载斗量，但唯独这一种不同凡响。《徐霞客游记》所包括的学问，门类众多，内容丰富，牵涉广泛，观察精辟，真是前无古人。以此书为基础而形成一门"徐学"，其性质与以《水经注》为基础的"郦学"相似，其内容既包含自然科学，也包含人文科学，是一门综合性的学问，无论在理论上和实践上，都有很大价值，具有坚强的生命力和远大的发展前途。所以我决心竭尽绵薄，于会后继续在这方面作了一些努力，旨在引起学术界的重视，让与《游记》有关的学科，都来从事"徐学"研究，使这门学问能够更快地繁荣发展起来。

1985年春，南京师范大学地理系决定编纂一部《徐霞客研究文集》，用以纪念他的400周年诞辰。此文集的主编鞠继武教授向我约稿，我欣然命笔，写了一篇《郦道元与徐霞客》的文章。我之所以把三个多世纪前的徐霞客与14个多世纪前的郦道元相比，主要是因为想借已经成熟的"郦学"，来推动尚待发展的"徐学"。我在拙文最后说："让郦学研究继续向前，兴旺发达；让徐学研究后来居上，发扬光大！"也就是这个意思。这年冬季，广西社科院邀请我参加在桂林举行的纪念徐霞客考察广西350周年学术讨论会，当时由于其他事务而不可与会，但我还是把《郦道元与徐霞客》这篇文稿打印了若干份，寄到那次学术会议上交流，作为我建议建立"徐学"、开展"徐学"研究的一种呼吁。

使我感到十分欣慰的是，今年11月中旬在无锡举行的全国纪念徐霞客诞辰400周年学术讨论会中，我看到了自从1983年筹委会以来我国"徐学"研究所展现的兴旺现象。感谢唐锡仁和杨文衡两位先生，在会议期间亲自到我房中赠送了他们合作的专著《徐霞客及其游记研究》。这是几年来除了点校注解《徐霞客游记》以外，在"徐学"研究中的主要专著。书末有一个附录，称为《徐霞客的生平事迹和文著目录》，让我得以利用这个《文著目录》作出一个统计，以分析历年来学术界对于徐霞客及其《游记》研究的发展情况。

　　我把这个《文著目录》中所列的所有"徐学"研究文献按时期分成 3 个阶段。第一阶段从明崇祯十三年（1640）吴国华的《圹志铭》起，包括明、清、民国三代，到 1945 年方肖矩在《东方杂志》41 卷 9 期所发表的《中国伟大旅行家徐霞客》为止，共有各种文献 35 种。第二阶段是新中国成立以后，从 1955 年熊忠英发表于《旅行家》第 2 期的《旅行家徐霞客》起，到 1982 年郑祖安在《文汇报》10 月 11 日发表的《徐霞客与上海》止，共有各种文献 68 种。第三阶段是从全国纪念徐霞客诞辰 400 周年筹委会举行的 1983 年，到徐霞客诞辰 400 周年的 1987 年底，《文著目录》中所列的各种文献共有 48 种，但并不包括当年 11 月在无锡学术讨论会上交流的文献在内。在这次学术讨论会上交流的正式刊印出版的文献，计有江苏出版的《徐霞客研究文集》，广西出版的《纪念徐霞客文集》，南京大学出版的《徐霞客研究》，中国科协、中国地理学会、中国国土经济研究会等联合印行的《纪念徐霞客诞辰四百周年文集》、江苏省江阴市徐霞客研究会和《江风》编辑部联合印行的《徐霞客专辑》，上述 5 种文集收入的论文，加上在会上交流的于希贤先生的专著《明代地理学家徐霞客》和唐、杨二先生的专著，共有各种文献 160 种。会议以后，侯仁之教授又在 12 月 9 日的《光明日报》发表了纪念徐霞客诞辰 400 周年的论文《献身科学，尊重实践》。所以一共有各种文献 161 种。从上列几个阶段中的文献数字，可以窥及"徐学"研究的发展概况。从 1640 年到 1987 年的近 350 年之中，作为"徐学"研究成果的各种文献共有 264 种（各种版本的《游记》点校注释不计在内），其中第一阶段长达 300 余年，但文献只占总数的 13%；第二阶段计 27 年，文献占总数的 26%，第三阶段只有短短 4 年，但文献竟占总数的 61%。从这个简单的统计中，我们可以看到"徐学"研究发展的势头，按这种发展的势头，则"徐学"研究的繁荣发展，其前景是十分乐观的。

　　当然，从 1983 年以来的 4 年中，"徐学"研究以如此的速度欣欣向荣，除了这一年全国纪念徐霞客诞辰 400 周年筹委会举行的影响外，其他还有许多因素促成。首先是由于徐霞客的献身科学、尊重实践的精神和《游记》本身的价值。除此以外，丁文江先生在20年代末期的创导，浙江大学于40年代初期举行的徐霞客逝世300周年纪念和以竺可桢为首的许多著名学者所撰写的纪念刊的出版，侯仁之教授于60年代初期在《人民日报》的几次号召和亲自到徐霞客故乡的访问，谭其骧教授于70年代慷慨地献出他收藏的《游记》佳本，这就是现在我们看到的上海古籍出版社和云南人民出版社出版的两种《游记》的底本。所有这些，都为这一时期"徐学"研究的发展在学术上奠定了基础。另外，最近几年来"徐学"研究的发展，也要归功于党和国家的一些热心的领导人物的奔走和倡导。例如中顾委的于光远，交通部的潘淇和江苏省的汪海粟等，都是厥功卓著的。还有一些学术团体的领导，如中国地理学会秘书长瞿宁淑高级工程师，为组织几次会议而奔走四方，花了大量精力。此外，如广西社科院、地质部桂林岩溶研究所，以及无锡、江阴二市的党政领导和学术团体，也都为了介绍徐霞客事迹、宣传徐霞客精神、组织徐霞客研究等工作而作出了贡献。由此可见，一门学问的建立和发展，除了学术界的力量以外，还必须争取学术界以外的各方人士的共同努力，才能获得更大的效果。

现在看来，在"徐学"研究的力量薄弱、研究成果较少的时候，我们的工作偏重于普及和推广，并不十分讲究研究方法，也不很注意各有关学科的分工和合作，对于研究成果的要求，则偏重于数量。时至今日，由于"徐学"研究的迅速发展，"徐学"作为一种专门的学问，已经逐渐从初级阶段向成熟的方向发展，因此，今后的"徐学"研究，无论在方法、成果和研究队伍的组织上，都应该比以前有较大的提高。我们绝不低估以前的研究，这是因为今后的研究，是建立在以往研究的基础上的。但是假使我们满足于现状，而不在研究方法、研究成果质量和研究队伍的组织等方面加以改进和提高，则"徐学"研究的继续发展，将会是很困难的。

从研究方法来说，前一阶段的研究，主要是围着《游记》转。由于《游记》长期缺佚，没有佳本，一旦得到比较满意的版本以后，这种现象或许是难免的。可以举一个例子。这几年来，流行一种可以简单名之为"走徐霞客走过的路"的研究方法，其实就是按徐霞客在300多年前的旅行路线踏勘一遍。当然，这种踏勘，如能准备周到，目的明确，也能得到较大的收获，周宁霞编辑的几次西南之行即是其例。所以在"徐学"研究的最初阶段，我并不反对这种方法。但是长此以往却并非良法，特别是对于那种考察者缺乏专业知识，考察目的不明、准备不周的尝试。例如在浙江，徐霞客到过天台山和雁荡山，有人单单带了一部《游记》，就用这种"走徐霞客走过的路"的方法去尝试考察，连这个地区的一张大比例尺的地形图和大比例尺的地质图也不随带，或者说连读地形图和地质图的知识也不曾具备。譬如说《游记》在天台山写到"短松"，但考察者却毫无植物分类学知识，连马尾松（Pinus messoniana）和黄山松（Pinus taiwanensis）也区别不出来。又如《游记》在雁荡山记载了许多岩石，但考察者却根本不懂岩石学，连凝灰岩和砂岩也不知道怎样分辨。这样地"走徐霞客走过的路"，耗费了许多人力物力，但其收获不过是用《游记》对照了一下当年徐霞客的跋涉途径和歇宿地点，然后得到·点体会："《游记》记得多认真详细哟"，"至今历历如在哟"！这样的"走徐霞客走过的路"，今后实在不宜推广。当然，专业性的考察队和具有明确目的的专题考察又当别论。

从研究的成果来说，如前面所统计的，前一时期的各种成果虽然有264种之多，但是应该看到，这中间，具有深远影响的重要成果是并不很多的。可以列举的是：丁文江在1928年发表的《徐霞客先生年谱》（商务印书馆），浙江大学纪念徐霞客逝世300周年的纪念刊《地理学家徐霞客》（商务印书馆），其中载有著名学者竺可桢、叶良辅、方豪、任美锷、黄秉维、谭其骧等的文章。此后就是两种《游记》，一种是褚绍唐、吴应寿整理的《徐霞客游记》（上海古籍出版社），另一种是朱惠荣校注的《徐霞客游记校注》（云南人民出版社）。

最后是今年无锡会议上交流的三种论文集，即《徐霞客研究文集》（江苏教育出版社）、《纪念徐霞客文集》（广西人民出版社）、《纪念徐霞客诞辰四百周年文集》（中国科协、中国地理学会等）和上述唐锡仁、杨文衡合撰的《徐霞客及其游记研究》（中国社会科学出版社）。这一时期，在国外也出版了一些有关"徐学"研究的专著，例如美国密西根大学教授李祁所节译的《徐霞客游记》（*The Travel Diaries of Hsü Hsia-ko*），于 1974 年在香港中文大学出版，卷首有李祁作为序言的论文《中国的自然之爱》（*The Chinese Love of Nature*），卷末有密西根大学教授张春树所作的详细附录。此外绝大部分是通俗性的一般文章和科普小册子。当然，在一门学问形成的初期，不可能要求许多人都从事深入的高级研究，何况这些通俗性的成果，对于推广"徐学"知识和宣传徐霞客精神方面，也能起很大作用。但是今后当然希望在成果的质量上有较大的提高，希望与"徐学"有关的各门学科，都能提出他们各自的"徐学"研究成果，发表高质量的论文，出版高质量的专著，促使"徐学"研究的繁荣发展。

从"徐学"研究的队伍来说，的确，最近几年来有了明显的扩大。但是，与"徐学"所包罗的内容相比，我们现在从事这方面的研究者，力量还是比较薄弱的。"徐学"是一门内容广泛的学问，它既涉及自然科学，也涉及人文科学，诸如地理学、地质学、地名学、民族学、科学史、文学等，都与"徐学"研究有密切关系。其中尤其是地理学，"徐学"领域内所涉及的地理学分支，包括地貌学、气候学、物候学、历史地理学、河流水文地理学、民族地理学、方言地理学、旅游地理学，等等。但这几年来，从事"徐学"研究的，主要是历史地理学家和岩溶地貌学家，此外就是少数科学史学家，其他有关"徐学"的科学工作者，参与这种研究的，为数还不多。所以有必要继续争取有关学科的加入，以扩大"徐学"研究的阵地。有关各学科的研究工作者，除了各自作纵深的研究外，还必须重视各学科间的横向联系。为了把有关"徐学"各学科的研究工作者组织起来，随着今年全国纪念徐霞客诞辰 400 周年活动的结束，应该及时地组织全国性的徐霞客学会或研究会，以免在这几年积蓄起来的研究力量因为纪念活动的结束而分散。为了提供"徐学"研究者相互切磋和发表研究成果的园地，则像《徐学研究通讯》和《徐学学报》一类的刊物，有必要在学会或研究会的主持下筹办起来。

此外，从前一时期"徐学"研究的发展来看，在今后的"徐学"研究中，我觉得还有两个比较重要的方面，值得我们注意：

第一，如上所述，在前一时期的"徐学"研究中，虽然具有影响的重要成果并不很多，但是在宣传徐霞客精神方面，却是成效卓著的，这是"徐学"初期的成功之处，也可以说，"徐学"一开始就为以后建立了一个良好的传统。前面提到，"徐学"所涉及的学科范围甚广，今后，各有关学科都将在自己学科的领域内进行"徐学"研究，岩溶地貌学家的"徐学"研究，与历史地理学家的"徐学"研究，当然大不相同；民族学家的"徐学"研究，与科学史学家的"徐学"研究，也有很大的差别。但是在所有有关"徐学"的学科之间，却有一种共同的语言，这就是徐霞客精神。徐霞客精神是联结在"徐学"领域中各不相同的学科之间的一条强韧的纽带，它赋予"徐学"以无穷的生命力，也是"徐学"今后能获得繁荣发展的重要条件。

徐霞客精神是什么？首先是他热爱大自然，热爱祖国河山的爱国主义精神。徐霞客毕生热衷于旅行，这绝不是那种闲情逸致的游山玩水，而是受着对祖国河山的真挚感情的驱使。他曾经说："大丈夫当朝碧海而暮苍梧，乃以一隅自限耶？"[①]这就是他对祖国河山的无比热爱，而从内心深处迸发出来的肺腑之言。美国学者亨利·G. 施瓦茨（Henry G. Schwarz）所撰的《徐霞客与他的早年旅行》[②]一文中，以"中国的自然之爱"一语来描写徐霞客的为人，真是深得要领。前面已经提及

①（明）陈函辉《徐霞客墓志铭》。

② Bellingham, Washington: Program in East Asian Studies, Western Washington State College, Occasional Paper No.3, 1971.

的密西根大学教授李祁，在她所节译的《徐霞客游记》的卷首，就采用了施瓦茨的"中国的自然之爱"作为标题。李祁在这篇具有序言性质的论文中，列举了我国历史上不少热爱大自然的著名人物，如谢灵运、柳宗元、陶潜、李白等文学家和诗人，而徐霞客无疑是这方面最具有代表性的人物。

由于他对于祖国河山的无比热爱，因而激发了他对祖国大自然的如饥如渴的求知欲。因此，徐霞客精神的另一方面，是他献身科学、尊重实践的精神。吴国华在崇祯十三年为他所写的《圹志铭》中说："霞客尝谓山川面目，多为图经志籍所蒙，故穷九州内外，探奇测幽，至废寝食。"这就是说，他不甘祖国河山的真实面貌受到错误记载的歪曲，而决心要以他自己的亲身考察，来纠正前人记载的错误。于是就不辞劳苦，"穷下上，高而为鸟，险而为猿，下而为鱼，不惮以身命殉"。[①]这实际上就是他为科学献身的精神。侯仁之教授最近指出："他凭了自己敏锐的观察，逐渐认识到造成各种各样自然地理现象的内在原因，例如他对岩石的性质，流水的侵蚀能力，地下水的作用，地貌塑造的过程，高山上下温度风力的变化对于植物的影响，不同气候区域之间植物群落的差异，他都有合乎科学的解释。"[②]的确，徐霞客在三个多世纪以前，就已经掌握了自然地理学的许多知识，这种知识，他都是通过长期的野外实践而获得的。他的这种不畏艰难、投身实践的精神，在今天，不仅是地理工作者的榜样，也是一切科学工作者的榜样。

上述徐霞客的爱国主义精神和献身科学、尊重实践的精神，在前一时期"徐学"研究的成果中受到普遍的重视，有些论文，如侯仁之教授在《社会科学战线》发表的《徐霞客和徐霞客游记》[③]、在《地理

---

① （明）吴国华《圹志铭》。

② 侯仁之：《献身科学，尊重实践——纪念徐霞客诞生四百周年》，《光明日报》1987年12月9日。

③ 《社会科学战线》1980年第1期。

学报》发表的《纪念作为时代先驱的地理学家徐霞客》①等,在这方面
并有较为深刻的阐述。对于这种"徐学"研究中的良好传统,今后应
该继续保持下去。

第二,以上说的是前一时期"徐学"研究中值得肯定的优点。但
是,前一时期的"徐学"研究,却也存在着一种在今后必须防止的倾
向。这就是,对于徐霞客生平事迹的正确阐述和对他在科学上的贡献
的恰如其分的评价。在历史上,对于徐霞客的生平事迹,主要是他的
旅游经历,曾经有过一些十分错误甚至荒诞不经的记载。这类记载,
主要导源于明末人吴国华的《圹志铭》、陈函辉的《徐霞客墓志铭》
和钱谦益的《徐霞客传》三篇文章。吴文说:"最奇者,晚年流沙一
行,登昆仑天柱,参西番法宝,往来鸡足山中,单装徒步,行十万余
里,因得探江、河发源,寻三大龙脉。"陈文说得更虚无缥缈,他说:
"由鸡足而西出石门关数千里,至昆仑,穷星宿海,登半山,风吹衣
欲堕,望见外方黄金宝塔,又数千里遥矣。"而且为了使他的这番奇
谈怪论让人们信以为真,他居然采用了这样的方法,他说:"霞客于峨
嵋山前,作一札寄予。其出外番分界地,又有书贻钱牧斋宗伯,并托
致予。"陈函辉所说的钱牧斋,就是明末清初颇有文名的钱谦益,钱
文竟说:"再登峨嵋,北抵岷山,极于松潘。"真是信口开河。而且为
了证实他们所虚构的徐氏西北之行,钱在文中竟拿徐霞客与玄奘相比:
"《西域志》称沙河阻远,望人马积骨为标识,鬼魅热风,无得免者。
玄奘法师,受诸魔折,具载本传。霞客信宿往返,如适莽苍。"在钱
谦益笔下,徐霞客竟成了一个法力无边的神人。尽管潘耒在康熙年代
为《游记》作序时,已经明确指出:"余求得其书,知出玉门关、上
昆仑、穷星宿海诸事皆无之,足迹至鸡足山而止。"②但是,到了乾隆
年代,很有权威的《四库提要》却轻信了明末人的荒唐议论,在《史
部·地理类四》中说:"又由终南山背走峨嵋……复出石门关数千里,

---

① 《地理学报》1982 年第 3 期。
② 潘耒:《徐霞客游记序》,《遂初堂集》卷七。

穷星宿海而还。"《四库提要》的以讹传讹,造成了后世的很大混乱,直到 40 年代,方树梅的《大错遗文霞客自滇归年之贡献》[①]一文中,竟言潘耒《序》之误,他说:"潘耒《序》驳钱谦益《传》之误,遂并记上昆仑、穷星宿海诸事,而亦不之信,殆亦武断。"他在重复了诸如"登昆仑天柱""参西番法宝","风吹衣欲堕,望见外方黄金宝塔","策杖西番参大宝法王"等等以后作出结论:"似不可不信。"足见直到 40 年代,竟还有把《徐霞客游记》这样一部征实派的地理书,和《山海经》《穆天子传》《淮南子·地形训》等幻想派地理书混为一谈的思想[②],真是令人诧异。现在,相信徐霞客和周穆王一样地"登昆仑天柱"的人,或许已经很少,但直到最近,对于他是否有峨眉山之行,却仍然存在争论。这一类问题事关"徐学"研究的健康发展,有必要加以澄清,使之不要再影响今后的"徐学"研究。

另外,对于徐霞客及其《游记》对地理学和其他学科的贡献,我们也必须实事求是地给予恰如其分的评价,既不应缩小,也不宜夸大。我在 1983 年的筹委会中,听到有人发言,说徐霞客对于长江江源的发现贡献如何伟大;而在这几年发表的文章中,也有援引《江源考》用以说明徐霞客对江源的发现的。关于徐霞客发现江源一事,首先是丁文江提出来的。丁氏认为徐霞客在地理上的重大发现有 5 项:即南、北盘江之源流;澜沧江、潞江之出路;枯柯河之出路及碧溪江之上流;大盈、龙川、大金沙江三江之分合经流;江源。对此,谭其骧教授在 40 多年前已经撰有《论丁文江所谓徐霞客地理上之重要发现》[③]一文加以辨正。谭文提到:"自余考之中,惟最不重要之第三项(按:指枯柯河之出路及碧溪江之上流),诚足以匡正前人,已引见上文,其余

---

① 方树梅:《大错遗文霞客自滇归年之贡献》,《地理学家徐霞客》,国立浙江大学史地研究所编辑,商务印书馆 1948 年版。

② 顾颉刚《禹贡注释》(《中国古代地理名著选读》,科学出版社 1959 年版):"我们古代的地理学书,《山海经》开了幻想的一派,后来衍化为《穆天子传》《淮南子·地形训》《神异经》《十洲记》《博物志》等书;……《禹贡篇》开了征实的一派,后来班固作《汉书·地理志》,郦道元作《水经注》。"

③《地理学家徐霞客》,商务印书馆 1948 年版。

四项，皆断乎绝无'发现'之可言。"至于江源问题，我在拙著《水经·江水注研究》[①]一文中，也曾经详加阐明，早在《山海经·海内经》之中，已经知道了今金沙江（绳水）的所在。此后，从《汉书·地理志》到《水经注》，江源情况就有更进一步的明确。但由于《禹贡》说过"岷山导江"的话，后人不敢与作为经书的《禹贡》相抗衡，所以对此多避而不言，这也就是谭其骧文中所说的："霞客所知，前人无不知之，然而前人终无以金沙为江源者，以'岷山导江'为圣经之文，不敢轻言改易耳。霞客以真理驳圣经，敢云前人所不敢言，其正名之功诚有足多，若云发现，则不知其可。"

其实，谭氏所谓"霞客以真理驳圣经"的话，也是从当时的历史条件出发而对徐霞客所作的揄扬之词。因为在这个问题上，徐霞客实际上也是避开了触及《禹贡》的错误的。不妨抄录他所撰的《江源考》中的一段：

　　其实，岷之入江，与渭之入河，皆中国之支流，而岷江为舟楫所通，金沙江盘折蛮僚溪峒间，水陆俱莫能溯。既不悉其孰远孰近，第见《禹贡》"岷山导江"之文，遂以江源归之，而不知禹之导，乃其为害于中国之始，非其滥觞发脉之始也。导河自积石，而河源不始于积石；导江自岷山，而江源亦不出于岷山。

从上文可见，徐霞客虽然指出了岷山不是江源，但他并不说经书"错了"，而只是利用了在当时已经相对清楚的黄河河源的例子，把"导河积石"、而河实非始于积石的典故引用于"岷山导江"之中，用以反证江源亦非始于岷山。而对夏禹跑到积石去"导河"和跑到"岷山"去"导江"等今天再也没有人信以为真的传说，他并无任何异议。因此，从另一种角度说，他还是尊重经书的。不过在徐霞客那个时代，

---

① 拙著《水经注研究二集》，山西人民出版社 1987 年版。

我们不能对他作脱离实际的要求，所以谭氏说他"以真理驳圣经"的话，也不算过分。但对于他在这方面的贡献的评价，如谭氏所说，其功属于"正名"，绝非"发现"。

上面所举的关于江源的例子，是为了说明我们应该怎样对他的贡献作出恰如其分的评价。其实，在现存的近 70 万字的《游记》中，错误的东西也是难免的。古人为时代所限，出错也不足为怪。在今后的"徐学"研究中，对于这方面，我们既不应曲护，也不宜回避。我在拙著《郦道元与〈水经注〉》①一书中，专门列入了《水经注的错误和学者对它的批评》这样一个专章。为了这个专章，我在该书序言中，特别作了一段说明：

> 郦道元是一个一千四百多年以前的古人，《水经注》是一部一千四百多年以前的古书，都存在这样那样的缺点。用怎样的观点去看待这样的人物和著作，还在于今人。为此，我特地把《水经注》记载的错误和历来学者对它的批评，同样列为本书的专章，供读者参考。尽管这些缺点和错误决不会遮掩这部历史名著的光彩，但是让读者了解这部名著的美中不足，必将提高我们阅读和利用此书的能力。历史是早已写好了的，我们没有可能去改造古人和古书，我们的唯一途径，是把古人和古书中值得我们学习的东西继承下来。

我认为，对于"郦学"是这样，对于"徐学"也是这样。这样的态度，有利于今后"徐学"研究的发展。

原载《浙江学刊》1988 年第 2 期，第 114—120 页

---

① 拙著《郦道元与〈水经注〉》，上海人民出版社 1987 年版。

南北大运河

——兼论运河文化的研究和保护

人类社会形成于全新世。[①]但当时人类的生产活动显然还没有水上航行的需要，也不具有水上航行的能力。在一段很长的时期中，且不说狩猎业时代，游牧业是逐水草而居，种植业不论是迁徙农业或定居农业，即所谓"日出而作，日入而息"，都是陆上作业，并不涉及水上航行。

按江南的情况，余姚河姆渡和萧山跨湖桥等遗址，都是有现代测年数据的新石器遗址，前者发现木桨，后者出现相当完整的独木舟，说明这个地区早在距今七八千年前就有水卜航行的存在。越王句践在春秋末期曾经说过"以船为车，以楫为马"（《越绝书》卷八）的话，所以在江南水网地区，利用船舶的水上航行当时已经成为交通运输的重要手段。在这方面，北方与江南存在着明显的地域差异，《穆天子传》[②]虽然记及河流，但未曾提到航行。汉扬雄撰《方言》，此书全称为《輶轩使者绝代语释别国方言》[③]，"輶轩"是一种轻便车辆，即汉应劭在《风俗通义序》[④]中所说的："周、秦常以岁八月，遣輶轩之使，求

---

① 谭其骧、史念海、陈桥驿：《中国自然地理·历史自然地理》，科学出版社 1982 年版。

② 晋代从战国魏王墓中发掘而得，是《汲冢书》的一种，属于先秦古籍，记周穆王西游故事，其中有涉及中西交通史料内容。

③ 陈桥驿：《中国的方言地理学——〈方言〉与〈水经注〉在方言地理学上的成就》，《郦学新论——〈水经注〉研究之三》，山西人民出版社 1992 年版。

④ 王谟：《汉唐地理书钞》，中华书局 1961 年版。

异代方言，还奏籍之，藏于秘室。"说明由于自然环境的差异，江南水网地区在利用河流作为交通运输的条件方面，比北方确实要早得多。

不过，随着生产力的发展，劳动的地域分工促进了地域之间交换的需要，南船北马的差异逐渐缩小。笔者曾为《安阳市交通志》[①]作《序》，文中指出：

从古代的文献记载来看，至迟到战国时代，我国各地的区际交通，特别是水上交通，已经渐趋发达。在这方面，《禹贡》的记载最为详尽。例如："浮于济、濛，达于河"，"浮于汶，达于济"，"沿于江、海，达于淮、泗"等等，一个全国性的水上交通网初见雏形。

《禹贡》记叙的这个早期水上交通网，当然不是在《禹贡》成书的战国后期形成的。华北与江南，虽然自然条件不同（江南是水乡泽国），但华北也有黄河及其支流，而淮河及其支流则是介于江南和华北之间的一个庞大水系。在古代的技术条件下，利用河流的航运，虽然在速度上不及骤马，但在运量和运价方面的优势是显而易见的。所以华北虽然不像江南那样的"以舟为车，以楫为马"，但凡是有河流可以利用之处，古人对航运的开发也都是相当关注的。无论在华北还是江南，水上运输发展过程中所遇到的困难，主要是河床的淤浅和不同河流之间的陆上转驳，而即使在同一河流之中，往往也因瀑布、急滩、岩礁之类而存在盘驳之劳。所以为了使河流便于通航，古人显然曾在不少天然河流中从事旨在使通航便利的整治措施，如疏浚河床、凿平礁石之类。此外，为了减少陆上的转运和船舶的盘驳之劳，在不同河流干支流接近之处，常常采用人工开凿里程不长的沟渠的方法来加以连接。例如沟通长江和珠江两个流域的灵渠，这是秦始皇在征岭南的军事行动中，为了粮秣运输的需要，命史禄在湘、漓两水的上源，

---

① 陈桥驿：《安阳市交通志·序》，人民交通出版社 1992 年版。

开凿的一段长不过 30 多公里的人工渠道。漓水是桂江的支流，所以后世常称这条人工渠道为湘桂运河。其实，在中国历史上记载的全部运河中，像灵渠这样完全开凿的河段是并不多的。因为古代技术条件不能和今天相比，而且由于不同河流在水位和水量等方面都存在差异，并不是两条河流凿通就可以通航的。以上述灵渠为例，虽然短短 30 多公里，但必须分成南渠和北渠两段，南渠占总水量的十分之三，注于漓江；北渠占总水量的十分之七，注于湘江。其间还得建筑堰坝、斗门等调节水位、水量和便于船舶通过的水工建设。从短短一段灵渠中可以想见，古人在沟通湘、漓两水所付出的艰辛，当然也可以看出他们在这方面的聪明和才能。

　　在中国运河史上，有记载可查的最早运河见于《水经·济水注》的记载："偃王治国，仁义著闻，欲舟行上国，乃通沟陈、蔡之间。"这里记载的（徐）偃王是个传说人物，《后汉书》列于《东夷列传》："穆王畏其方炽，乃分东方诸侯，命徐偃王主之。"周穆王是西周的第五代国君，其在位约当公元前 11 世纪到公元前 10 世纪，则徐偃王开凿这条运河，是目前尚可见诸记载的最早运河。这条河道在"陈、蔡之间"，陈和蔡都是周初封国，位于今河南和安徽一带。陈居北（都城在今河南淮阳），蔡居南（都城曾数迁，初在今河南新蔡，后到今安徽凤台），不仅相距不远，而且都在淮河的各支流之上。这一带河流分歧，并且还有一个称为圃田泽的大湖。《水经注》卷二二《渠》称这个地区有"大沟"，其实就是鸿沟水系。所以徐偃王在这个地区开凿运河，显然不能与后来的灵渠相比，其工程主要是对淮河支流的整治疏浚，使之便于通航，真正在陆地上开凿的河段必然是很少的。

　　江南的情况与淮河流域很不相同。《水经·沔水注》记及这个地区的情况："东南地卑，万流所凑，涛湖泛决，触地成川，枝津交渠，世家分疃，故川旧渎，难以取悉，虽粗依县地，缉综所缠，亦未必一得其实也。"说明到了郦道元的时代（公元 6 世纪），江南地区的水环境，还是让他无法厘清，"亦未必一得其实也"。在这样一个河湖交错的地区，利用水道的交通运输当然比北方要便利得多，但也仍需要对河流进行整治和沟通，也就是说，仍有疏凿运河的必要。《越绝书》卷二所记："吴古故水道，出平门上郭池，入渎，出巢湖上历地，过梅亭，入杨湖，出渔浦，入大江，奏广陵。"这里涉及的许多地名虽然颇难考证，但广陵指后来的扬州，这大概是学术界所确认无疑的，说明这条"吴古故水道"就是句吴早期整治疏浚（包括若干段落的开凿）而成的从今苏州跨长江到扬州的运河。笔者在为乐祖谋点校的《越绝书》（上海古籍出版社 1985 年出版）卷首所撰的《序》中，已经考证了此书是先秦的作品，则《左传·哀公九年》"吴城邗沟通江淮"记载的这条后世称为邗沟的运河，或许比上述"吴古故水道"要晚，也或许是对"吴古故水道"所进行的一次加工。《越绝书》卷二还记载了另一条从句吴沟通长江的运河："百尺渎奏江，吴以运粮。""百尺渎"始于句吴何地，从记载中看不出来，但此渎沟通长江，其目的为了运粮，这是很明确的。这些都和今苏南地区与邗沟的疏凿年代相近，也或许早于邗沟的运河。在这个河网地区，这些运河显然都是利用原有河道加以整治疏浚而成的。

在"以船为车，以楫为马"的宁绍平原，同样也早已存在古代的运河。《越绝书》卷八记载："山阴古故陆道，出东郭，随直渎阳春亭。山阴故水道，出东郭，从郡阳春亭，去县五十里。"这条记载对于于越的古代运河很有研究价值。因为记载中有"山阴古故陆道"和"山阴故水道"两条道路，而且都是"出东郭"，经过一个名为"阳春亭"的地方。与此书同卷记载的"句践小城……陆门四，水门一"，"山阴大城……陆门三，水门三"相联系，则所谓"东郭"，显然是既有陆门，也有水门。这两条道路，即"陆道"与"水道"是平行的。"去县五十里"一语，说明这两条道路是从今绍兴城直达曹娥江的。当时，从越城沟通曹娥江，正和"吴古故水道"的"出渔浦，入大江，奏广陵"及"百尺渎奏江"一样，是于越沟通曹娥江到宁绍平原东部的一条运河。

当然，从江南来说，先秦时代记及的水上航行，除了运河以外，也不能排除利用海洋的竹、木筏或船舶漂运。笔者往年曾撰《史前漂流太平洋的越人》①一文，引及蒙文通的《外越与澎湖台湾》、美籍华人徐松石的《南洋棕色民族与中国古越人的血统关系》及日本的国分直一和木下尚子合撰的《日本西南诸岛出土的史前时期贝符》等文，都记及了古代越人的海上航行。《越绝书》卷八记及："木客大冢者，句践父允常冢也。初徙瑯琊，使楼船卒二千八百人，伐松柏以为桴。"瑯琊位于今山东诸城、日照一带，濒临沿海，所以于越都城北迁，需要以二千八百人伐木建桴（木筏），即从今会稽山区到今山东沿海，其间除了可以利用短途的河流运输外，主要是近海航运。此外，《水经·河水注》引古本《竹书纪年》："（魏襄王七年）四月，越王使公师隅来献乘舟，始罔及舟三百，箭五百万，犀角象齿焉。"今本《竹书》所记基本相同。按魏襄王七年为公元前 312 年，其时距越王无疆之被弑仅二十余年，今钱塘江以北已为楚国所占，盘踞在浙东的越王（《竹书》未记及此越王是谁）尚能将如此巨大的一批物资运往魏都大梁，显然是通过宁绍地区的河流，然后循海道，再按《禹贡》的"沿于江、海，达于淮、泗"这条路线的。所以在讨论先秦时期的运河时，还必须考虑到近海航运。当然，近海航运在那时要冒很大的风险，人们必然尽可能利用河流，包括当时为数不多的运河在内。

中国的运河开凿，到了隋唐开始有了很大发展。隋炀帝以洛阳为首都，濒洛水，通黄河，而当时中国的经济发展已经趋向东部和江南，他开始修凿以首都洛阳为中心的运河。首先于大业元年（605）开凿通济渠，从洛阳引洛水入河，又从板渚（今河南荥阳附近）引河入汴（即东汉时代的汴渠，实际上是鸿沟水系的一部分），从今开封折向东南，与淮河沟通，又经淮河沟通先秦的邗沟而到达江南。接着，他又于大业四年（608）在黄河以北开凿永济渠，"诏发河北诸郡男女百余万开永济渠，引沁水南达于河，北通涿郡"（《隋书·炀帝纪》）。虽然

---

① 陈桥驿：《史前漂流太平洋的越人》，《文化交流》1996 年第 22 期。

这条运河的开凿征用人力很多，但从今天来看，工程量并不很大，"南通于（黄）河"的一段不过是利用了沁水下游，而"北通涿郡"（今北京以东）的一段，长达 2000 里，但绝大部分都利用了海河支流，特别是卫河（后来称为南运河）。隋炀帝开凿通济、永济两渠，目的很不相同，前者是为了沟通江南的富庶地区，后者则是为了对北方的军事行动。当时朝廷的供应，其中特别是粮食，已经大量取给于江南，所以在重新疏浚邗沟以后，他又疏凿了长江以南的江南运河，使之从京口（今镇江）一直延伸到余杭（今杭州）。但实际上，长江以南的运河整治和维护，到了唐代才特别重视。因为到了那时，全国的富庶地区已经明显地转移到江南，为了漕粮所需，江南运河是朝廷的命脉所系。此后，北宋建都于东京（今开封），对这条通向江南的水道也尽力整治维护。而且所谓江南运河，不仅是原来从京口到余杭的一段，事实上已经越过钱塘江进入宁绍平原。因为这里同样是一片富庶的水网平原，而且在先秦时代已经整治和疏凿了不少便于航行的河道，此后仍有不断整治的记载。其中工程量较大的是晋贺循主持的一次，据《嘉泰会稽志》卷十引《旧经》："运河在府西一里，属山阴县，自会稽东流，县界五十余里入萧山县。《旧经》云：晋司徒贺循凿此以溉田。"说明从先秦到晋，山阴、会稽两县的运河历代整治不辍。到了唐代，按《新唐书·地理志》山阴县条下所载："（山阴县）北五里有新河，西北十里有运道塘，皆元和十年观察使孟简开。"由此可见，按正史记载，江南运河到了唐代已经越过钱塘江而进入宁绍平原。

以上简述了从先秦到隋唐的运河，由于这些运河的疏凿，中国平原地区的河流网连成一片。从《禹贡》记叙的战国时代的全国水上交通网的雏形，发展到流域沟通，水上交通四通八达的局面。从这一时期运河疏凿的过程和趋向中，可以明显得出两个特点。第一是运河的疏凿多是利用天然河流，因势利导，使平原上自西向东的水上交通更趋便捷。其中只有广通渠（《隋书·宇文恺传》）是个例外，此渠疏凿于隋开皇四年（584），从大兴城（今西安）利用渭水与灞水，东经潼关与黄河沟通。在唐代，对首都长安的漕粮运输起过不小作用。第二是通过运河疏凿沟通几个重要的流域，首先是黄河与淮河，淮河与长江，然后通过长江与江南水系实现沟通。此外是黄河与海河的沟通。

从上述议论中可以看出，运河具有为政治经济中心特别是首都服务的重要作用，这种情况从先秦就已存在。例如以句吴首都为中心以及以于越首都为中心的运河就是这样。隋炀帝建都洛阳，所以才有以洛阳为中心的通济渠和永济渠的疏凿。在中国历史上的大一统王朝中，元是首先建都于今北京（大都）的，以后从明到清，首都均建于此。所以从元代开始，中国最重要的运河，其走向发生了重大的变化，即从隋代以来的西东走向转变为南北走向，南北大运河开始出现。这当然是因为首都所需的大量供应，要依靠富庶的江南，而运河是运输大量物资特别是漕粮最便捷的途径。

实际上，南北运河在隋代已经初具规模，因为南段已有先秦的邗沟，而江南运河更是一个四通八达的水网。至于北段，由于永济渠的疏凿，今河北境内，当时已可借卫河沟通北京。元代经营这条运河最困难的一段在今山东境内。由于这个地区地形复杂，虽然其间有泗水、汶水、大清河等可以利用，却因地势和水位的不同，必须建造许多闸堰，才能让运河保持通航的水位，但仍有不少盘驳之难。为此，元代也曾经利用近海航运把南粮运到大都，而且为了避开山东半岛东端的成山角之险，在至元年间（1264—1294）利用半岛上的胶河和沽河开凿所谓胶莱运河（由河道经胶州、莱州两地得名），但终因地形复杂、中间又有分水岭之阻，以致工程半途而废，不获完成。

元代对南北运河的功绩，主要是在地形、水系最复杂的山东境内开凿济州河和会通河。济州河是黄河以南的一段，从至元十三年（1276）动工，历时七年而成，全河长150里，北引汶水、东引泗水为水源，北流而汇于大清河（今黄河）。会通河是山东运河的北段，地形和水系更为复杂，动工于至元二十六年（1289），南起今梁山县安山西南，北至临清，长达250里。《元史·河渠志》说："首事于是年（按：至元二十六年）正月己亥，起于须城安山之西南，止于临清之御河，其长二百五十余里，中建闸三十有一，度高低，分远迩，以节蓄泄。"在这段短短百余公里的河道上，建闸竟达 31 处，虽然南北运河至此全线告成，仅在会通河这一段中，航行中的闸门启闭和盘驳之劳就可想而知。而且不论是会通河或济州河，由于水源不足，河床常常淤浅，特别是对于重载的漕粮船舶，航行非常困难，所以河道经常时通时塞。而终元一代，南粮北运，仍以海运为主。明清两代，虽然对这段河道作过多次整治疏浚，但效果仍然不佳，不仅通塞常见，而且航运能力也相当低下。清朝中叶由于海运技术的进步，南北运河的这一梗阻段落更趋衰落，而宣统三年（1911）津浦铁路建成通车，南北运输在这一段中实已停顿，特别是会通河段，基本上处于湮废状态。

南北运河中还有一段是从天津到北京的北运河和从元大都城连接其东部通州的通惠河，也都是元代疏凿的。这段河道沟通隋永济渠（即后来的南运河），河道基本畅通，所以对于南北运河，特别是其中从今山东到北京的河段，元代的疏凿是功不可没的。

必须特别指出的是，我国的南北运河，除了上述北段以外，还有从杭州越钱塘江经绍兴到宁波的一段。这条运河各段都有名称，从长江以南到杭州的一段称为江南运河，而钱塘江以南从萧山经绍兴到宁波的一段，历来名称不少，现在统称浙东运河。浙东运河如上所述，其中不少段落是先秦运河，原是我国最古老的运河系统之一。但隋代疏浚江南运河以杭州为终点，所以后人称南北运河常以"京杭运河"为名。而事实上，中国的南北运河应该称为"京甬运河"，因为按实际情况，这条运河北起北京、南达宁波，这是不容置疑的，而且直到今天还是如此。所以笔者虽然并不反对"京杭运河"这个使用已久、约定俗成的名称，但是从南北水上交通的历史和现状来说，这条著名的南北大运河应该称为"京甬运河"。

笔者提出"京甬运河"这个名称，主要是因为运河的最终河段是浙东运河。对于浙东运河的历史和现状，笔者在拙作《浙东运河的变迁》①一文中已叙其详，并且绘有几种地图，此文不拟赘述。由于长期以来，对于浙江的河流水文情况不很熟悉的人，以为杭州以南有钱塘江，海内外船舶均可借此江在杭州停靠，因而忽视了隔江存在的浙东运河。但其实钱塘江是一条具有涌潮现象的特殊潮汐河流，其河口段泥沙堆积，随涌潮而经常移动。《史记·秦本纪》就已经记及了这里的"水波恶"现象，宋姚宽曾经指出："海商船舶畏避沙潬，不由大江，惟泛余姚小江，易舟而浮运河，达于杭越矣。"（《西溪丛语》卷上）这里所称的"大江"指的就是钱塘江，而"余姚小江"指的是姚江，即今浙东运河的东段。当时，外国使节来华，很多都取道宁波经绍兴而北上。例如《宋会要辑稿》（卷一九七）："政和八年五月十五日，知明州楼异言：依诏措置，打造高丽坐船一百只，今已毕工。……十月十七日，知明州楼异言：检准高丽入贡。"按政和年代，北宋都城在东京（今开封），但高丽使节往来，均以循浙东运河转江南运河一途为便捷。《宝庆四明志》（卷六）也说："初，高丽使朝贡每道于明，供亿繁夥。"这些都足以说明，浙东运河与江南运河的关系，它其实就是江南运河的延伸河段，也就是南北大运河的最终河段。所以宁波是南北大运河的终点。

　　现在，中国的南北运河，除了是一种有价值的文化遗产外，在实际航运中，长江以北，特别是山东的南四湖（指微山、昭阳、独山、南阳四湖）以北，已经多半淤塞湮废，有的甚至不复存在。但长江以南的江南运河及钱塘江以南的浙东运河，不仅互相沟通，而且在航运上仍然发挥着重要作用，舟行栉比，樯橹相连。为此，笔者愿重申长期以来对南北大运河的看法：这是一条沟通南北的伟大运河，它北起北京，南到宁波，事实上是"京甬运河"。

　　在本文结尾以前，我们暂且把有关运河的起讫和名称等搁置不议。

---

① 陈桥驿：《浙东运河的变迁》，《运河访古》，上海人民出版社 1986 年版。

因为展现在我们面前的中国古运河，特别是南北大运河，还有一个需要我们研究的重要课题——运河文化。如上所述，中国从先秦开始，就有运河的存在，如"山阴故水道""吴古故水道""邗沟"等均是其例。这些运河的疏凿，既记录了古人的惨淡经营，也凝结了古人的智慧才能。南北大运河，从北京到宁波，其间有湮废的、淤塞的、畅通的，但不管现状如何，它们都有巨量的文化内涵，这就是我国古老悠久、丰富多彩的运河文化。河流本身是一种自然的现实体，它们是河流水文学者的研究对象。但河流一经古人整治疏浚，并使它们成为相互沟通的水上交通网，在这个过程中，就产生和积累了大量文化。除了整治疏凿的各种记事以及后人旅行游览中撰写的许多优美文字（诸如诗词歌赋之类）以外，在运河两岸以及沿运城镇中，还留存着许多整治疏凿过程中的实物，诸如桥梁和桥联、堰坝和涵闸、码头和堤岸、牌坊和碑碣、亭榭和路廊，等等。所有这些，都是值得我们查访、考证、保护并且在适当条件下加以复原的文化资源。按当今旅游业日益发展的情况来看，这些也都是有价值的旅游资源。

笔者由于长期从事《水经注》的研究，走访过的河川渠道包括古代运河为数不少，感到非常惋惜的是，与《水经注》和其他有关河川水利的古代文献相对照，许多沿运文化已经湮废不存了。也有一些虽然现时尚有残存，由于没有引起注意而得不到妥善的保护，前途令人担忧。所以笔者认为，研究运河特别是南北大运河，查访、考证、保护沿运文化，是当前的一项重要任务。科学技术不断进步，交通运输手段不断更新，但是运河，特别是南北大运河，它曾经在我国交通运输和经济发展中起过重大作用，何况时至今日，这条运河的南段，即江南运河和浙东运河，舟楫往来，首尾相衔，而且不舍昼夜，仍然发挥着重要的作用。

在这方面，笔者十分赞赏浙东运河沿线的绍兴。早在先秦时代，这里就是越国的河网中心。"山阴故水道"是我国见诸记载的最古老运河之一。从唐代起，随着明州成为一个重要海港，国外来华的使节和商品，都从这条运河入境，绍兴成为浙东运河的重要枢纽，留下了大量的运河和其他水利文化。从 20 世纪后期起，在当地政府的重视和人民的支持下，水利部门着手查访、考证和复原这里的运河水利文化。1999 年，投入 12 亿巨款，疏浚和拓宽了作为先秦运河组成部分的环城河，全长达 24 公里，用工两年，到 2001 年完成，既恢复了从春秋于越时代起的历史运河文化，并且把它作为这个城市的重要旅游景点。从 2002 年起，又投入 7000 万元，把市区北郊的古老运河进行整治，建立了集中历代运河文化遗迹的运河园。人们进入此园，除了见到已经相当洁净的运河水以外，许多沿运古迹和水利建设，令人应接不暇。现在，从绍兴市北郊向北延伸，属于绍兴县的柯桥段和钱清段，也正在加紧整治，修复或重建沿河胜迹，让浙东运河的这一段重现运河文化的光辉。

我国疏凿运河的历史悠久，运河文化是我国古老文化中的重要组成部分，其中特别是南北大运河，它曾经是我国南北交通运输的大动脉，所以我们应该研究运河文化，保护运河文化，让伟大的南北大运河展现其沿运文化的辉煌。绍兴市、县在这方面已经作出了榜样，希望沿运地区能够相继跟上，让古老的运河文化重显光芒。

原载《杭州师范学院学报（社会科学版）》2005 年第 3 期，第 1—5 页

评《中国历史地图集》

　　《中国历史地图集》公开出版，是我国历史地理学界的一件划时代的大事，是值得我们欢欣鼓舞的。从主编谭其骧教授为此地图集所写的《前言》中，我们知道，该地图集从开始编绘到公开出版，历时将近30年之久，而参加编绘的学者超过百人。集中这么多人力，经历如此长久的时间，编绘成这样一部规模宏大的地图集，在我国历史上是空前未有的。

　　我开头就说是"一件划时代的大事"，这是有实实在在的内容的。从此地图集的篇幅来说，全图八册，20个图组，共有图304幅，收地名达7万个左右。到目前为止，在我国公开出版的地图集中，不论是普通地图集或专业地图集，论篇幅之巨大，还没有可以与它相比的，它是我国公开出版的篇幅最大的地图集。

　　从历史地图集来说，我所说的"划时代"的话就具有更为重要的意义，因为它是我国有史以来第一部用新式方法绘制的历史地图集。我国历史悠久，幅员广袤，而朝代兴替、沿革变迁、地名更易，则又相当频繁，为此，历代以来，常有这类地图的编绘。从西晋裴秀的《禹贡地域图》直到杨守敬的《历代舆地图》，有名著录或至今尚存的不下数十种，暂且不论这些地图的科学属性（以下将要述及），从绘制的方法来说，都属于我国传统的旧式地图，也就是裴秀的"制图六体"体系的地图。从现代地图学的要求来说，这些地图都属于示意地图一类。《中国历史地图集》则完全不同，它是按投影原理、有经纬网格和比例尺的、用现代制图方法绘制的历史地图集。

从历史地理学来说，此地图集的编绘，无疑也是划时代的。在我国，长期以来，历史地理学在很大程度上就是沿革地理学，而历来绘制的这一类地图，实际上也只是沿革地图。尽管这类地图看起来也有山有水，但这些山水往往是郡县地名中的一点点缀，不仅线条、位置都不准确，数量也十分有限。《中国历史地图集》除了仍然保持详细描绘政区沿革的特色外，它已经包括了大量自然地理学和人文地理学的内容，具备了现代历史地理学所研究的主要要素。在我国，这显然也是空前的。

其实，对此地图集的这种总的评价，也并非我一人之见，在国内外学术界中，抱有与我相同看法的学者是相当普遍的。前不久，我在日本国立大阪大学讲学，在该校的国际交流宾馆中，居住着包括几十个国籍的学者，其中不乏汉学家。在我和他们接触的过程中，凡是看到过或者使用过这本地图集的学者，他们的看法也大致如此。日本是一个汉学研究相当发达的国家。我发现，在日本汉学家中间，收藏此地图集 1975 年内部发行本的相当普遍，这说明他们早已在研究工作中使用这本地图集了。我曾经同著名的中国历史地理学家、国立大阪大学教授斯波义信和国际上知名的汉学家、美国亚洲学会主席、斯坦福大学教授施坚雅（G. William Skinner，他与我同时在日本讲学）讨论了此地图集。之后，施坚雅又从东京庆应大学发信给我，说："编绘历史地图集是一件不朽盛事。编绘这套地图集的同仁们，将使全世界汉学学术界受惠非浅。"

从谭其骧教授的《前言》中，我们知道，此图在 1954 年始创之时，建立的机构称为"重编改绘杨守敬《历代舆地图》委员会"，即所谓"杨图委员会"，其目的只是为了让杨图现代化。现在看来，正和这个委员会在以后的历次会议上所发现的一样，这样的要求，不仅是不现实的，而且在颇大程度上也是固步自封的。当然，杨守敬不仅是著名的地理学家，并且还是我国郦学研究史中地理学派的代表人物；他主持编绘的《历代舆地图》和《水经注图》，具有重要的价值和深远的影响，这些都是毋庸置疑的。^① 但是我们推崇杨守敬的地图，也正和我们推崇裴秀的"制图六体"以及他的《禹贡地域图》一样，因为它们都代表一定时期中我国地图绘制的高度成就。他们绘制的这些地图，在一定时期中，都有很大的实用价值。到了现在，这些以往的著名地图，也都是我国地图学史中的重要文献。它们的主要作用，是让我们看到，我们在地图学上的发展和在历史地图的编绘中所走过的脚步。因为按照现代地图科学绘制的地图，即根据投影原理绘制的有经纬网格和比例尺的地图，它不仅具有完整的地理意义，并且还具有精确的计量意义。它和用"制图六体"指导下绘制的古典式地图是不可同日而语的。

裴秀在我国地图学史上的伟大贡献，我早年就已经撰文论述。^② 他在国家三分的长期扰攘以后，在晋朝重归统一的形势下，主持编绘了《禹贡地域图》和《地形方丈图》等地图集。这些地图集，在当时都是具有高度实用价值的。通过这些地图集的绘制，他又总结出了一套地图绘制的理论，即著名的"制图六体"。在以后的很长时期中，"制图六体"一直成为我国地图绘制中的理论依据。此后，直到清代，我国绘制的许多地图，包括地方志中的大量插图，都是属于这个体系的。按照《晋书·裴秀传》的记载，这"六体"首先就是"分率"，即所谓"所以辨广轮之度也"，略与今日的比例尺相类。则裴秀的地图，原来也是具有一定的计量意义的。但是由于当时的记载并不详细，因此，后世绘制的许多地图，虽然继承了这种体系，但能够遵循"分率"的却绝不多见，何况这种"分率"并无大地测量的基础，从计量意义上说，作用实在很小，很大程度上仍然不过是一种示意地图。杨守敬所绘制的《历代舆地图》，尽管已经采用了同一的比例尺，但是他仍然在"制图六体"的影响下，把全国划成方块。此图的各种注记符号和地形、地物的表示，等等，也仍属于传统的中国古典地图。

---

① 参阅拙著《论郦学研究及其学派的形成与发展》，《历史研究》1983 年第 6 期。

② 参阅拙著 "Map-Making in Ancient China"，*China Reconstructs*，April，1966。

事物的发展总是一分为二的。"制图六体"为我国历史上的地图绘制作出了卓越的贡献，这是毫无疑问的。但是到了后期，我愿意坦率地指出，它却在颇大程度上，成为我国地图科学发展和新式地图绘制的一种阻力。因此，自从明末清初以来，科学的地图学知识和新式的地图绘制在我国的发展都显得比较缓慢。实际上，新式地图在我国的出现，为时并不算晚。利玛窦在明万历十二年（1584），已在广东肇庆绘制了《山海舆地图》。此图于万历三十年（1602）在北京刊行，称为《坤舆万国全图》。我虽然没有看到过原图，但我在日本却看到了日本内阁文库和宫城县立图书馆所藏的此图复本和日本北村芳郎氏所藏的此图朝鲜写本（朝鲜李朝肃宗三十四年）的复制本。这是一幅按投影原理绘制的有经纬网格的新式世界地图。其中宫城县图书馆藏本和朝鲜写本，在图角上还附有以北极中心和南极中心投影的两个半球图，称为《赤道北地半球之图》和《赤道南地半球之图》。到了清朝初期，法国传教士杜德美（Pirre Jartoux）等又为朝廷于康熙四十七年（1708）用新法测绘全国地图，费时 10 年，于康熙五十七年（1718）完成。这就是我国历史上第一幅用新法测绘的中国地图，即《皇舆全图》。此图用 1/14000000 的比例，以梯形投影绘制，有经纬网格。到了乾隆年代，又在此图的基础上，经过对新疆和西藏地区的重加详正，完成了比前图更为精密的《乾隆内府舆图》。不幸的是这些新法测绘的中国地图，都被深藏大内，对我国的地图科学发展和地图绘制没有起到应有的作用。一直到乾隆图完成以后的 100 多年，才在以上两图的基础上，由胡林翼在湖北绘制刊行了流传较广的《大清一统舆图》。本来胡氏应该进一步提高，绘制出一种当时的新式地图，但由于"制图六体"和在这种理论指导下的中国传统地图的影响，使他又回过头来把新式地图按老法分成方块，仅保留了经线。杨守敬的《历代舆地图》以《大清一统舆图》为底图，因而也采用了这种方块和经线结合的制图法。我完全无意贬低《历代舆地图》的价值，但是，从我国地图学史的角度来看，从康乾年代的地图到《大清一统舆图》和《历代舆地图》，在绘制的指导思想和方法上，或许不是一种前进，而是一种倒退。当然，直到今天，还有人希望把《历代舆地图》和《水经注图》重新再版。而且，我的确在日本看到了他们再版的 8 册《水经注图》。用现代印刷技术代替古老的木板，印刷得当然十分精美。因为原图已经十分稀见，作为一种历史文物，也作为一种地图学史中的重要教材，把它复制出来以广流传，这当然是好事。但是，假使在我们的历史地理或《水经注》的研究中，继续使用这些地图，那就只能说明我们的历史地图编绘工作的相当落后。例如，对于《水经注》的研究，我早已撰文呼吁编绘一套新的《水经注图》。① 我说："《水经注》新版本当然应该有一套与之配合的《水经注图》，正如杨守敬的《水经注图》配合其《水经注疏要删》那样。当然，有经纬网格及比例尺的新式地图与杨守敬的方格地图是不能同日而语的。"我在拙文中特别指出："谭其骧教授主持编绘的《中国历史地图集》是新版本《水经注图》的样板。"我趁此机会，在这里对这套地图的编绘再作一次呼吁。

现在再回过头来说《中国历史地图集》。当年，幸亏"杨图委员会"的委员们终于发现了"重编改绘杨图不能适应时代的要求"，而毅然放弃杨图，重创新业。正是由于这个英明的决策，今天我们才能看到这样一部辉煌的成果。为什么重编改绘杨图不能适应时代的要求？我认为这中间最重要的是因为杨守敬的《历代舆地图》与今天的《中国历史地图集》在科学属性上就是完全不同的。简单地说，前者是一部读史地图集，而后者则是一部历史地图集。在杨守敬编绘地图的晚清时代，尽管杨自己是一位地理学家，但在当时，科学的地理学还没有在我国出现。不要说历史地理学，就是地理学本身，也不过是历史学中的一个组成部分。按照当时地理学界的概念，正像《四库总目·史部地理类》的序言中所说："夫舆地之学，乃读史第一要义。"

---

① 参阅拙著《编纂〈水经注〉新版本刍议》，《古籍论丛》，福建人民出版社 1982 年版。

在这样的指导思想之下，杨图当然毫无疑问地是一部读史地图集。而时至今日，地理学早已脱离了历史学的范畴而成为一门独立的科学。至于历史地理学，正如谭其骧教授于 1982 年在上海历史地理学术讨论会开幕式的讲话中指出："历史地理学就其科学性质而言，它是一门地理科学，是地理学的一个组成部分，这是很明显的。旧时代把历史地理学看成是历史学的一门辅助学科，前一个时期有人把历史地理学看成是历史与地理之间的边缘学科，这些看法，至少在我国国内，已基本上销声匿迹了。"[①] 在这样的情况下编绘这样一部地图集，当然应该是以地理学为指导的历史地图集，而不是以历史学为指导的读史地图集。

而且，同样在科学的地理学指导之下，历史地图集又不同于现代地图集。因为后者只反映现代的地理面貌，而前者却必须反映各个不同历史时代的地理面貌。历史地图集和现代地图集相比，它的困难之处首先是它存在古今两种不同的自然地理和人文地理现象，需要两套不同的地名和其他注记符号。而这两套不同的地名和注记符号之间，有时重合，有时分开，犬牙交错，情况复杂。为了克服这种困难，古今制图者都想过许多办法。例如唐代的贾耽，他用古墨今朱的表示方法，绘制了著名的《海内华夷图》。杨守敬在这一点上是学习贾耽经验的，他的《历代舆地图》与《水经注图》都采用了朱墨套印的方法。《海内华夷图》早已亡佚，我们无法置评。但作为它的缩本即西安碑林所存的《华夷图》和《禹迹图》，内容不多，注记符号也较少，古墨今朱的方法是可以取得较好效果的。杨守敬的地图，地名和注记符号已经较多，特别是由于木板雕刻，线条粗拙，在有些方块之中，内容已经显得臃肿。但由于如上所述，这套地图基本上仍然是中国的传统形式，尽管内容包括了自然地名和人文地名，但地名的类别不多，而且特别是自然地名的线条，都是示意式的。虽然全图有相同的比例

---

① 《中国历史地理学术讨论会会刊》，1982 年 9 月，上海。

尺，而他分割的每个方块，按理说都有计量基础，但事实上在绘画这些线条、符号时，都没有作过计量方面的考虑，也没有真正的计量意义。在这样的情况下，朱墨套印并不受什么拘束，所以在外观上仍能差强人意。

以上说的都是中国的传统地图，这些地图实际上都是示意地图，用朱墨套印以区别古今，增加了图的示意效果，不必过于考虑古今之间的差讹，所以问题比较简单。但是，当人们要求在新式地图上区别古今的时候，情况就显得复杂了。这里，我可以选择日本制图家森三藏绘制的两幅这类地图作为例子。日本凸版印刷株式会社印刷的《资治通鉴胡注地名索引》附图中的《宋代疆域图》，是森三藏 1967 年的作品，这幅有经纬网格和比例尺的地图，绘制者只设计了一套图例，所以正图上没有现代的自然和人文内容。但为了达到古今对照的效果，他在正图以外设计了一幅插图，这幅插图以我国现行地图为底图。为了在单色印刷条件下尽量减少图面的负荷，除了国都以外，森三藏在图例中只设计了四种注记符号以区别古今，即（1）转运使驻在地，（）内为今名；（2）今主要城市；（3）路界；（4）省界。由于地图的内容只及于宋代的路和现代的省这两种行政区划和若干城市，而森三藏又是一位经验丰富的制图家，所以总的说来，地图还算是成功的。但显然存在着一些错误和缺点。第一，路界在沿海部分存在着许多错误，这是因为宋朝的路界，在沿海当然应以宋朝的海岸为界，而今河北、山东、江苏、浙江等省，宋代的海岸与今日相比都有较大的变化。但森图以今日的海岸为宋朝的海岸，所以错误是显而易见的。第二，图例1:"转运使驻地，（）内为今名。"但在图中，扬州、福州、广州、江陵、成都、潼川、太原等转运使驻地，宋名即是今名，则不加（）的地名中也有今名，这是图例说明的不当。这条图例应改为："转运使驻地，古今地名不同者，（）内为今名。"第三，图例2:"今主要都市"，在图上用这种符号绘上了今各省省会如昆明、贵阳、南宁、郑州、兰州等（但缺河北省的石家庄，当是漏误），绝无例外。既然如此，则图例说明"今主要都市"还不如改为"今省会"为妥。因为"今主要都市"除了图中已列入的北京外，上海和天津显然是十分重要的。上海与天津既未绘入，则"今主要都市"这一说明就无法成立。第四，图例3、4：即路界和省界，存在着我在前面所说过的缺点，由于不少地方路界与省界重合，在单色印刷的条件下就不免模糊。

现在再来看看森三藏的另外一种历史地图作品，即森鹿三主译的日文节译本《水经注（抄）》①中的插图。这里，正如我在拙作《编纂〈水经注〉新版本的刍议》一文中所呼吁的一样，因为直到今天，我们还没有一种新法编绘和古今对照的《水经注图》，因此，尽管这个节译本出版于70年代，但仍然不得不用杨守敬在光绪三十一年（1905）刊行的《水经注图》。但此图与杨的《历代舆地图》不同，它主要是按《水经注》所见的地名编绘，古今对照的内容不多。要把这样一种实际上没有计量意义的旧图，移植到一幅现行中国地图上去，当然是十分困难的；但假使没有一幅现行的中国地图作为底图，则古今对照就成为一句空话。这是一个难题。森三藏首先把选入此书的杨图重新作了清绘，清绘只是把粗拙的木刻线条改成用现代绘图仪器和制版技术共同表达出来的精细线条，此外没有其他作用。然后，他想出了一个不得已的办法，他在正文中按杨图收入《河水注》图4幅，《洛水注》图1幅，《渭水注》图2幅，计7幅。在正文末尾，他用了一幅小比例尺的现行中国地图，然后把正文中的上述7幅杨图，按四至界线画成7个矩形，移植到这幅现代中国地图上，制成一幅检视图，让读者按每个矩形的位置、范围，自己另找一幅大比例尺的中国地图去对比今古。这是一种把困难交给读者的办法，当然也是一种极不得已的办法。

我之所以举上面的例子，主要是为了说明，历史地图不同于其他一切地图的特点和难处，就在于这种地图存在着自然地理内容和人文

① 日本平凡社1974年版。

地理内容的古今对照。编绘者从古代文献中整理出来的，一般都只有性状描述的大量自然和人文内容，最后必须落实在一幅现代地图上。即使像我们这样一个拥有大量古代地图文献的国家，这些地图的内容，基本上也都是性状描述，是示意地图。现在，编绘者要把这些示意地图上的注记符号，移植到有精确计量标准的现代地图上，接受计量的考验，其难度是很大的。从《中国历史地图集》来说，如此巨大的篇幅，不要说千千万万的线条和其他注记符号，仅地名一项就达七万左右，要把偌大的内容，从各种历史文献，从古代的示意地图上，统统移植到现代的计量地图上，这也是极不容易的。从全局来说，这是此图编绘过程中的最大工作量，也是此图的最大成功。要评价规模如此庞大，内容如此丰富的一部历史地图集，真是千头万绪，但我所说的这一点，或许就是其中的关键。

现在让我再来评论一下《中国历史地图集》的内容。作为一部现代地理科学范畴的历史地图集，它和现代地图集所不同的，就是它必须反映各个历史时期的地理面貌。这中间，既有历史自然地理的，也有历史人文地理的。在历史自然地理方面，我在前面评价森三藏的《资治通鉴胡注地名索引》附图中的《宋代疆域图》时所提到的海岸，即是其中的一个重要组成部分。海岸的伸张和退缩，是一种历史上的自然地理现象，也是历史地图集必须反映的自然地理内容。在我国历史上，今河北、山东、江苏和浙江北部，海岸变迁的幅度不小。拿东汉与现代相比，今渤海海岸外涨在今唐山市以南已达 50 公里左右。当时，今宁河、塘沽、天津市区的一部分以及今山东省的垦利、沾化等县，都还在海中。从江苏省的海岸来看，直到宋朝，海岸线尚在今串场河一线，而今阜宁、盐城、东台等，当时都是沿海城市；今滨海、射阳、大丰等县，当时都还在海中。但是浙江北部杭州湾以北的海岸，在该历史时期却有很大的内缩。从东晋到现在，今海盐一带的王盘洋沿岸，退缩最大的已达 20 公里。另一方面，在杭州湾以南，海岸却向外伸张。余姚、慈溪、鄞县以北的三北半岛，是宋朝以后逐渐形成的；而绍兴以北的南沙半岛则是明朝以后形成的。所有这些沧海桑田的海岸变迁，《中国历史地图集》都有详细的反映。

其他自然地理要素如河流、湖泊、沼泽等，《中国历史地图集》也都有所反映。例如《尔雅》十薮，除了海隅实际上是齐国沿海一带的滩涂地以外，其余九薮在春秋、战国图上均有绘入。但以后历代图上，除了云梦、具区等少数以外，都次第消失。河流在历史时期的变迁，特别是黄河、济水等的变迁，地图集中也都表示得相当详细。

不过，并不是所有自然地理要素都有了反映，例如，在历史生态变迁中十分重要的内容，即各个时代的植被概况就没有得到反映。在已经反映的自然地理要素中，也并不是所有时代、所有地区都表示得非常完整。从海岸来说，历史上变化不小的珠江三角洲，地图集中反映得并不很多。在主要的河流之中，黄河中、下游的变迁描绘得最为完整，但长江和淮河的变迁就显得不够。在这样一类问题上，当然不能对编绘者作过多的求全责备。因为历史地图的编绘，主要就是反映历史地理研究的成果，而我国历史地理的研究，长期以来最薄弱的环节就是历史自然地理。在本图内部试行本出版后两年，我国有史以来的第一部《历史自然地理》的编写工作才在中国科学院的领导下积极进行；八年以后，《历史自然地理》一书才正式出版。[1] 因此，《中国历史地图集》没有来得及利用《历史自然地理》的研究成果，这对此图集在历史自然地理要素的编绘中无疑是一种损失。

有关历史人文地理方面的内容，《中国历史地图集》显然比历史自然地理的内容更为丰富而完整。这中间，传统的沿革地理和历史城市地理的内容最为丰富，可以说是本图集编绘中的两项最突出的特色。沿革地理是我国从《汉书·地理志》以来历史地理研究中的长期传统。但是能够像本图集这样，从春秋列国、战国群雄、秦汉郡国，直到元、

---

[1] 《历史自然地理》是中国科学院组织编著的《中国自然地理》中的一个分册，此分册由若干高等院校和研究所的二十几位专家、学者共同编写；由谭其骧、史念海、陈桥驿三人汇总、修改、定稿；科学出版社1982年版。

明、清的行省，分别移植到现代行政区划的图上，而注记符号清晰，古今界线分明，不是经过许多学者的长期努力和现代绘制、印刷技术的配合，这是绝对做不到的。而公开发行本又对前后变化较大的若干时期，增加了几幅全图，内容就更为完整。因此，从历史地图来说，我们今后当然还有大量的工作要做；但从沿革地图来说，本图的成果应该说已经相当成熟。这就告诉我们，今后，我国历史地图编绘工作的重点，应该转向历史自然地理和历史人文地理的其他分支上面。

城市地理是《中国历史地图集》在人文地理领域中除了沿革地理以外的最大成就。我没有统计过全集 8 册中到底绘入了多少古代城市。因为，历史上的聚落，要具有怎样的条件才算城市，历来学术界是很有争论的。日本学者狩野千秋在其所著《玛雅的神殿城市》① 一文中，综合过去西欧考古学家和历史学家的意见，把古代城市形成的条件归纳为下列七个方面：即 1. 最原始的国家组织与王权的确立；2. 稠密的人口；3. 社会阶级的分化与职业的专业化；4. 巨大的纪念性建筑物的建造；5. 文字、金属器的发明与科学技术的发达；6. 由于剩余物质的生产而出现了有余暇从事知识性和艺术性的活动；7. 工商业与贸易组织的发达。根据上述七条，狩野千秋把公元 6 世纪前后在今墨西哥尤卡坦半岛、危地马拉和洪都拉斯等地的大型玛雅人聚落都列为城市。由于这 7 条都只有性状的描述却没有计量的标准，因此，从实际情况来看，除了第 4 条以外，这些玛雅城市的发展水平都是很低的，其中有一些与大型聚落就很难加以区别。按照狩野千秋的标准，则《中国历史地图集》之中，除了卷首的几幅石器时代遗址以外，从《夏时期全图》起，图内所反映的，大部分都排得上古代城市之列。到了秦建立郡县制度以后，历史城市的概念由于行政标准的出现而进一步明确。总的说来，县城或相当于县城一级的城邑，都应该计入历史城市之列。美国学者施坚雅在其所编《中华帝国晚期的城市》(*The City in Late*

---

① 日本每日新闻社 1976 年版《巨大遗迹》，第 149—150 页。

Imperial China）^① 一书的导言中指出："县一级区划在中国社会中始终极为稳定。帝国晚期县级政治区划虽具有次大陆的规模，但情况则与秦时基本相似。"说明把县级城邑作为历史上的城市，外国学者的意见也大致相似。施坚雅所谓"极为稳定"的说法，是因为根据他的计算，中国的县，从汉到清，基本上摆动在 1300 个上下。而这 1300 个历史上的城市，再加上另外一些更大的城市如历朝首都、州治、郡治等，绝大部分都收入在《中国历史地图集》之中。因此，从历史城市的分布来说，本图集已经集其大成了。

此外，在历史人文地理的其他分支方面，本图集还有不少内容，例如民族地理范畴的少数民族分布，军事地理范畴的历代长城和关隘，农业地理范畴的农田水利工程，交通运输地理范畴的运河、桥梁、津渡等。关于这些方面，不能说内容十分丰富，特别是很重要的历史经济地理的内容还很嫌不足。但是，作为完整的历史人文地理学来说，本图所涉及的分支，确实已经不少了。

我对全图集内容的总的看法是：与人文地理相比，自然地理各要素的反映相对不足；人文地理的内容当然非常丰富，但各分支之间不够平衡。沿革地理和城市地理不仅是人文地理中的重点，也是全部图集的重点。重点突出当然是好的，但重点以外的部分，也应力求取得相对的平衡。当然，《中国历史地图集》内容中出现的这种不够平衡的情况，很大程度上并不决定于地图编绘者的意志，而是反映了过去一段时期中我国历史地理研究在部门和地区上的不平衡状态。现在，《中国历史地图集》又反过来成为我国历史地理学研究的一面镜子，它告诉我们，今后，我们在历史地理学的研究中，哪些部门和哪些地区有必要加强。

我国人民常以自己的祖国有这样悠久的历史和广大的土地而自豪。对于历史地理工作者，由于我们所研究的对象，正是这片广大土

---

① Stanford University Press, 1977.

地上的历史时期的地理面貌，因此，这种自豪感是和研究工作的责任感紧密地交织在一起的。我们常以我们的研究对象如此丰富多彩而欢欣鼓舞，而却又常因在这片广大的土地上没有一种科学的历史地图而感到苦恼。《中国历史地图集》的出版，为我们提供了这片广大土地上的漫长历史时期的自然地理和人文地理的基本情况，对于促进我国的历史地理研究工作，这是不言而喻的。为此，在评介这本图集的同时，作为历史地理工作者的一员，谨向本图集的主编和参加编绘工作的所有专家和学者，表示我衷心的谢意。

1985 年 2 月于日本国立大阪大学

原载《中国社会科学》1985 年第 4 期，第 129—137 页

关于《浙江省历史地图集》的编绘

引　言

　　编绘一个省（地域按今省境）的历史地图集，特别像浙江省这样一个历史悠久、族群交替、地名众多、来源复杂、沿革频繁的省份，具有各方面的很大难度。我在《〈杭州古旧地图集〉序》[①]中已经指出：虽然在全国已有谭图（指谭其骧主编《中国历史地图集》），而七大古都中的北京和西安也相继编绘出版了各自的历史地图集，"但是由于各种条件所限，我们还不能与七大古都中的魁首相比。兹事体大，尚有待于各有关方面的继续努力"。其实，在我撰写此《序》时，省内有关方面已经开始酝酿《浙江省历史地图集》。现在，这个课题终于交给了浙江大学（省社科院也承诺合作）。浙江省领导一再号召浙江要成为"文化大省"，则此地图集的编绘出版自属必要；不过这个课题不同一般，具有巨大的工作量和许多必须克服的艰深学术问题。我以垂老之年被任命为图集主编，多日以来，实在寝食难安。为此殚精竭虑，苦思冥想，作了一些初步的思考，提供领导以及参加编绘的诸位女士和先生参考。

---

　　① 杭州市档案馆编，浙江古籍出版社 2006 年出版。此《序》又发表于《杭州师范学院学报（社会科学版）》2006 年第 5 期。

历史地图集编绘简史

中国历史悠久，很早就有地图编绘之事。《史记·三王世家》："臣请令史官择吉日，具礼仪，上御史，奏舆地图。"立三王之事在汉高祖六年（前201），说明古时确有《舆地图》。姚振宗《汉书艺文志拾补》卷五引《汉书·高帝纪》："高帝元年冬十月，沛公至霸上，秦王子婴降，遂而入咸阳，萧何尽收秦丞相府图籍。"这里的"图籍"显然包括舆图在内。不过《三王世家》中的《舆地图》大概是两汉地图，而萧何在秦丞相府收得的地图，则是更早的《秦地图》。据《汉书·地理志》琅琊郡、长广县："《秦地图》曰：剧清池，幽州薮"；又代郡班氏县："《秦地图》书班氏，莽曰班副。"说明《秦地图》为班固所亲见。而上述《三王世家》记及的《舆地图》，张国淦的《中国古方志考》曾有著录，作《汉舆地图》。当然，所有这些地图，都是秦汉各朝的当代地图，并非历史地图。

中国历史上最早出现的历史地图，当推晋司空裴秀的门客京相璠所编绘的《禹贡地域图》。在裴秀的年代，《禹贡》当然被认为是夏禹的经书，按近代学者的研究，此书已经基本确定是战国后期的作品。但晋代据此编绘地图，仍然属于历史地图。由于此图亡佚已久，虽然《晋书·裴秀传》中详载当时地图的绘制方法即所谓"制图六体"，但对于全图的体例格局，我们已经无从获悉。事详拙作"Map-Making in Ancient China"一文中，在此毋须赘述。

我国历史上通过对历史疆域的研究，有计划地编绘历史地图集，当推清末民初的杨守敬及其门人熊会贞。按杨熊师生的学术经历研究，据吴天任《杨惺吾先生年谱》，同治二年（1863）"是年，与（邓）铁香同撰《历代舆地沿革险要图》"，而据杨守敬自撰的《邻苏老人年谱》①："丙子三十八岁（按光绪二年，1876），东湖饶季音敦秩招余至其家，同撰《历代舆地沿革险要图》。"这两条记载，前一条不见于

---

① 据《胡适手稿》第五集中册抄录本。

杨氏自撰的《年谱》，恐为讹传。第二条虽然见其自撰《年谱》，但事实是饶敦秩"招余至其家"。看来杨守敬并无绘图的准备，而《年谱》也未曾写出绘图的结果，所以都不能作为绘制历史地图的确证。在那个时代，编绘历史舆地沿革地图，最主要的依据是历代正史地理志。而光绪十二年（1886），他与熊会贞撰写《隋书地理志考证》[①]一书，可以证明他们师生已经从事正史地理志的精研，并发现历代地理志有不少错误。也可以说明，他们已经通过历代地理志的精研，开始绘制历代地图。所以杨世灿所撰《杨守敬学术年谱》在宣统三年（1911）载："杨守敬和熊会贞编校督刻十六国及梁、陈、北齐、北周、唐、五代、宋、辽、金、元各地图"，这条记载是可信的。这就是杨熊合撰的《历代舆地图》。

　　杨熊合绘的这套历史地图，是在对历代正史地理志的研究基础上完成的。其底图则采用当时湖北巡抚胡林翼主持的《大清一统舆图》，此图有经纬线，用方格计算，所以是一部颇有价值的历史地图集。谭其骧先生编《中国历史地图集》的过程中，曾于1954年建立了一个称为"重编改绘杨守敬《历代舆地图》委员会"（当时简称"杨图委员会"）。虽然在不久以后，参与编绘的学者们认为这个名称不妥而没有继续使用，但《历代舆地图》在我国历史地图编绘史上的影响，确实是不小的。

　　在杨图和谭图之间，学术界编绘出版的历史地图不多。20世纪50年代，谭其骧和章巽二位先生曾编绘出版过一种《中国历史地图集》，图仅一册，按朝代排列，内容很简单。这是因为杨图早成稀物，而谭图尚在策划编绘，但学术界和教育界却很需要，所以谭、章二位编绘此图，实在是在这个历史地图青黄不接时代的急就章。此外，在70年代末期，中国社会科学院历史研究所历史地理研究室的几位学者，又按郭沫若的《中国史稿》编绘出版了一种《中国史稿地图集》，但仅编绘出版了上册，内容并不完备，流行不广，实用价值不大。

---

　　① 《邻苏老人年谱》："丙戌四十八岁，乃与崮芝同起草为《隋书地理志考证》"，按"崮芝"是熊会贞字。

　　谭氏主编的《中国历史地图集》，按时代共分八册，于 1975 年初正式出版（国内发行），但 1980 年以后，又因中央领导的创议，稍加修改而在国内外公开发行。在每一册出版后，随即向事前商定的国内专家和国外著名汉学家赠送。我受谭先生的叮嘱于 1985 年在日本国立大阪大学担任客座教授期间撰写了长篇评论[①]。图集在当时还仅出版了三册，但每隔四五个月就能出版一册，国内外专家的赠书都能按时收到。却不料在出到第六册以后，竟因内容中某个问题而受到某个有关政府部门的责询，图集的七八两册因而搁浅。因为谭其骧坚持地图是学术著作，图内一切必须以权威资料为据，必须言必有据，但责询方面则完全考虑政治，为此而形成僵持的局面。谭氏表示，假使内容可以随意更改，他宁愿停止出版。所以创议此图公开发行的中央领导出面干预，邀请国内近十位专家，包括对图集提出责询的部门，于 1986 年 8 月在中南海举行会议。结果是与会专家都赞同谭氏"言必有据"的科学观点，中央领导也给予支持，僵持局面得到解决。此事的全部过程相当复杂，不是几句话就写得清楚，我也是与会专家之一，但也不拟在此细叙。好在事情的全过程已由葛剑雄教授在《悠悠长水——谭其骧后传》一书中和盘托出，葛著于 2000 年由华东师大出版社公开出版，前因后果已经公之于世。我们值得引为鉴戒的是，谭图是全国性图集，受人责询的问题当然是全国性的大事。我们编绘的是省图，但由于长期以来的历史渊源和区划纠葛，地方性的图集也难免发生地方性的问题。一旦这样的问题发生之时，除了像谭图那样首先必须有领导支持外，我所坚持的原则也和谭先生一样："言必有据"。当然，这种"据"必须出自学术界公认的权威文献。

　　谭图终于在 1988 年全部问世，并在国内外产生了极大的反响，可以用"载誉环球"一语表述。而我的那篇评论竟也因此图的价值而受到国内外学术界的赞赏。拙文提出："如此巨大的篇幅，不要说千千

------

　　①《评〈中国历史地图集〉》，《中国社会科学》1985 年第 4 期（中文），1986 年夏季卷（英文）。

万万的线条和注记符号，仅地名一项就达七万左右，要把偌大的内容，从各种历史文献，从古代的示意地图上，统统移植到现代的计量地图上，接受计量的考验，其难度是很大的。"我又指出："要评价规模如此庞大、内容如此复杂的一部历史地图集，真是千头万绪，但是我所说的这一点，或许就是其中的关键。"我的这篇书评因为是在国家著名期刊用中英文发表的，其中所说的关于此图的"关键"一语，后来备受日本和西方汉学家的认同。其事已在《〈杭州古旧地图集〉序》中提及，历史地图集的编绘者值得关注。

谭图在国内的影响

此文是为了《浙江省历史地图集》的编绘而作，所以对谭图在国际上的影响不作介绍①。在国内，从此图国内发行本问世时起，谭先生当年在燕京大学的同学，也就是顾颉刚先生的高足侯仁之、史念海二先生，随即着手为他们长期执教的古都北京和西安编纂历史地图集。我因为是与这两位过从密切的后辈，而且又于1985年，通过他们三位的一致推荐，由我接任谭先生长期担任的中国地理学会历史地理专业委员会主任，经常为他们的研究生讲课并主持答辩，所以常有聚会的机会，为此在某种程度上参与了他们的工作和提出一些建议。

在他们的图集出版以后，我都是第一读者并应命在著名的期刊上发表书评。所以侯、史二位的图集编绘，我是相当了解的。《北京历史地图集·一集》1988年、《二集》1997年均由北京出版社出版，我的书评都即时发表②。《一集》的内容除少数几幅先秦图外，主要的篇幅是从秦到民国的沿革图。《二集》是第四纪地质图和新石器时代地

---

① 我曾于1985年2月16日在大阪与日本汉学家斯波义信及当时也在日本讲学的美国汉学家施坚雅（G. W. Skinner）共同讨论了《中国历史地图集》，其事已收入拙著《陈桥驿方志论集》，杭州大学出版社1997年版。

②《一集》书评发表于《历史研究》1989年第5期；《二集》书评发表于《地理研究》1998年第1期。

图，所以除了地图以外，还有不少文物图幅。侯先生原来还有出版
《三集》的计划，但至今没有问世。

我在书评中对侯图的成就是充分肯定的，但也提出了一个在区域
历史地图集编绘中的困难和应该怎样解决的问题：

自然地理要素绘入地图，看来还有不少困难。道理很简单，因为
任何自然地理要素在文献资料上始见之时，并不就是这种要素出现之
时。要素的出现时间，一般总要大大早于文献的记载。例如在北朝
《北魏图》中，今北京市区以东，第一次绘上夏泽和谦泽两个湖泊，
这或许是根据《水经·鲍邱水注》的记载："鲍邱水又东南入夏泽，泽
南纡西渚十余里，北佩谦泽，眇望无垠也。"夏泽和谦泽的记载始于
北魏文献，并不等于二泽形成于北魏。而且根据"眇望无垠"的话，
湖泊范围甚大，更不可能在北魏一旦形成。则两个湖泊在《北魏图》
上第一次出现，虽然属于无奈，但于事未免牵强。诸如此类的问题，
对于历史地图的编绘有共同性，究竟应该如何解决，尚可进一步研究。

《西安历史地图集》在定稿以前，曾以此图的《总体设计书》组
织国内若干专家到西安评审，我是这个专家组的负责人，经过几天的
评审以后，由我写出《评审意见》："专家们首先从《图稿》的总体方
面进行评审，认为地图集的《总体设计书》所提出的编绘目的意义明
确，要求具体周到，对整部图集的编绘具有重要指导作用。而地图集
的《图幅设计表》编制周详，设计精密，是图集获得成功的重要基
础。"此图于 1996 年出版。在那几年，为了替史先生的研究生讲课和
论文答辩，我常常一年两度去西安，所以理所当然成为第一读者而且
即时写了书评。虽然充分肯定了图集的成就，但是也有令人遗憾之处。
全集中非常重要的两幅《明西安府城图》和两幅《清西安府城图》都
不曾加上比例尺，成为不能计量的示意图。我当然不能不在书评中指
出这种严重的错误，为了礼貌，我把这种错误的责任归于出版此图的

西安地图出版社。其实，只要稍有一般地图学知识的人，都可以把这几幅图的比例尺计算出来。所以编绘者显然也有重要的责任。以后的地图编绘者，务必引以为戒。

另外一种由我担任顾问而且确实参与其事的是《山西省历史地图集》。山西省对此确实慎重其事，我曾两度应邀到太原等地开会并考察，每次会议都由一位副省长出面主持，并且专门为此成立了属于省级的编纂委员会。具体事务由省测绘局承办，参编学者超过百人。图集的规模当然很大，包括旧石器时代、新石器时代、先秦和之后的历史时期以及其他专项地图，全集页码达到 450 页。我没有对此图撰写书评，这是因为该省对卷首的夏、商、西周诸幅十分重视，这是他们老一辈学者多数人所尊奉的省情传统，是我所不愿也不便干预的。我个人并不同意中国曾经有这样经历十六七个国君、持续达五百年而领土有"九州"之大的夏王朝存在，也更不同意这个王朝有禹这样一位开国之君。我的所有这些观点，都曾经在往年写文章发表过 ①。在那年参加（其实是旁听）"夏商周断代工程"的国际网议以后，又利用为《绍兴史纲》一书作《序》② 的机会，否定并严厉地批判了这项耗资巨大的所谓"工程"。无独有偶的是，《中国文物报》也于 2001 年 6 月 6 日以整版篇幅摘刊了这次网议的概要，而且此报所持的观点与我实在是不约而同。这个版面的负责人刘星，以《这场争论引起的若干思考》作为一个小标题，表达了《中国文物报》的观点：

　　关于是否有夏、二里头是否夏以及二里头文化是否步入了国家社会等等问题，我们在上述的评论中已经多少表明了我们的立场。运用"同代文字证明"的逻辑，我们只能对夏的存在打一个问号，因为目

---

　　① 我撰写的这类拙文较多，如《大禹研究序》，浙江人民出版社 1995 年出版；《水经注记载的禹迹》，《浙江学刊》1985 年第 3 期，又收入于《水经注研究四集》，杭州出版社 2003 年版。

　　② 百家出版社 2002 年出版，此《序》又收于《学术界》2002 年第 6 期。

前还没有出土文字证明司马迁关于夏的记载是真实可靠的；同样，二里头是否夏，也存在类似的问题。

我在拙《序》中赞赏了刘星的这篇坦率的评论：

我真佩服刘星先生的这段话，他确实说得既科学，又含蓄。"因为目前还没有出土文字证明司马迁关于夏的记载是真实可靠的"，所以，"我们只能对夏的存在打一个问号"。司马迁对夏说了些什么？《夏本纪》中抄录了《禹贡》全文，这里记录了大禹移山倒海的神功，竟把第四纪甚至第三纪的地质变迁都包罗在内。

对山西省来说，上述这些观点，都要伤及当地不少正统学者们的情感，所以我保持沉默。但是图集编绘过程中，有一种观点是我十分坚持的，而他们最终也理解我的意见。这就是，他们原来提出来要在图上标出县界，而我则认为这样做，除了制造错误以外，没有其他效果。有山有水的地区，或许稍为容易，但山脊线和河流也不一定就是区划界线。至于平坦的地区，在最关重要的明清二代，即使把这个地区的鱼鳞册都搜罗齐全（当然绝不可能），也不一定画得出正确的界线。后来他们放弃了这种打算，我对此感到欣慰。

《浙江省历史地图集》的初步设想

现在回到浙江省编绘历史地图集的本题上来。因为当前这已经成为我们必须承担的任务。《中国历史地图集》的经验当然应该吸取。但是此图是一种按时代次序绘制的要素比较单一的沿革地图集。为此，除了沿革这一部分我们可以遵循以外，考虑到北京、西安二市及山西省的历史地图集，内容都是趋于综合性的，跨越的时代和包含的要素都是多方面的。我在《评〈中国历史地图集〉》一文中说：

我国历史地理的研究，长期以来最薄弱的环节就是历史自然地理。在本图内部试行本出版后两年，我国有史以来的第一部《历史自然地理》编写工作才在中国科学院的领导下积极进行；八年以后，《历史自然地理》一书才正式出版[1]。因此，《中国历史地图集》没有来得及利用《历史自然地理》的研究成果，这对此图集在历史自然地理要素的编绘中无疑是一种损失。

为此，《浙江省历史地图集》除了沿革部分占全集的较大篇幅以外，从年代上应该有第四纪（不迟于晚更新世，也可以说新石器时代）和先秦的图幅。从内容来说，除了人文地理（沿革）以外，应该包括自然地理，当然还有人文与自然兼容并包的综合性图幅。

按照常规，图集卷首是一幅地形图和行政区划图，图幅各占两个页码，比例以不小于 1：180 万为宜。假使在此二图之前有一幅资源卫星图或许更好，但不必勉强。卷首诸图以后就是图集的正式开端。当然以晚更新世（新石器时代）的自然、文化诸图为首。在这些图幅上，由于当时尚无地名（或许是已有原始地名而现在无法查考），就得使用现在考古学上的命名，如崧泽文化、马家浜文化、良渚文化、河姆渡文化，等等，不必繁举。在这些图幅中，我们必须严格遵循的是，所有入图的内容，都要具备学术界公认的科学测年数据。

这一部分以后，接着是先秦图幅。由于历史自然地理资料尚不完备，为此，按《中国历史地图集》例，只能以各时代的沿革地图为纲。当然，如我在对该图集的评论中所指出的，沿革图上除了属于人文地理的郡县变迁以外，同样包含如山岳、河流等自然地理要素。而且由于《历史自然地理》的出版，省境内古地理及历史自然地理的研究也

---

[1]《历史自然地理》是中国科学院组织编著的《中国自然地理》中的一个分册，此册由若干高等院校和研究所的二十几位专家、学者共同编写，谭其骧、史念海、陈桥驿三人汇总、修改、定稿，由科学出版社于 1982 年出版。

比以前稍有进展，所以自然地理要素可以增加，并可在时代相应的沿革地图以后附加自然地理专幅。对于内容稀缺的，可以缩小比例尺，在同一页码上并列数图。对于整部图集的始末，开端当然是晚更新世（新石器时代），结尾是清帝国的消亡。这是《中国历史地图集》的体例。当前历史地理学界公认的"历史时期"，是从人类从事有组织的生产活动（全新世）到清王朝的结束。民国时代的地理概况，已经属于现代地图领域，显然不必考虑。

最后是图幅的解释和卷末的索引。后者是必须具备的也是相当繁琐的工作，当前各种地图集（包括历史地图集）都已确认这一部分的重要性，所以必须编制，愈细愈佳。至于解释，《中国历史地图集》没有解释，北京、西安、山西诸集都有解释。由于谭图主要是一部沿革图，可以没有解释；但以后各图内容都趋于多样复杂，解释看来不能省略。《浙江省历史地图集》需要有各图幅的解释，但撰写解释也是难度颇大的工作，值得编绘者在编绘过程中同时也思考这个问题。

编绘《浙江省历史地图集》是一项牵涉广泛，需要解决许多问题的浩大工程。与此有关的学科，包括历史学、地理学、古地理学、历史地理学、地图学、民族学、地名学、方志学，等等。但不管涉及多广，问题多艰，我们必须坚持一个原则——科学。这中间十分重要的是：言必有据。而且这个"据"，不是那种引车卖浆者的作品，而必须是权威的典籍。以地图中出现最频繁的地名来说，每一个地名，都要求出自权威文献。举个例子，浙江地区最早出现的地名（也是部族名）是"于越"。但此名不见于浙江最早的权威文献《越绝书》，而是见于今本《竹书纪年》周成王二十四年（公元前11世纪末）所载："于越来宾。"古今两本《竹书纪年》的权威性当然不可同日而语，但我往年已经作过仔细考证，今本的"于越来宾"这一条是可信的[①]。而且颜师古在《汉书·地理志》"句吴"条下作了解释："夷俗与之发声

① 我曾在好几篇论文中提及，参阅《绍兴简史》，中华书局2004年版。

也，亦犹越为于越也"。所以今本《竹书纪年》的"于越"，作为这个省境的最早地名，属于信史而绝非传说。

编绘这样一部历史地图集，真是千头万绪，我们实在都缺乏这方面的素养和经验，我写此文，只是为了让我们的领导和参与编绘的各位学者有一些必要的思想准备。

希望在领导的支持下，在各位编绘学者的耕耘下，我们能够比较高质量地编绘出这部《浙江省历史地图集》。

2007 年 1 月于浙江大学

原载《杭州师范学院学报（社会科学版）》，

2007 年第 2 期，第 54—58 页

陈桥驿先生正式出版著作一览表

（包括独著、合著、点校和主编、主译、译校等，按编著类型排序）

独著、合著或编著

陈桥驿著：《淮河流域》（新地理知识丛书），上海：春明出版社，1952年

陈桥驿编著：《欧洲资本主义国家地理》，上海：地图出版社，1953年

陈桥驿著：《黄河》，天津：益智书店，1953年

陈桥驿编著：《祖国最大省分新疆省》（地理小丛书），上海：地图出版社，1954年

陈桥驿编著：《江淮流贯的安徽省》（地理小丛书），上海：地图出版社，1954年

陈桥驿著：《祖国的河流》，上海：新知识出版社，1954年

陈桥驿编著：《民族融洽的贵州省》（地理小丛书），上海：地图出版社，1954年

陈桥驿编著：《英国》，上海：新知识出版社，1955年

陈桥驿编著：《日本》，上海：新知识出版社，1956年

陈桥驿编著：《高中外国经济地理》（自学参考用书），杭州：浙江人民出版社，1957年

陈桥驿编著：《小学地理教学法讲话》，杭州：浙江人民出版社，1958年

陈桥驿编著:《世界煤炭地理》,北京:商务印书馆,1960 年

陈桥驿著:《绍兴史话》,上海:上海人民出版社,1982 年

陈桥驿著:《绍兴地方文献考录》,杭州:浙江人民出版社,1983 年

陈桥驿著:《水经注研究》,天津:天津古籍出版社,1985 年

陈桥驿、臧威霆、毛必林编著:《浙江省地理》(中国地理丛书,区域地理类),杭州:浙江教育出版社,1985 年

陈桥驿著:《郦道元与〈水经注〉》,上海:上海人民出版社,1987 年

陈桥驿著:《水经注研究二集》,太原:山西人民出版社,1987 年

陈桥驿编:《浙江灾异简志》(浙江简志之六),杭州:浙江人民出版社,1991 年

陈桥驿著:《郦学新论——水经注研究之三》,太原:山西人民出版社,1992 年

陈桥驿著:《郦道元评传》(《中国思想家评传》丛书),南京:南京大学出版社,1994 年

陈桥驿著:《陈桥驿方志论集》,杭州:杭州大学出版社,1997 年

陈桥驿著:《吴越文化论丛》,北京:中华书局,1999 年

陈桥驿著:《郦道元》(人与自然旅行家系列),石家庄:花山文艺出版社,2000 年

陈桥驿著:《郦学札记》(当代学人笔记丛书),上海:上海书店出版社,2000 年

车越乔、陈桥驿著:《绍兴历史地理》,上海:上海书店出版社,2001 年

陈桥驿著:《水经注研究四集》,杭州:杭州出版社,2003 年

陈桥驿、颜越虎著:《绍兴简史》(绍兴历史文化丛书),北京:中华书局,2004 年

陈桥驿著:《水经注论丛》(百年求是学术精品丛书),杭州:浙江大学出版社,2008 年

陈桥驿著:《陈桥驿方志论文续集》（绍兴县史志学术丛书），北京：中华书局，2011 年

陈桥驿著:《八十逆旅》，北京：中华书局，2011 年

陈桥驿著:《我的老师》，杭州：杭州出版社，2016 年

陈桥驿著:《陈桥驿全集》（14 卷），北京：人民出版社，2018 年

陈桥驿著，颜越虎、范今朝主编:《陈桥驿学术论文选编》，北京：中国文史出版社，2020 年

陈桥驿著，颜越虎、范今朝、徐建春、周复来选编:《陈桥驿书信选》，北京：方志出版社，2023 年

陈桥驿著，刘涛、赵柱家、任立新编注:《陈桥驿致靳生禾手札集（附致寒声信)》，杭州：浙江古籍出版社，2023 年

陈桥驿著，范今朝、周复来编:《史地覃思》（中国历史地理名家丛书），北京：九州出版社，2025 年

编译或译校

［尼泊尔］N. B. 塔帕、D. P. 塔帕合著，杭州大学外国地理翻译组马孟超、马裕祥、王道骅、陈德恩、胡士铎译，陈桥驿校:《尼泊尔地理（自然、经济、文化与区域)》，杭州：浙江人民出版社，1978 年

陈桥驿等编译:《马尔代夫共和国》，杭州：浙江人民出版社，1979 年

［美］普拉德扬纳·P·卡兰著，杭州大学外国地理翻译组马孟超、陈德恩、胡士铎译，陈桥驿校:《不丹：自然与文化地理》，杭州：浙江人民出版社，1980 年

［美］施坚雅主编，叶光庭、徐自立、王嗣均、徐松年、马裕祥、王文源合译，陈桥驿校:《中华帝国晚期的城市》（世界汉学论丛），北京：中华书局，2000 年

［美］萧邦齐著，叶光庭、张环宙、王芳、李娟合译，陈桥驿校:《湘湖——九个世纪的中国世事》，杭州：杭州出版社，2005 年

主编或主持编纂

中国科学院《中国自然地理》编辑委员会编：《中国自然地理·历史自然地理》，北京：科学出版社，1982 年（说明：《前言》中注明，"本分册由复旦大学谭其骧、陕西师范大学史念海、杭州大学陈桥驿三同志汇总、修改、定稿"）

陈桥驿主编：《中国六大古都》，北京：中国青年出版社，1983 年

《浙江分县简志》（浙江简志之一），杭州：浙江人民出版社，1983 年（上册）、1984 年（下册），上、下册均内部发行（说明：未署编著者。《出版说明》中注明：本书编纂组由徐规、陈桥驿、潘一平、毛必林、吕以春、林正秋组成）

《浙江地理简志》（浙江简志之三），杭州：浙江人民出版社，1985 年（说明：未署编著者。《序》由陈桥驿先生执笔）

陈桥驿主编：《中国历史名城》（中国地理丛书，人文地理类），北京：中国青年出版社，1986 年（说明：2004 年收入"中国文库"，再版）

陈桥驿主编：《当代世界名城》，杭州：浙江人民出版社，1987 年

陈桥驿主编：《当代中国名城》，杭州：浙江人民出版社，1988 年

《浙江省》编纂委员会编，陈桥驿主编：《中华人民共和国地名词典·浙江省》，北京：商务印书馆，1988 年

浙江省地名委员会编：《浙江地名简志》（浙江简志之九），杭州：浙江人民出版社，1988 年（说明：《后记》中注明"本书由浙江省地名委员会组织编写，各市县有关同志撰文。吕以春、杨小法为特约编辑，陈桥驿、朱锡亮指导，陈桥驿撰写样条并作序。"）

杭州市地名委员会办公室编：《杭州市地名志》，杭州：浙江人民出版社，1990 年（说明：文内注明，特约主编：陈桥驿）

《词典》编纂委员会编，陈桥驿主编：《浙江古今地名词典》，杭州：浙江教育出版社，1991 年

陈桥驿主编：《中国七大古都》，北京：中国青年出版社，1991 年
（说明：2005 年收入"中国文库"，再版）

慈溪市地方志编委会办公室编，陈桥驿主编：《中日两国地方志的
比较研究——中国慈溪市与日本广岛市的地方志修纂》，慈溪：慈溪
市地方志编委会办公室（内部印行），1993 年

陈桥驿主编，毛履军、陈德恩、安东编著：《印度农业地理》（世
界农业地理丛书），北京：商务印书馆，1996 年

陈桥驿主编：《中国都城辞典》，南昌：江西教育出版社，1999 年

浙江省人民政府新闻办公室、浙江省对外文化交流协会编：《文化
浙江》（1 函 6 册，线装），杭州：浙江人民出版社，2004 年（说明：
文内编委会注明，主编：张宝贵；总撰稿人：陈桥驿）

陈桥驿主编：《中国运河开发史》，北京：中华书局，2008 年

古籍点校或整理、今译

［清］悔堂老人撰：《越中杂识》（浙江地方史料丛书），杭州：浙
江人民出版社，1983 年（说明：著者署"［清］悔堂老人"。《出版说
明》载："一九八〇年，美国史丹福大学人类学系教授施坚雅将它的
复印本寄赠杭州大学陈桥驿同志。这次出版就是根据复制本标点排印
的。"）

无名氏撰，［后魏］郦道元注，杨守敬、熊会贞疏，段熙仲点校，
陈桥驿复校：《水经注疏（上、中、下）》，南京：江苏古籍出版社，
1989 年

［北魏］郦道元撰，陈桥驿点校：《水经注》，上海：上海古籍出版
社，1990 年

陈桥驿主译：《水经注全译》（无原文本），太原：山西人民出版
社，1995 年

［北魏］郦道元原著，陈桥驿、叶光庭、叶扬译注：《水经注全译
（上、下册）》，贵阳：贵州人民出版社，1996 年

陈桥驿：《水经注校释》，杭州：杭州大学出版社，1999 年

［北魏］郦道元原注，陈桥驿注释：《水经注：注释本（简化字本）》（《百部中国古典名著》普及丛书），杭州：浙江古籍出版社，2001 年（说明：2013 年收入"古典名著聚珍文库"，再版）

［北魏］郦道元原著，陈桥驿、叶光庭、叶扬译注：《水经注·（一）黄河之水》，台北：台湾古籍出版有限公司，2002 年

［北魏］郦道元原著，陈桥驿、叶光庭、叶扬译注：《水经注·（二）汾济之水》，台北：台湾古籍出版有限公司，2002 年

［北魏］郦道元原著，陈桥驿、叶光庭、叶扬译注：《水经注·（三）海河之水》，台北：台湾古籍出版有限公司，2002 年

［北魏］郦道元原著，陈桥驿、叶光庭、叶扬译注：《水经注·（四）洛渭之水》，台北：台湾古籍出版有限公司，2002 年

［北魏］郦道元原著，陈桥驿、叶光庭、叶扬译注：《水经注·（五）淮河之水》，台北：台湾古籍出版有限公司，2002 年

［北魏］郦道元原著，陈桥驿、叶光庭、叶扬译注：《水经注·（六）沔淮之水》，台北：台湾古籍出版有限公司，2002 年

［北魏］郦道元原著，陈桥驿、叶光庭、叶扬译注：《水经注·（七）长江之水》，台北：台湾古籍出版有限公司，2002 年

［北魏］郦道元原著，陈桥驿、叶光庭、叶扬译注：《水经注·（八）江南诸水》，台北：台湾古籍出版有限公司，2002 年

［北魏］郦道元原著，［清］汪士铎图，陈桥驿校释：《水经注图》（共 2 册，文本、图本各 1 册），济南：山东画报出版社，2003 年

［北魏］郦道元著，陈桥驿校证：《水经注校证》，北京：中华书局，2007 年（说明：2013 年收入"中华国学文库"，出版简体字本）

陈桥驿译注，王东补注：《水经注》（中华经典藏书），北京：中华书局，2009 年（说明：2016 年收入"中华经典藏书升级版"，再版）

陈桥驿著：《水经注撷英解读》，台北：三民书局，2010 年

陈桥驿、叶光庭注译：《新译水经注》，台北：三民书局，2011 年

陈桥驿编著：《〈水经注〉地名汇编》，北京：中华书局，2012 年

陈桥驿、叶光庭、叶扬译，陈桥驿、王东注：《水经注》（中华经典名著全本全注全译丛书），北京：中华书局，2020 年

附录：纪念与研究专集

《陈桥驿先生八十华诞》，绍兴越文化研究所编，2003 年（内部印行）

《古越之子　水经传人　史地名家——陈桥驿先生九十华诞庆贺纪念册》，浙江大学地球科学系、浙江大学社会科学研究院编，2011 年（内部印行）

《稽山青青鉴水长：庆贺陈桥驿先生九十华诞暨学术研讨会文集》，冯建荣主编，上海：学林出版社，2011 年

《庆贺陈桥驿先生九十华诞学术论文集》，罗卫东、范今朝主编，杭州：浙江大学出版社，2014 年

《郦学泰斗陈桥驿与大古都大同》，大同古城保护和修复研究会、大同古都学会编，太原：山西人民出版社，2014 年

《山水契阔：陈桥驿先生学行录》，罗卫东、范今朝主编，杭州：浙江大学出版社，2016 年